NORWEGEN
Sande
Voss
Myrdal
Bergen
Oslo
Drammen
Uskedal
Horten
Dalen
Fredrikstad
Skjold
Larvik
Haugesund
Strömstad
Stavanger
Bygland
Evje
Uddevalla
Arendal
SCHWEDEN
Egersund
Kristiansand
Göteborg
Mölndal
Mandal
Skagen
Skagerrak
Öland
Hjørring
Varberg
Kattegat
Ålborg
Karlskrona
Viborg
Kristianstad
Randers
Helsingborg
Holstebro
Silkeborg
Ringkøbing
Århus
Kopenhagen
Malmö
Horsens
Ystad
Bornholm
Trelleborg
DÄNEMARK
Kolding
Esbjerg
Svendborg
Doggerbank
Ostsee
Rügen
Sylt
Flensburg
Fehmarn
Stralsund
Husum
Swinoujscie
Greifswald
Nordsee
Deutsche Bucht
Helgoland
Heide
Kiel
Rostock
Wismar
Szczecin
Cuxhaven
Lübeck
Schwerin
Ostfriesische Inseln
Hamburg
Bremerhaven
POLEN
Norden
Wilhelmshaven
Nordenham
Westfriesische Inseln
Emden
Elbe
Bremen
Berlin
Leer
Leeuwarden
Groningen
Oldenburg
Weser
Frankfurt/Oder
Papenburg
Potsdam
Ijsselmeer
Ems
Hannover
Magdeburg
Haarlem
Amsterdam
Osnabrück
Braunschweig
Hildesheim
NIEDERLANDE
Den Haag
Utrecht
Bielefeld
Münster
Halle
Leipzig
Göttingen
Rotterdam
Dortmund
Kassel
Dresden
Breda
Essen
Bochum
Vlissingen
Eindhoven
Litvinov
Wuppertal
DEUTSCHLAND
Düsseldorf
Ostende
Antwerpen
Köln
Brügge
Gent
Maastricht
Marburg
Karlovy Vary
Bonn
Prag
Dunkerque
Aachen
Cheb
Brüssel
Gießen
BELGIEN
Koblenz
Bayreuth
Frankfurt am Main
TSCHECHIEN
Lille
Wiesbaden
Bamberg
Mainz
LUXEMBURG
Würzburg
Nürnberg
Trier
Kaiserslautern
Mannheim
Regensburg
Luxemburg
Heidelberg
Saarbrücken
Karlsruhe
Passau
FRANKREICH
Stuttgart
Strasbourg
Paris
Ulm
München

Richard Pott

DIE NORDSEE

Richard Pott

DIE NORDSEE

Eine Natur- und Kulturgeschichte

Verlag C. H. Beck

Mit 155 überwiegend farbigen Abbildungen

Gesetzt aus der Minion-Antiqua
Vor- und Nachsatz: Angelika Solibieda/cartomedia, Karlsruhe
Druck: Appl, Wemding
Einband: Oldenbourg Buchmanufaktur, Monheim
Gedruckt auf säurefreiem, alterungsbeständigem Papier
(hergestellt aus chlorfrei gebleichtem Zellstoff)
Printed in Germany
ISBN 3 406 51030 2

www.beck.de

INHALT

Zum Gedächtnis an Peter Hübotter (1928–2002)
und Konrad Buchwald (1914–2003), den Beschützern von Natur
und Kultur der einzigartigen Nordseelebensräume

«Weit ist das Land, in Winden eben,
sehr hohem Himmel preisgegeben ...»
Rainer Maria Rilke, 1903

«... Dieses silberne Meer – einer der reichsten Fischgründe der Welt,
ein Paradies für Segler und eine Quelle der Inspiration
für viele Dichter und Maler ...»
*Prinz Charles am 24. November 1987 bei der Eröffnung der
Nordseekonferenz aller Anrainerstaaten*

PROLOG

Die Idee, Hansjörg Küsters «Geschichte der Ostsee» ein entsprechendes Werk zur Nordsee an die Seite zu stellen, entstand im Oktober 2001, als das Ostseebuch bereits feste Konturen angenommen hatte. Auch für die Nordsee und ihre Anrainerstaaten bietet sich eine natur- und kulturgeschichtliche Betrachtung an; die kulturhistorischen Entwicklungen im Nordseeraum sind aber grundsätzlich anders verlaufen als im Einflussbereich der Ostsee. Am großen Binnenmeer des ehemaligen «Baltischen Eisstausees» gab es vielfältige kulturelle und wirtschaftliche Verflechtungen von Mitteleuropäern, Skandinaviern, Balten und Russen, die den Ostseeraum seit jeher in einen naturräumlich und kulturgeschichtlich divergierenden, nördlichen skandinavischen Teil und einen südlichen mitteleuropäisch-baltischen Teil trennen.

Im Nordseeraum jedoch haben sich die Dänen mehr Grönland und dem Ostsee-skandinavischen Teil zugewandt; die Engländer und Schotten waren mehr zur Neuen Welt nach Amerika und Kanada orientiert, und die West- und Mitteleuropäer haben die Nordsee vor allem als Brücke nach Übersee und zu den alten Kolonien gesehen. Deshalb hat sich bis heute keine eigene «Nordsee-Anrainer-Identität» entwickelt. Erst seit einigen Jahren werden innerhalb der Europäischen Union spezielle Programme zur Vernetzung der Nordsee-Anrainerstaaten initiiert, die am Ende dieses Buches kurz vorgestellt werden.

So setzt dieses Buch andere Schwerpunkte und Gewichte als das Ostseebuch Hansjörg Küsters: weniger kulturhistorische Bezeichnungen und Verflechtungen, dafür mehr naturkundliche und naturgeschichtliche Details hinsichtlich der ökologischen Grundlagen der Nordsee und ihrer Küstenregionen, die ich seit mehr als 20 Jahren von Exkursionen und wissenschaftlichen Forschungsprojekten aus eigener Erfahrung kenne.

Die Nordsee ist ein flaches Randmeer, das mit durchschnittlich weniger als 250 Metern Tiefe geographisch exakt definiert ist als der vom Wasser überspülte Festlandssockel, das sogenannte Schelfmeer des Atlantischen Ozeans. Dieses wird im Westen durch die Britischen Inseln, im Ärmelkanal durch die Linie Dover-Calais, im Süden durch

Belgien, die Niederlande und Deutschland, im Osten durch Dänemark von Skagen bis nach Marstrand in Schweden sowie im Norden von der Halbinsel Stadlandet in der Fjordküste Norwegens über die Shetland- und Orkney-Inseln begrenzt.

Das Einzugsgebiet der Nordseefläche umfasst insgesamt mehrere Millionen Quadratkilometer, die See besitzt ein Wasservolumen von ca. 0,05 Millionen Kubikmetern und weist eine mittlere Tiefe von etwa 70 Metern auf, mit den extremen Flachwasserbereichen des amphibischen Wattenmeeres auf der einen Seite und den maximalen Tiefen von etwa 725 Metern in der Norwegischen Rinne. Die Wassertiefe der Nordsee nimmt generell von Süden nach Norden zum offenen Atlantik hin zu. An ihren Süd- und Südostküsten erstreckt sich von Texel in den Niederlanden bis nach Esbjerg zur Halbinsel Skallingen in Dänemark das weltweit einzigartige Wattenmeer.

Dieser Naturraum des Wattenmeeres mit den West-, Ost- und Nordfriesischen Inseln umfasst die Flachküstenbereiche der Nordsee. Zwischen der eingedeichten Marsch, den gelegentlich überfluteten Salzwiesen im Vorland der Deiche, dem amphibischen Watt und den stets überfluteten Bereichen des offenen Meeres sind hier die Höhenunterschiede nur sehr gering. Im stets überfluteten Bereich überwiegen Niedere Pflanzen, vor allem Algen und Tange. Bei ihnen kann jede einzelne Pflanzenzelle Wasser aufnehmen; es muss daher ein geringerer osmotischer Druck aufgebaut werden als bei Höheren Pflanzen mit ihren Leitbahnen, in denen Wasser aus dem Wurzelbereich in die oberirdischen Pflanzenteile transportiert wird. Nur wenige Pflanzen, die Halophyten, sind in der Lage, auf salzhaltigen Standorten zu überdauern. In häufig überfluteten, aber auch immer wieder vom Meerwasser freien Bereichen stoßen wir auf Quellerwatt. Wo der Einfluss des Salzwassers geringer ist, bilden sich Andelgrasrasen, Strandflieder- und Bottenbinsengesellschaften heraus, und sie formieren sich zu ganz eigenwilligen, weltweit einzigartigen Vegetationslandschaften; das wollen wir in diesem Buch genauer kennen lernen.

Die Höhe des Nordseewasserspiegels hat sich im Lauf der letzten Jahrtausende erheblich verändert. Am Ende der letzten Eiszeit lag das Wasserniveau in den Weltmeeren um über einhundert Meter tiefer als heute, weil Wasser in den Gletschern gebunden war. Allmählich schmolzen die Gletscher ab, und das Wasser füllte die Meere. Heute steigt der Meeresspiegel immer noch um wenige Zentimeter pro Jahrhundert an. Die Küstenlinien verschieben sich, aber die Küsten werden weiterhin erodiert, und das erodierte Material wird gemeinsam mit Sediment aus den Flüssen erneut im Vorfeld der Küste deponiert, und zwar in Strandplaten, aus denen die charakteristischen Barriereinseln geformt wurden und werden; es herrscht also eine ungeheure Dynamik in diesem Küstenraum. Inseln würden nicht entstehen, wenn der Meeresspiegel rasch ansteigt, und auch nicht, wenn die Höhe des Meeresspiegels sinkt; dann nämlich steht nicht ausreichend erodiertes Material für den Aufbau der Inseln zur Verfügung. Zwischen den einzelnen Inseln liegen tiefe Gats, die vor allem vom starken Ebbstrom in das lockere Watt eingekerbt wurden. Stabil sind nur wenige Strukturen im Wattenmeer. Inseln und Sandbänke, Priele und Gats verlagern sich ständig. Einige bewohnte Inseln müssen aufwendig befestigt werden, um der Dynamik Einhalt zu bieten. So ist das Wattenmeer einer der wenigen Bereiche Mitteleuropas, in dem sich die natürliche Dynamik gut beobachten lässt; deshalb sind die Anrainerstaaten bemüht, diesen Naturraum in das Weltnaturerbe der UNESCO aufzunehmen.

Wird der Sand der Barriere- oder Düneninseln so weit aufgehäuft, dass er zunächst zeitweilig, dann immer oberhalb des Wasserspiegels liegt, gerät er in den Einflussbereich des Windes: Der Wind formt Dünen, auf denen sich bestimmte Pflanzen ansiedeln. Diese «fangen» Sand, so dass sich in ihrer Umgebung die Dünen erhöhen. Im steten Miteinander von Wind und Vegetationsentwicklung wachsen die Dünen zunächst höher, dann sind sie festgelegt. Von der Lage des Meeresspiegels an der Nordseeküste werden auch weite Teile des Binnenlandes geprägt: In den Flachlandregionen des Nordseeraumes haben die Flüsse schon weit entfernt von ihrer eigentlichen Mündung ins Meer ein so geringes Gefälle, dass ihr Wasser nur noch sehr langsam abfließt. Der Gezeitenstrom des Meeres dringt deshalb weit in die Unterläufe der Flüsse, die Ästuare, vor. Meer- und Flusswasser können sich gegenseitig aufstauen, wenn von der einen oder der anderen Seite besonders große Wassermengen in die Ästuare gelangen. Bei dem geringen Gefälle der Ströme in diesem Bereich dauert es außerordentlich lange, bis der Wasserstand nach einer Überflutungsphase auf normale Höhe zurückgeht. Auf dem kaum bewegten Wasser bildet sich bei Frost leicht eine Eisdecke. Setzen sich die Eismassen in Bewegung, können sie große Schäden anrichten, besonders dann, wenn es zu Eisversatz kommt, die Eismassen sich auftürmen und erneut den Wasserabfluss verhindern. Dieses komplizierte Gefüge soll nachfolgend vorgestellt und umfassend erläutert werden.

Der Mensch hat in den letzten Jahrhunderten die Grenzen zwischen dem Bereich des Wassers und dem trockenen Land immer mehr perfektioniert. Im Mittelalter wurde erstmals der Ring der Deiche geschlossen. Ehedem immer wieder von hohen Fluten bedeckte Ländereien der See- und Flussmarschen ließen sich dadurch in fruchtbares Ackerland und Grünland verwandeln. Aber viele Ländereien trockneten aus, und es wurde kein neues Sediment mehr auf ihnen abgelagert. Die Landoberfläche sank ab und vernässte. Die Entwässerung des Landes hinter dem Deich wurde immer komplizierter. Geniale technische Systeme, die bereits im Mittelalter erfunden wurden, ermöglichen den Abfluss von Wasser. Die Sieltore im Deich beispielsweise öffnen sich nur bei Ebbe, um das Wasser aus dem Land zu lassen; sie sind aber verschlossen, wenn die Flut aufläuft. Mit archimedischen Schrauben in Windmühlen kann Wasser sogar um einige Dezimeter angehoben werden. Besonders tief liegendes Land wird dabei über eine Mühlentreppe drainiert: Mehrere nebeneinander liegende Mühlen pumpen das Wasser um über einen Meter in die Höhe. Moderne, leistungskräftigere Pumpwerke, mit Strom betrieben, ersetzen inzwischen die Windmühlen.

Das Wasser der Fluten kann sich nicht mehr auf der gesamten Fläche ausbreiten, die vor dem Bau der Deiche überströmt wurde. Daher steigt die Höhe des Wasserstandes vor den Deichen an. Seitdem es die Deiche gibt, kam es immer wieder zu Katastrophen: An manchen Stellen hielten sie den Wassermassen bei Sturmfluten nicht stand und brachen. Neue Deiche mussten gebaut werden, einige ehemals bedeichte Regionen aufgegeben werden, beispielsweise die Region des Jadebusens in der südlichen Nordsee. Gerade bei Sturmfluten dringt besonders viel Wasser in die Ästuare. Die Unterläufe der Flüsse sind begradigt und ausgebaggert, um die Schifffahrt zu erleichtern. Das Gefälle der Flüsse ist außerdem bei hohem Wasserstand der Nordsee besonders gering, so dass die Überflutungsdauer bei Sommerhochwässern und die Gefahr von Eisversatz im Winter zugenommen haben.

Die Nordsee ist fast täglich Thema spezieller Zeitungsnachrichten oder Essays. Die bangen Fragen lauten schon seit langem: «Ertrinkt die Küste durch den Meeresspiegelanstieg?» oder: «Wie wird das Ökosystem Wattenmeer mit der ständigen Überdüngung fertig, ohne darauf gravierend zu reagieren?» oder: «Abgestorben, umgekippt auf Quadratkilometer großen Flächen im Wattenmeer und den vorgelagerten Tourismusinseln.» So lauten oft die einschlägigen Überschriften. Jetzt reagiert die Nordsee, die nicht nur für Seehunde oder für Millionen von Watt- und Zugvögeln unersetzbar ist. Immer wieder kommt es zu epidemieartigem Seehundsterben wie zuletzt im Jahre 2002, Schaumberge zieren oft tage- und wochenlang die Brandung und die Strände; Algenblüten, Fischkrankheiten, Schiffshavarien und verölte Strandabschnitte nehmen in letzter Zeit zu. Von der Nordsee lebt aber auch die Tourismusindustrie, ebenso die Hochseefischerei, deren Speisefische dort ihre Kinderstube haben. Neue Hoffnung bringt die Anerkennung des Wattenmeeres zum Weltnaturerbe. Man setzt seitens der Kurbetriebe, der Küsten- und Inselkommunen und der Wirtschaft vor allem auf einen Imagegewinn für diese Region. Manche befürchten aber auch Auflagen und Einschränkungen, wie man sie schon seit Jahren in den Nationalparks kennt. Auch die Diskussion um sogenannte «off-shore-Windparks» nimmt in letzter Zeit an Schärfe zu – ungeklärte Sturmfolgen, umgestürzte Anlagen, ungeprüfte Auswirkungen auf die Vogelwelt und «optische Umweltverschmutzung» stehen im Zentrum der neuen Fragen und Probleme.

Die Flut der Publikationen zu diesen Themen und über die Nordsee generell ist nicht mehr zu überblicken. In den nachfolgenden Kapiteln möchte ich eine möglichst große Themenpalette über die Nordsee behandeln; eine komplette, umfassende Behandlung aller Themenbereiche würde den Rahmen dieses Buches sprengen. Viele haben mir geholfen, die wichtigsten Literaturquellen aufzuspüren. Für die spontane Hilfe bei der Beschaffung von Daten und Bildern danke ich Hansjörg Küster (Hannover), Hans Kolde (Juist), Werner Franke (Lingen), Dirk Torben Hahn (Hannover), Martina Herrmann (Hannover), der Meyer-Werft (Papenburg), Jörg Petersen (Hannover), Georg Quedens (Amrum), Bernd Stemmer (Soest) sowie Krista und Fedor Strahl (Burgwedel).

Das Nordseebuch soll den interessierten Küsten- und Inselbewohnern, aber natürlich auch ihren vielen Besuchern und Liebhabern fundierte Informationsgrundlagen und eine sinnvolle, aktuelle Ergänzung zu meinem Farbatlas über die Nordseeinseln von 1995 liefern; denn niemand, der sich der Nordsee, ihren Inseln, ihren Landschaften und den angrenzenden Städten nähert, kann sich der Eigenart und Schönheit dieses großartigen Naturraumes entziehen.

Langeoog, im Juli 2002
und Hannover, im Mai 2003 *Richard Pott*

1. STEIGT DER MEERESSPIEGEL? – KLIMAFAKTEN UND KLIMAWANDEL

Anwohnern der Küste ist die Bezeichnung «Normalnull», die mit «NN» abgekürzt wird, vertraut. Die Höhe der Landschaft oder des Deiches wird in «Metern über NN» angegeben. Mit NN wird der mittlere Meeresspiegel bezeichnet, der sich aus langjährigen Beobachtungen ergibt. NN ist der 1912 festgelegte mittlere Meeresspiegel als Ausgangsniveau für alle Höhenmessungen in der Nordsee. Küstenbewohnern ist aber ebenso vertraut, dass der Meeresspiegel nicht nur durch veränderte Gezeiten von dem einmal festgelegten NN abweicht, denn langfristige Trends werden beobachtet, die, über Jahrhunderte gesehen, Meeresspiegeländerungen von mehreren Metern ausmachen können. Hier im Nordseeraum gewann man erstmals zusammenhängende Vorstellungen über die Entwicklung dieses veränderlichen Lebensraumes von den Eiszeiten bis zur Gegenwart.

In der aktuellen Diskussion um einen Klimawandel auf der Erde wird häufig von dramatischen Änderungen des Meeresspiegels gesprochen. In den Medien findet man Berichte über abschmelzende Polkappen, die Verringerung der arktischen Meereisdecke, das Abbrechen großer Tafeleisberge von den Eisschelfen der Antarktis, den Rückgang der alpinen Gletscher, den langsam ansteigenden Meeresspiegel und die biogeographischen Veränderungen der marinen und terrestrischen Lebensräume oder gar über zukünftige Warm- oder Eiszeiten. Die naturwissenschaftliche Forschung an diesem Phänomen belegt aber vielfach, dass derartige Zukunftsszenarien häufig übertrieben dargestellt werden.

Menschliches Handeln hat bislang offenbar zu einem weiten Effekt globalen Ausmaßes geführt: Die Änderung der Zusammensetzung der Atmosphäre beispielsweise durch das Verbrennen fossiler Kohlenstoffe oder als Folge der Abholzung von natürlichen Wäldern haben den Anteil an Kohlendioxid (CO_2) dermaßen erhöht, dass innerhalb des nächsten Jahrhunderts mit einer erdweiten Änderung des Klimas und einer globalen Erwärmung der Erdoberfläche von deutlich mehr als einem Grad Celsius als Folge des Treibhauseffekts zu rechnen ist. Auf der Erde ist die Verbreitung von Tier- und Pflanzenarten hauptsächlich durch Klimaparameter bestimmt, und es wird angenommen, dass Änderungen der Temperatur oder der Niederschläge auch die Ausdehnung der Großlebensräume beeinflussen. In jüngster Zeit häufen sich Berichte über Verhaltensanpassungen von Pflanzen und Tieren und sich ändernde Artareale als Folge der wärmeren Klimabedingungen der vergangenen drei Jahrzehnte. Nachdem im vergangenen Jahrhundert die durchschnittliche Temperatur der Erdatmosphäre weltweit um rund 0,6 Grad Celsius angestiegen ist, rechnen Klimaexperten für die kommenden Jahre mit einer noch stärkeren Erwärmung, die naturraumabhängig negative oder positive Konsequenzen für Land- und Forstwirtschaft sowie für die Siedlungsflächen der Menschen in ökologisch sensiblen Regionen wie dem Nordseeraum haben kann.

Wärmere Temperaturen treiben aber auch den globalen Wasserkreislauf an. Dies äußert sich in zunehmend verstärkten Trockenzeiten oder Hochwasserereignissen in verschiedenen Teilen der Erde. Der Meeresspiegel steigt gegenwärtig um 2,4 Millimeter pro Jahr mit wahrscheinlicher Zunahme, wenn das Abschmelzen der Gletscher und Polkappen voranschreitet. Bis ins Jahr 2100 soll sogar mit einem Anstieg des mittleren globalen Meeresniveaus von 0,09 bis 0,88 Metern gerechnet werden. Kürzlich konnte obendrein eine Korrelation zwischen erhöhter Nordatlantischer Wellenoszillation und ansteigender Oberflächentemperatur nachgewiesen werden. Verschiedene Modelle weisen ferner darauf hin, dass auch mit einer verstärkten Niederschlagsintensität und einer Zunahme an Extremereignissen gerechnet werden muss, wie dies seit 1992 in den Berichten des Intergovernmental Panel on Climate Change (IPCC) nachzulesen ist. Hier ist jedoch Einhalt zum Nachdenken geboten: Zahlreiche Faktoren beschränken nach wie vor unsere Fähigkeiten und Möglichkeiten, eventuelle Folgen einer zukünftigen Klimaänderung wirklich aufzudecken und konkret abschätzen zu können. Eines ist jedenfalls klar, die Zusammensetzung der Vegetationsdecke in einem Naturraum, wie zum Beispiel im Wattenmeer oder auf den Inseln, hängt einmal von den Migrationsraten der Pflanzen und Tiere ab und zum anderen davon, wie rasch sich in diesem Kontext die Bodenverhältnisse und andere Umweltfaktoren ändern. Es ist zum heutigen Zeitpunkt in keiner Art und Weise gesichert, ob die Wanderungskapazitäten der Pflanzen und

Tiere mit der Rate der sich ändernden Umweltbedingungen Schritt halten können und dass derzeit beobachtete Veränderungen in der Vegetation einzelner Regionen wirklich und ursächlich dem «Global-Warming-Phänomen» zugeordnet werden dürfen.

Einigkeit besteht jedoch darin, dass der aktuelle Temperaturanstieg zumindest teilweise auf die Verbrennung fossiler Energieträger, vor allem von Kohle und Erdöl, durch den Menschen und das dabei freiwerdende Kohlendioxid zurückzuführen ist. Das Problem: In der Erdatmosphäre nimmt das Kohlendioxid die Wärmestrahlung der Erde auf, und zwar speziell den Wellenbereich, der von der Erde zurückgestrahlt wird, nachdem sie von der Sonne aufgewärmt wurde. CO_2 wirkt dabei wie das Glasdach eines Treibhauses: Es lässt das kurzwellige, von der Sonne einfallende Licht passieren, absorbiert aber die irdische Infrarotstrahlung. Wie gewichtig jedoch der anthropogene Beitrag für die Entstehung des sogenannten Treibhauseffektes und der daraus postulierten Klimaerwärmung im Vergleich zu natürlichen Klimavariationen wirklich ist, bleibt derzeit eine wichtige Frage.

Man sagt: Der Rückblick auf das Klima ist der Schlüssel für die Zukunft. Denn gerade rechtzeitig inmitten der aktuellen Klimadiskussion über das Kyoto-Protokoll von 1997 und seine Umsetzung – zum Beispiel nach Berlin 1999, Rio de Janeiro 2000, Den Haag 2000 und der Frage eventueller Folgen hinsichtlich der erwarteten globalen Klimaerwärmung – wurden in Johannesburg im September 2002 die komplexen Fragen der Ursachen und Prognosen von Klimaveränderungen sowie der Klimaentwicklung insgesamt behandelt und die bislang bekannten Fakten resümiert. Viele verantwortungsbewusste Politiker weisen auf die derzeit so wichtige Problematik hin und betonen auch, dass nicht allen Bürgern und politischen Entscheidungsträgern die Grenzen der derzeit verfügbaren Klimamodelle, die meist als Computersimulationen vorliegen, in ihren Dimensionen und in ihren Wirklichkeitsbezügen verständlich, nachvollziehbar und bewusst sind.

Liegen wir in der Kohlendioxid-Diskussion richtig – ist das CO_2 ein quasi-finales Giftgas modernen Wirtschaftens? Wie forciert Wasserdampf, das wichtigste Treibhausgas überhaupt, unsere Klimaerwärmung? Die entscheidende Frage ist dabei die nach ihren Folgen. Ist es möglich, dass wir uns mit unseren Abgasen in eine neue Warmzeit heizen, in der die Polkappen schmelzen, flache Inseln untergehen und das Marschenland der Nordsee wieder überflutet wird? Oder ist die menschengemachte Erhöhung des CO_2-Gehaltes der Atmosphäre im Rahmen des komplizierten Wechselspiels der vielen natürlichen Vorgänge nur ein kleiner Ausrutscher, der ohne große Folgen für das Klima und weitere zukünftige Meeresspiegelanstiege bleiben wird?

Paläoklimaforscher diskutieren bislang ständig Zweifel an einem ausschließlich anthropogenen Klimawandel, betonen aber auch, dass der Einfluss des modernen Menschen auf eine globale Erwärmung durch die Emission von Treibhausgasen nicht vollkommen auszuschließen ist. Es ist darüber hinaus schon lange bekannt, dass die Wissenschaftler mit geologischem und paläoökologischem Hintergrund bei der oftmals in den letzten Jahren prognostizierten Klimaentwicklung, die heute mit den Schlagworten «Global Warming» oder «Klimakatastrophe» belegt sind, mit Extrapolationen von Daten seit der Industrialisierung im 19. Jahrhundert schon immer eher zurückhaltend waren.

Es ist außerdem hinlänglich bekannt, dass der Klimawandel seit dem Präkambrium, also seit 3 Milliarden Jahren, mit sich ständig verändernden Klimazonen in globaler Sicht sowie mit immer wiederkehrenden Warm- und Kaltphasen offenbar Spielart einer «gottgewollten Ordnung» ist, der wir ungezählte zyklische oder periodische Klimaveränderungen mit wiederkehrenden Abkühlungen und Erwärmungen in manchen Regionen der Erde verdanken. So wissen wir heute durch zahlreiche Messwerte, sogenannte *Paläoklima-Proxydaten*, dass sich die Erde seit etwa 2,6 Millionen Jahren im quartären Eiszeitalter befindet und dass unser Globus seither allein in dieser Phase mindestens 20 Kaltzeiten erlebt hat, wobei die sie trennenden Warmzeiten jeweils rund zehnmal kürzer waren als die Kaltzeiten. Selbst innerhalb der Kaltzeiten gab es Zwischenwarmzeiten, die das raue Klima kurzzeitig etwas freundlicher erscheinen ließen. Diese Klimaschwankungen sind jedes Mal deutlich in zahlreichen Pollendiagrammen mit entsprechenden Vegetationsschwankungen repräsentiert. Auf der nördlichen Hemisphäre wuchsen während der Eiszeiten gigantische Inlandeisschilde, die weite Gebiete Nordamerikas und Eurasiens bedeckten, die aber in den Warmzeiten wieder abschmolzen. Der heute noch vorhandene grönländische Eisschild ist ein solcher

Rest, der bei weiterer Erwärmung in Zukunft auch noch schmelzen kann. Während der Eiszeiten wurde über den atmosphärischen Wasserkreislauf durch Verdunstung und Niederschlag dem Weltmeer so viel Wasser entzogen, dass der weltweite Meeresspiegel um bis zu 140 Meter absinken konnte. Gegen Ende einer Eiszeit wurde das in den Eisschilden gespeicherte Wasser nach deren Abschmelzen wieder dem Ozean zugeführt, was damals zu weiträumigen und dramatischen Überschwemmungen der Küstenzonen führte.

Die Grundlagen dafür sind mit den sogenannten «äußeren» und «inneren» Klimafaktoren zu beschreiben: Die Sonne ist ein Klimafaktor ersten Ranges, und ihre Rolle als «Energiefabrik» ist immens: Sie strahlt nicht gleichmäßig wie eine Glühbirne, sondern ihre verschiedenen Sonnenfleckenzyklen und die Zwischenzeiten geringerer Aktivität, die *Interferenzen*, haben offenbar das Klima auf der Erde bis in allerjüngste Zeit bestimmt. Johannes Fabricius, ein Medizinstudent aus Ostseel bei Norden in Ostfriesland, und sein Vater, David Fabricius, der dortige Pastor, entdeckten im Jahre 1611 dort durch ein Fernrohr die Sonnenflecken zum ersten Mal. Das sind dunkle Stellen in der Lichthülle der Sonne, die in einem elfjährigen Zyklus auffälligste Anzeichen einer wechselnden Sonnenaktivität sind. Auch die Wirkungen der globalen Land-Meer-Verteilung heute und in der Erdvergangenheit sowie die Verschiebung der Kontinente hatten entsprechende Folgen für das Klima, und sie sind weiterhin fundamentale Bestandteile von Klimaänderungen. Solche Klimaschwankungen mit ihren Wechseln von Warm- und Kaltzeiten bilden somit einen besonders wertvollen Aspekt der neuen Klimaforschung: Wir kennen nun in groben Zügen die natürlichen klimatischen Grundphänomene und die Rolle des Menschen in der jetzigen Nacheiszeit, also im Holozän, für Nordwesteuropa.

Aus historisch-globaler Sicht wissen wir ferner, dass die Konzentration des Kohlendioxids im Erdaltertum teilweise deutlich höher war als heute. Das trifft auch für geologische Epochen zu, in denen sich die großen Eisschilde von den Polen her ausbreiteten, so etwa im Karbon und im Perm vor 360 bis 290 Millionen Jahren. Darüber hinaus belegen die Rekonstruktionen von Temperatur und Kohlendioxid, dass atmosphärischer Kohlendioxidgehalt und die Lufttemperatur über die letzten Millionen Jahre hinweg nicht immer im Gleichschritt verliefen.

In Anbetracht unseres zunehmenden Wissens um die Bedeutung beispielsweise des jüngst ins Spiel gebrachten Wasserdampfes als Treibhausgas kommt dem neu diskutierten Paradigmenwechsel von der bisherigen Nutzung fossiler Energieträger zur künftigen Nutzung und Verwendung von Wasserstoff als vorherrschendem Brenngas eine besondere Bedeutung zu: Dabei sollte man in der Diskussion auch die Erkenntnisse der Meteorologen nutzen, die vermuten, dass die Hälfte des heute freigesetzten Wasserdampfes aus der in großen Höhen der Atmosphäre ablaufenden chemischen Umwandlung des Spurengases Methan stammt. Wir wissen es inzwischen sehr gut: Die Zunahme des Wasserdampfes hat heutzutage gleich zwei ungünstige Auswirkungen; zum einen begünstigt eine feuchte Atmosphäre in großen Höhen die Bildung von *Eiskristall-Wolken* oder sogenannten polaren stratosphärischen Wolken. An den Eiskristallen laufen die chemischen Reaktionen ab, die zur Zerstörung der Ozonschicht führen. Nimmt der Wasserdampf also weiter zu, ist damit zu rechnen, dass sich das Ozonloch über der Antarktis und möglicherweise auch die Ozonverluste über der Nordhalbkugel trotz eingeleiteter Gegenmaßnahmen nicht wie erwünscht zurückbilden, sondern womöglich im Gegenteil bedrohlicher werden. Zum anderen absorbiert der zunehmende Wasserdampf mehr Wärme. Im Gesamtsystem der Atmosphäre ist also der Wasserdampf mit mehr als 66 Prozent ein entscheidender Faktor für die Speicherung von Wärmeenergie, gefolgt von Kohlendioxid und Ozon mit je 15 Prozent und den weiteren Treibhausgasen Stickoxide (0,14 Prozent), FCKW (0,28 Prozent), Methan (0,47 Prozent) sowie übrigen Gasen mit einem Gesamtvolumen von etwa 5 Prozent. Welche Auswirkungen diese Phänomene im Einzelnen in ihrem Zusammenwirken für das Klima, für Klimaänderungen und deren Konsequenzen auf die Küstenlandschaften insgesamt haben, wird zunehmend bedeutsamer.

Notwendig ist also die Rekonstruktion der Klimavergangenheit mit Ausblicken in die Zukunft: Wir stehen offenbar am Anfang einer außergewöhnlich langen Warmzeit. Sie ist durch die geringe Änderung der Sonneneinstrahlung in den nächsten 50 000 Jahren bedingt, vorprogrammiert durch die Konstellation zwischen Erde und Sonne. In den frühen Jahrzehnten des vergangenen Jahrhunderts erkannten Wissenschaftler wie Alfred Wegener und Milutin Milankovitch, dass die steten Wechsel zwischen Eiszeiten und Warmzeiten durch kleine

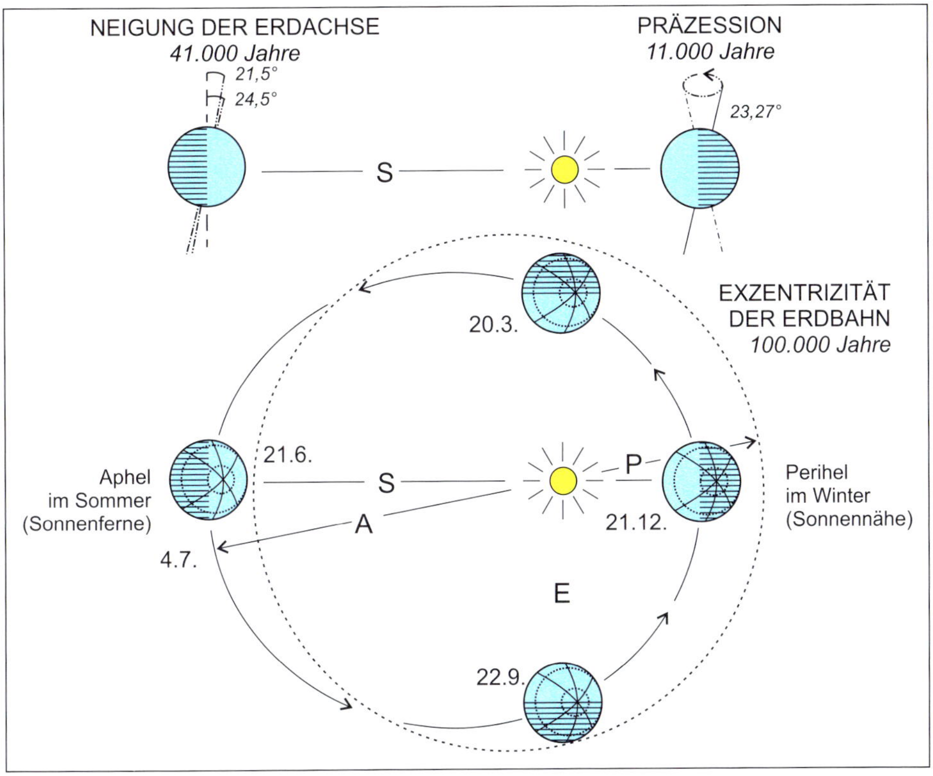

Erdbahnelemente und ihre Änderungen, wobei die Darstellung der Schwankungen der Exzentrizität überhöht ist (aus Pasenau 2002).

Wechsel in der Geometrie der Erdbahn um die Sonne beeinflusst oder gesteuert werden. Damals tauchten die ersten Vermutungen über Zusammenhänge mit den periodischen Änderungen der Erdbahn und der Stellung der Erdachse auf. Die langfristigen, wiederkehrenden Änderungen der Sonneneinstrahlung im Rahmen von mehreren 10 000 Jahren wurden erstmals vom serbischen Mathematiker M. Milankovitch im Jahre 1941 beschrieben. Solche *Milankovitch-Zyklen* lassen sich aus astronomischen Gesetzmäßigkeiten für Vergangenheit und Zukunft berechnen. Damals veröffentlichte Milankovitch sogenannte «Strahlungskurven» für einzelne Breitenkreise im Ablauf der Erdgeschichte, also Angaben über die Schwankungen der eingestrahlten Sonnenenergie aufgrund der erwähnten periodischen Veränderungen. Diese ergeben sich durch die wandelnde Stellung unseres Planeten und des Erdmondes zueinander und damit der Änderung der Anziehungskräfte untereinander. Als Erdbahnelemente werden im Allgemeinen für die Berechnung herangezogen: Die Neigung der Erdachse zur Umlaufbahn um die Sonne ist die Ursache für die Jahreszeiten. Sie ändert sich mit einer Periode von 41 000 Jahren zwischen 21,5 Grad und 24,5 Grad und liegt heute bei 23,4 Grad. Sie nimmt zur Zeit ab, so dass sich die Unterschiede zwischen Sommer und Winter verstärken. Bei der *Präzession* legt man fest, dass die Erdachse einer Taumelbewegung unterliegt – eine Halbachse umschreibt dabei einen Kegel mit einem Öffnungswinkel von 47 Grad. Überlagert wird diese Bewegung durch eine Rotation der Umlaufellipse der Erde um die Sonne. Daraus ergeben sich zwei unterschiedliche Perioden: 23 000 und 19 000 Jahre. Bei der sogenannten *Exzentrizität* wird berechnet, dass die Erde die Sonne nicht exakt auf einem Kreis umläuft. Die größte Abweichung ihrer elliptischen Umlaufbahn vom Kreis beträgt 6 Prozent und wird alle 10 000 Jahre erreicht.

Ferner ist die Erdbahn in hohen geographischen Breiten durch den Neigungswinkel der Erdrotationsachse gegenüber der Umlaufbahn der Erde um die Sonne, die sogenannte *Obliquität*, geprägt, während in niederen Breiten der Einfluss von den Änderungen des Ellipsenradius der Erdumlaufbahn um die Sonne, die Exzentrizität, und die entsprechende Strahlungsenergie durch den Abstand von Sonne und Erde überwiegen. Die sogenannten Orbitalparameter, wie die Ellipsenform der Erdbahn um die Sonne, der Winkel der Rotationsachse der Erde in dieser Bahn und die Präzession der Erdrotation, ergeben regelmäßige Änderungen für Frequenzen von 100 000, 41 000, 23 000 und 19 000 Jahren, die in Wechselwirkung stehen, in ihrer Summe aber offensichtlich einen steuernden Einfluss auf das Klima der Erde haben. Diese Wechsel können mit modernen geologischen und paläoökologischen Messungen erfasst und durch Astronomen auch für zurückliegende Zeiten berechnet werden. Es gibt keinen Grund anzunehmen, dass diese langfristigen, zyklischen Wechsel in Zukunft ausbleiben werden. Alle Berechnungen deuten ferner darauf hin, dass die jetzige Warmzeit mit dem Einstrom des für Nordwesteuropa und für die Nordsee so wichtigen Golfstroms in den nördlichen Nordatlantik noch lange Zeit andauert, bis sie dann mit wesentlich kälteren Klimaten in eine neue Eiszeit übergeht. So ist nach den derzeitigen astronomischen Modellen eine nächste starke Abkühlung des Klimas erst in etwa 50 000 Jahren zu erwarten. Ähnlich der «Achterbahnfahrt» des Klimas in der jüngsten Vergangenheit während der letzten Weich-

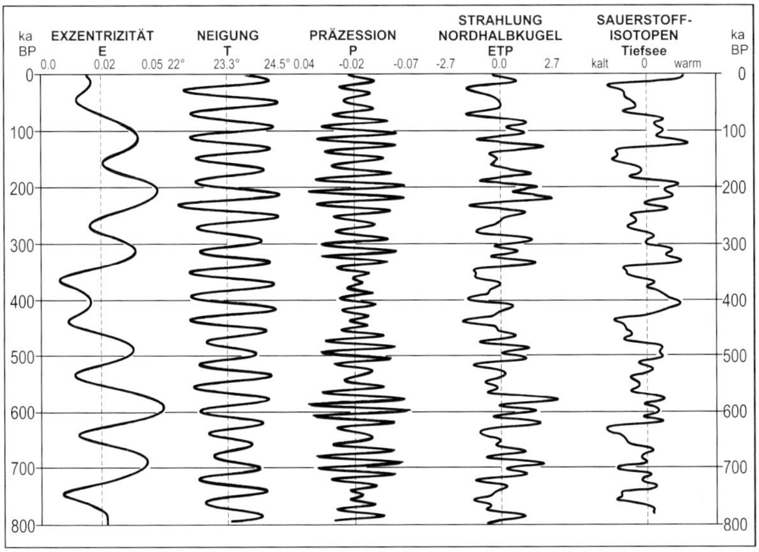

Perioden der Erdbahnelemente und die Strahlungskurven (ETP) auf der Nordhalbkugel in den letzten 800 000 Jahren. Das Kürzel kaBP bedeutet Kiloyears Before Present, also vor tausend Jahren. Die Abbildung zeigt den Vergleich zu den Kalt-Warm-Tendenzen nach den Ergebnissen von Sauerstoffisotopenuntersuchungen von fünf Tiefseesedimentprofilen aus den verschiedenen Ozeanen der Erde (nach Pasenau 2002).

seleiszeit vor etwa 22 000 bis 18 000 Jahren bewegen wir uns also danach auf eine neue Kaltzeit zu, und zwar unabhängig davon, ob die Menschheit heute die Konzentration des Kohlendioxids in der Atmosphäre durch die Verbrennung von Erdöl, Erdgas und Kohle erhöht. Um Missverständnissen vorzubeugen: Auch wenn der Kohlendioxid-Beitrag für die Klimaveränderungen weit schwächer sein sollte als oftmals befürchtet, so ist doch ein vernünftiger Umgang mit den Ressourcen der Erde unabdingbare Voraussetzung für den Erhalt einer gesunden Umwelt.

Mit modernen Untersuchungsmethoden ist es inzwischen gelungen, solche Änderungen im Strahlungshaushalt der Erde nachzuweisen. So untersucht man beispielsweise das Verhältnis der beiden Sauerstoffisotope O^{16} und O^{18} in kalkhaltigen Meeressedimenten. Das Meerwasser besteht hauptsächlich aus Wassermolekülen mit dem weit verbreiteten Sauerstoffisotop O^{16}. Nur 0,2 Prozent des Wassers enthält dagegen «schwere» Sauerstoffatome mit der Massenzahl O^{18}. Beim Verdunsten des Meerwassers werden die leichteren Moleküle eher aufsteigen. Wird also während einer Kaltzeit vermehrt Meerwasser in Form fester Niederschläge mit Schnee und Eis an den Polen gebunden, erhöht sich allmählich der Meereswassergehalt an O^{18}. Untersucht man nun die Proben von Tiefseesedimenten oder aus den

Eiskernen Grönlands auf ihren Sauerstoffisotopengehalt, so kann man anhand der O^{16}/O^{18}-Relation nachträgliche Informationen über die vergangenen Temperaturverläufe finden. Überraschenderweise kann man in nahezu allen geeigneten Sedimenten, ob im Norden oder im Süden unseres Globus, fast identische Ergebnisse finden. Man hatte erwartet, dass durch periodische Schwankungen der Erdachsneigung auch deutliche Unterschiede in der Temperaturverteilung zwischen der Nord- und Südhalbkugel der Erde auftreten würden. Man vermutet, dass die Koppelung der fast gleichzeitigen Abkühlung von Nord- und Südhemisphäre unter anderem über ein heute recht gut erforschtes übergreifendes ozeanisches Strömungssystem – wie inzwischen beim Golfstrom erkannt – mit entsprechenden kalten Tiefenströmungen, die ihren Ursprung im Nordatlantik haben, und oberflächennahen wärmeren Ausgleichsströmungen von Süden schon immer erfolgte.

Mit den Ergebnissen vieler paläoökologischer Untersuchungen und dem Vergleich der Temperatur- und Altersbestimmungen an Tiefseesedimenten sowie durch die Analyse von Eiskernen aus Grönland und der Antarktis kann man für Nord- und Mitteleuropa seit etwa 1,7 Millionen Jahren insgesamt sieben Eiszeiten nachweisen. Die drei letzten sind für die Nordsee von besonderer Bedeutung; deshalb werden sie nachfolgend auch ausführlich beschrieben.

Es gibt also offenbar keinen Zweifel, dass sich das Klima der Erde zur Zeit in einer Phase des schnellen Wandels befindet. Wir haben es gesehen; bei näherer Prüfung der Informationen, die zu diesem gesamten Problemkreis zur Verfügung stehen, stellt sich jedoch heraus, dass die Gründe für die beobachtete globale Erwärmung keineswegs klar sind und dass der vermutete menschliche Einfluss in enger Wechselwirkung mit der natürlichen Veränderlichkeit des Klimas steht. Die jetzt registrierte Erwärmung der Erde hat sich offenbar im Takt mit der zunehmenden Industrialisierung über die letzten 150 Jahre entwickelt, nachdem eine mehrere hundert Jahre andauernde kalte Klimaphase, die sogenannte «Kleine Eiszeit», die auf der nördlichen Hemisphäre von ca. 1450 bis 1780 besonders ausgeprägt war, zu Ende ging und sich die Durchschnittstemperaturen wieder auf die nacheiszeitlichen Mittelwerte einstellten, die sie aber in den letzten 20 Jahren überschreiten.

Kalbende Gletscher am Kongsfjord in Spitzbergen. So werden auch die zwischen- und nacheiszeitlichen Gletscher immer wieder Eisberge in das damalige Nordmeer entlassen haben.

Während der «Kleinen Eiszeit» ging wegen der rasch vordringenden Meereisdecken im Europäischen Nordmeer die Verbindung nach Grönland zu den mittelalterlichen Wikingersiedlungen verloren, und der Fischfang vor Norwegen – eine der wichtigsten Voraussetzungen für das Aufblühen der Hanse – brach zusammen. Die Untersuchungen aus den grönländischen Eiskernen haben uns ferner gelehrt, dass dramatische natürliche Klimawechsel über Zeiträume von wenigen Jahren bis Jahrzehnten ablaufen können. So weiß man heute, dass seit dem Ende der letzten Warmzeit, der Eem-Warmzeit, vor 117 000 Jahren in regelmäßigen Zeitabständen von etwa 10 000 bis 20 000 Jahren die Eisschilde in Kanada und Grönland in stärkere Bewegung geraten sind und dabei eine «Flotte» von Eisbergen in den Nordatlantik geschoben haben. Beim allmählichen Abschmelzen der Eisberge rieselten die groben, vom Eis mitgeführten Sedimente und Gesteinspartikel, sogenannte *drop-stones*, auf den Meeresboden. Ihre Spuren lassen sich anhand dieses Schutts rekonstruieren und datieren, sie werden als «Heinrich-Ereignisse» bezeichnet.

Tatsächlich haben Meeresforscher in den letzten Jahrzehnten nach Untersuchungen aus den Eiskernen Grönlands zahlreiche Belege für solche Ereignisse, sogenannte «Heinrich-Lagen», entdeckt. Die Spur der Eisberge, die «Heinrich-Lagen», sind also Gesteinsschutt, der, in Gletschereis eingefroren, vom Eis über die Kontinente hinaus bis ins Meer verfrachtet wurde. Die «Heinrich-Lagen» sind jeweils am Ende von Zeitabschnitten mit niedrigen Temperaturen des oberflächennahen Seewassers beziehungsweise niedrigen Lufttemperaturen aufgetreten. Solche Ablagerungen sind dementsprechend Ausdruck von Zeiten eines schnellen Zerfalls von Teilen der damaligen Eisschilde auf der Nordhemisphäre und des Abkalbens zahlreicher Eisberge. Diese schnellen Gletschervorstöße und -rückzüge spiegeln das hohe Tempo der Klimaänderungen innerhalb der letzten kalten Phasen des Quartärs wider. Alle vorliegenden Hinweise der nacheiszeitlichen Klimaänderungen weisen überdies darauf hin, dass das Klimaoptimum im Atlantikum vor 8000 bis 7000 Jahren durch wesentlich höhere Temperaturen und auch durch einen höheren Meeresspiegel als heute geprägt war und weltweit für Mensch, Tier und Pflanzen günstige Lebensbedingungen bestanden. Die damaligen Meerestransgressionen führten zum Einbruch des Ärmelkanals, machten England zur Insel und ließen den Wattenmeer-Naturraum mit seinen veränderlichen Barriereinseln entstehen.

Welche enormen Wassermengen während einer Eiszeit in den Inlandeismassen der damaligen über 3000 Meter dicken Eisschilde gebunden waren, wird klar, wenn man das oft beschriebene Abschmelzen der heutigen Polkappen berechnet. Heute betragen die gesamten Süßwasservorräte der Erde etwa 37 Millionen Kubikmeter; davon sind 30 Millionen Kubikmeter im Inlandeis gebunden. Die beiden Eisschilde der Antarktis und Grönlands enthalten davon rund 99 Prozent des gesamten Eisvorrates der Erde, die anderen Gletscher zusammengenommen nur ca. 1 Prozent. Ein vollständiges Abschmelzen der heutigen Eismassen würde den Meeresspiegel weltweit um über 70 Meter anheben. Im Atlantikum hat dieses damals offenbar sehr schnell und dramatisch stattgefunden: Genau vor 8600 bis 7100 Jahren ist auch die Nordsee von ehemals 45 Metern auf 15 Meter unter dem heutigen Niveau angestiegen. Die durchschnittliche Anstiegsrate hat in dieser Zeit etwa zwei Meter pro Jahrhundert betragen.

Traditionell wird der Meeresspiegel an Pegelstationen gemessen, die teilweise schon seit hundert Jahren und länger Messdaten liefern.

Diese Messstationen sind aber sehr ungleich über die Erde verteilt, denn die meisten befinden sich auf der Nordhalbkugel. Da sich die aus diesen Messungen abgeleiteten Trends teilweise widersprechen und außerdem große Meeresgebiete unbeobachtet bleiben, waren die bis heute darauf basierenden verfügbaren Aussagen über den globalen Meeresspiegelanstieg früher überaus unsicher. Durch neue Fernerkundungssatelliten wird seit den neunziger Jahren die Situation zunehmend verbessert, und die Änderungen des Meeresspiegels werden seitdem weltweit auf wenige Millimeter genau gemessen. Es zeigt sich ein Anstieg des globalen Meeresspiegels mit einem leichten Aufwärtstrend und starken Jahresgängen. Diese werden durch den Kreislauf des Süßwassers verursacht: Wasser verdunstet über dem Meer und kehrt als Niederschlag und über die Flüsse in den Ozean zurück. Schnee und Eis sowie wechselnde Grundwasserspiegel dienen dem Süßwasser als Zwischenspeicher und verzögern den Rückfluss ins Meer.

Computersimulationen der globalen Meeresströmungen helfen mittlerweile, die Ergebnisse der Satellitenmessungen und die Ursachen der Meeresspiegeländerungen zu verstehen. Der oben beschriebene Süßwasserkreislauf und die physikalische Ausdehnung des Wassers bei Temperaturanstiegen begründen die globalen Änderungen. So hat es nachweislich eine größere Anzahl über die Eis-Wasser-Bilanz der Erde gesteuerter Meeresspiegelschwankungen gegeben, die auch in den Ablagerungen der Nordsee und des norddeutschen Küstenraumes dokumentiert sind. Während der Phasen extremer Abkühlung der letzten Kaltzeit, der Weichselvereisung, die vor 117 000 bis 11 000 Jahren stattfand, sank der Meeresspiegel sogar bis 140 Meter tief ab, so dass die Küstenlinie der Nordsee damals ca. 350 Kilometer nördlich der Doggerbank lag. Nach dieser Kaltzeit und nach dem Schmelzen der Gletscher kehrte die Nordsee allmählich zurück und eroberte die Küste erneut.

Nach dem Einbruch des Ärmelkanals vor genau 8300 Jahren konnten auch mit dem Golfstrom warme Wassermassen aus dem Atlantik vermehrt in das Nordseebecken gelangen; sie dringen heute sogar entlang der norwegischen Küste bis in die Grönlandsee vor, während kaltes Oberflächenwasser entlang der Küste Grönlands nach Süden strömt. Mit den heutigen Strömungen gelangen also wärmere und salzreiche Wassermassen des Nordatlantiks in das Nordmeer und

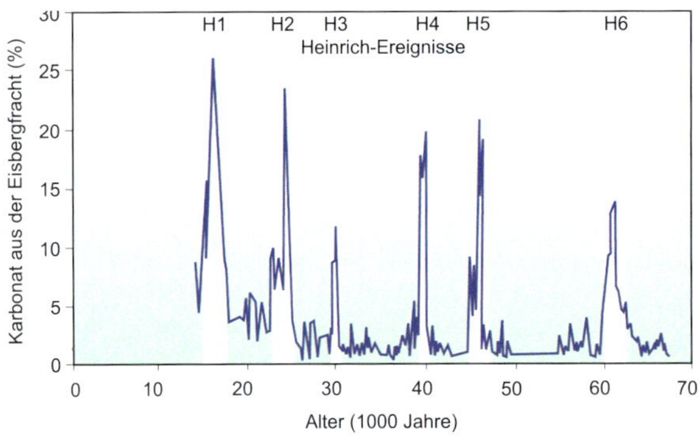

Eistransportiertes Material in den Ablagerungen des Atlantiks aus dem Tiefsee-Bohrprojekt (Bohrung 609) nach Angaben von Berner & Streif (2000).

über die nordatlantikspezifischen Gezeitenwellen weiter bis in die südliche Nordsee. Sie fließen entlang des norwegischen Schelfhanges und Spitzbergen bis in den Arktischen Ozean, haben als «Warmwasserheizung Westeuropas» einen maßgeblichen Einfluss auf das Klima und sind bislang stabil. Unser gemäßigtes Klima verdanken wir dem Golfstrom. Ohne ihn hätten wir strenge Winter und wärmere Sommer. Was aber treibt die wärmeren Wassermassen aus den Seegebieten am Äquator entlang der amerikanischen Ostküste nach Norden? Kann diese Warmwasserheizung Europas infolge des «Global Warming» abbrechen und zu einer dramatischen Klimaänderung führen? Das sind Fragen, deren Erörterung man heute schon außerhalb der Fachliteratur in der Tagespresse findet.

Im Seegebiet um Island findet sich die ständige Pumpe, die den Golfstrom beeinflusst und damit die vom Wind bestimmte Strömungsrichtung begünstigt. Dort sinkt abgekühltes Oberflächenwasser auf den Ozeangrund ab und fließt als Tiefenwasser nach Süden. Das ist der Massenausgleich für das warme Oberflächenwasser des Golfstroms. Entscheidend für das Absinken des Oberflächenwassers ist der Salzgehalt des Meereswassers. Je mehr Salz im Wasser gelöst ist, desto schwerer wird es, sinkt also leichter ab. Die Klimapumpe arbeitet dann entsprechend kräftiger, weil mehr warmes Wasser nach Norden fließt. Sinkt der Salzgehalt nur geringfügig, wird weniger Tiefenwasser gebildet, so dass der Golfstrom schwächer fließt und weniger Wärme in den Nordatlantik transportiert.

Weil im tropisch-warmen Mittelatlantik mehr Wasser verdunstet, als durch Niederschlag ins Meer gelangt, ist das Oberflächenwasser

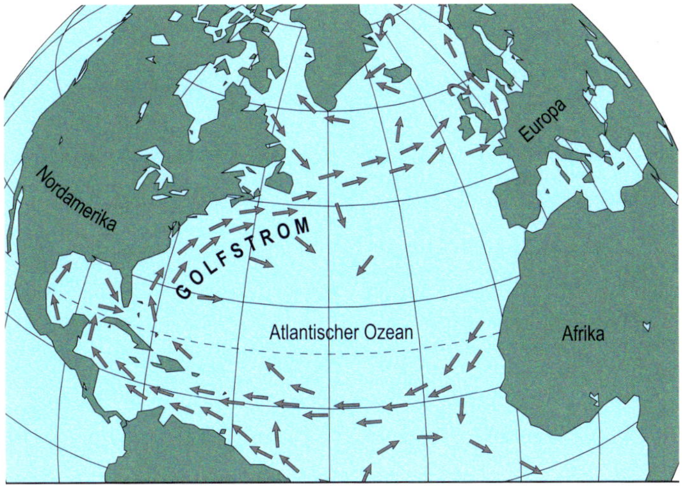

Wasseraustausch von kalt nach warm: Der weltweit vernetzte Golfstrom ist unsere «Klimamaschine».

ein wenig salziger als die unteren Schichten. Kalte Winde, die von Kanada und Grönland wehen, kühlen gelegentlich östlich von Labrador das Oberflächenwasser stark ab, so dass es dichter und schwerer wird. Wegen des höheren Salzgehalts und größeren spezifischen Gewichts sinkt es ab. Viele Millionen Kubikmeter Oberflächenwasser gehen somit in diesem Seegebiet in jeder Sekunde auf Tauchstation und fließen in der Tiefe ganz langsam bis zur Antarktis. Dort vereinigen sie sich mit dem antarktischen Tiefenwasserstrom, der fast achtmal so viel Kaltwasser von West nach Ost um die Antarktis herum transportiert. Südlich von Afrika beginnt er mit dem Aufstieg an die Oberfläche. Der Golfstrom ist also in den globalen Meerwasseraustausch eingebunden.

Wenn aber in Nordamerika höhere Niederschläge fallen oder das Grönlandeis schneller schmilzt und entsprechend mehr Süßwasser in den Nordatlantik strömt, könnte es zu Änderungen in der atlantischen Zirkulation kommen. Denn das frische Wasser ist leichter als das Ozeanwasser, schwimmt als Schicht auf dem schweren Salzwasser und kann nicht in die Tiefe absinken. So ein Phänomen hätte entsprechende Auswirkungen auf das Klima in Mitteleuropa. Hätte das Oberflächenwasser nur zwei Promille weniger Salzgehalt, würde es bei einer Abkühlung auf den Gefrierpunkt an der Oberfläche bleiben. Es gäbe keinen Austausch zwischen den verschiedenen Wasserschichten. Dann würde sehr viel weniger warmes Wasser aus tropischen und subtropischen Breiten nach Norden fließen.

Genau dieses scheint gegen Ende der bislang letzten Eiszeit geschehen zu sein. Damals flossen die Schmelzwässer des nordamerikanischen Inlandeises über den Sankt-Lorenz-Strom in den Nordatlantik statt über den Mississippi in den Golf von Mexiko. Der Salzgehalt des nordatlantischen Oberflächenwassers sank so stark, dass kein neues Tiefenwasser mehr gebildet wurde. Der Golfstrom bog damals im Mittelatlantik nach Süden um. Große Teile des Nordatlantiks vereisten. Rund tausend Jahre dauerte dieser Zustand. Später nahm der Golfstrom dann seine ungefähre heutige Position ein, und Wechsel gab es offenbar öfter: Während der günstigen Klimabedingungen zu Beginn der mittelalterlichen Warmzeit bauten beispielsweise die Wikinger unter Erich dem Roten um das Jahr 985 ihre Siedlungen an der Südwestküste von Grönland auf, die beinahe 500 Jahre bestanden. An den grünen Fjorden betrieben sie Viehzucht, sie ernteten Heu für das Winterfutter der Tiere bis nachweislich zum Jahre 1408. Verstärktes Auftreten von Stürmen in Verbindung mit der Tiefendurchmischung des Fjordwassers kulminierten dann aber im Übergang von der mittelalterlichen Warmzeit in die «Kleine Eiszeit», in der Phase, als die Wikinger aus Grönland wieder verschwanden.

2. DYNAMISCHE NORDSEE-KÜSTENLANDSCHAFTEN ALS FOLGE DER EISZEITEN

Die Nordseeküsten sind seit jeher einem steten Wandel unterworfen, davon zeugen besonders die Chroniken aus den vergangenen Jahrhunderten, die von landfressenden Sturmfluten berichten, vom Untergang bewohnter Inseln, von der Überflutung der fruchtbaren Marsch und dem Ertrinken zahlloser Menschen und Tiere – aber auch vom Bau der Deiche, von künstlichen Erdhügeln, den Warften oder Wurten, von bronzezeitlichem Goldschmuck und Goldgeschirr aus dem Küstenbereich, von Wikingergräbern auf den heutigen Nordfriesischen Inseln sowie in Schottland, auf den Orkneys und den Shetland-Inseln mit Waffen, Werkzeug, Keramik und Schmuck. Diese und andere Funde werden in den vielen kleinen und großen Museen der Küstenländer der Nachwelt erhalten; es sind Zeugnisse des Küstenlandes im Zeitenwandel.

Erste schriftliche Hinweise über das Leben an der Nordsee sind aus dem 1. Jahrhundert vom römischen Präfekten Plinius dem Älteren (23–79 nach Christus) überliefert, der bei den Eroberungszügen das Land an der Unterems kennen lernte und wie folgt berichtet: «Es schwillt zweimal hier in einer Tag- und Nachtlänge unermesslich sich ergießend der Ozean und sinkt wieder. Zweifeln möchte man, ob es ein Land sei oder Meer, was man sieht. Da wohnt das armselige Volk in seinen Hütten auf Hügeln aufgerichtet von Menschenhand, so hoch wie die Flut reicht... Aus Schilf und Binse fertigen sie Stricke und Netze zum Fischfang, und indem sie den mit ihren Händen hervorgeholten Schlamm mehr im Winde als in der Sonne trocknen, erwärmen sie mit dieser Erde ihre Speisen und ihre vom Nordwind erstarrten Glieder. Getränke haben sie nur vom Regen, den sie in Gruben im Vorplatz ihres Hauses aufbewahren...» Eine schöne und eindrucksvolle Beschreibung der Warften oder Wurten in der salzigen Küstenmarsch mit ihren Süßwasserreservoirs, dem *Fething*, wie wir es noch heute vielerorts sehen können. Das Heizen mit Torf aus den Geestrandmooren ist natürlich inzwischen den Elektro- oder Erdgasheizungen gewichen. Plinius hat dieses Land am Ende der sogenannten Ersten Wurtengeneration gesehen, wie wir es noch detailliert kennen lernen werden.

Links: *Präkambrische Granite und Sandsteine, hier in Nordschottland, von den Eiszeiten glattgehobelt und zertalt, sind die ältesten kaledonischen Gesteine Europas.*

Mitte: *Tief eingeschnittener Fjord nördlich von Stavanger in Norwegen. Es sind weit ins Land greifende Meeresarme mit steil aufragenden Felswänden. Diese ehemals von Gletschern geformten Trogtäler sind heute in den Fjordküsten der jungvereisten Gebiete im Umfeld der nördlichen Nordsee verbreitet in Norwegen, auf den Shetlands, den Orkneys und in Schottland.*

Rechts: *Old Red-Sandsteine auf Hoy in der Orkney-Inselgruppe.*

Das Küstengebiet des Schelfmeeres Nordsee ist in besonderem Maße dynamischen Entwicklungen unterworfen, die dazu führen, dass das gesamte Gebiet nur schwer und unzureichend in herkömmlichen Karten darstellbar ist, die einen stabilen Zustand suggerieren. Die Dynamik im Küstengebiet wird von zahlreichen Parametern gesteuert, unter anderem von der Lage des Meeresspiegels, von der Tidenhöhe, von den Meeresströmungen, von den Interaktionen zwischen Meeres- und Flutströmungen in den tidebeeinflussten Trichtermündungen der großen Flüsse, von der Vegetation und ihrer Entwicklung, vom Materialeintrag in den Küstenbereich aus den Ästuaren und von der angrenzenden Geest, vom Menschen und dem von ihm ausgehenden Küstenmanagement.

Im Zuge dieser Entwicklungen kam es im Küstengebiet zur Ausbildung bestimmter Landschaftsformen, beispielsweise von Kliffs, Riffen, Strandwällen, Barriereinseln, Platen und Sandbänken, Dünen und Dünentälern mit ihren Mooren, Geestrandmooren, Seemarschen und den Ästuaren. Diese Landschaftsformen entstehen in unmittelbarer Abhängigkeit von den oben genannten Parametern. Wir werden sie nachfolgend im Einzelnen kennen lernen. Dazu werden in einem kurzen Abriss die wesentlichen Geschehnisse während der Eiszeiten aufgeführt, die für das Landschaftsverständnis der heutigen Nordsee von großer Bedeutung sind.

Bei der Entstehung des flachen, bis 200 Meter tiefen Schelfmeeres der Nordsee spielen also Änderungen des Klimas in der Vergangen-

heit eine entscheidende Rolle. Dies gilt insbesondere für das Eiszeitalter, das Quartär. Wir haben es schon gesehen, die Genese der Nordsee und ihrer Küstenräume liefert reichhaltiges geologisches Anschauungsmaterial zum Ausmaß, zur Frequenz und zu den Auswirkungen natürlicher Meeresspiegelschwankungen. Geologisch gesehen ist die Nordsee ein junges Meer, das an vielen Stellen auch von vergleichsweise jungen Sanden, Kiesen und Geschieben der Eiszeiten unterlagert ist. Nur an ihrer Nordflanke, in Schottland, auf den Orkneys, den Shetland-Inseln und in Südnorwegen tritt der feste Gesteinsuntergrund zu Tage. Die Hügel- und Gebirgslandschaften bestehen hier aus paläozoischen Schiefern, Grauwacken, aus grauen und roten präkambrischen Sandsteinen und Graniten. Sie gehören der Kaledonischen Faltungsära des Erdaltertums vor 400 Millionen Jahren an mit südwestlich-nordöstlich streichenden Gebirgszügen und setzen sich entsprechend in Skandinavien fort. Der Name Kaledonien stammt von der lateinischen Bezeichnung für Schottland, dem Land «Caledonia», ab, das wie andere Teile der damaligen Nordhalbkugel von jener Gebirgsbildung erfasst wurde. Gerade auf den Orkney- und Shetland-Inseln sind die Küsten durch steile Kliffs, majestätische Fjorde und tief eingeschnittene Buchten gekennzeichnet.

Wenn wir zunächst den äußersten Nordwesten des Nordseeraumes betrachten, dann sehen wir, dass die sogenannten *Highlands* Schottlands von Aberdeen im Südosten bis Dunnet Head im hohen Norden aus devonischen, durch Eisenverbindungen rot gefärbten Sandsteinen aufgebaut sind, den *Old Red Sandstones*, kurz «Old Red» genannt. Im Norden vorgelagert sind die Orkneys, eine Gruppe von etwa 70 Inseln und Felsen, und die Shetlands, welche aus knapp 100 kleinen Inseln bestehen. Auch sie sind vorwiegend aus Old Red aufgebaut, und bis hin zu den Shetland-Inseln gehört dieser zu den prägenden Strukturelementen im Landschaftsaufbau, und er wird mancherorts durch metamorphe Gneise, kristalline Schiefer, Quarzite und Kalksteine ergänzt. Vor allem hier sind heute die Geländeformen zu sehen, die durch Gletscher und Schmelzwasserströme, durch eiszeitliche Verwitterungen und durch Meeresspiegelschwankungen entstanden sind. Unsere heutigen Küstenlandschaften markieren also keineswegs einen Endzustand, sondern eine kurze, relativ stabile Phase einer insgesamt dynamisch ablaufenden Entwicklungsgeschichte.

Im Nordseebecken und den angrenzenden Flachlandbereichen haben vor allem die Meeresspiegelschwankungen des Eiszeitalters wiederholt zu weitreichenden Verschiebungen der Küstenlinien landwärts wie seewärts geführt, deren Ausmaße sich anhand erhaltener Landschaftsformen und Ablagerungen rekonstruieren lassen. In der Zeit, bevor die Gletscher kamen, bereits gegen Ende des Tertiärs vor mehr als etwa 2,6 Millionen Jahren, entwickelte sich im damaligen Nordwesteuropa das sogenannte, mittlerweile verschwundene *Baltische Flusssystem*. Sein Einzugsgebiet reichte weit in den skandinavisch-baltischen Raum sowie in die ostdeutschen und polnischen Mittelgebirge. Von dort verlief es durch das heutige Ostseebecken nach Westen in die Nordsee, wo es ein riesiges Delta aufschüttete, das mit einer rekonstruierten Fläche von 0,5 Millionen Quadratkilometern dem größten heutigen Delta der Erde, dem Ganges-Brahmaputra-Delta, vergleichbar ist. Dieses ehemalige Flussnetz ist heute von der Nordsee bedeckt.

Als das Klima zu Beginn des Quartärs an der Zeitenwende vor ca. 2,6 Millionen Jahren zu drastischen Abkühlungen führte, entwickelten sich in weiten Teilen Nordeuropas ausgedehnte Tundren mit zeitweiligen oder permanenten Dauerfrostböden; es gab ferner erste Gebirgsvergletscherungen in Schottland und in Skandinavien, und das Volumen der polaren Eismassen in der Antarktis und in Grönland wuchs bis auf die fast 3000 Meter mächtigen Eisschilde heran. Ausgangsregionen der großen Vereisungen der Nordhalbkugel waren die

Hochgebirge Nordnorwegens. Die Temperaturen sanken kontinuierlich, so dass auch im Sommer die Niederschläge als Schnee niedergingen. Unter dem auflastenden Druck der zunehmenden Schneemassen bildete sich über Firn das Eis der Gletscher, das bei einer gewissen Mächtigkeit unter großem Druck zähplastisch fließen kann und sich in seiner größten Ausdehnung der Saalekaltzeit bis an den Mittelgebirgsrand Nordwesteuropas ausdehnte. Dies führte zum Absinken des damaligen Nordseespiegels um nur 80 bis 100 Meter. Die Sedimentfrachten des ursprünglichen Baltischen Flusssystems über Permafrostböden wuchsen in den Sommermonaten dieser Zeit so stark, dass riesige Materialmengen oberflächlich aufgetauter Böden in das Nordseebecken transportiert wurden. Während nachfolgend wärmerer Klimaphasen stieg der Meeresspiegel wiederholt so weit an, dass vom Nordatlantik her tiefgelegene Teile des südlichen Nordseebeckens überflutet wurden; so sind beispielsweise drei kurze, vom wärmeren Klima der Zwischeneiszeiten geprägte Abschnitte für die Zeit von vor 2,1 bis 1,7 Millionen Jahren im sogenannten *Tegelen-Interglazial*, im *Waal-Interglazial* von 1,3 bis 0,95 Millionen Jahren sowie im *Cromer-Interglazial* vor 0,7 bis 0,4 Millionen Jahren nachgewiesen. Räumlich blieben diese Transgressionen auf den West- beziehungsweise Südteil der südlichen Nordsee beschränkt; die Deutsche Bucht wurde damals nicht überflutet.

Zyklisch wiederholtes Wachsen und Schmelzen der polaren Eisschilde kennzeichnen auch die mittleren 300 000 bis 500 000 Jahre langen Abschnitte des Eiszeitalters, das *Pleistozän.* In mehreren gewaltigen Schüben drang damals erneut das skandinavische Inlandeis auch in den Nordseeschelf vor. Ausgangsregionen der großen Vereisungen waren wieder die Hochgebirge Nordnorwegens. Weitreichende Gletschervorstöße gab es nachfolgend ebenfalls in der Elster-, der Saale- und der Weichsel-Kaltzeit. Wie schon erwähnt, drangen sogar vom englisch-schottischen Hochland Gletscher zeitweise bis in die Nordsee vor. In den Zwischeneiszeiten stieg der Meeresspiegel jeweils immer wieder an, und regelrechte Meeresüberflutungen ehemaligen Festlandes sind in der Holstein- und Eem-Warmzeit sowie im Zuge der jetzigen Erwärmung nach der Weichsel-Kaltzeit nachgewiesen. Letztere dauert ja noch bis heute an.

Während der Elster-Kaltzeit verschmolzen beispielsweise die aus

Mächtige Backsteinkirche der Wurt Eilsum in Ostfriesland. Diese vierzig Meter lange, einschiffig gewölbte Chorturmkirche dürfte zwischen 1230 und 1260 erbaut worden sein. Der Turm hat ein Satteldach und erhebt sich – für Norddeutschland einmalig – über dem Chor.

Skandinavien und die aus dem englisch-schottischen Hochland kommenden Gletscher zu einer zusammenhängenden Eismasse, die damals die gesamte südliche Nordsee bedeckte. Elsterzeitliche Moränenablagerungen, zum Beispiel unweit von Wangerooge, führen verfrachtete Geschiebe wie Rhombenporphyre aus dem Oslo-Gebiet und Granite aus Skandinavien, die man gelegentlich im Spülsaum an den Stränden finden kann. Moränen- und Schmelzwassersedimente dieser Vereisung sind heute im Nordseeküstenraum wichtige Grundwasserleiter, sogenannte *Aquifere*, aus denen das wichtige Süßwasser in der salzig-brackigen Küstenmarsch und auf den Inseln gewonnen wird. Wir wollen das später noch genauer kennen lernen. In den unverfüllt gebliebenen, damals etwas höher gelegenen Erosionsrinnen der Schmelzwasserströme lagerten sich in der Endphase der ausklingenden Elster-Kaltzeit mächtige Pakete von Ton, Schluff und Feinsanden ab – alles Material, das von den Gletscher-Schmelzwässern als Gletschertrübe herantransportiert worden war. Dieser im Stillwasserbereich schmelzender Gletscherreste und Eisblöcke abgesetzte Ton, Schluff und Sand ist heute unter anderem unter der Bezeichnung

«Lauenburger Ton» ein geschätzter Rohstoff der Ziegelindustrie. Backsteine daraus haben der südlichen Küstenlandschaft ein eigenes architektonisches Gepräge gegeben: Das warme Rot der Giebelmauern, der Backsteinwände, Klinkerwege und Ziegeldächer in den Häusern und Dörfern der holländischen, friesischen und dänischen Küstenmarschen wie auch auf den Inseln resultiert aus dem Brand und der Verklinkerung solcher kalkhaltigen, ursprünglich schwarz-blauen Lauenburger Tone.

Links: *Gestaffelte Strandterrassen an der südwestenglischen Küste bei Ramsgate, die Abrasionsplattformen gehen auf den Wechsel von Regressionen und Transgressionen zurück, also auf eustatische Meeresspiegelschwankungen.*

Rechts: *Unterschiedlich hohe Strandebenen in Dänemark.*

Im Verlauf der Holstein-Warmzeit zwischen Elster- und Saale-Kaltzeit stieg der Nordseespiegel so weit, dass zum Zeitpunkt des Meeresspiegel-Höchststandes das damalige sogenannte Holstein-Meer Küstenumrisse aufwies, die der heutigen Situation sehr ähnlich waren. Der Rhein mündete zu dieser Zeit im Bereich der heutigen Inseln Texel und Terschelling in die Nordsee. In Norddeutschland reichte das Holstein-Meer mit schmalen Buchten in das Unterelbegebiet, in den Westen Schleswig-Holsteins und sogar bis nach Mecklenburg-Vorpommern. Für die Holstein-Warmzeit wurde ein Meeresspiegelanstieg von ca. 55 Metern und eine Anstiegsrate von mindestens einem Meter pro Jahrhundert berechnet, der Meeresspiegel-Höchststand dürfte ca. 5000 Jahre lang angehalten haben. Alte Strandmarken aus dieser Zeit findet man noch heute an der englischen Ostküste von der Suffolk- bis zur Northcumberland Coast etwa 25 Meter über dem heutigen Meeresspiegel und in Dänemark oder an der Unterelbe etwa 10 bis 15 Meter unter dem heutigen Meeresspiegel. Das hat folgende Gründe:

Im Laufe des Pleistozäns war das südliche Nordseebecken also wechselweise Teil des Festlandes oder vom Meer überflutet. Die Bindung gewaltiger Wassermassen in den Gletschern beider Hemisphären führte ehemals während der verschiedenen Kaltzeiten zum bereits erwähnten globalen Absinken des Meeresspiegels um mehr als 100 Meter. Das ist essentiell für das Verständnis der Küstenausgleichsbewegungen. Damals lag fast die ganze heutige Nordsee während der Eiszeiten trocken. Nur die sogenannte «Nordwestsenke», die sich von der Elbmündung südlich an Helgoland vorbeilaufend als herzynischer, also west-östlich verlaufender Senkungsraum nach Nordwesten erstreckt, bildete zu dieser Zeit einen tief ins Land eingreifenden Meeresschlauch. Die mächtigen skandinavischen Inlandeismassen drangen zu jener Zeit konsequenterweise auch über diese Rinne weit nach Süden vor, wobei sie sich mit den Eisströmen aus Schottland und Nordengland vereinigten. Im Zuge der nacheiszeitlichen Erwärmungsphasen schmolzen danach die Eiskappen also wieder ab, und das Meer drang allmählich erneut in Richtung der heutigen Küstenlinie vor, dieser Vorgang wird als *eustatischer Meeresspiegelanstieg* bezeichnet. Hinzu kam eine Landhebung als Folge der geringeren Eisbelastung auf dem skandinavischen Felsmassiv. Dieses war während der Eiszeiten von den Eislasten heruntergedrückt; der Randbereich, der festländische Küstenraum, hingegen etwas hochgewölbt. Nun folgte großräumig eine Ausgleichsbewegung – die nordische Landhebung und das Absinken des Nordseeraumes. Solche isostatischen Ausgleichsbewegungen, die als Reaktion der Erdkruste auf unterschiedliche Druckverhältnisse während der Glazial- und Interglazialphasen auftraten, beschleunigten diesen Prozess. So wurden die Küsten Südnorwegens, die Shetlands, die Orkneys und vor allem Schottland, welche während des Hochglazials von mächtigen Eismassen bedeckt waren, infolge der Druckentlastung herausgehoben. Die «Kippachse» zwischen Hebungs- und Senkungsbereichen verlief durch Dänemark und Südengland. Weil die eu- beziehungsweise isostatischen Kräfte bis heute noch nicht zum Erliegen gekommen sind, ist an der deutsch-holländischen Nordseeküste noch immer ein rezenter Anstieg des Meeresspiegels zu verzeichnen, der nicht einer aktuellen Klimaerwärmung ursächlich angelastet werden kann.

Während der nachfolgenden zweiten großen Saale-Kaltzeit breitete sich das Skandinavische Inlandeis am weitesten nach Süden aus. Über die norwegische und die dänische Westküste drang es damals 40 bis 110 Kilometer weit auf den Nordseeschelf vor. Große Schelfgebiete blieben jedoch eisfrei, weil sich das englisch-schottische Eis während dieser Kaltzeit diesmal nicht direkt in die Nordsee selbst hinein ausdehnte. Die einzelnen Stillstands- oder Rückzugsphasen der Eiszeiten werden auch *Stadiale* genannt. Bei den Untersuchungen von Ablagerungen entdeckte man für diese Phasen Anzeichen für erhebliche Schwankungen im damaligen Temperaturverlauf: So wechselten die mittleren Julitemperaturen mehrmals von wenigen Graden über null bis zu 7 bis 10 Grad Celsius. Dies hatte natürlich erheblichen Einfluss auf die Abtauvorgänge an der jeweiligen Gletscherstirn und deren Zurückweichen oder Vorrücken. Auf jeden Fall sind deutlich ausgeprägte Moränenstaffeln das Ergebnis. Heute übrigens beträgt die mittlere Julitemperatur etwa 17,5 Grad Celsius.

Beim Eisvorstoß des sogenannten Drenthe-Stadiums der Saale-Vereisung wurden in Norddeutschland die Moränenwälle der Fürstenauer und Dammer Berge westlich der Weser aufgeschüttet. Ebenso wurde in jener Zeit der von Südost nach Nordwest verlaufende Oldenburgisch-Ostfriesische Geestrücken gebildet, der sich heute seewärts im Borkum-Riffgrund fortsetzt. Der Name «Riffgrund» leitet sich von dem am Meeresboden anstehenden Moränenmaterial beziehungsweise den daraus ausgewaschenen Geschieben ab. Aus den jüngeren Eisvorstößen der Saale-Kaltzeit, dem sogenannten Warthe-Stadium, sind derzeit nur Endmoränenwälle geringerer Ausdehnung bekannt, die von den Höhenrücken der Wingst und der Harburger Berge südlich von Hamburg weiter nach Südosten verlaufen. In der heutigen Nordsee werden solche wallartigen Anhäufungen von Geschiebe westlich von Helgoland, im sogenannten «Steingrund», diesem warthestadialen Eisvorstoß zugerechnet. Der Meeresspiegel hat damals natürlich viel tiefer gelegen als heute.

Mit dem Beginn der Eem-Warmzeit, die vor 128 000 Jahren datiert wird und die nach nur ca. 11 000 Jahren vor etwa 117 000 Jahren zu Ende ging, stieg der zwischeneiszeitliche Meeresspiegel erneut. Das Eem-Meer hatte Küstenlinien, die sich noch heute im Gelände als ehemalige Meeresbuchten identifizieren lassen: Nördlich von Amsterdam existierte damals eine Meeresbucht, die bis zur Ostseite des Ijssel-

Eispanzer auf Plateauvergletscherungen in Baffin Island/ Kanadische Arktis. So werden auch die geringmächtigen Eisbedeckungen im glazialen schottischen Hochland ausgesehen haben.

meeres reichte; hier mündete der Rhein. Weitere Buchten gab es südlich der Insel Terschelling sowie bei Groningen; zwischen der Emsmündung und der Jade erstreckte sich ein Wattenmeer. Helgoland war damals größer als heute und möglicherweise sogar mit dem schleswig-holsteinischen Festland verbunden.

In der jüngsten Kaltzeit nun, der Weichsel-Vereisung, die vor 117 000 Jahren einsetzte und vor genau 11 560 Jahren endete, lag der Nordseespiegel durchgehend mindestens 40 Meter unter dem heutigen Niveau. Das maximale Regressionsniveau des Weichselmeeres wurde in einer Phase erneuter Abkühlung vor etwa 22 000 bis 18 000 Jahren erreicht; damals sank der Meeresspiegel natürlich schon wieder auf insgesamt 110 bis 130 Meter ab. Die letzte Kaltzeit wird in Schottland als Devensian bezeichnet, welches sich äquivalent der Weichsel-Kaltzeit in mehrere Teilstadien gliedern lässt. An ihrem Ende, im Spätglazial vor ca. 14 000 Jahren, erreichte diese Eiszeit ihren Höhepunkt, und in der Ausgangsregion der Gletscher in den westlichen schottischen Highlands wuchsen die damaligen Eispanzer auf bis zu 600 Meter Mächtigkeit. Von hier aus flossen Gletscherzungen ein zweites Mal unter anderem in die Nordsee ab. Das maximale Regressionsniveau des Weichselmeeres wurde in dieser Zeit bei etwa 130 Metern unterhalb

Verlauf der Nordseeküstenlinien in der ausgehenden Eiszeit um 10 300 vor heute (verändert nach Pasenau, Bleichle & Fansa 2002). Das Nordseebecken war bis über die Doggerbank trocken gefallen; der nachfolgende Meeresspiegelanstieg ließ allmählich den südlichen Nordseeraum «ertrinken».

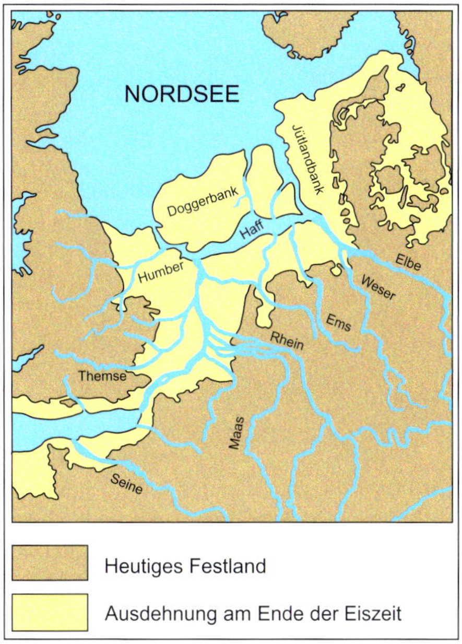

der heutigen Küstenlinie erreicht. Zu diesem Zeitpunkt war der gesamte Bereich der südlichen Nordsee Festland. Teile des mittleren Nordseeraumes wurden während dieser Phase von einem durch Süßwasserzuflüsse verbrackten und zeitweilig von Meereis bedeckten Flachmeer eingenommen. Dieses in eine Tundrenlandschaft eingebettete Binnenmeer war ehemals Vorfluter aller Flusssysteme des damaligen nordwesteuropäischen Festlandes. Ems, Weser, Elbe und Eider bildeten in jener Zeit ein zusammenhängendes Flusssystem, das zum Nordatlantik hin entwässerte. Rhein und Maas mit ihren Nebenflüssen bildeten ein weiteres Entwässerungssystem, das von den Niederlanden in südsüdwestlicher Richtung durch das Gebiet des Ärmelkanals zum mittleren Atlantik verlief. In der nachfolgenden ausgehenden Eiszeit, dem Frühen Postglazial, also 10 300 vor heute, verlief die Nordseeküste schließlich von Mittelengland über den Nordrand der Doggerbank bis nach Jütland und lag dabei 65 Meter tiefer. Vor etwa 9000 bis 8000 Jahren, bis zum Ende der ersten nacheiszeitlichen Waldphase, stieg das Meer auf 36 Meter unterhalb des heutigen NN an, wobei der Vorstoß flächenhaft offenbar um mehrere hundert Meter bis einige Kilometer auf den vormaligen Festlandssockel erfolgte. Zu dieser Zeit waren die höhergelegenen Bereiche der Doggerbank schon vom Festland isoliert,

Nordsee und Wattenmeer sind, geologisch betrachtet, ganz junge Landschaften. Wattenmeer von der Nordsee aus gesehen mit den Inseln Juist, Memmert und dem Borkumer Riffbogen in der Außenems (Foto H. Kolde).

und es deutete sich die Abschnürung der Britischen Inseln an. Die endgültige Verbindung zum mittleren Atlantik kam – wie erwähnt – schließlich durch Öffnung des Ärmelkanals um 8300 Jahren vor heute zustande. Danach herrschten in der gesamten Nordsee fortan marine Bedingungen. Damals erreichte die Grenze zwischen Land und Meer eine Tiefe von 20 Metern unterhalb des heutigen NN und markierte damit in etwa den heutigen Küstenverlauf. Dieser dramatische, massive Meeresspiegelanstieg, die sogenannte *Calais-Transgression*, setzte sich in verlangsamter Weise noch bis etwa 3000 vor heute fort, um später mehrfach von Stillstands- oder Regressionsphasen unterbrochen zu werden. Seit der Völkerwanderungszeit drang das Meer erneut wieder verstärkt in den *Flandern-* beziehungsweise *Dünkirchen-Transgressionen* vor, wovon besonders die mittelalterlichen Landverluste am Dollart und Jadebusen zeugen, welche infolge einer Reihe gewaltiger Sturmfluten entstanden sind.

Um 8000 vor heute erreichte also die transgredierende (Festlandsmassen überflutende) Nordsee die heutige Küstenregion. Die pleistozänen Geestrücken wurden in der Folgezeit fortschreitend vom Meer überflutet. Nur die höchsten Bereiche blieben damals zunächst ausgespart und überragten als Geestkerninseln das benachbarte Watten-

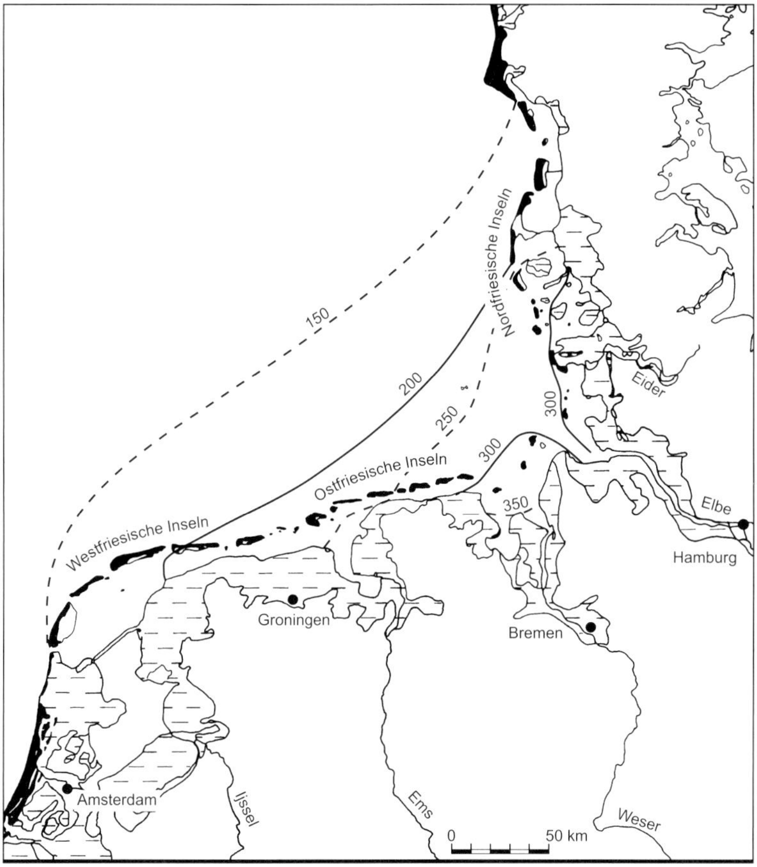

Strandwälle, Düneninseln und Platen im Bereich der südlichen Nordsee sowie Linien gleichen Tidenhubs in Zentimeterangabe (nach Streif 1990).

meer. Ein solches Stadium haben, wie aus Tiefenbohrungen geschlossen werden kann, unter anderem fast alle holländischen Westfriesischen Inseln und auch Borkum, Juist, Norderney, Baltrum, Langeoog und Spiekeroog durchlaufen. Sie alle lagen zu diesem Zeitpunkt einer pleistozänen Hochlage auf und ähnelten damit dem heutigen Aufbau der heutigen Geestkerninseln Texel, Sylt, Föhr und Amrum im west- beziehungsweise nordfriesischen Küstenbereich. Die Geestkerninseln bestehen aus einem Kern pleistozäner und tertiärer Schichten. Dieser Kern ragt einige Meter hoch über den Meeresspiegel und sein Umland auf, und an ihm sind die jüngeren Küstensedimente angelagert. Die Geestkerne bestanden bereits vor der Transgression des Eem-Meeres und haben beim eemzeitlichen Meeresspiegel-Höchststand, ähnlich wie heute, aus der flachen Küstenlandschaft herausge-

Nordseeinsel Amrum. Über 15 Kilometer erstreckt sich an der Westküste der Insel ein prächtiger Sandstrand, der Kniepsand, der in Wirklichkeit eine der Insel vorgelagerte Sandbank ist, die zwischen 80 und 120 Zentimeter über dem Mittleren Hochwasser liegt und sich alljährlich etwa um 50 Zentimeter nach Norden verschiebt (Foto H. Kolde).

ragt, allerdings waren sie damals erheblich größer. Entlang der holländischen Küste konnten sich damals auf den damaligen Strandwällen schon erste, relativ niedrige Dünenrücken, die sogenannten «Alten Dünen», entwickeln. Diese Küstenbarriere verlief parallel etwas weiter nördlich beziehungsweise westlich zum heutigen Wattengebiet. Bis etwa 3000 vor heute wurden nachfolgend alle Geestkerne und Dünenrücken überflutet und von marinen Sedimenten bedeckt. Die Ausbildung eines geschlossenen Systems von Watteninseln der Nordsee war in den ersten Jahrtausenden des Holozäns noch nicht möglich, weil das Meer zu dieser Zeit noch um 200 bis 300 Meter pro Jahr vorrückte.

Die genannten Transgressionsphasen der Nordsee lassen sich einzeln anhand sogenannter Basistorfe aus Küstenrandmooren nachweisen. Diese haben eine spezielle Genese: Als Folge des Meeresspiegelanstieges konnten beispielsweise die Flüsse immer schlechter in die Nordsee entwässern, und im küstennahen Raum traten somit verstärkt Rückstaueffekte auf. Dies führte zu Versumpfungen und Vermoorungen. Viele solcher Küstenrandmoore wurden im Laufe der Nacheiszeit von der transgredierenden Nordsee wieder überflutet, und sie liegen heute unter dem Wattenmeerschlick. Auf der Basis paläoökologischer Unter-

Der größte Teil des Wattbodens besteht aus Sand, der fest abgelagert scheint, aber in ständiger Bewegung ist.

Hallig Hooge im nordfriesischen Wattenmeer. Hier leben auf zehn Wurten etwa 150 Menschen.

Die kleine unbewohnte Insel Lütje Hörn südöstlich von Borkum ist eine junge, instabile Barriereinsel. (Fotos H. Kolde).

suchungen solcher überschlickter, subrezenter Basistorfe aus diesen Mooren lässt sich mittlerweile die Landschafts- und Vegetationsentwicklung im Nordseegebiet während des frühen Holozäns gut rekonstruieren.

Vor der niederländischen, deutschen und dänischen Küste liegt heute also die typische Kette von Düneninseln, von Halligen und einigen unbewohnten Sandplaten. Es sind allesamt erdgeschichtlich sehr junge, holozäne Formationen, in ihrer heutigen Position erst nach etwa 8500 vor heute im Zuge der Nordseetransgressionen entstanden. Nach neuesten geologischen Erkenntnissen haben sich die West- und Ostfriesischen Inseln letztendlich auf ehemaligen Strandwallsystemen und hoch liegenden Sandplaten als nahezu perlschnurartig von West nach Ost aufgereihte *Barriereinseln* allein aus dem Kräftespiel von Strömung, Seegang und Wind gebildet. Sie haben sich demnach seit etwa 3000 vor heute vom Entwicklungsstadium periodisch überfluteter Sandplaten zu teilweise hochwasserfreien Strandwällen bis zum Endstadium Dünen tragender Inseln entwickelt – ein Vorgang, der noch immer andauert.

Das auffällige und beiderseits der Elbmündung symmetrisch angeordnete Verteilungsmuster der Strandwälle, Barriereinseln und Sandplaten ist durch das Zusammenwirken von Wellenenergie und Tidenhub bedingt. In Küstenabschnitten mit kleinen, sogenannten Mikrotiden von weniger als einem Meter Tidenhub treten normalerweise langgestreckte, schmale Strandwälle mit weit auseinanderliegenden und schmalen Durchlässen auf. In den Niederlanden erstreckt sich so ein Strandwallsystem von der Rhein-Maas-Mündung nordwärts bis Alkmaar mit riesigen Dünen und einigen wenigen schmalen Durchlässen, zum Beispiel bei Camperduin und Zwanenwater nördlich von Bergen. Spiegelbildlich existieren dazu an der dänischen Küste nördlich von Blåvands Huk langgestreckte und schmale Strandwälle mit kleinen Durchlässen zu den dahinter liegenden Lagunen des Ringkøbing- beziehungsweise des Nissum-Fjord. Zu den langgestreckten Barriereinseln gehören Vlieland, Terschelling, Ameland und Schiermonnikoog in den Niederlanden sowie Juist, Norderney, Baltrum, Langeoog, Spiekeroog und Wangerooge an der niedersächsischen Küste. Gegenstücke hierzu sind an der dänischen Küste die Barriereinseln Rømø und Fanø. Kennzeichnend für Barriereinseln sind große

Tidenhübe von 1 bis 3,5 Meter. In ihrem Schutz liegen Rückseitenwatten sowie die zwischen den einzelnen Inseln verlaufenden tiefen Gezeitenrinnen, die sogenannten *Seegaten*. Diese verzweigen sich im Wattenmeer zu einem System kleinerer Priele. Hier dringt das Seewasser in einem Gezeitenrhythmus von 12 Stunden und 25 Minuten tagtäglich bei auflaufender Flut in das Wattenmeer ein und strömt bei Ebbe wieder aus. Die aus den Seegaten in die Nordsee austretenden Ebbströme haben vor ihren Mündungen große *Ebbdeltas* aufgeschüttet, welche bogenförmig vom Ostende einer Insel zum Westende der nächsten verlaufen. Die an den Ostenden der Inseln akkumulierten, ostwärts transportierten Sande lösen sich in Form von Sandplaten in bestimmten Zeiträumen ab und durchwandern über einen Riffbogen das Seegat zur nächsten Insel.

Als *Riffbogen* bezeichnet man an der Nordsee das System hoch liegender Sandplaten mit dazwischen liegenden flachen Rinnen, welches sich vom Ostende einer Insel bogenförmig in nördlicher, östlicher und südöstlicher Richtung zur benachbarten Insel hinzieht. Solche Ebbdeltas oder Riffbögen sind aus der Luft, vom Schiff oder von den Inseln aus als bogenförmiges System dicht unter der Wasseroberfläche liegender Sandbänke oder als Zonen stärkerer Brandung vor den Inseln gut zu erkennen. Ein oft befürchtetes, generelles West-Ost-Wandern der Inseln ist aber heute auszuschließen. Wenn dieses der Fall wäre, wären inzwischen die Inseln entweder im Bereich stabiler Seegaten abradiert worden, oder sie hätten sich mitsamt der Seegaten allmählich nach Osten verlagert. Beides ist nicht der Fall. Die tiefen Rinnenelemente wurden in den letzten Jahrhunderten lediglich um maximal 5 bis 6 Kilometer verlagert, und es stellte sich ein großräumiger – allerdings labiler – Gleichgewichtszustand ein, welcher mit hoher Wahrscheinlichkeit auch in Zukunft erhalten bleibt.

Bei Tidenhüben von 3,5 bis 5 Metern entstehen offene Watten mit *Sandplaten*. Solche manchmal Dünen tragenden, meist aber instabilen Gebilde kommen im innersten Winkel der Deutschen Bucht zwischen Außenjade und Eiderstedter Halbinsel vor. Dieser Küstenabschnitt ist durch zahlreiche große, tiefe und eng nebeneinander liegende Gezeitenrinnen gekennzeichnet. Am seeseitigen Rand der offenen Watten liegen die gedrungen-sichelförmigen Sandplaten, zum Beispiel Mellum, der Große Knechtsand, Scharhörn, Trischen, Tertiussand und

Blick auf das Seegat zwischen Norderney und Baltrum. Die Riffbögen am seewärtigen Ausgang des Gats und seine einzelnen Sandplaten sind deutlich zu erkennen. Im Hintergrund die Inseln Langeoog und Spiekeroog (Foto H. Kolde).

Blauortsand. Nördlich von Eiderstedt schließen sich die Sandplaten des Süderoog- und Norderoogsandes an.

Steigt der Tidenhub über drei Meter, bilden sich in der stärkeren Strömung nur noch unbeständige Sande und flache Inseln aus; das ist typisch für das zentrale Wattenmeer. Dort, wo die größeren Flüsse Ems, Weser, Elbe und Eider in das Wattenmeer münden, werden die Tidebecken zu Ästuaren mit Brackwasserbedingungen. Im Elbmündungsbereich beträgt der Tidenhub sogar bis zu 4 Meter, hier herrschen offene Wattflächen mit kleinen, stark beweglichen Inseln und Sandbänken vor. Im Bereich der Elbmündung verengt sich die Deutsche Bucht stark und flacht gleichzeitig ab. Direkte Folge ist eine Trichterwirkung bei nordwestlichen Winden mit auflaufender Flut und gleichzeitiger Intensivierung des Reibungsfaktors; als Resultat steigt der Tidenhub erheblich an. Darüber hinaus wird das Wasser zum Festland hin sowieso mehr und mehr aufgestaut. Letzteres gilt besonders für den Bereich des Inneren Wattenmeeres. So ist der Tidenhub entlang der ostfriesischen Küste um 15 bis 25 Prozent höher als in unmittelbarer Nachbarschaft der niederländischen und dänischen Watteninseln. In den Wattenmeerästuaren sinkt der Salzgehalt höchstens auf die Hälfte der Meerwasserkonzentration.

Die unbewohnte, sehr instabile Insel Trischen zeigt den idealtypischen Aufbau mit Strandplate, Dünenkette und Inselwatt (Foto H. Kolde).

Wir haben schon mehrfach gesehen, das Wattenmeer-Insel-System ist die räumlich-funktionale Anordnung eines Komplexes unterschiedlicher Lebensräume zwischen Meer und Land. Diese steht in wechselseitigen räumlichen und funktionellen Beziehungen zu den marinen, das heißt meersalzabhängigen Ökosystemen der Nordsee sowie in Abhängigkeit von den Landökosystemen der Küste und des Einzugsgebietes der einmündenden Flüsse, den wir als *perimarinen*

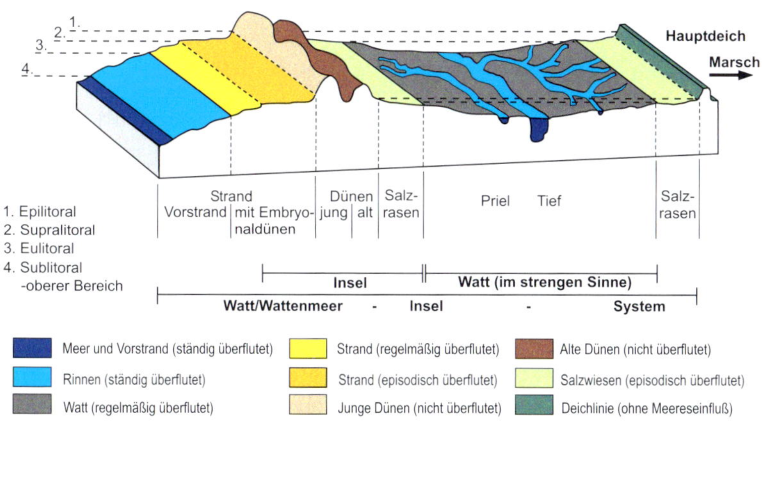

Landschaftliche Gliederung des Gesamtlebensraumes Inselkette – Watt- und Wattenmeer – Außendeichsland (aus Pott 1995).

Raum bezeichnen. Zur offenen Nordsee hin liegt als stärker salzhaltiges das sogenannte *Äußere Wattenmeer* einige Kilometer seewärts vor den Inseln zwischen der tieferen Nordsee und dem eigentlichen flachen und amphibischen Wattenmeer. Dieses letztere, sogenannte *Innere Wattenmeer* zwischen den Inseln und dem Festland gehört mit seinem geringeren Salzgehalt zum Lebensbereich der Grenzregion von Meeresküsten, wo Hochwasser an der höchsten Linie noch wirksam wird, und bis hin zur unteren Grenze des möglichen Pflanzenwachstums im durchlichteten Meerwasser, der in der ökologischen Fachsprache als *Eulitoral* und oberes *Sublitoral* bezeichnet wird. Das Wattenmeer-Insel-System ist also ein dynamisches und offenes Großökosystem mit einzigartigen Naturlandschaften.

Die West- und Ostfriesischen Inseln als Schwemmsandkörper haben im Verlauf ihrer individuellen Genese starke Wandlungen durchgemacht, weil ihre Form und Lage von den jeweils wirkenden Strömungsbedingungen bestimmt ist. Noch in historischer Zeit lag beispielsweise die Inselkette vor der ostfriesischen Küste nachweislich bei etwa gleicher Längenausdehnung weiter nördlich. Ihre nachfolgende Südverlagerung steht weiterhin in engem Zusammenhang mit dem langfristigen Anstieg des Meeresspiegels. Pollenanalytische Untersuchungen und ^{14}C-Radiocarbon-Altersbestimmungen ergaben zur großen Überraschung, dass beispielsweise innerhalb der Umrisse der heutigen Inseln Juist, Langeoog und Wangerooge zum Teil bereits vor ca. 2000 Jahren weitflächige Salzwiesen existiert haben. Seither hat sich Langeoog um mindestens zwei Kilometer südwärts verlagert, und dessen Inseldünen sind in den letzten 400 Jahren mindestens 500 Meter weit über ehemalige Salzwiesen vorgerückt. Wangerooge wurde in 1500 Jahren mehr als zwei Kilometer auf das vormalige Rückseitenwatt verlagert, und die Südfront seiner Dünen hat sich in 500 Jahren mindestens 600 Meter weit über die ehemaligen Salzwiesen vorgeschoben. Besonders deutlich ist diese starke Dynamik im Seegat zwischen Juist und Norderney: Innerhalb von nur etwas mehr als 200 Jahren zwischen 1650 und 1860 verschwand hier die ehemalige Insel Buise in den Fluten der Nordsee; ihr Sand findet sich heute in den Platen und Riffs des sogenannten Buisetiefs im Norderneyer Seegat aufgearbeitet und umgelagert. Am Westkopf der Insel Juist haben die Haakdünen im Verlauf von 800 Jahren ein mindestens 1,2 Kilometer breites Salzwiesengebiet «überwandert». Schlick und Torfschichten werden heute zwischen Strand- und Dünensanden immer wieder ausgewaschen. Im Landschaftsbild der einzelnen Inseln laufen somit bis in die jüngste Zeit tiefgreifende, formverändernde, also morphodynamische Prozesse ab, welche erst durch die Errichtung von Schutzwerken eingedämmt oder zum Erliegen gebracht werden konnten.

Die Entwicklung der Barriereinseln im Wattenmeer-Insel-System begann also an der nord-, ost- und westfriesischen Küste durch Umwandlung der früheren Geestkerninseln in die heutigen Barriereinseln. Dabei gingen die Barriereinseln aus dem Kräftespiel von Strömung, Seegang, Sand und Wind hervor. Die häufig starken Winde mit Stärken von mehr als 4 Beaufort in der Bucht der südlichen Nordsee spielen dabei eine gewichtige Rolle. Entscheidend für diese Situation ist aber die morphologische Struktur am Nordrand des Watts, denn dort sinkt der Meeresboden rasch zu größeren Tiefen ab, was zu einer Steigerung der Flutstrom- und zu einer Absenkung der Ebbstromgeschwindigkeit führt. Aus der damit verbundenen Modifizierung der Transportkraft des Wassers resultiert eine ständige Akkumulation sandigen Materials mit der Herausbildung strandwallartiger Dämme, die sich nahezu geschlossen von der Rheinmündung über Texel bis nach Esbjerg erstrecken. Aus einem solchen Entwicklungsstadium periodisch überfluteter Sandplaten entstanden in der Folgezeit teilweise hochwasserfreie Strandwälle und schließlich die heutigen Düneninseln. Die pleistozänen Geestrücken im Untergrund wirkten dabei als Bildungsinitialen. Bei den Halligen vor der nordfriesischen Küste handelt es sich um Erosionsreste ehemaligen Marschlandes, das durch die Sturmfluten von 1362 und 1634 zerstört und in inselartige Reste zerlegt worden ist. Bis heute werden die Halligen vom Rande her erodiert, und sie verlieren an Größe. Gleichzeitig gelangt ein Teil des von der See antransportierten Materials auf die Oberfläche der Halligen, und sie werden dadurch erhöht. Auch an der niedersächsischen Küste gab es Halligen: Hierzu gehörte die ursprünglich zwischen Juist und Norddeich gelegene, im Jahre 1804 durch Salztorfgewinnung abgetragene Hallig Bant, deren Reste 1940 untergegangen sind. Der Bantsand war um 1750 noch in Karten eingetragen.

Das Wattenmeer ist insgesamt also ein recht stabiles geomorphologisches System, allerdings können interne Prozesse lokal zu starken

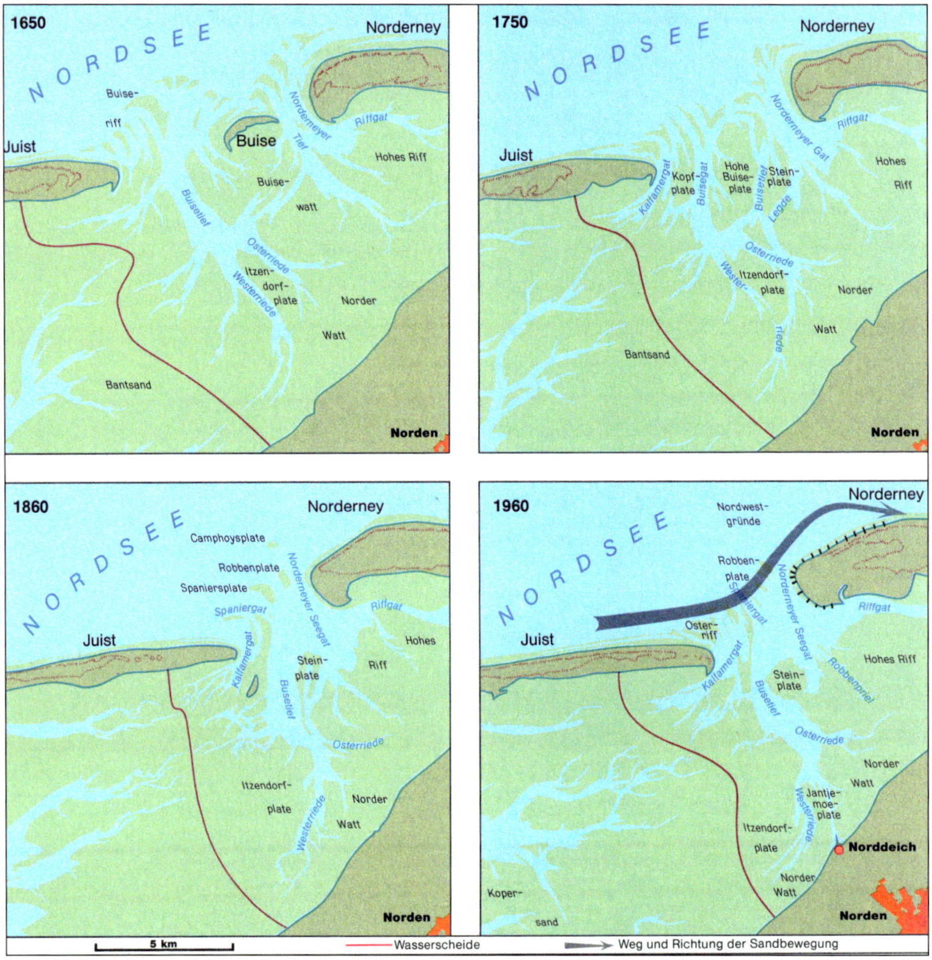

Verlagerung und Sandbewegung im Umfeld der Inseln Juist, Buise und Norderney im Zeitraum von 1650 bis heute (aus HB Naturmagazin «Draußen» nach Luck 1985).

Veränderungen im Landschaftsbild führen. Die jungen Dünensysteme im Osten der jeweiligen Barriereinseln sind beispielsweise in etwa so lang wie die älteren im Westen, aber weniger zusammenhängend. Ursache hierfür ist nicht zuletzt eine infolge des Kalziumcarbonat-($CaCo_3$-)armen Dünensandes mit weniger als 0,5 Prozent Gesamtanteilen recht geringe Anzahl dünenfixierender Gräser. Aber auch der landschaftsprägende und -gestaltende Effekt der Sturmfluten kann von großer Bedeutung für die spezifische naturräumliche Ausgestaltung der Inseln sein: Häufig können die Wassermassen im Vorfeld der langgestreckten Inseln nicht mehr ausreichend in die Gats ausweichen und suchen sich einen direkten Weg in das Wattenmeer, wo sie mit den

Fossile Salzwiesen am neuen Kliff in der Höhe der Domäne Bill auf der Insel Juist. Über diese heute seewärts vor der Insel liegende ehemalige Inselsalzwiese ist der Dünenkörper von Juist nach Süden hin hinweggewandert.

Prielsystemen im Salzwiesenbereich in Verbindung treten. So sind oft besonders in den Ostteilen der Barriereinseln in typischer Weise Dünenkerne von einigen hundert Metern Durchmesser lokalisiert, die bei stärkeren Sturmfluten immer wieder an einzelnen Schwachstellen durchbrochen werden. Aus diesem Prozess gehen linienhafte Dünendurchbrüche, sogenannte *Sloops* hervor, die in der amerikanischen Literatur treffend als «Washover» bezeichnet werden. Sie sind für Norderney am besten untersucht worden. Wattwärts ausgespülte Sandfächer heißen in dieser Terminologie *Washover Fan*. Die Häufigkeit von Dünendurchbrüchen resultiert dabei aus der Höhe des Tidenhubes und der Sturmintensität. Weitere Faktoren, welche die Ausbildung der Dünendurchbrüche darüber hinaus noch maßgeblich beeinflussen, sind die Höhe und die Stabilität der Dünen sowie die Existenz flacher Bereiche zwischen den Dünenzügen und die Strandbreite. Von der amerikanischen Atlantikküste sind ähnliche Phänomene bekannt. Dünendurchbrüche kreuzen die Dünen im Allgemeinen als seichte, talförmige Senken und fallen im Landschaftsbild durch ihre zum Teil reichhaltige Vegetation auf. Insgesamt ist die Formengemeinschaft von Dünen und Dünendurchbrüchen ein besonders charakteristisches Merkmal für die Barriereinseln.

Für den Lebensraum Küste spielen Dünendurchbrüche in doppelter Hinsicht eine wichtige Rolle: Zum einen sind die Ablagerungen im Bereich dieser morphographischen Strukturen wichtige Faktoren für eine ausgeglichene Sedimentbilanz. Sie bewirken bei einem eventu-

Hakenförmig gebogene Strandplate am jungen Ostende von Juist auf dem Kalfamer. Die Primärdünenfelder und gerundeten Dünenkerne sind gut zu erkennen (Foto H. Kolde).

Sloop mit einem «Washover» im Ostteil der Insel Norderney im Jahre 1989. An dieser Schwachstelle werden auch bei sommerlichen Starkwinden erhebliche Mengen an Sand quer über die Insel in das Inselwatt befördert.

ellen Meeresspiegelanstieg oder bei häufigen Sturmflutereignissen eine allmähliche Rückverlagerung der Watteninseln, ohne dass es zu einem nennenswerten Materialverlust kommt. Folglich sind sie von höchster Bedeutung für die Erhaltung des gesamten Watten-Insel-Systems. Zum anderen initiieren die tiefgreifenden Standortveränderungen im Bereich der Dünendurchbrüche immer wieder von neuem die Entwicklung typischer Vegetationseinheiten der Dünen, Dünentäler und Salzwiesen und gewährleisten damit eine hohe Standortvielfalt mit entsprechender Biodiversität.

Wie bereits erwähnt, werden die Watteninseln von den Riffbögen her immer wieder mit frischem Sand versorgt. Beim Auftreffen der Sandmassen kommt es zu einer sprunghaften Verbreiterung des Strandes. Mit dem Transport des Sandes entlang der Nordstrände nach Osten verlagern sich konsequenterweise auch die Zonen großer Strandbreiten, die wir als *Strandmaxima* bezeichnen. Ihnen folgen Zonen geringer Strandbreiten, entsprechende *Strandminima* also, in denen das Meer unmittelbar bis an die Dünenzüge stößt. Als Folge der regelmäßigen Sandbewegungen kommt es auf den Inseln somit zu einschneidenden morphologischen Veränderungen. So werden im Bereich der Strandmaxima infolge positiver Sandbilanz immer neue Dünenketten gebildet. Leeseitig entsteht in der Regel ein neues primäres Dünental, welches bei Hochwasser zunächst noch Kontakt zum Meer hat, aber später vollständig abgeriegelt wird. Im Bereich der Strandminima werden die Dünenzüge nicht nur direkt durch Abrasion und Kliffbildung, sondern auch indirekt durch Parabolisierung, das heißt durch Winderosion mit Bildung von parabelförmigen Dünen, abgebaut. Die Bildung strandparalleler Ketten von Dünen und Dünentälern sowie ihr nachfolgender Abbau im Zuge von Parabolisierungserscheinungen sind ein weiteres Charakteristikum sämtlicher Wattenmeerinseln.

Die Parabolisierung wird durch eine lokale Zerstörung der Vegetationsdecke eingeleitet, welche infolge der schütteren Vegetationsbedeckung auf den vergleichsweise kalkarmen Watteninseln sowohl natürliche – durch Wellenschlag – als auch anthropozoogene Ursachen – durch Tritt oder Wühltätigkeit – haben kann. Besonders im Innern von Dünenlandschaften treten sehr häufig kleinräumige Parabolisierungserscheinungen auf, bei denen der Vertritt von Menschen und auch Pferden, besonders aber die Wühltätigkeit der Kaninchen eine große Rolle spielt. Danach greift der Wind an der gestörten Stelle an und legt den Sand in Form eines Hufeisens mit der Öffnung gegen die herrschende Windrichtung frei. Der freigelegte Sand wird fortgeweht und im Lee des Windrisses angehäuft. Eine solche Parabolisierung führt zur Ausdifferenzierung dreier Bereiche: einer Ausblasungszone, auch *Windkuhle* genannt, einer Ablagerungs- und einer Streuzone.

Unter der Streuzone versteht man den Bereich mit geringmächtiger Sandaufwehung im Vorfeld einer parabolisierenden Düne. Paraboli-

Fernab vom Strand liegende parabolisierende Weißdünen in Nordjütland.

sierungserscheinungen laufen im Gleichgewicht zwischen Sandverfrachtung und -festlegung ab. Andernfalls wird der freigelegte Sand entweder vollständig verweht oder durch das Eindringen überwehungsresistenter, das heißt psammophiler Gräser wieder komplett fixiert. Es treten mitunter ganze Serien parabolisierender Dünen auf, die unter allmählicher Verflachung bis weit ins Inselinnere versetzt werden, wodurch sich dort sekundäre Dünengebiete herausbilden. In der ausgewehten Wanderbahn einer Düne, der sogenannten *Parabolbahn*, entsteht ein sekundäres Dünental. Kennzeichnend für sekundäre Dünentäler ist, dass sie in nordwestlicher Hauptwindrichtung streichen, während primäre Dünentäler parallel zur Küste verlaufen. Aufgrund der West-Ost-Erstreckung vieler Inseln erfolgt die Parabolisierung also schräg zu den Dünenzügen. Daher ist die Gefahr gering, dass die Dünen in ihrer ganzen Breite durchbrochen und die dahinter liegenden Binnenwiesen, Dünentäler und Salzwiesen massiv übersandet werden.

Wie aus alten Karten und geologischen Untersuchungen hervorgeht, sind Meeresspiegelschwankungen, veränderliche Sedimentationsbilanzen, Änderungen der Mittel-Tidehochwässer sowie Regressionen und Transgressionen der Nordsee für die geomorphologischen Umgestaltungen des Küstenraumes und der Inseln selbst verantwortlich.

Sekundäres Dünental mit hufeisenförmigen Parabeldünen und der tiefen, bis in die Grundwasserregion hinabreichenden Ausblasungsfläche (Borkum 1992).

Die auffälligsten und weitreichendsten geomorphologischen Veränderungen der west- und ostfriesischen Kette sind die Ausweitung einiger lageinstabiler Inseln nach Osten, unter anderem Terschelling, Ameland, Schiermonnikoog, Baltrum, Spiekeroog, Wangerooge, sowie die positive Sandbilanz lagestabiler Inseln an ihren Ostseiten wie zum Beispiel Texel und Langeoog.

Auch die Oberflächenformen der dänischen Nordseeküste bestehen aus eis- und nacheiszeitlichen Ablagerungen und bilden damit eine Fortsetzung des nordwesteuropäischen Tieflandes. An der jütländischen Nordseeküste liegt im Süden ein Watten- und Marschengebiet – das wir mit Rømø und und Fanø ja schon kennen gelernt haben –, dem sich nach Norden eine Ausgleichsküste mit Strandseen und der weitgeschwungenen, flachen Jammerbucht am Skagerrak anschließt. An dieser hafenfeindlichen, dünenbesetzten Küste ist das im 19. Jahrhundert gegründete Esbjerg der einzige größere Hafenort. Landeinwärts schließen sich große, sandige oder lehmige Platten der saalezeitlichen Altmoränen an; diese werden stellenweise von den Sandern der Weichseleiszeit überlagert, die sich weiter nach Osten hin fortsetzen. Erwähnenswert ist der teils Fluss-, teils Seencharakter zeigende, Nordjütland durchschneidende, geologisch sehr junge Lim-

Links: *Steilkliff von Dover an der Nordseeküste des Ärmelkanals.*

Rechts: *Steilkliff des Cap Blanc Nes bei Calais an der Südküste des Ärmelkanals.*

fjord, der sich zur Nordsee hin öffnet. Er wurde erst im Zuge der nacheiszeitlichen Meerestransgressionen ab 7000 vor heute gebildet, eine aus subglazialen Schmelzwasserrinnen entstandene, langgestreckte Meeresbucht, an der bedeutende dänische Städte wie Ålborg und Thyrborøn-Harboør liegen. Hier befindet sich die ein Kilometer breite, drei bis zehn Meter tiefe Öffnung des Limfjords zur Nordsee, die 1862 bei einer Sturmflut ausgeweitet wurde. Nördlich schließt sich bis zum Kap Skagen auf der Halbinsel Skagen Odde die Ausgleichsküste des Skagerrak an. In diesem Teil der Nordsee zwischen Nordjütland in Dänemark, Schweden und Norwegen verläuft die «Norwegische Rinne» mit einer maximalen Tiefe von 725 Metern.

Auf der gegenüberliegenden Seite an der englischen Küste dominieren Kliffs und Steilküsten. In Norwegen, Schottland, auf den Orkney- und den Shetland-Inseln sind glazial gestaltete Küsten weit verbreitet, bei denen das Meer in ein ehemals durch Vergletscherung geprägtes Festlandsrelief eingedrungen ist. Solche *glaziale Ingressionsformen* genannten Küsten sind meist glaziale Trogtäler, oft verzweigt mit gewundenem Lauf, in die das Meer nach dem Abschmelzen der Gletscher wieder vorgedrungen ist. Ihr Prototyp ist der *Fjord*, wie wir

Flachkuppige, vom Gletschereis gehobelte und blank gescheuerte Felseninseln kennzeichnen die Schärenküste nordwestlich Stavanger.

ihn eingangs gesehen haben. Der Firth of Forth bei Edinburgh und der Moray Firth sind solche seichten, fjordähnlichen alten glazialen Tröge an der schottischen Nordseeküste. Der Dornoch Firth ganz im Norden ist ein echter Fjord. Flachere Felsküsten, die von den Gletschern rundgehobelt wurden, tauchen infolge der Landerhebung ebenfalls aus der Nordsee auf und säumen gerade die südnorwegische Küste; diese flachen Inselgruppen werden als *Schären* bezeichnet. In der nördlichen Ostsee ist diese Formengemeinschaft eiszeitlich gestalteter Küstenabschnitte häufig zu finden; in der Nordsee haben wir sie nur vom Boknafjord bei Stavanger nordwärts bis zum Nordfjord bei Stadland an der norwegischen Südwestküste.

Abtragungsküsten mit mechanischer Abrasion – das ist der durch hohe Brandung mit Schleifmaterial an Locker- und Festgesteinen akkumulierte Schutt – gibt es in der Nordsee auf der Felseninsel Helgoland, in Schottland und an der englischen Kanalküste. Hier kommt es zu ausgeprägten Kliffbildungen mit differenzierten Formen – je nach Widerstandsfähigkeit der Felsgesteine. Im Idealfall bilden sich Kliffbuchten und Brandungspfeiler, die letztendlich alle der Erosion zum Opfer fallen. Viele Kliffs existieren auch nur zeitweilig nach heftigen

Der Formenschatz von Kliffs, Kliffbuchten, Brandungstoren und Brandungspfeilern der schottischen Nordseeküste.

Winterstürmen, und sie werden im Verlauf einer ruhigeren Periode von oben her durch Versturzmaterial weitgehend wieder zugeschüttet. Das sieht man häufig an den Küstendünen der Nordsee in Dänemark und Friesland, wo die Dünenkliffe nach winterlichen Sturmfluten aufgefrischt und im Sommer durch Sedimentierung wieder angeschüttet werden.

An der englischen und schottischen Küste ist auf weiten Strecken eine einheitliche Küstenlinie zu erkennen, die im Norden Schottlands zum Teil den Bruchlinien der alten geologischen Verwerfungszonen der Kaledonischen Gebirgsbildungen folgen. Kliffküsten prägen nahezu die gesamte schottische Westküste, da hier bei steilem Abfall zum Meer die Brandung direkt angreifen kann. So kommt es zum sofortigen Abtransport des erodierten Materials, wobei durch die Gezeitenwelle von Norden nach Süden alles Lockergestein entsprechend verfrachtet wird. «Longshore-drift» nennt man diese bei der Brandung ablaufenden Strömungsprozesse mit der speziellen Verteilung und Ablagerung des Sedimentationsmaterials. Durch die Landhebungen kann die Rückwanderung eines Kliffs gestoppt werden; Brandungspfeiler oder Brandungstürme bleiben dabei zurück, wie zum Beispiel auf der Orkney-

Dünenlandschaften an der schottischen Nordsee aus kalkhaltigen Sanden mit einer Mixtur aus Dünengräsern, Rotschwingel und Kammgras (oben) sowie mit geschlossenen Decken aus Krähenbeerheiden (unten) von Empetrum und Calluna als Endstadium der Sukzession.

Insel Hoy oder bei John O´Groats, dem nördlichsten Ort der britischen Hauptinsel, wo auch das letzte Haus von Schottland steht. Diese Formen, im englischen als «stacks» bezeichnet, markieren ehemalige Küstenlinien. Östlich von John O´Groats sind der Küste zahlreiche Brandungspfeiler, ja sogar Brandungstore vorgelagert: die Stacks of Duncansby. In den Steilhängen der 64 Meter hohen Kliffkante aus Sandstein nisten Tausende von Seevögeln, unter anderem auch die rotschnäbligen, schwarz-weißen Papageientaucher, die hier ideale Brutbedingungen vorfinden. Auf dem vorgelagerten Sandstrand am Fuß der Klippen halten sich unzählige Robben auf, deren unheimliches Heulen in den Kliffs von Duncansby Head widerhallt.

Es gibt also nicht nur Erosionsküsten an den Nordgrenzen der Nordsee; auch Anlandungsküsten wie im Süden sind zu finden: Direkt hinter Castle Town an der Ostküste Schottlands erstreckt sich der Strand von Dunnet Bay, der längste Sandstrand der schottischen Nordküste. Die Dünen sind hier bis zu 20 Meter hoch und ziehen sich bis zum Dunnet Forest nach Norden. Sie verlaufen parallel zur Küste und ordnen sich quer der vorherrschenden Windrichtung an. An ihren Westseiten gibt es Deflationswannen mit parabolen Ausblasungshohl-

Lerwick ist die nördlichste Stadt der Britischen Inseln, sie ist eine Gründung holländischer Fischer aus dem 16. Jahrhundert. Heute leben hier etwa 7500 Einwohner (Foto K. U. Müller, aus Baedeker, Schottland 2000).

formen, wie wir sie schon von den Düneninseln der südlichen Nordsee kennen. Es besteht aber ein fundamentaler Unterschied: Hier herrschen kalkhaltige Muschelsande, die eine viel reichere Flora und Vegetation zulassen als auf den Friesischen Inseln. Diese schottische Dünenlandschaft wird auch als *Machair* bezeichnet, nach einem gälischen Begriff für solche «Streifen kalksandiger Böden». Kennzeichnend für die Machairs sind die kalkhaltigen Substrate mit Boden-pH-Werten von mehr als 7 und einem speziellen Dünenbewuchs von Trockenrasen aus Rotschwingel (*Festuca rubra*) und Kammgras (*Cynosurus cristatus*), die mit fixierenden Dünengräsern durchmischt unter feuchtem Nordseeklima wachsen. Diese werden traditionell beweidet und gemäht. Diese speziellen Machairs haben heute eine große Bedeutung als schützenswerte Habitate in Europa.

Auch die Hauptinseln der Shetlands sind durch zahlreiche Fjorde oder fjordähnliche Einschnitte und Buchten voneinander getrennt. Dazu kommen von den Eiszeitgletschern vorgeformte Buchten in allen Größen, die hier als *wicks*, *bays* oder *gloups* bezeichnet werden und die zusammen mit den vielen kleineren und größeren Seen, Wannen und wassergefüllten Senken diese Inselgruppe in ein Mosaik von Wasser und Land aufzulösen scheinen. Dieser charakteristischen Verzahnung von Wasser und Land stehen im Innern der Hauptinsel Mainland vom Gletschereis abgerundete Bergketten und maximal bis 300 Meter hohe Höhenzüge gegenüber, die mit ihrem devonischen

Die flache Küstenplattform, die Strandplate, ermöglicht eine landwirtschaftliche Nutzung direkt bis zum Strand an der Schärenküste nördlich Stavanger.

Old Red, den kristallinen Schiefern, Gneisen, Quarziten und metamorphisierten Kalksteinen das Rückgrat der Inseln bilden. Kliff- und Flachküsten dominieren auch hier einen flachwelligen bis hügeligen Küstensaum. Die glazial übertieften Fjorde, zum Beispiel der Balta Sound, Vol of Scalloway und der Bressey Sound, bieten ausreichende Wassertiefen und äußerst geschützte Lagen als Ankerplätze für den Schiffsverkehr. An Letzterem liegt deshalb auch die größte Siedlung der Inseln, die Stadt Lerwick. Hier ist sogar ein gezeitenunabhängiger Zugang durch größere Schiffe, vor allem für Tanker, möglich, während die Nordseeküste Englands nicht nur aufgrund der erheblichen Tideunterschiede, sondern vor allem durch die weit verbreiteten Steil- und Kliffküsten hafenfeindlich ist.

Die nacheiszeitliche Hebung Skandinaviens hat entlang der westnorwegischen Küste eine weitere, besondere Landschaftsform entstehen lassen, nämlich die Küstenplattform oder *Strandplate*. Dieser flache Küstensaum mit seinen zahllosen Schären und Halbinseln sowie den relativ ebenen Landflächen bis zu 50 Metern über dem Meer bot seit jeher nahezu einzigartige Siedelplätze für die dortige Fischer-Bauern-Bevölkerung. Die Entstehung der westnorwegischen Küstenplattform ist bis heute noch nicht eindeutig geklärt; teils wird sie für eine Abrasionsfläche oder auch für eine morphologische Folge einer pleistozänen Vorlandvergletscherung gehalten.

3. EBBE UND FLUT – KRÄFTE AN KÜSTEN UND IN DER NORDSEE

Ebbe und Flut als Phasen zwischen Land und Meer sind ökologisch alle Erscheinungen der Nordsee mit ihren vielfältigen Strukturen, den trocken fallenden Wattflächen, den verzweigten Rinnensystemen und den auffälligen Sandverteilungsmustern. Sie allesamt sind das Produkt der gestalterischen Kräfte der Gezeiten und des Seegangs. Die Gezeiten entstehen durch das Zusammenwirken der Anziehungskräfte von Sonne, Mond und Erde. Das markanteste Merkmal der astronomischen Gezeiten ist der tägliche Rhythmus von Hoch- und Niedrigwasser, also von Ebbe und Flut, sowie der 14-tägige Wechsel zwischen besonders großen Tidehüben, den *Springtiden*, und auffallend kleinen Tidehüben, den *Nipptiden*. Springtiden treten immer dann auf, wenn sich die Anziehungskräfte von Sonne, Mond und Erde addieren, also bei Vollmond und Neumond. Nipptiden dagegen entstehen, wenn bei Halbmondphasen Sonne, Erde und Mond im rechten Winkel zueinander stehen. Zwischen diesen Mondphasen nimmt der Gezeitenhub, der *Tidenhub*, allmählich zu beziehungsweise ab. Tidenhub meint anschaulich den Betrag des Wasserunterschiedes, um den ein schwimmendes Schiff durch die Tide angehoben wird.

Der Tidenhub wechselt nicht nur mit der Zeit, sondern auch von Ort zu Ort: An der deutschen Nordseeküste bewegt er sich zwischen etwa 4 Meter im Jadebusen und 1,70 Meter vor List auf Sylt; hinzu kommen lokale Anstiege des Gezeitenhubs in den Meeresbuchten und den trichterförmigen Flussmündungen. Im täglichen Tidegeschehen spielt aber auch der Wind eine wichtige zusätzliche Rolle. So können die Tiden durch auflandigen Wind verstärkt, durch ablandigen Wind abgeschwächt werden. Im Normalfall treten zwei Tiden pro Tag auf, das heißt, Ebbe und Flut wechseln in einem regelmäßigen Rhythmus. Da der Mond für die Erdumrundung etwas länger als einen Tag braucht, verschieben sich Ebbe und Flut täglich um 50 Minuten. Ursache dieser gewaltigen Wasserbewegung, die an allen Küsten der Weltmeere wirksam ist, sind die Anziehungskraft des Mondes und die Fliehkräfte auf der dem Mond abgewandten Seite der Erde.

Das seeseitige Kliff des Sehestedter Außendeichsmoores am Jadebusen im Normalzustand mit riesigen, von den Sturmfluten zerschlagenen Torfblöcken.

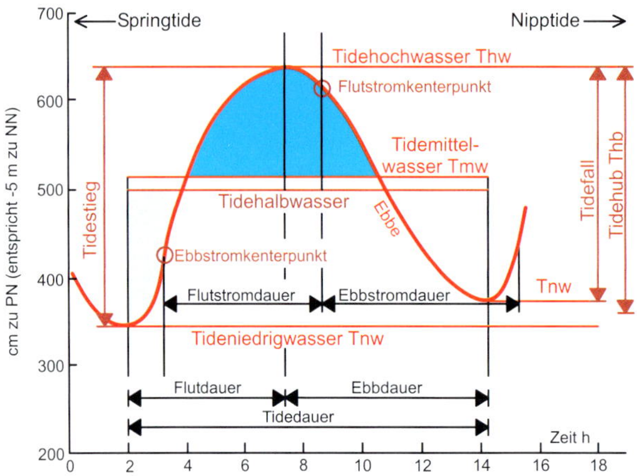

Die Angaben

MTnw Mittleres Tideniedrigwasser
MTmw Mittleres Tidemittelwasser
MThw Mittleres Tidehochwasser

werden aus dem arithmetischen Mittel von Tnw, Tmw imd Thw für einen bestimmten Zeitraum ermittelt.

SpTnw, SpTmw, SpThw sind die entsprechenden Angaben für die Springtide bei Voll- oder Neumond und

NpTnw, NpTmw, NpThw für die Nipptiden mit dem geringsten Tidenhub bei Mondviertelstand.

Einige wichtige Beziehungen für den Tideverlauf und Tidehochwasserstände (aus Umweltatlas Wattenmeer, Bd. 1, 1999).

Erde und Mond drehen sich um einen gemeinsamen Schwerpunkt im Innern der Erde. Dabei wirken die Anziehungs- und Fliehkräfte in entgegengesetzter Richtung. Auf der dem Mond zugewandten Erdhälfte überwiegt die Anziehungskraft des Erdtrabanten, auf der dem Mond abgewandten Erdhälfte jedoch die Fliehkraft. Beide Kräfte erzeugen Flutwellen, zwischen denen Wellentäler liegen. Die Erde dreht sich unter diesen langen Tidewellen, so dass jeder Ort im Weltmeer und an den Küsten eben im Laufe von etwa 24 Stunden und 50 Minuten zweimal Ebbe und Flut erlebt. Die tägliche Verspätung der Gezeiten um rund 50 Minuten ergibt sich aus der Umlaufbahn des Mondes. Die Nordsee liegt jeweils nur etwa 20 Minuten «unter dem Mond», so dass sich hier keine selbstständigen Gezeiten entwickeln können.

Die Gezeitenwellen der vergleichsweise flachen Nordsee sind sogenannte *Mitschwingungsgezeiten*, die aus dem Nordatlantik kommen; sie durchlaufen die Meeresbucht in mehreren kreisförmigen Wellen, die jeweils um einen eigenen Knotenpunkt, eine sogenannte *Amphidromie*, rotieren. Aufgrund der Rechtsablenkung von Wassermassen auf der Nordhalbkugel nach dem Corioliseffekt drehen sich die Gezeiten gegen den Uhrzeigersinn, und die Gezeitenwelle wird umso höher, je weiter man auf der Hochwasserachse von der Amphidromie entfernt ist. In der Nordsee sind aufgrund ihrer Form und ihrer Untergliederung in verschiedene Becken gleich drei Amphidromien ausgebildet: eine nah der norwegischen Südwestküste, eine in der zentralen Nordsee und

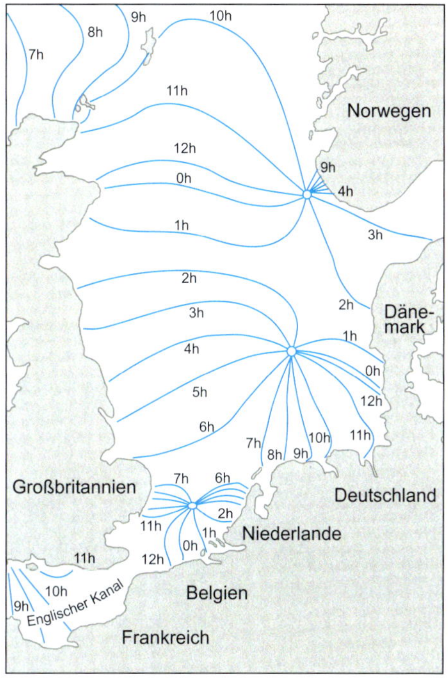

Drehtiden. Die Tidewelle verläuft um die Amphidromie. Es gibt in der Nordsee drei Drehtidenmittelpunkte (aus Umweltatlas Wattenmeer, Bd. 1, 1999).

eine zwischen England und den Niederlanden; Letztere ist für die Gezeitenwelle von West nach Ost entlang der norddeutschen Küste verantwortlich. Sie erzeugt Tidenhübe von ca. 2,40 Metern bei Texel im Westen und bis zu 3 Metern bei Wangerooge im Osten. Wesentlich für die Gezeiten der Nordsee ist die sogenannte *Shetland-* oder *Silberrinnenwelle*, die an der schottisch-englischen Küste herunterwandert und durch den Zusammenstoß mit der Kanalwelle nach Osten gelenkt wird, wo sie an der ostfriesischen Küste entlang über Helgoland und die nordfriesisch-dänische Küste nordwärts zurückfließt. Der Drehpunkt dieser Wellenrundung liegt etwa 300 Kilometer nördlich von Sylt. Zwischen Norwegen und Dänemark stoßen übrigens Silberrinnen- und Norwegische Welle zeitlich so aufeinander, dass die Gezeitenwirkung nahezu aufgehoben wird. An der dänischen Skagerrak-Küste beträgt der Tidenhub deshalb auch nur wenige Zentimeter.

Die in der südlichen Nordsee von Westen nach Osten fortschreitende Tidewelle erzeugt also einen nach Westen gerichteten Ebbe- und einen nach Osten gerichteten Flutstrom. Insgesamt überwiegt der Flutstrom; deshalb lässt sich – verbunden mit Tidebewegungen – derzeit an der west- und ostfriesischen Küste ein überwiegend ostwärts gerichteter Sandtransport konstatieren. Die Sande sind unterschiedlicher Herkunft: Es finden sich in ihnen Materialien, die durch Rhein und Schelde zugeführt werden, solche aus der englischen Steilküste und solche aus untermeerischen Kliffs.

Wir sehen also, die Entstehung des Wattenmeeres und der meerwärts vorgelagerten Inseln ist das eindeutige und einzigartige Ergebnis eines vorwiegend küstenwärts gerichteten Sandtransportes. Der Naturraum Wattenmeer und Wattenmeerinseln der Nordsee ist deshalb noch heute – und vielleicht gerade heute bei langsam ansteigendem Meeresspiegel – ein Bereich starker morphologischer Veränderungen, wobei vor allem der Tidenhub die entscheidende formenschaffende Rolle spielt. Die neuerlichen Szenarien eines weltweit verstärkten Meeresspiegelanstieges in den nächsten Jahrzehnten, wie wir sie im Kapitel 1 kennen gelernt haben, infolge der angenommenen künstlichen Veränderung der Gaszusammensetzung der Atmosphäre und der CO_2- beziehungsweise Methan-Anreicherung, des «Global Warming», dürften – wenn sie wirklich eintreten – schließlich nach allen Vorhersagen für die Küstengebiete nicht nur eine Vergrößerung des Tidenhubs bewirken, sondern auch eine stärkere Überflutung der Wattgebiete und damit eine größere Wellenenergie in diesen Bereichen sowie an der Küste und an den Deichen insgesamt bedeuten. Das bedeutet in der Folge eine stärkere Sedimentsuspension und größere Sedimenttransporte zwischen den Gezeiten. Zunehmende Stranderosion, Vertiefungen der Gezeitenrinnen, Ausweitungen von Ästuaren sowie stärkeres Vordringen von Salzwasser in die Flüsse wären als Folgen ebenfalls leicht vorstellbar. Bei Festlegung und verstärkter Erhöhung der Küstenlinie durch Deiche würden sich dann mit dem steigenden Meeresspiegel die Wattenmeerflächen landwärts verschieben und infolgedessen erheblich an Ausdehnung verlieren.

Die Diskussion zu diesem Thema ist in vollem Gang: Einigkeit besteht weitgehend darüber, dass die eu- und isostatischen Änderungen des Meeresspiegels, die sich derzeit als sogenannte *Säkularanstiege* äußern, Folgen der ehemaligen globalen Klimaänderungen sind, die als Spätfolgeerscheinungen der letzten Eiszeit beziehungsweise als Normalisierungsfolgen nach der «Kleinen Eiszeit» des 16., 17. und 18. Jahrhunderts zu werten sind. Eine besondere Bedeutung erhält dabei die in Kapitel 1 erörterte Frage, in welchem Maße die natürlichen Entwicklungen bereits von anthropogenen Einflüssen überlagert werden. Eine globale Erwärmung der Erdoberfläche und der Ozeane durch den Treibhauseffekt nach Zunahme der CO_2-Emissionen, der Aerosole oder der anthropogenen Spurengase könnte nach thermischer Ausdehnung der Wassermassen und dem Abschmelzen landgebundener Eismassen zu den prognostizierten erhöhten Meeresspiegelanstiegen führen. Bei derartigen Berechnungen sind jedoch zufallsabhängige Einflüsse von vorausberechenbaren Anteilen zu unterscheiden; außerdem spielt der Zeitfaktor eine wesentliche Rolle. Es gibt in der Nordsee die bereits genannten streng periodischen Schwingungen so-

Tab. 1: Nordsee-Sturmfluten

01.02.1164	Julianenflut	Vor allem in Ostfriesland und im Weser-Elbe-Bereich, erster Einbruch des Jadebusens; schätzungsweise 20.000 Tote.
16.01.1219	Erste Marcellusflut	Schwere Schäden an der niedersächsischen Nordseeküste und in Holland, schätzungsweise 36.000 Tote; schwerste Schäden vor allem in Nordfriesland.
23.11.1334	Clemensflut	Erweiterung des Jadebusens; Dörfer Amgast und Jadelee verlorengegangen; Butjadingen wird Insel.
16.01.1362	Zweite Marcellusflut	Sogenannte «Grote Mandränke»; erster Einbruch des Dollart im Mündungsbereich der Ems; «Beginn des Untergangs der 30 Dollartdörfer»; Untergang Rungholts; Erweiterung der Leybucht bis nach Marienhafe; Emsschleife bei Jemgum wird durchgerissen, dadurch Untergang der Dörfer Jemgum und Osterwinsum, Erweiterung des Jadebusens mit etwa 100.000 Menschenopfern an der Nordseeküste.
09.10.1373	Erste Dionysiusflut	Größte Ausdehnung der Leybucht bis zur Stadt Norden.
09.10.1377	Zweite Dionysiusflut	Verheerende Deichbrüche in der Leybucht, schwere Schäden zwischen Flandern und Weser.
17.11.1421	St. Elisabethflut	Überflutung der Rhein-Maas-Mündung. Entstehung des «Bosplaat» in der Scheldemündung.
01.11.1436	Allerheiligenflut	Schäden an der gesamten deutschen Nordseeküste.
26.09.1509	Cosmas- und Damianflut	Cosmas und Damian waren Märtyrer, deren Fest auf den 26. September datiert ist. Größte Ausdehnung von Dollart und Jadebusen, Emsdurchbruch bei Emden, dadurch Abschnürung der Emsschleife; Emden ist kein direkter Seehafen mehr.
16.01.1511	Antoniusflut	«Eisflut»; Durchbruch zwischen Jade und Weser.
02.11.1532	Allerheiligenflut	Nordfriesland ist besonders betroffen.
01.11.1570	Allerheiligenflut	Überflutungen der Marschen von Flandern bis Eiderstedt; 13 Quadratkilometer Landverluste in Ostfriesland; Flutmarke an der Kirche von Suurhusen bei +4,40m NN; zwischen Ems und Weser sind rund 10.000 Menschen ertrunken.

11.10.1634	Burchardi-Flut, «zweite Große Mandränke»	Schwere Landverluste in Nordfriesland; Pellworm und Nordstrand wurden getrennt.
24.12.1717	Weihnachtsflut	Schwerste bis dahin bekannte Sturmflut. Verheerende Deichschäden, ungeheure Verwüstungen und riesige Überschwemmungen bis zum Geestrand; Eiderstedt fast völlig überschwemmt; Inseldurchbrüche auf Juist, Baltrum, Langeoog, Spiekeroog. Flutmarke in Dangast am Jadebusen + 4,89 m NN; über 12.000 Menschen ertrunken.
03./04.02.1825	Halligflut	Wirkte sich an der gesamten deutschen Nordseeküste aus. Südliche Krummhörn und nördliches Ostfriesland waren bis zum Geestrand überflutet, Durchbrüche auf den Inseln Baltrum, Langeoog und Spiekeroog.
13.03.1906	Märzflut	Höchste bis dahin an der ostfriesischen Küste bekannte Flut; Flutmarke Dangast + 5,35 m NN.
31.01./ 01.02.1953	Hollandsturmflut	Benannt nach dem am schwersten betroffenen Gebiet; an der deutschen Nordseeküste nur leichte Sturmflut, Emden + 5,18 m NN; im Mündungsgebiet von Rhein, Maas und Schelde Katastrophenflut; fast 20.000 Menschen starben; 1430 Quadratkilometer Marschenland überflutet; Anlass für den niedersächsischen «Deltaplan» und für das Niedersächsische Küstenprogramm.
16./17.02.1962	Februarflut	Höchste Sturmflut ostwärts der Jade; 61 Deichbrüche in Niedersachsen, Flutmarken: Wilhelmshaven + 5,22 m NN, Bremen + 5,41 m NN, Hamburg (St. Pauli) + 5,70 m NN; schwere Deichbrüche im Elbegebiet, einige auch an der Ems und Weser; 340 Tote an der deutschen Nordseeküste, davon allein 315 Tote im Hamburger Stadtgebiet.
03./04.01.1976	Januarflut	Höchste Sturmflut im Elbegebiet; Pegelmarken: Cuxhaven + 5,10 m NN; Hamburg + 6,35 m NN; Deichbrüche und materielle Schäden.
24./25.11.1981	Novemberflut	Nordfriesland und Jütland besonders stark betroffen.
27.02.1990	Februarflut	Sturmflut an der deutschen Nordseeküste; Pegelmarken: Cuxhaven + 4,46 m NN, Hamburg (St. Pauli) + 5,75 m NN.

28.01.1994	Januarflut	Sturmflut an der Ostfriesischen Küste mit den höchsten je registrierten Wellen mit 8 bis 10 Metern Höhe beim Borkum-Riff.

Tabelle: Die bedeutendsten Sturmfluten in der südlichen Nordsee seit 800 Jahren (nach Seedorf & Meyer 1992 und Newig 2000).

genannter *astronomischer Tiden*, die recht gleichklingend verlaufen, die aber durch unregelmäßige meteorologische Effekte überlagert sein können. So postulieren manche Wissenschaftler in diesem Zusammenhang einen linearen Trend mit nur geringem eustatischen Meeresspiegelanstieg von vier Zentimetern pro Jahrhundert, der stetig verläuft und auch keinen beschleunigten Anstieg in den letzten Jahren erkennen lässt. Die Gezeiten sind gut erforscht. Durch die Analyse von gemessenen Gezeitenkurven und deren anschließender Zuordnung zu den Konstellationen der Himmelskörper können in den vorausberechenbaren astronomischen Gezeitentafeln nicht nur die Eintrittszeiten von Tidehoch- und Tideniedrigwasser, sondern auch die Höhen der vorhersagbaren astronomischen Gezeiten exakt angegeben werden, die für jedes Jahr und für alle wichtigen Küstenphasen das Deutsche Bundesamt für Seeschifffahrt und Hydrographie in Hamburg ermittelt und herausgibt. Hans-Henning Dette formulierte dies jüngst in seinem Aufsatz über «Sturm und Wellen in der Nordsee» wie folgt: Der Tidenhub ist ja bekanntermaßen am größten bei Springtide, wenn sich bei Voll- oder Neumond die Gravitationskräfte von Sonne und Mond addieren. Zur Nipptide, in der Zeit des ersten und letzten Mondviertels, ist er dagegen um einige Dezimeter niedriger. In den astronomischen Tiden sind aber die meteorologischen Einflüsse nicht enthalten. Gerade diese wetterbedingten Gegebenheiten sind es aber, die die Tiden gefährlich machen oder nicht. Bei Orkanen oder Nordweststürmen werden Springtiden zu bedrohlichen Sturmfluten. Diese können außerdem zusätzlich zu den Gezeiten infolge Windstau vor allem in den Ästuaren hohe Wasserstände erzeugen, welche dann mehrere Meter über Normalnull liegen. Die Höhe eines Sturmflutwasserstandes hängt also vor allem ab von der Windstärke, der Windrichtung, der Winddauer und der sogenannten *Windwirklänge*, also dem Weg des Sturmtiefs über dem Meer, sowie von der Wassertiefe. Ein Windstau entsteht – physikalisch gesehen – durch die Schubkraft und -spannung eines Sturmwindes auf der Wasseroberfläche; dieser nimmt bei gleicher Windgeschwindigkeit mit abnehmender Wassertiefe erheblich zu – ein wichtiges Phänomen für das Verständnis der Wirkung und Gefährlichkeit von Sturmfluten. Deswegen sind bei Sturmflut die Flachmeerküsten mehr gefährdet als die tiefen Ozeane. Manchmal kommen bei Sturmfluten noch sogenannte meteorologisch bedingte Fernwellen aus benachbarten Meeresgebieten mit hinzu – so in der Februarsturmflut von 1962, als eine rund 80 Zentimeter hohe Fernwelle aus dem Atlantik durch die starken Stürme in die Nordseebucht getrieben wurde und an den hohen Wasserständen ursächlich mitbeteiligt war, die von den Niederlanden bis Dänemark unmittelbare Schäden in großer Höhe verursachten. Danach wurden allein in Deutschland von 1962 bis 1996 enorme Sicherungsmaßnahmen an der Festlandsküste und in den Tidemündungen von Eider, Elbe, Jade, Weser und Ems durchgeführt.

Die sturmfluterzeugenden Ursachen insgesamt sind also sehr komplex und meteorologisch nur schwer exakt vorhersagbar. An der nordfriesischen Küste hat die Sturmflut vom 24. zum 25. November 1981 die bisher höchsten Sturmflutwasserstände hervorgerufen, zum Beispiel am Pegel List auf Sylt mit vier Metern über dem normalen Meeresspiegel. An der ostfriesischen Küste hat die schwere Sturmflut vom 28. Januar 1994 im Bereich von Weser und Ems die dort bisher bekannten Höchstmarken von 1962 und 1976 übertroffen, als beim Borkum-Riff die höchsten je registrierten Wellen mit acht bis zehn Metern beobachtet wurden.

Zusätzlich wissen wir inzwischen, dass von den astronomischen Tiden mit Perioden von mehr als einem Jahr, die bei der Betrachtung von jährlichen Zeitreihen zu berücksichtigen sind, zwei Tiden besonders auffallen: eine 8,85-jährige Tide des Mondbahnperigäums, die sogenannte *Perigäumstide*, mit einer Amplitude von 0,6 Zentimetern und eine 18,61-jährige *Nodaltide* mit einer Amplitude von 2,86 Zentimetern. Diese Amplituden verteilen sich je zur Hälfte auf das Mittlere Tidehochwasser (MThw) und das Mittlere Tideniedrigwasser (MTnw) des mittleren Nordseepegels.

Dem Ganzen liegt folgender Mechanismus zugrunde: Die Erde befindet sich in einem der beiden Brennpunkte der elliptischen Umlaufbahn des Mondes um die Erde. Der Punkt mit der kleinsten Entfernung zwischen beiden Körpern wird *Perigäum* genannt, der Punkt mit der größten Entfernung *Apogäum*. Perigäum und Apogäum bilden die beiden Endpunkte der großen Achse der Mondbahnellipse. Diese Ellipse dreht sich so im Raum, dass das Mondbahnperigäum einmal in 8,8479 Jahren, im Mittel alle 8,85 Jahre, um die Erde herumwandert. Mit den wechselnden Entfernungen zwischen Erde und Mond verändern sich entsprechend die Anziehungskräfte und bewirken auf der Erde die Perigäumstide. Die elliptische Umlaufbahn des Mondes um die Erde ist gegen die ebenfalls elliptische Ekliptik, die Erdumlaufbahn um die Sonne, in einem konstanten Winkel von 5,15 Grad geneigt. Die Schnittpunkte dieser beiden Umlaufbahnen werden als Knotenpunkte bezeichnet (lateinisch «nodus» = Knoten). Da sich die Mondumlaufbahn mit ihrer festen Neigung einmal in 18,6134 Jahren um die Erde dreht, wandern die Knotenpunkte ebenfalls mit dieser Periode auf der Erdumlaufbahn. Die sich durch diese Bewegung verändernden Anziehungskräfte bewirken die Nodaltide.

Im Zusammenhang mit den möglichen Sturmfluten ist ferner der Seegang von großer Bedeutung. Als Seegang bezeichnet man die Gesamtheit der winderzeugten Wellenbewegung an der Meeresoberfläche. Es wird im Allgemeinen unterschieden zwischen der eigentlichen *Windsee*, die unmittelbar durch den Einfluss des Windes entsteht, und der *Dünung*. Unter Dünung versteht man Wellen, die bei Windstille fortbestehen oder aus ihrem Ursprungsgebiet herausgewandert sind. Die Sturmflutschäden sind meist auf den Seegang zurückzuführen. Der Seegang ist also eine Größe, die mit Wellenwirkung auf Küsten und Uferbauten trifft. Die dabei freigesetzte Energie ist gewaltig; so liefert ein Sturmseegang von fünf Metern mittlerer Wellenhöhe – in der Nordsee keine Seltenheit – je Strand- oder Küstenkilometer eine Energieleistung von etwa 240 Megawatt. Das ist die Jahresleistung des Kernkraftwerkes von Lingen im Emsland. Diese hohen Wellenenergien können zerstörerische Kräfte entwickeln, die besonders in den Kliffs an Felsküsten in Erscheinung treten. So wurde beim Sturm von 1994 am Wellenbrecher von Wick in Schottland ein 1350 Tonnen schwerer Betonboden um 10 Meter verschoben; auf den Shetlands wurden damals Blöcke mit einem Gewicht von bis zu 13 Tonnen um 20 Meter weit aus dem Meer auf das Land geschleudert. Das vermittelt eine ungefähre Vorstellung von den verheerenden Wellenwirkungen der Nordsee. Ihre Kraft liegt dabei vor allem in der

Dynamik der Sturmflutwellen. Vor allem Sturzbrecher, die beim Auflaufen auf ein Hindernis mit einem riesigen Wellenkamm auf meist sehr kurzer Wegstrecke auftreffen und dann mit großer Energie im freien Fall in Form einer Parabel in das davor befindliche Wellental herabstürzen, richten oft verheerende Zerstörungen an.

Solche enormen Meereskräfte werden wohl auch während der nacheiszeitlichen Entstehung der Küstenlandschaften im südlichen Nordseeraum formbildend gewesen sein. Bis in die frühe Nacheiszeit war die südliche Nordsee bis über die Doggerbank hinaus landfest; Bohrungen stießen dort in 40 bis 50 Metern Wassertiefe auf Torfe, die hier seit 10 300 und besonders in der Phase von 9000 bis 8000 Jahren durch die ansteigende Nordsee überflutet wurden. In der Folgezeit trat zwar eine zunehmende Verlangsamung des Meeresspiegelanstieges mit nur noch rund 30 Zentimetern pro Jahrhundert ein. Dadurch kam es vor etwa 6000 Jahren zu einer ersten, überregional wirksamen regressiven Phase mit lokal verschieden intensiven, aber durchaus bemerkbaren Rückzugsbewegungen der Nordsee. In dieser Zeit entwickelten sich vielerorts im Küstenbereich erstmalig sogenannte «schwimmende Torfe», denn es kam dabei seewärtig zur Überlagerung von zuvor gebildeten Wattenmeersedimenten durch Moorvegetation. Wahrscheinlich gab es zu dieser Zeit eine entsprechend weit entwickelte Küstenbarriere in Form von Platen und Strandwällen, die den Küstenrandmooren kurzfristigen Schutz vor der Meeresbrandung bot. Im «Sehestedter Außendeichsmoor» an der Jadebucht sind noch heute solche Rest-Moorflächen mit schwimmenden Torfen und von den Meereswellen zerschlagenen und zertrümmerten, oft haushohen Torfblöcken zu sehen (s.S. 64).

So erlebten viele Küstenabschnitte weiterhin um etwa 3000 vor heute je nach ihrer Lage und Exposition wiederholt sowohl regressive als auch transgressive Phasen des Meeresspiegelanstieges, die jedoch im südlichen Nordseeraum keineswegs synchron verliefen. Dieses führte im Laufe der Zeit mancherorts zu vergleichsweise ausgeglichenen Formen der Küstenlinie wie beispielsweise zwischen Belgien und Dänemark infolge von Erosion vorhandener Geestvorsprünge und Abtrag ganzer Geestreste sowie durch Sedimentation und Verlandung von Meeresbuchten. Auch damals müssen große Sturmflutwellen formenschaffend gewirkt haben. Die Untersuchung von überschlickten

Torfen auf Pollen und botanische Makroreste zeigt, dass dort ursprünglich Wälder herrschten und Moore unter Süßwasserbedingungen aufwuchsen, die nachfolgend komplett von der Nordsee zerstört und übersandet wurden. Im Angespül der Brandungswellen kann man bei einer Strandwanderung fast überall die vom Meer gerundeten Torfbrocken und Holzreste dieser überfluteten Wälder finden.

Man rechnet mit einem Anstieg in der Vergangenheit von zeitweilig wahrscheinlich mehr als zwei Metern pro Jahrhundert, offenbar mit entsprechenden Sturmflutereignissen. Der größte Teil des heutigen Nordseebereiches wurde somit zur «ertrunkenen» Glaziallandschaft. Ein besonderes Ereignis mag sich zudem verstärkend auf den Meeresspiegel der Nordsee ausgewirkt haben: Vor etwa 12 000 bis 10 000 Jahren floss Süßwasser aus dem damaligen Baltischen Eisstausee – der heutigen Ostsee – über Mittelschweden nach Westen ab. Damals lag der Meeresspiegel des Baltischen Eisstausees etwa fünf bis sieben Meter höher als der Meeresspiegel der Weltmeere und der Meeresbucht der Nordsee, die sich durch das Skagerrak hindurch bis zum Öresund ausgebreitet hatte. Unter dem Rand des Gletschereises bildete sich zu jener Zeit zwischen dem Westrand des Vättersees und südöstlich vom Vänersee, an der sogenannten Billinger Pforte, ein Abfluss, durch den das Wasser in die Nordsee gelangen konnte. Der Hügelzug von Billingen ist ein nördlicher Ausläufer des südschwedischen Hochlandes. Nach einigem Hin und Her von Rückstau, Aufstau und Abfluss sank letztendlich der Wasserspiegel des Baltischen Eisstausees um mindestens 25 Meter! Diese gewaltige Süßwassermenge, die innerhalb kürzester Zeit aus dem Eisstausee nach Westen floss, wird mit starker Strömung alles mit sich reißend durch die Billinger Pforte gebrochen sein; und im Skagerrak und Kattegat, vielleicht auch in anderen Teilen der Nordsee, wird es eine riesige Flutwelle gegeben haben. Nach kurzer Zeit lagen die Wasserspiegel der Ostsee und der Nordsee allerdings auf gleichem Niveau.

Derzeit beträgt der Meeresspiegelanstieg nur wenige Zentimeter in hundert Jahren – insgesamt waren es in den vergangenen 10 000 Jahren im Gebiet der Nordsee jedoch mehr als 50 Meter. Mit dem dramatischen Anstieg des Meeresspiegels verschlechterte sich auch die Vorflut vor allem der nordwestdeutschen Flüsse Ems, Weser und Elbe im Küstengebiet und im Binnenland. Es bildeten sich damals auch die

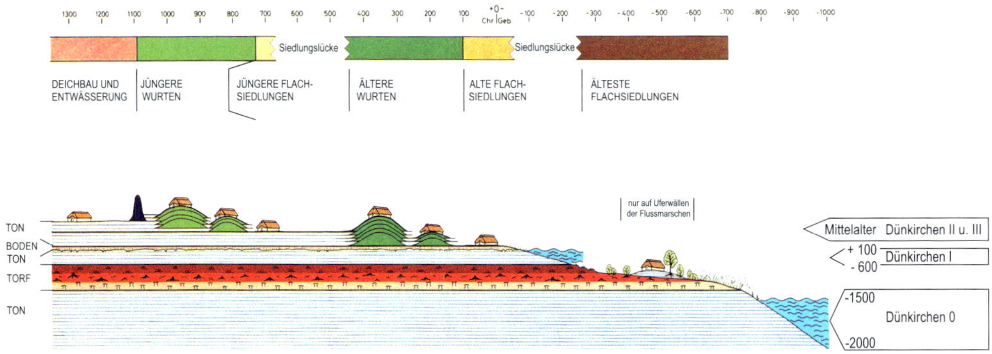

Schematische Darstellung von Meerestransgressionen und Regressionen mit entsprechenden Siedlungsphasen im Nordseeküstenbereich mit Flachsiedlungen, Wurten und Deichbauten (nach Behre 1993).

binnenländischen Hochmoore und die küstennahen, bald aber wieder überfluteten und zusedimentierten Basistorfe unter den holozänen Marschen und im Randbereich der Geest, wie wir es im Sehestedter Außendeichsmoor noch heute sehen können. Diese gelten als Fixpunkte für den Meeresspiegelanstieg, da sie mit Hilfe der Pollenanalyse und ^{14}C-Radiocarbon-Datierungen datiert werden können.

Die Abbildung oben zeigt eine Zusammenschau über das schnelle und massive Vordringen der Nordsee auf das Festland und über die zeitliche Abfolge der holozänen Genese und der Wurtenbesiedlung im Nordseeküstenbereich. Schwankungen in Form von Vorstoß-, Ruhe- und Rückzugsphasen des Meeres sind als Ruhe- oder Regressionsphasen an den Torflagen sichtbar, die in die Schlickfolgen eingebettet sind. Die überlagernden Schlicksedimente spiegeln dann nachfolgende Transgressionsphasen wider, die hier als Dünkirchen-Transgressionen bezeichnet werden. Das sind Meeresvorstöße unterschiedlicher Andauer und Intensität: Zum Beispiel dauerte Dünkirchen 0 (D0) von 2000 bis 1500 vor Chr.; Dünkirchen I (DI) von 600 vor bis 100 nach Chr., gefolgt von Dünkirchen II und III, die sich bis in das frühe Mittelalter auswirkten. Eingeschaltet sind die hochwasserabhängigen Siedlungsphasen mit Flachsiedlungen und verschiedenen Generationen von Wurten, auf die wir noch genauer zu sprechen kommen.

Insgesamt gesehen, schob die transgredierende Nordsee unter den Wirkungen von Seegang, Brandung und Gezeiten einen Saum sandiger Elemente vor sich her, der sich landwärts nach und nach auf immer höhere Positionen verlagerte. Diese Barrierezone lieferte das Material für Sandplaten, die bevorzugt im Strömungsschatten von Geestkernen entstanden sind und später zu den bereits genannten echten Barriereinseln, den Vorläufern der heutigen Düneninseln, wurden. Das zeigen besonders eindrucksvoll Luftaufnahmen aus dem Wattenmeer. Landwärts dieser Barrierezone wurden unter brandungsärmeren und strömungsreduzierten Bedingungen vornehmlich kalkreiche Feinsande und Wattenmeerschlick abgelagert. Um 2000 vor Chr. war der Meeresspiegel schließlich bereits so weit angestiegen, dass er nur noch etwa fünf Meter unter heutigem NN lag, so dass das Meer stellenweise schon den heutigen Geestrand erreichte. Damals entstanden in großen Sturmfluten mancherorts Kliffküsten und Strandwälle, deren ehemaligen Verlauf man noch heute vielfach an der Nordseeküste erkennen kann.

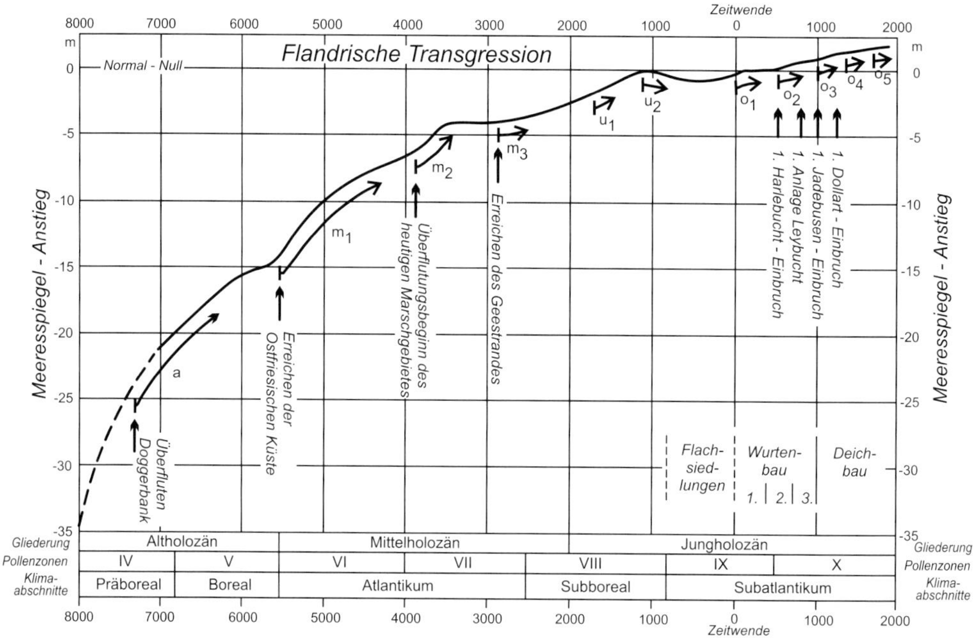

Der Anstieg des mittleren Meeresspiegels für den Raum Wilhelmshaven im Holozän (nach Behre 1987, 1991).
G = Großbritannien wird vom Festland getrennt;
J = erster Salzwieseneinfluss an der Jade;
F = Flachsiedlungsperiode vor der Zeitenwende;
W1 und W2 = Perioden mit Wurtenbesiedlung.
Altersangaben nicht in tatsächlichen Kalenderjahren, sondern in Radiocarbonjahren.

4. SIEDLUNGS- UND DEICHBAUGESCHICHTE DES NORDSEERAUMES

«Gott schuf das Land – der Friese die Küste». Dieses alte Sprichwort ist bezeichnend für das Leben im Gefahrenbereich der Nordsee. Der Anstieg des Meeresspiegels führte zunächst zu ausgedehnten Versumpfungen, dann wurde das Gebiet der heutigen Nordsee vor der west- und ostfriesischen Küste nach und nach überflutet. Mehrere starke Überflutungen brachten viel Sand und Ton, doch dazwischen lagen Phasen der Beruhigung und des Meeresrückzugs, wo die gerade aufgeschütteten Watten wieder aussüßten und es zu seewärts vorrückenden neuen Moorbildungen kam. In diesen Zeiten waren die Marschen begehbar und stellenweise auch bewohnbar, und die Menschen drangen in der Tat immer wieder in diesen fruchtbaren Küstenraum vor. Wichtig für die prähistorische Besiedlung war jedoch immer das Relief. Dabei waren kleine Höhenunterschiede, die es in der Marsch naturgemäß überall gibt, von ausschlaggebender Bedeutung für die erste dauerhafte Besiedlung. Viele Erkenntnisse über die vor- und frühgeschichtliche Besiedlung des Küstenraumes verdanken wir den Arbeiten von Karl-Ernst Behre und seinen Mitarbeitern. Auf ihre Veröffentlichungen will ich nachfolgend häufig zurückgreifen:

Der Mensch «eroberte» also die Küste zu allen Zeiten. Aber auch die Nordsee greift immer wieder auf das Festland über und damit in das Wirken und Handeln der Küstenbewohner ein, die ihren Lebensrhythmus seit Jahrhunderten den natürlichen Gegebenheiten angepasst haben. So kann man heute Spuren alter Kulturen suchen und die vergangenen Landschaften neu entdecken. Wir haben bereits gesehen: Wo sich im südlichen Teil der Nordsee heute weite Wasserflächen erstrecken, war früher lange Zeit festes Land. Dieses reichte bis nördlich der Doggerbank, also bis zur Linie von Jütland nach Nordengland. Damals gehörten die Britischen Inseln ja noch zum europäischen Kontinent, als am Höhepunkt der letzten Weichselkaltzeit der Nordseespiegel so weit abgesunken war. Zu jener Zeit, archäologisch ausgedrückt in der Mittelsteinzeit, vor etwa 18 000 Jahren, gab es dort natürlich auch Menschen, die im Gebiet der heutigen Doggerbank als Fischer und in den dortigen Kiefernwäldern und Mooren als

Jäger und Sammler lebten. Gelegentlich kommen ihre Hinterlassenschaften in Form steinzeitlicher Geräte beim Grundschleppnetzfischen an die Oberfläche.

Megalithgrab aus der Jungsteinzeit bei Kampen auf Sylt.

Im Atlantikum begann der rasante Meeresspiegelanstieg, England und Irland wurden vom Festland abgetrennt, und viel neues Sediment wurde aus der gefluteten Ärmelkanalrinne in der Bucht der heutigen Nordsee abgelagert. Die neue, kleine dritte amphidromische Tide aus der Region Calais-Dover, die ja noch heute wirksam ist, wird ihren Teil schon damals dazu beigetragen haben. So wurden sicherlich auch viele ehemalige Siedlungen mit Ton, Sand und Schlick überdeckt. Noch immer findet man in den meist mehr als zehn Meter mächtigen Marschauflandungen solche Spuren, wie zum Beispiel bei Delfzijl am Dollart, wo zwei jungsteinzeitliche Großsteingräber über Sandboden freigelegt wurden, die drei Meter unter der heutigen Meeresoberfläche zufällig bei Bauarbeiten ans Tageslicht kamen. Das spricht Bände für die Dynamik der Meerestransgressionen. Im Gegensatz zum ostfriesischen Küsten- und Inselgebiet lassen sich auf den Geestkerninseln Nordfrieslands direkt zahlreiche Spuren eines vor- und frühgeschichtlichen Lebens entdecken. Ausgrabungen von mehreren steinzeitlichen Grabkammern haben erwiesen, dass auf den Geestkernen der heutigen Inseln Sylt, Amrum und Föhr schon in der Jungsteinzeit etwa 5000 bis 3600 vor heute eine vom Fischfang, vom Ackerbau und der Viehzucht lebende Bevölkerung saß. Die inneren Geestrücken waren damals wie heute sturmflutsicher; hier hat sich eine kontinuierliche anthropogene Einflussnahme auf Natur und Landschaft ausgewirkt, wie sie anderswo im insulären Nordseeküstengebiet nicht zu finden ist. Ähnliches gilt für die britannische Küste bis hinauf nach Schottland, den Orkney- und den Shetland-Inseln, wo neolithische Plätze von Weltrang erhalten sind.

Im zweiten Kapitel haben wir gesehen, dass sich seit etwa 6000 vor heute der Meeresspiegelanstieg wieder zunehmend abschwächte und immer häufiger von Ruhephasen oder sogar zeitweiligen Absenkungen unterbrochen wurde, die in den Marschprofilen durch Torfbildung erkennbar sind. In diesen Perioden erkannten die Menschen die natürliche Gunst und drangen gebietsweise von der Geest in die Marsch vor, um dort die Bodenfruchtbarkeit zu nutzen. In den Niederlanden gab es sogar während der Jungsteinzeit und in der Bronzezeit bereits eine mehrfach belegte Marschbesiedlung. Es war die neolithische Vlaardingen-Kultur, die an der westniederländischen Küste ihre Siedlungen von den Strandwällen aus in die benachbarte Marsch vorschob. In Deutschland fallen die ältesten bekannten Marschbesiedlungen in die Zeit um 3000 vor heute; sie liegt bei Rodenkirchen an der Unterweser und bei Jemgum auf dem westlichen Uferwall der Ems. Die Uferwälle der großen Flüsse waren damals von dichten Auenwäldern bewachsen, die aus Harthölzern wie Eiche, Ulme und Esche bestanden. In diese Hartholzauen drangen in der späten Bronzezeit und der Frühen Eisenzeit die ersten Siedler vor. Sie rodeten die Wälder, legten Siedlungen und Wirtschaftsflächen an. Viehhaltung und Ackerbau waren ihre wirtschaftliche Existenzgrund-

Steinkreis von Callanish auf der Insel Lewis in den Äußeren Hebriden. Angelegt wurde diese Megalithkultstätte zwischen 5000 und 7000 vor heute – eine Anlage offenbar zur Kalenderberechnung. Die Sonne geht beispielsweise zu den Äquinoktien, den Tag-und-Nacht-Gleichen am 21. März und am 23. September, genau hinter der westlichen Steinreihe unter.

lage. Diese frühen Bauern lebten in einem Süßwassergrenzgebiet und waren offenbar vor Überflutungen einigermaßen sicher, da diese Siedlungsphase in eine längere Stillstandsphase der Nordsee fiel.

Wenig später, zwischen 2700 und 2300 vor heute, entstanden Siedlungen in der Flussmarsch der Unterems. Dort, im Rheiderland, drangen die ersten Siedler in die Auenwälder ein, die an den natürlich erhöhten Ems-Uferwällen wuchsen, und errichteten an diesen Stellen ihre Dörfer. Solche frühen Marschsiedlungen, die noch auf ebener Erde lagen, wurden während der folgenden Überflutungsphase, der sogenannten *Dünkirchen-1-Transgression*, zerstört. Ablagerungen aus dieser Periode, die bis etwa 2100 vor heute reichte, sind an vielen Stellen an der Küste nachweisbar. Diese Überschlickungen sind auch der Grund dafür, dass erst so wenige ältere Marschensiedlungen bekannt geworden sind.

Im letzten vorchristlichen Jahrhundert kam es dann an der ganzen südlichen Nordsee zu einem deutlichen Absinken des Mittel-Tidehochwassers und auch des Sturmflutspiegels, und die Marsch wurde ein zweites Mal landfest. In dieser Zeit der Regression des länger anhaltenden Meeresrückzugs wurden die Marschen erstmals flächendeckend besiedelt. Ein dichtes Netz von Siedlungsplätzen überzog damals die Marsch, und zwar ohne besonderen Schutz in Form von sogenannten *Flachsiedlungen*, meist auf den leicht erhöhten Uferrücken entlang von Prielen oder Flüssen. Diese ruhige Phase hielt aber nicht lange an. Schon im ersten Jahrhundert nach Christus stieg zumindest der Sturmflutspiegel wieder an, und die Siedlungen wurden erneut bedroht.

Einige Flachsiedlungen wurden aufgegeben, bei vielen Siedlungen wehrte man sich, indem man sie erhöhte und die künstlichen Wohnhügel, die Wurten oder Warften, errichtete. Wie die Wurtenforschung gezeigt hat, mussten die Erhöhungen der Siedlungsplätze gegen die steigende Sturmflut in den folgenden Jahrzehnten und Jahrhunderten regelmäßig wiederholt werden. Dieser ersten Wurtenperiode in Deutschland, die vom 1. bis zum 5. Jahrhundert dauerte, war in den nördlichen Niederlanden bereits eine vorangehende in der älteren Eisenzeit vorausgegangen. Zahlreiche Wurten aus dieser Zeit sind bei uns erhalten; Plinius hat sie beschrieben – wie eingangs erwähnt; sie erreichen oft Höhen zwischen 4 und 5 Metern über Normalnull

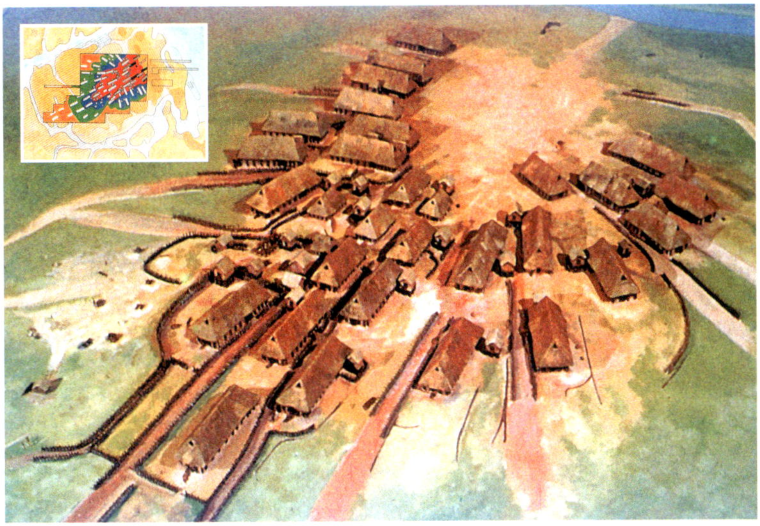

Rekonstruktion von Lage und Aufbau der Feddersen Wierde, die mehrere Siedlungsschichten vom 1. bis zum 5. Jahrhundert umfasst (Skizze); die bauliche Darstellung der Wurt zeigt die Siedlung des 3. Jahrhunderts (nach Haarnagel 1979, P. Schmid 1984 sowie Behre & Schmid 1998).

(NN). Am besten untersucht ist die Wurt Feddersen Wierde im Land Wursten, südlich von Cuxhaven, die vollständig ausgegraben wurde und über einer vierphasigen Flachsiedlung sieben Siedlungshorizonte in der Wurt erbrachte. Zunächst wurde jeder Wohnplatz für sich erhöht, indem man den *Marschenklei*, wie man an der Küste den abgelagerten Meeresschlick nennt, aber auch Viehmist und anderes Material als Ausgangsmaterial benutzte. Die Feddersen Wierde wurde von 1955 bis 1963 vom Niedersächsischen Institut für historische Küstenforschung in Wilhelmshaven vollständig ausgegraben und systematisch untersucht, das heißt, es wurden auf einer Fläche von etwa vier Hektar die gesamten übereinander liegenden Siedlungsschichten der jeweiligen Wurtengenerationen freigelegt. An ihrer Basis konnten mehrere Flachsiedlungsphasen nachgewiesen werden, darüber lagen die sieben Wurtendörfer, jeweils durch Kleiauflagen voneinander getrennt. Die Höhen der Siedlungsschichten in den Wurten stellen außerdem eine Art Pegelmarken dar, die die ehemalige maximale Sturmfluthöhe in den betreffenden Siedlungsphasen angibt. Bei den Ausgrabungen konnten ferner die im Holz erhaltenen Grundrisse der Häuser freigelegt werden, und auf diese Weise ließ sich die gesamte Struktur der Wurtendörfer und deren Veränderungen im Laufe der Zeit nachweisen. Es war eine Siedlung, bei der die Häuser radial um einen zentralen Platz angeordnet waren mit innen gelagerten Wohn-

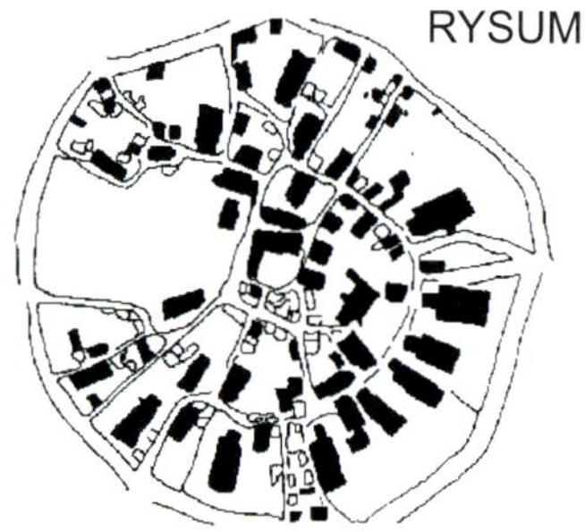

und nach außen gerichteten Stallteilen. Bis zur Wende des 4. und 5. Jahrhunderts war die Feddersen Wierde bewohnt, danach wurde sie für immer verlassen, als ihre Bewohner sich offenbar auf den Weg nach England machten.

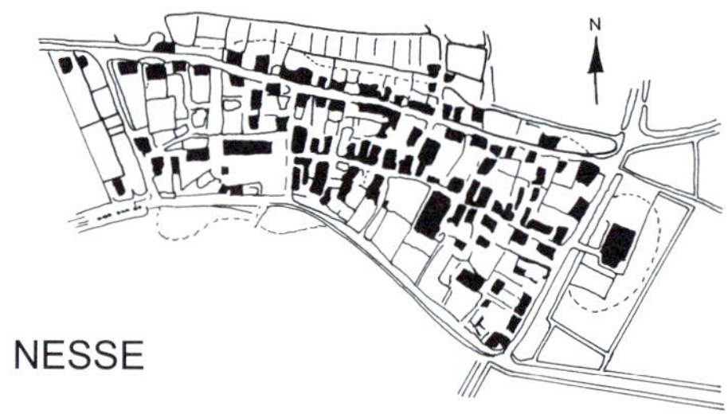

Solche Wurten stellen in vielfacher Hinsicht überaus wichtige Quellen dar. Dank der guten Erhaltungsbedingungen unter feuchtem, luftabschließendem Klei sind alle organischen Reste hervorragend konserviert. Für den Archäologen bedeutet das vor allem, dass die Reste der Gebäude noch in Holz erhalten sind und die Häuser somit leicht konstruiert werden können. Noch wichtiger sind die großen Mengen erhaltener Pflanzenreste. Sie stellen ein reichhaltiges Archiv dar, dessen Auswertung die Rekonstruktion der Lebensumstände um die Wurten ermöglicht. Damit wird der unterschiedliche Salzgehalt, der sich in der Vegetation von Salzwiesen bis zur brackisch-süßen Übergangszone ausprägt, erfasst und die Lage der Siedlungen zur See festgelegt. Darüber hinaus konnte für alle bisher untersuchten Wurten, auch wenn sie von reichen Salzwiesen umgeben waren, anhand der Pflanzenreste sogar ein Ackerbau vor Ort belegt werden, bei dem Pferdebohnen, Spelzgerste und Lein die wichtigsten Kulturpflanzen waren.

Rundwurt Rysum und Langwurt Nesse in der ostfriesischen Marsch. Rysum ist das Musterbeispiel einer erhaltenen Rundwurt mit Bauernhöfen; Nesse ist eine langgestreckte Handelswurt entlang eines ehemaligen Priels (nach Seedorf 1977 und Behre & Schmid 1998).

Zwischen dem 5. und dem späten 7. Jahrhundert blieben die Marschen unbesiedelt. Dann setzte eine erneute Kolonisationswelle ein, wobei einige der alten Wurten ein zweites Mal besiedelt wurden. In dieser Zeit sind aber auch zahlreiche neue Marschsiedlungen als

Gulfhaus-Anlage auf einer Wurt im Rysumer Nacken/Ostfriesland.

«Roter Haubarg», der heute weiß gestrichen ist, auf der Witzwort-Warft südlich von Husum.

flache Wohnhügel entstanden. Doch auch diesmal erfolgte bald eine neue Bedrohung durch wiederholte Sturmfluten, und auch diese Siedlungen mussten zu Wurten aufgehöht werden. Die Wurten dieser zweiten Wurtenperiode zeigen einen ähnlichen Aufbau wie die der früheren Perioden. In der Regel wurden sie später nicht wieder verlassen, sondern bilden den Kern vieler heutiger Dörfer, die wir noch immer als Rundwurten oder Langwurten mit teilweise unterschiedlicher Infrastruktur kennen. Außerdem gibt es zahlreiche regionalgeographische Unterschiede: Schon der Vergleich von Ost- und Nordfriesland macht dieses deutlich. Auf den ostfriesischen Wurten stehen Gulfhäuser, und auf den Warften der Eiderstedter Halbinsel finden wir die typischen Haubarge.

Die Küstenländer westlich der Weser waren im frühen Mittelalter eine der wenigen Landschaften, die wirtschaftlich flächendeckend erschlossen waren. Es gab dort ein System aus zentralen Handelsorten auf Langwurten, denen dörflich orientierte Rundwurten «zugeordnet» waren. Dieses wirtschaftliche System brach zusammen, als die kleinen friesischen Boote die angewachsenen Warenströme nicht mehr aufnehmen konnten. Die größeren Schiffe des hohen Mittelalters konnten nicht am Rand der Handelsorte ans flache Ufer gezogen werden. Die Handelsorte verloren dadurch ihre Funktion, mit Ausnahme von Emden, das, in der Emsmündung gelegen, auch von größeren Schiffen angelaufen werden konnte. Auch die Landwirtschaft ließ sich nur dann intensivieren, wenn es gelang, Acker- und Weideland beständig vor Überflutung zu schützen. Schon die Römer oder die von ihnen unterworfenen Bauern hatten im Rheinmündungsgebiet Dämme gebaut, um Wasser vom Wirtschaftsland fernzuhalten. Dies zu tun, lag nun auch für die mittelalterlichen Küstenbewohner auf der Hand.

Bis ins frühe Mittelalter litt die Landwirtschaft in den Marschengebieten darunter, dass auch im Sommer leichte Sturmfluten das Heu wegtrugen oder die keimenden Kulturpflanzen auf den Äckern so schädigten, dass die Ernte ausfiel. Deshalb begann man gegen Ende des 11. Jahrhunderts mit der Anlage von niedrigen Sommerdeichen, die die Wirtschaftsflächen schützen sollten. Diese Ringdeiche wurden von den einzelnen Siedlungen errichtet und hatten keine systematische Verbindung untereinander. Damit erreichten die Siedler eine neue Stufe der Sicherung, auch wenn im Winter noch immer die Wurten den Schutz von Mensch und Vieh übernehmen mussten.

Eine neue Welle der Marschbesiedlung setzte dann im 12. Jahrhundert ein, die *Hollerkolonisation.* Sie bestimmte fortan den Landesausbau an beiden Ufern der Elbe ebenso wie in Stedingen links der Weser. Hierzu warb man Holländer an, die ihre Erfahrungen im Deichbau und in der Entwässerung mitbrachten. Man wies ihnen vor allem die bis dahin noch unbesiedelten Gebiete am Rande des Sietlandes und im Sietland selbst zu. Noch heute belegen dort Orts- und Flurnamen die holländische Herkunft der ersten Siedler. Die Hollerkolonisation begann 1113 im Wesergebiet mit einem Vertrag zwischen dem Bremer Erzbischof und Holländern aus dem Bistum Utrecht, in dem die Modalitäten der Ansiedlung geregelt wurden. In die Stader Elbmarsch kamen die holländischen Siedler ab 1140, aber auch noch im 13. Jahrhundert wurden dort Hollersiedlungen gegründet. In den friesisch besiedelten Marschen und in Dithmarschen bestanden dagegen keine derartigen Kolonien. Im Schutze der winterfesten Deiche und mit zunehmender Entwässerung konnten nunmehr auch die tiefliegenden und meist vermoorten Sietländer im Hinterland der Marsch bis zum Geestrand hin kultiviert und besiedelt werden. Dies geschah im späten Mittelalter und in der Neuzeit.

Der Deichbau verlief in mehreren Schritten. Zuerst wurden rings um die Wurtendörfer oder Polder niedrige Sommerdeiche gezogen; dadurch war die Ackerflur einzelner Dörfer vor sommerlicher Überflutung geschützt, während man noch in Kauf nahm, dass hohe Fluten des Winterhalbjahrs die Dämme überspülten. Bei diesem ersten Deichbau ging es nicht darum, die Siedlungen vor den Sturmfluten zu schützen, denn die Wurten garantierten, dass die Dörfer bei «Land unter» quasi Inseln im Meer waren; auf dem fruchtbaren Marschland konnten zusätzlich nach dem Deichbau Ackerbau und Viehzucht intensiviert werden. Mit dem Bau dieser ersten niedrigen Deiche begann man erst im 11. Jahrhundert, also zur gleichen Zeit, als die kleineren Boote durch größere Schiffe ersetzt wurden und die Anlage der Häfen grundsätzlich verändert wurde. Vom 11. Jahrhundert an setzt dann der systematische Deichbau ein, der die Marschen schützt. Zunächst handelte es sich allerdings nur um relativ flache Ringdeiche um die Gemarkungen, die als Sommerdeiche nur die Äcker und Wiesen schützten. Erst im 13. Jahrhundert entstanden lange, zusammenhängende Deiche, die auch Sturmfluten abwehren konnten. Wir kommen später darauf zurück.

Erst nachdem die relativ hoch gelegenen Kernsiedlungen mit ihren Fluren von Deichen umgeben waren, machte man sich an die Erschließung der bis dahin unbesiedelten Sietländer, der niedrig gelegenen Bereiche, die etwas weiter von der Küste entfernt waren. Sie waren zuvor nur selten von den Meeresfluten erreicht und daher nicht so stark überschlickt worden wie die Ländereien dichter am

Meer. Die ersten Deiche, die aus Sietländern neue Polder machten, wurden nicht als Schutz gegen das Meerwasser gebaut; vielmehr sollten sie die Überflutung mit Süßwasser aus dem Hinterland verhindern, das sich dicht an der Grenze des Tideneinflussbereiches zuweilen staute. Schon im 12. Jahrhundert wurden in manchen niedrig liegenden Landschaften reihenförmige Marschhufensiedlungen begründet. Jeder Siedler legte hinter seinem Anwesen entsprechendes Land trocken, und das trocken gelegte Land wurde von zahlreichen Deichen umgeben. Einzelne Polder oder Köge – so nennt man von Deichen umgebene Ländereien – reihten sich damals aneinander.

Deiche trennen zwei Welten – Land und Meer. Binnen des grünen Watts, des «Goldenen Rings», der zu den größten Werken der Menschheit gehört, breitet sich das ebene Land der Köge und Polder mit ihren Bauernhöfen und Dörfern (Foto H. Kolde).

Danach wurden zwischen den einzelnen Siedlungen Verbindungsdeiche gebaut. Zunächst dienten diese wohl nicht zuerst als Bollwerke gegen die Fluten; auf den Dämmen verliefen in jener Zeit die Landverkehrswege, denen besondere Bedeutung zukam, weil man ja zugleich mit dem Bau von Verbindungsdeichen kleine Priele zuschüttete, auf denen man zuvor mit einem Boot zu den Wurten gelangt war. Die alten Priele waren nun nicht mehr in erster Linie die Verkehrswege der Friesen, aber sie verschwanden nicht: Über sie wurde das Land entwässert. Wenn der Meeresspiegel niedrig war, öffnete man ein kleines Wehr im Deich, damit Wasser aus dem Küstenland abfließen konnte. Stand der Meeresspiegel hoch, schloss man das Priel. Das Meerwasser drang von jetzt an nicht mehr über die Deichlinie ins Landesinnere vor. Das Wehr, das dies verhindert, nennt man an der Küste *Siel*. Es ist von entscheidender Bedeutung für die Entwässerung des Marschlandes, die stets mit der Bedeichung einhergehen muss. Vor rund tausend Jahren begann der Mensch also mit dem Bau von Erdwällen, um den Einfluss der Nordsee aus dem tiefliegenden Küstengebiet zurückzudrängen. Das eingedeichte Land, der Grooden, der Koog oder Polder, eröffnete die Möglichkeit der tideunabhängigen Landwirtschaft. Allerdings musste die Entwässerung des Binnenlandes nun auf künstlichem Wege über die Siele oder Schöpfwerke erfolgen. Vor

Durchlass eines Flusses durch den Deich in den Dollart mit dem Siel, dem Schöpfwerk und dem kleinen Wurtendorf Ditzum (Foto W. Franke).

den Seedeichen entstanden früher oft niedrigere Sommerdeiche. Sie schützten damals das Weideland eines Sommerkooges oder Sommerpolders, der nur von winterlichen Fluten überströmt wurde.

Meist winterliche Sturm- und Orkanfluten haben also jahrtausendelang das Leben der Menschen am Meer bestimmt. Die Fluten aus den ersten Jahrhunderten unserer Zeitrechnung sind zwar im Dunkel der Vergangenheit verschwunden, aber viele überschlickte alte Siedlungen deuten auf die verheerenden Ausmaße solcher Fluten hin. Sturmfluten hatten aber oftmals auch nur lokale Auswirkungen an einzelnen Küstenabschnitten, und so hat sich keine so in das Gedächtnis eingeprägt wie die Marcellusflut vom 16. Januar 1362. Diese Flut zerstörte unter anderem den legendären Hafenort Rungholt am Heverstrom, wobei Tausende von Menschen und Tieren den Tod fanden. Außer Rungholt ging damals auch der alte Friesenhafen Wenningstedt auf Sylt unter. Die Jadebucht und der Dollart brachen in das Land, und die Norder Jahrbücher berichten, dass in Ostfriesland «die festesten Gebäude wie Kirchen und Türme einstürzten».

Und so ging es ständig weiter: Große Fluten durchbrachen nachfolgend immer wieder zahlreiche Deiche, und die Nordsee drang

Spuren von Salztorfgewinnung vor der Hallig Langeneß. Bei Ebbe werden die mit Salzwasser vollgesogenen Torfblöcke im überschlickten Watt gestochen, und die Torfbrocken werden zum Trocknen und zur Veraschung an Land gebracht.

wiederum weit ins Binnenland ein. So erreichte z. B. der Dollart seine mit 350 Quadratkilometern größte Ausdehnung im 16. Jahrhundert. Erst danach gelang es, verlorenes Land wiederzugewinnen. Vielfach waren die Seedeiche damals den Kräften des Meeres nicht gewachsen. Heute sind die Deiche monumentale Bauwerke von bis zu 100 Meter Breite und 10 Meter Höhe. Damit gilt das Risiko von Deichbrüchen als weitgehend ausgeschlossen. Schon lange besteht außerdem in den Anrainerstaaten der südlichen Nordsee kein Bedarf mehr an zusätzlichen landwirtschaftlichen oder sonstigen Nutzflächen. Doch noch bis in die jüngste Vergangenheit wurden Salzwiesen und Wattflächen eingedeicht, um Kulturlandschaften zu schaffen, etwa an der Leybucht in Niedersachsen und in den Poldern des Ijsselmeeres. In den vergangenen 50 Jahren gingen auf diese Weise über 160 Quadratkilometer Deichvorland verloren. Die Eindeichung von Buchten und Vorländern und die Begradigung von Deichstrecken verkürzten die Küstenlinie der deutschen Nordsee seit 1962 von 1200 auf mittlerweile 700 Kilometer. Heute umfassen die unbedeichten Vorländer in den Niederlanden gerade noch 330 Quadratkilometer.

An der nordfriesisch-dänischen Küste sah die gesamte Entwicklung ähnlich aus: Es gibt jedoch auch regionale Unterschiede. In Dithmarschen, dem Küstenstreifen zwischen Elbmündung und der Eiderstedter Halbinsel, existieren, vom unbewohnten Trischen abgesehen, keine Inseln im Wattenmeer. Man sagt: Dithmarschen ist eine

Mit Schafen beweidete Lahnungsfelder im Deichvorland der Marscheninsel Nordstrandischmoor.

Landschaft mit eigenem Charakter; das Flüsschen Holstenau bildet von jeher eine uralte, historische Grenze zwischen der Holsteinischen Jungmoränenlandschaft und Dithmarschen. Dabei ist es bis heute geblieben. So ist die Oberfläche des Landes tischeben mit Marschen, Geest, Mooren und Watten sowie Dünen und Strandwällen. Eine abwechslungsreiche Vielfalt eben, die das Land interessant gestaltet.

Auch das amphibische Wattenmeer der nordfriesischen und der dänischen Küste ist nichts anderes als untergegangene Marsch. Entsprechend finden sich hier überaus zahlreiche Kulturspuren wie Wurtenreste, Brunnenringe, Tonscherben oder die Grabspuren der alten Salztorfgewinnung. Nur an einer einzigen Stelle der nordfriesischen Festlandsküste stößt die Geest unmittelbar ans Meer: in Schobüll nördlich von Husum. Hier ist ein Deich nicht nötig, so dass sich eine freie Sicht auf die Nordsee bietet. Dieser sichere Geestrand wurde von den Friesen vor allem nach der verheerenden Sturmflut von 1362 dauerhaft besiedelt. Sie berührten damals dabei das Siedlungsgebiet der dort ansässigen jütisch-dänischen Bevölkerung.

Die weiten, flachen Ebenen der Marsch sind also Anwachsgebiete nach Eindeichungen, wo einst Nordsee war. So sind die Köge, von Deichen inzwischen ringsum eingefasst, fast so etwas wie übergroße Landschaftsschüsseln. Diese würden, weil Deiche den natürlichen Wasserabfluss verhindern, bei anhaltend starkem Regen volllaufen. Um einen Koog zu entwässern, sind ebenfalls die Gräben, Speicher-

Der Sönke-Nissen-Koog in Nordfriesland ist eine komplett neu geschaffene moderne Agrarkulturlandschaft aus zweiter Hand.

Das Eidersperrwerk ist eine Antwort auf die Flutkatastrophe von 1962. Sein Herzstück ist ein Siel, 200 Meter breit, Entwässerungsschleuse und Bollwerk zugleich.

becken, Schöpfwerke und Siele erforderlich. Seit das Eidersperrwerk im Jahre 1973 in Betrieb ging, sind am Unterlauf der Eider verheerende Sturmfluten und Deichbrüche nicht mehr zu befürchten. Die Eiderstedter Halbinsel und ihr Landschaftsbild ist inzwischen von großen Poldern und Warften und den hier heimischen, imposanten bäuerlichen Wohnhäusern, den Eiderstedter Haubargen, geprägt. Diese riesigen Bauernhäuser als Ein-Haus-Höfe mit Wohn- und Wirtschaftsräumen unter einem Dach sind der sinnfällige Ausdruck der wirtschaftlichen Blüte Eiderstedts um die Wende des 16. und 17. Jahrhunderts. Seit 150 Jahren werden solche Haubarge nicht mehr neu gebaut – der Erhalt der letzten ihrer Art ist also eine kulturelle Aufgabe für die Zukunft. Der Haubarg war während dreier Jahrhunderte der beherrschende Typ des bäuerlichen Anwesens in der Landschaft Eiderstedt. Um das Jahr 1000 gab es noch 400 solcher Häuser – heute sind es nur noch wenige ursprüngliche, knapp 70. Zu jedem Haubarg gehörte natürlich eine ausreichend bemessene Wurt. Religionsfliehende Einwanderer aus den Niederlanden an der Wende vom 16. zum 17. Jahrhundert brachten ihre Kenntnisse wirtschaftlicher Häuser in der Synthese von Deichbau, Entwässerung niedrig liegender Marschen und landwirtschaftlicher Produktivität auf die Eiderstedter Halbinsel. Die Konstruktion der Haubarge erlaubte, auf einer fast quadratischen oder rechteckigen Grundfläche ein verhältnismäßig großes Raumvolumen zu gewinnen. Den Kern eines jeden Haubargs bildet der «Gulf» oder «Vierkant», ein Stapelraum, der sich zwischen vier, sechs oder acht, in seltenen Fällen bis zu zehn senkrechten Ständern ergibt. Die hölzernen Ständer für das Gerüst der Haubarge waren zuerst aus Eichen der Geest errichtet, später in Zeiten der Holzverknappung waren es auch pommersche Kiefern.

Zwillingsmühlen in Greetsiel. Sie dienten früher vordergründig zum «Trockenmahlen» der Polder; sekundär zum Mahlen von Getreide, und mittlerweile sind sie Markenzeichen der friesischen Küstenländer.

Noch eindrucksvoller ist der jahrhundertelange Kampf gegen das Nordseewasser in den Niederlanden. Stolz behaupten die Niederländer, Gott habe zwar das Meer erschaffen, ihr Land aber hätten sie sich selber erarbeiten müssen. Heute liegt mehr als die Hälfte des Landes unter dem Meeresspiegel. Hier versuchte man ebenfalls seit etwa 1000 vor Chr., durch umfangreiche Eindeichungen Land zu gewinnen. Erst die Erfindung der Windmühlen im Mittelalter machte dies konsequent möglich. Als Großprojekte sind hier zunächst das Trockenlegen des ehemaligen Haarlemer Meeres, eines ca. 18 000 Hektar großen Randsees der Nordsee, zu nennen. Wo heute auf dem internationalen Flughafen Schiphol die Flugzeuge starten und landen, schwammen früher die Fische.

Ein Jahrhundertwerk ist auch die Eindeichung der Zuiderzee, eines 300 000 Hektar großen Meeresarmes der Nordsee, der mit einem gigantischen Abschlussdeich vom offenen Meer abgetrennt wurde. Der übrig gebliebene Süßwassersee ist heute das Ijsselmeer, umgeben von den eingedeichten, riesigen Landgewinnungsflächen des Noordoost- und des Flevolandpolders. Interessant ist in diesem Zusammenhang auch die sprachliche Wandlung: Mit Süßwasser gefüllte Stillgewässer werden im Binnenland – sprachlich norddeutsch korrekt – als Meer bezeichnet. Entsprechend werden sie von der offenen See, der salzigen Nordsee, begrifflich abgegrenzt. Der Meeresarm war die frühere Zuiderzee, das heutige Ijsselmeer ist der binnenlands aufgestaute Fluss vor dem Deich mit Süßwasser. So werden auch die großen norddeutschen süßwassergefüllten Binnengewässer als Meer bezeichnet: zum Beispiel Ewiges Meer, Steinhuder Meer, Zwischenahner Meer und Heiliges Meer.

Manchmal war der Kampf gegen die See aber vergeblich. Erwähnt sei hier zum Beispiel die St.-Elisabeths-Flut von 1421, als große Teile im Rhein-Maas-Mündungsbereich überflutet wurden und der heutige Biesbosch bei Dordrecht entstand. Unvergessen bleibt auch die Flutkatastrophe von 1953 in den Niederlanden, als fast ganz Seeland unter Wasser stand und überall an der Küste zahlreiche Menschenleben zu beklagen waren. Die Spuren der Verwüstung waren noch nicht beseitigt, da lag schon in Den Haag der Deltaplan auf dem Tisch, nach dem Seeland heute mit mächtigen Deichanlagen und Fluttoren geschützt ist.

Nach den Chroniken waren auch die Inseln der Nordsee im Mittelalter bewohnt, doch aus verschiedenen Gründen ist eine schon viel ältere Besiedlung wahrscheinlich. Solange der Mensch die Inseln bewohnte, hat er sie stark beeinflusst durch Bebauung, Anlage von Acker- und Siedlungsflächen, Viehweiden, Raubbau und Jagd mit nachgewiesenem Ausgraben von Kaninchen konkret seit dem 17. Jahr-

Monument des Afsluitdijk zwischen Ijsselmeer und niederländischer Waddenzee. Das Ijsselmeer ist durch Abdämmung der früheren Zuiderzee, einer über 3500 Quadratkilometer großen ehemaligen Nordseebucht entstanden. Die Einpolderung erfolgte nach den Plänen des Ingenieurs C. Lely im Jahre 1927. Der 30 Kilometer lange Abschlussdamm war 1932 fertig gestellt. Er hat 25 Entwässerungsschleusen zur Regulierung des Wasserstandes im zwölf Meter tiefen Ijsselmeer.

hundert und damit die Dünen ständig mobilisiert und der Erosion ausgesetzt. Die ersten landwirtschaftlichen Kulturflächen der Inseln wurden im Grenzbereich der Dünen in den Salzwiesen, auf den Poldern und Groden oder in großflächigen Dünentälern angelegt; da die Bevölkerung Interesse hatte, dass ihre Häuser und Ländereien nicht von Sand überschüttet wurden, schonten sie die benachbarten Dünenstreifen, wo sich auf festgelegten Graudünen primäre Küstenheiden entwickeln konnten. Stellenweise können solche Heiden an windgeschützten Stellen zu niedrigen Wäldern aufwachsen; Brennholznutzungen, Plaggen und Viehweide verhinderten aber oftmals diese Entwicklung. Das weitgehende Fehlen der natürlichen Wälder auf den Inseln ist heute vor allem die Folge der geringen Ansiedlungsmöglichkeiten, da es auf den Inseln kaum eine Quelle für natürliches standortbedingtes Saatgut von Baumarten gibt. Die Inseln haben nur selten Deiche im wattenmeerzugewandten Salzwiesenbereich; ihre großen Weißdünenketten schützen sie seewärts, und die lagelabilen Inseln müssen mit aufwendigen Deckwerken, Steinbefestigungen, Betonmauern oder Strandaufspülungen ihre eigene Existenz ständig neu sichern. Doch davon später mehr.

5. FRIESEN, CHAUKEN, SACHSEN UND WIKINGER – WECHSELVOLLES LEBEN UNTERM EINFLUSS DER NORDSEE

Die ersten Jahrhunderte nach Christus waren auch im Nordseeraum vom Verhältnis zum römischen Weltreich geprägt. Von den Beschreibungen des Plinius haben wir bereits gehört. Die armseligen Wurtenbewohner, von denen Plinius berichtet hat, waren Chauken, die allerdings auch in günstigeren Landschaften lebten. Gegenstände römischer Herkunft findet man überall im Umfeld der Nordsee, sie werden auch zur Datierung entsprechender Fundhorizonte herangezogen. Aus diesem Grund benennen Archäologen auch im germanischen Raum diese Epoche des 1. bis 4. nachchristlichen Jahrhunderts als Römische Kaiserzeit.

Das Gokstadschiff der Wikinger im Wikingerschiffmuseum von Oslo (aus Henningsen 2000).

Die einheimische Bevölkerung wurde in jener Zeit erst durch die Unternehmungen des Augustus mit der politischen und militärischen Macht der Römer konfrontiert. Zunächst drangen Drusus von 12 bis 9 vor Chr. und anschließend Tiberius bis im Jahre 16 über die Nordseeküste mit See- und Landstreitkräften in die Gebiete Nordwestdeutschlands vor. Die römische Eroberungspolitik fand aber mit der Niederlage des Varus im Jahre 9 wohl am Kalkrieser Berg gegen die Germanen unter der Führung des Arminius ihr Ende. Drei Tage dauerte die Schlacht, dann waren große Teile der 15 000 bis 20 000 Mann starken damaligen römischen Rheinarmee, etwa die Hälfte der zu jener Zeit in Germanien stationierten Truppen, völlig aufgerieben. Damit war die römische Macht in Germanien zerschlagen, Arminius und die Germanenstämme hatten den Sieg errungen.

Dass auch die vergangenen Kulturen des Nordseeküstenraumes erstmals namentlich aus dem Dunkel der Geschichte treten, ist Tacitus zu verdanken, aber auch Plinius und Claudius Ptolemäus. Demzufolge siedelten an der holländischen Küste die Friesen, auf der niedersächsischen Küstengeest die Chauken, und die Amsivarier lebten an der unteren Ems. Im Hamburger Raum saßen die Langobarden, und in Schleswig-Holstein werden die Reudigner erwähnt, wahrscheinlich die späteren Sachsen. Die Chauken finden nur selten Erwähnung in Schriftquellen, man hat den Eindruck, die historische Entwicklung zu dieser Zeit ist an den Germanen des Weser-Ems-Küstenraumes vorbeigegangen. Es sind nur kleine Gruppen, die in den Schriftquellen auftauchen – meist mit negativem Akzent, weil sie für Furore sorgten. Plünderungszüge über See führten chaukische Piraten beispielsweise im Jahre 41 an die gallische Küste. Wenige Jahre später griffen sie gemeinsam mit den westholländischen Kanefaten aus der Rheinmündung sogar römische Siedlungen an. Während des Aufstandes der Bataver, die damals zwischen Rhein und Maas wohnten, in den Jahren 69 und 70 gehörte zu den aufständischen Truppen auch eine aus Chauken und Friesen zusammengesetzte Kohorte, die für ihre Kampfkraft bekannt war. Etwa um 170 werden sie noch einmal als Piraten erwähnt, die an den Küsten der damaligen römischen Provinz Gallien und Niedergermanien Schaden anrichteten.

Ganz so wüst und wild waren die Chauken jedoch wohl nicht: Die antiken Überzeichnungen betrafen offenbar nicht nur die Landschaftsbeschreibungen der germanischen Wälder – bei Tacitus «... macht es mit seinen Wäldern einen schaurigen, mit seinen Sümpfen einen widerwärtigen Eindruck...» –, sondern auch die Eigenschaften der Bewohner der Küstengeest. Sie lebten dort in Kulturlandschaften mit Äckern, Grünland, Hecken und Waldresten. Pollenanalysen verdeutlichen, dass die Siedlungstätigkeit der germanischen Stämme von der vorrömischen Eisenzeit bis in die Römische Kaiserzeit fortgesetzt wurde und eher noch zunahm. So haben die im Zuge des Varusschlachtfeldes von Kalkriese die archäologischen Forschungen begleitenden vegetationsgeschichtlichen Untersuchungen gezeigt, dass der Raum schon in der Jungsteinzeit besiedelt war und eine durch bäuerliche Subsistenzwirtschaft geprägte, halboffene Agrarlandschaft war.

Zahlreiche Ausgrabungen von Siedlungen und Hausgrundrissen, besonders im Gebiet südlich der Nordseeküste, erlauben inzwischen einige allgemein gültige Aussagen zu Haus-, Hof- und Dorfformen der Chauken. Schon seit der vorrömischen Eisenzeit, teilweise seit der Bronzezeit, besteht ein Gehöft aus dem langen, rechteckigen Wohnstatthaus sowie einigen Nebengebäuden. Oft war das Ganze von einem Zaun umgeben. Während der Eisenzeit kamen in Küstennähe auch mineralärmere Böden nach Brandrodung unter den Pflug. Je nach Ackerbauphase verbrannte man Abfallholz auf den Feldern; diese waren klein und quadratisch; wo vorhanden, wurden Steine aus dem Boden entfernt und als Wälle rings um die Felder angesammelt. Diese quadratischen Feldstücke hat man «celtic fields» genannt, obwohl sie mit den Kelten nichts zu tun haben. Sie sind im Nordseeraum sowohl in Norddeutschland und Dänemark als auch in England nachgewiesen worden. Die Felder wurden kreuz und quer gepflügt, die Erdschollen wurden nicht gewendet. Man baute vor allem Gerste und Roggen an.

Bis in die frühe Zeit des ersten nachchristlichen Jahrhunderts datieren die Archäologen solche Gehöfte leicht verstreut in der Ackerflur, die noch hier und da als Celtic Fields zu erkennen sind. Es handelte sich um wabenartige Flursysteme, bei denen eine Mistdüngung mit Hausabfällen eine große Rolle spielte mit langer Brachephase zur Erholung des Bodens nach erfolgter Beackerung mit dem Hakenpflug und Bestellung mit Einkorn (*Triticum monococcum*), Emmer (*Triticum dicoccon*) und Gerste (*Hordeum vulgare*). Im zweiten nachchristlichen Jahrhundert traten Änderungen in den Siedlungsformen und der Feldbestellung auf: Es wurden von nun an kleine dorfartige Anlagen gebildet. Gleichzeitig gab man die Besiedlung der Celtic Fields auf und ging über zu Ackerbau auf Blockfluren. Die wichtigsten Kulturpflanzen sind jetzt Gerste, Roggen (*Secale cereale*), daneben Saat- und Sandhafer (*Avena sativa* und *A. strigosa*), Lein (*Linum usitatissimum*) und Pferdebohnen (*Vicia faba*). Unkrautfunde haben gezeigt, dass der Roggen wohl als Sommergetreide angebaut wurde, und man ging über zum Streichbrettpflug für die Ackerbestellung. In den nördlichen Wohngebieten der nordseegermanischen Chauken, vor allem in der direkten Nordsee-Küstenregion, sind damals dreischiffige Wohnstallhäuser seit langem die Regel.

Im Verlauf des 4. nachchristlichen Jahrhunderts nimmt der sächsische Einfluss in dieser Region spürbar zu. Ein Körpergrab einer Frau der ersten Hälfte des 5. Jahrhunderts mit typisch sächsischer Beigabenkombination wie Tubulusfibel und Keramik im Wattenmeer vor Ostbense im Kreis Wittmund unterstreicht den kulturellen Wandel und gibt einen deutlichen Beleg für das Wiedereinsetzen der Körperbestattungssitten im Küstenraum nach den vielen Jahrhunderten der Brandbestattung mit Urnen seit der Bronzezeit. In dieser Zeit lebten die Sachsen östlich der Weser in einem föderativen Stammesverband in bäuerlichen Ansiedlungen mit mehreren Gehöften auf der nährstoffarmen Geest. Mensch und Vieh waren gezwungen, sich in einem hohen

Maße anzupassen: Eine Folge waren «wandernde Dörfer» oder Wandersiedlungen. Die armen Böden der Geest machten eine regelmäßige Siedlungsverlagerung unabdingbar, um unverbrauchte Böden beackern zu können. So wurden die Siedlungen nach der Bodenerschöpfung innerhalb einer Siedlungskammer verlegt, oder neues Territorium wurde urbar gemacht. Auch der Söldnerdienst in den römischen Provinzen war eine Möglichkeit zum Überleben. So ist verbürgt, dass seit dem 3. Jahrhundert Angehörige der beiden germanischen Großverbände der Sachsen und der Franken als Piraten die Küsten Galliens und Britanniens bedrohten. Dass sich gleichzeitig ihre Krieger mit dem Feind verbündeten und als Söldner für das römische Heer anwerben ließen, war im 4. und 5. Jahrhundert so gängige Praxis des Imperium Romanum, dass Historiker dieses Phänomen als «Barbarisierung» des römischen Heeres bezeichnen. Offenbar gab es eine regelrechte Anwerbung sächsischer Söldner, die später als Heimkehrer zahlreiche römische Güter, Waffen und andere Militarien mitbrachten und sogar solche «Statussymbole» mit ins Grab beigelegt bekamen. Das erklärt deren zahlreiche Funde zwischen Ems und Elbe.

Aber seit der zweiten Hälfte des 5. Jahrhunderts wurden viele Siedlungen zwischen Ems und Niederelbe aufgegeben, die Belegung der Gräberfelder brach ab, die küstennahen Landschaften waren nahezu entvölkert. Wir haben dieses Phänomen schon am Beispiel der Feddersen Wierde gesehen. Eine Zeit lang nahm man an, dass besonders hohe Sturmfluten zum Ende der Siedlungen geführt hätten, doch parallele Datierungen von zeitgleich verlassenen Marsch- und Geestrandsiedlungen bezeugen den wirklichen Grund für die großräumige Bevölkerungsabwanderung nach dem Zusammenbruch des Römischen Reiches: Neue Siedlungsgebiete fand das Seevolk der Sachsen zusammen mit Angeln und Jüten auf der anderen Seite des Ärmelkanals in der ehemaligen römischen Provinz Britannien, wo sie fruchtbare Böden und bessere klimatische Bedingungen für ihre Landwirtschaft vorfanden. Auf den Britischen Inseln brauchte beispielsweise das Vieh im Winter nicht aufgestallt zu werden, man konnte es im Freien halten. Die Außenhaltung im Sommer- und Winterhalbjahr bedeutete, dass weniger Viehfutter für den Winter gelagert werden musste beziehungsweise dass man mehr Vieh halten konnte als in der alten Heimat auf der Geest, wo man früher den gesamten Viehdung auf die armen Äcker bringen musste und wo deshalb die Stallhaltung in den Gehöften absolut notwendig war. Daraus ergaben sich wirtschaftliche Vorteile, die vermutlich einer der Gründe für die Übersiedlung nach England waren. Eine gute Basis für eine erfolgreiche Zukunft: They founded the British Empire.

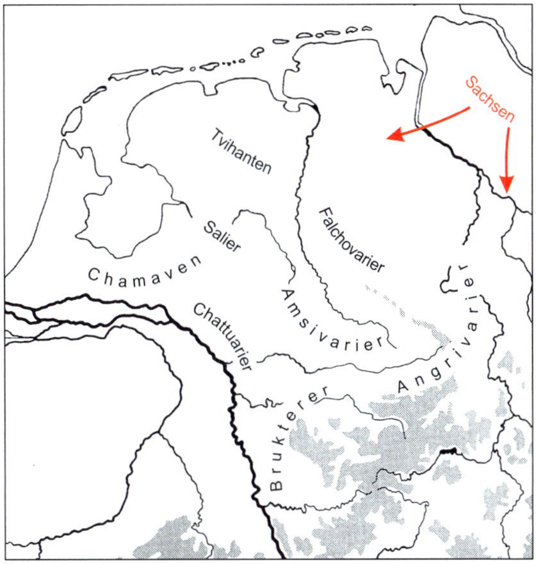

Mutmaßliche Siedlungsgebiete der Sachsen und von Teilstämmen der Franken außerhalb des spätrömischen Reichsgebietes (nach Both 2002).

In Britannien war Mitte des 5. Jahrhunderts die römische Zentralverwaltung zusammengebrochen, und die Angelsachsen – wie sie nun genannt werden – konnten seit 442 offenbar ungehindert in das schutzlose Land eindringen, das einige von ihnen ja bereits als Soldaten des römischen Besatzungsheeres kannten. Die Umsiedlung vom Festland dürfte in größeren und kleineren Schüben während der 2. Hälfte des 5. Jahrhunderts und der ersten Hälfte des 6. Jahrhunderts erfolgt sein und längere Zeit in Anspruch genommen haben. Nach der Abwanderung großer Teile des sächsischen Stammesverbandes verlor die verbliebene Restbevölkerung für einige Zeit ihre Identität, die man erst angesichts ihres stärksten Gegners, Karls des Großen, im 8. Jahrhundert wiederfand, mit zunehmender Bedrohung durch das Karolingerreich.

Die Wiederbesiedlung erfolgte während des 7. Jahrhunderts durch Sachsen im Landesinnern und Friesen an den Küsten. Von nun an gehen die Stämme getrennte Wege: Aus dem lockeren sächsischen Stammesverband entstanden mit Unterwerfung durch die fränkisch-königliche Herrschaft (seit 804) neue adlige Strukturen mit neuen Macht- und Handelszentren in agrarisch-geprägten Siedlungslandschaften. Anders verlief die Eingliederung der friesischen Lebensräume in das karolingische Frankenreich, wie wir noch sehen werden. Doch nun drohten zunächst neue Gefahren an den Küsten der Nordsee, denn die Wikinger kamen…

Der Wikingerhandel entwickelte sich im 8. Jahrhundert aus dem

Küstenhandel. Die Wikinger waren wohl die ersten nordischen Seeleute, die ein offensichtlich profitables Handelsnetz aufbauten. Sie waren kein einheitlicher Stamm oder ein Volk, sondern Menschen, die in Wieken lebten. Ihre Heimat war der Nord- und Ostseeraum im heutigen Dänemark, Südschweden und Norwegen. Wieken waren Markt- oder Handelssiedlungen, bei denen man hinter jedem Haus die Schiffe an Land ziehen konnte. Ihr nordischer Name Wiek oder Wik leitet sich vom lateinischen «vicus», dem Dorf, ab und ist noch heute in Ortsnamen enthalten: zum Beispiel Wyk auf Föhr oder Bardowick südlich von Hamburg. Die Wikinger waren vor allem vom 9. bis zum 11. Jahrhundert in weiten Teilen Europas präsent. Sie gelangten sogar nach Spanien, Italien und Sizilien. Dort waren sie auch als Normannen bekannt. In ihrer nordeuropäischen Heimat waren die Wikinger überwiegend Bauern mit Ackerbau- und Viehzucht, wo sie in Einzelhöfen oder kleinen Dörfern lebten und das Hinterland zur Jagd sowie zur Holz- und Eisengewinnung nutzten. Erst im 9. Jahrhundert entstanden frühstädtische Ballungszentren als Folge der internationalen Handelstätigkeit, so in Birka in Südwestschweden, in Kaupang in Südnorwegen und in Haithabu an der Schlei im Grenzraum von Nord- und Ostsee. Erst um die Jahrtausendwende traten die Wikinger schließlich identitäts- und staatenbildend in Erscheinung. Sie etablierten in Dänemark große Burgen als Sammel- und Ausgangsplätze für ihre Englandfahrten und zur Stabilisierung der frühen dänischen Königreiche unter Sven Gabelbart (986–1014) und Knut dem Grossen (1018–1035). Schon damals wurden die bislang unbesiedelten Faröer, Island und zeitweilig auch Grönland von den Wikingern als Bauern eingenommen. Die Faröer und Grönland gehören ja noch bis heute zu Dänemark! Auch in Norwegen und in Schweden gab es zu dieser Zeit erste Ansätze zu zentralisierten Systemen, in Schweden in der Region um den Sälarsee und in Norwegen unter Harald Schönhaar (860–930), dem sich damals aber viele Bauern durch Abwanderung nach Island entzogen.

Die Gründe für das weite Ausgreifen der Wikinger liegen sicher im damaligen inneren Zustand des nach dem Tode Karls des Großen am 28.01.814 zerfallenen ehemaligen Fränkischen Reiches und der nachfolgend verfeindeten angelsächsischen Herrschaften. Ein weiterer, mehr praktischer Grund waren sicherlich die schlank gebauten, etwa

20 Meter langen und bis zu fünf Meter breiten, für Fluss- und Hochseefahrt gleichermaßen geeigneten Wikingerschiffe mit umlegbarem Mast und Rahsegel, die durchschnittlich 40 bis 80 Mann, manchmal sogar eine größere Besatzung aufnehmen konnten.

Das war die Basis für viele Eroberungszüge der Wikinger: 787 tauchten sie zuerst in Westeuropa auf, im Jahre 793 plünderten sie das Kloster Lindisfarne auf der englischen Nordseeinsel Holy Island. Nachfolgend starteten sie als überlegene Seefahrer mit ihren Schiffen mit geringem Tiefgang auch überraschende Landungen an seichten Küsten; sie hatten oft Pferde dabei und setzten ihre Angriffe effektvoll an Land fort. So bedrohten sie lange Zeit die Britischen Inseln und das westliche Frankreich. Von Winterlagern aus gelangten sie sogar tief ins Innere Europas: Opfer wurden Städte wie Köln, Trier und Paris. Dabei verlangten sie Tributzahlungen als Ersatz von Plünderungen, das sogenannte «Danegeld». Dieses findet sich heute oft in archäologischen Grabungen und dient der Rekonstruktion der Wikingerzüge. In England wurden sie schon früh, in der 2. Hälfte des 9. Jahrhunderts, auf die Region um York zurückgedrängt, wo sie ein Königtum gegründet hatten. Im Jahre 1002 wurden dort alle Wikinger von den Engländern umgebracht. Auch in Irland, wo in Dublin ein Zentrum nordisch geprägter Kultur entstanden war, konnten sich die Wikinger nicht dauerhaft halten. Allerdings waren die Shetland-Inseln noch bis 1471 ein Teil des norwegischen Königreiches. Deshalb sind hier noch zahlreiche skandinavische Elemente in der Umgangssprache bewahrt. So heißen in Shetland die Meeresbuchten (engl. bay) noch heute «wick», und schmale Meereseinschnitte (engl. walls) heißen dort «vols» nach dem norwegischen «vagr» für langgestreckte Meereseinschnitte. Auch im normalen Alltag gibt es spezielle Ausdrücke, wie «froate» für Pullover, «lad» für Junge, «sark» für Hemd usw. Insgesamt weiß man heute aber, dass die Wikinger nicht nur kriegerische Eroberer, sondern vornehmlich bäuerliche Siedler und Kaufleute waren, die nicht nur ein europäisches Fernhandelsnetz über die Seewege errichteten, sondern auch die damalige Kultur des christlichen Abendlandes über die Nord- und Ostsee verbreiteten. Denn auf der Basis des Wikingerhandels entwickelten sich zwei Handelsnetze im Nord- und Ostseeraum, das der Dänen und das der Hanse. Diese waren nicht strikt voneinander getrennt. Oft profitierte man gegenseitig von den Strukturen, die innerhalb ihrer Handelsorganisationen aufgebaut waren. Die Dänen, die sich als Nachfahren der Wikinger betrachteten, konzentrierten sich vor allem auf den Handel entlang des «Nordweges», der sie nachfolgend nicht nur nach Norwegen, sondern auch nach Island und zu den Britischen Inseln führte. An der norwegischen Küste gab es reichlich Fisch und das für den Schiffbau begehrte Nadelholz von Fichte und Kiefer.

Sielhof von Neuharlingersiel. Dieses dem Barockstil nachempfundene schlossartige Gebäude wurde 1755 errichtet. Es war ursprünglich Familiensitz des oldenburgischen Gesandten von Encken-Addenhausen.

Schauen wir zurück an die Küsten Frieslands: Im Auftrag Karls des Großen versuchten um 775 die Missionare Willehad und Liudger, die Friesen zu christianisieren; diese wehrten sich heftig, erschlugen sogar in Dokkum den hl. Bonifatius und manch andere Gottesleute. Erst nach der Christianisierung des südlich angrenzenden Sachsenlandes auf der Geest fiel auch der friesische Widerstand zusammen, und im Jahre 804 gliederte Karl der Große die friesischen Lande ins Frankenreich ein. Die «freien Friesen» erhielten jedoch Sonderrechte. Schon auf dem Reichstag zu Aachen im Jahre 802 ließ er friesisches Gewohnheitsrecht in lateinischer Übersetzung als «Lex Frisionum» verkünden. «Nobilitas et libertas» kennzeichneten die Friesen – eine Edelfreiheit, die darauf beruhte, dass alle Friesen ihr Gut als Eigentum besaßen. Die Friesen waren direkt dem König untertan, zahlten freilich Zins und Tribut, bekamen aber zahlreiche Privilegien: Es bildete sich deshalb kein Stammesherzogtum; ihre Dienste waren nur auf das friesische Territorium beschränkt, die Sicherung der Küste gegen die Wikingereinfälle und gegen die See selbst standen von Anbeginn im Vordergrund ihrer Pflichten. Die Friesen waren um diese Zeit kühne Seefahrer, die ihren Handel vor allem mit Tuchen aus Schafwolle bis nach England und Skandinavien und den Rhein hinauf ausdehnten. Nachdem der Überfall des Dänenkönigs Göttrik auf Friesland im Jahre 810 den Friesen eine empfindliche Niederlage zugefügt und erhebliche Tribute abverlangt hatte, zog Karl der Große aus dieser Erfahrung einer Invasion von See her die Konsequenz, insbesondere in den Mündungsgebieten der Flüsse eine Küstenwacht einzurichten, die sich auf Präsenz und Selbsthilfe der waffenfähigen Friesen stützte. Deshalb waren sie vom Heeresdienst und von Eroberungszügen der karolingischen Armee außerhalb Frieslands befreit.

So bildete sich recht früh eine auf bäuerliche Freiheiten ausgerichtete Gesellschaft mit Viehzüchtern und Handelsleuten auf den Wur-

ten in der Küstenmarsch, die gemeinschaftlich die Landessicherung und den Deichbau zum Schutz des Landes von etwa 900 an betrieben. Der sogenannte *Goldene Ring* mit einer geschlossenen Deichkette entlang der gesamten friesischen Küste wurde bereits um 1100 nach dem Ende der Wikingereinfälle vollendet. Im Schutze der durchgehenden Deichlinie konnten sich Wirtschaft und Handel weiter entfalten, und der Wohlstand wuchs mit damals schon beträchtlichem Geldumlauf in breiten Bauern- und Händlerschichten – alles Faktoren, die einer Feudalisierung entgegenwirkten. Um 1200 führte man obendrein von den Niederlanden aus das Verfahren zur Backsteinherstellung ein; noch heute dominieren rote Ziegel und Klinker in weiten Teilen der Küste die Backsteinhäuser. Die Klinker sind oft aus Lauenburger Tonen bei einer Temperatur von über 1700 Grad Celsius gebrannt. Infolge der hohen Temperaturen schmelzen die Silikate des Lehms außen, und die Ziegelsteine überziehen sich mit einer Glasur (= die Ziegel sintern). Klinkersteine sind zwar teurer, dafür aber gegen Wasser, Witterung und Druck widerstandsfähiger als die bei einer Temperatur von 600 bis 1700 Grad gebrannten Rohziegel oder die roten Ziegel (= Backsteine). Durch diese Herstellung von gebrannten Steinen aus Lehmen und Tonen entstand schon im Verlauf des 13. Jahrhunderts eine große Zahl mächtiger steinerner Kirchen- und Klosterbauten, welche vielfach von reichen Familien gestiftet wurden. Dazu kam auch für die Bauern und die Landbevölkerung die Möglichkeit,

Das Upstalsboom-Monument bei Aurich: Als Zentrum der Beschwörung von Recht und Freiheit, Frieden und Einheit diente ein frühmittelalterlicher Grabhügel. Heute erinnert das Monument an die Gefallenen des Krieges von 1813–1815. Am Upstalsboom lebt nur noch der Mythos fort.

vergleichsweise früh Häuser zu bauen, die langfristig von Bestand und nicht so brandempfindlich wie die lehmverschmierten, aus Eichenbalken gebauten Fachwerkhäuser der benachbarten Geest waren. Das alles wirkte besitzerhaltend für viele Generationen.

Mit Beginn des 13. Jahrhunderts entwickelten sich autonome ostfriesische Landesgemeinschaften; sie kolonisierten die Niederungsgebiete zwischen der Seemarsch und den Geestrandmooren mit ihren typischen Reihensiedlungen und Hagenfluren. Um 1250 schlossen sich verschiedene ostfriesische Gebiete zum Upstalsboom-Verband zusammen. Hier, am «Upstalsbame», dem heutigen Upstalsboom bei Aurich, errichteten sie eine Thingstätte, wo sich die Vertreter der friesischen Gemeinden zwischen Zuiderzee und dem Weserraum bis etwa 1327 trafen, um sich über Recht und Freiheit, Frieden und Schutz zu beraten und zu einigen. An dieser Thingstätte wurde – im Gegensatz zum feudalistischen Resteuropa – Demokratie praktiziert: Gesetze beschlossen, Streitigkeiten geschlichtet, Verträge ausgehandelt. Der Upstalsboom ist ein niedriger Hügel, der schon in der frühen Bronzezeit als Grabstätte diente. Noch heute gilt die steinerne Pyramide von 1833 als Ort höchster Symbolkraft. Im Mittelalter trafen sich hier die Vertreter der alten autonomen friesischen Bauernrepublik, und sie garantierten die bekannte «Friesische Freiheit». «Eala frya Fresena – Heil, freier Friese!» – so grüßten sich die frei bestimmten Vertreter friesischer Landesgemeinden, wenn sie hier zusammenkamen. Seit dieser Zeit gab es also Ansätze zu einer gesamtfriesischen Politik, was allerdings auch notwendig war angesichts von vielen Seiten drohenden Unheils.

Mitglieder der besitzenden Bauernschicht zettelten im Jahre 1271 einen bewaffneten Aufstand gegen den Bischof von Münster an, der an der verkehrsgünstigen damaligen Emsmündung sein Herrschaftsgebiet ausgedehnt hatte und den Friesen während der Kämpfe fünf Jahre lang das Zugangsrecht zu den ureigenen Märkten verwehrte. Für die auf Export von Vieh und die Einfuhr von Getreide angewiesenen ostfriesischen Viehzuchtgesellschaften waren solche Maßnahmen verheerend. Das führte aber dazu, dass die Friesen sich fortan auf die Seeräuberei verlegten und Hamburger und Bremer Schiffe überfielen. Schließlich griffen die Hansestädte ein: Sie sandten Schiffe aus, um die «Vitalienbrüder», eine Kampfgenossenschaft der Seeräuber, und die mit ihnen verbündeten ostfriesischen Dörfer zu bekämpfen. In den Jahren 1400 und 1401 erlitten diese schwere Niederlagen gegen die Hanse. Einer ihrer Hauptleute, Klaus Störtebeker, wird vor Helgoland gefangen und im Oktober 1401 in Hamburg hingerichtet. Dazu kamen in der Zwischenzeit schwere Naturkatastrophen: Am 16. Januar 1362 verwüstete die zweite Marcellusflut, auch die «Große Mandränke» genannt, weite Teile der gesamten Nordseeküste und zerriss die alte Großinsel oder Hallig Bant, aus deren Sand später der Memmert, Juist und einige Teile von Norderney gebildet wurden. Immer wieder ersuchten damals die Gemeinden Schutz und Hilfe bei der Upstalsboom-Versammlung, doch eine dauernde Einigung kam nicht zustande.

Ab Mitte des 14. Jahrhunderts gewannen schließlich einige Bauernfamilien an Einfluss; daraufhin zerbricht die bisherige Ordnung der landesgemeinheitlichen Freiheit, die Herrschaftsgewalt geht auf soge-

«Manninga»-Häuptlingsburg in Pewsum. Im Jahre 1458 von Poppo Manninga gebaut, ist sie eine der ältesten vom Wassergraben umgebenen Burganlagen. Graf Edzard II. Cirksena kaufte die Burg 1565 und nutzte sie als Sommersitz.

nannte *Häuptlinge*, die Oberhäupter der mächtigen Familiendynastien, über. Kennzeichnend waren für sie der Besitz einer Burg, eines Steinhauses also, und die Haltung eines militärischen Gefolges. Sie bildeten nach und nach die Voraussetzung für eine künftige territoriale Herrschaft in Ostfriesland mit einem anerkannten ostfriesischen Adel, der die genossenschaftliche Verfassung des Upstalsboom endgültig ablösen sollte.

Zu vielen dieser erhalten gebliebenen Burgen gibt es interessante, verbürgte historische Ereignisse; deshalb sei zum besseren Verständnis ihrer Entstehung und ihrer naturräumlichen Einbindung nachfolgend einiges zu den bedeutenden friesischen Häuptlingsfamilien und zu herausragenden Persönlichkeiten berichtet. Die expansivste und aktivste Häuptlingsfamilie waren beispielsweise die tom Brok, die vom Brookmerland als ihrem Kernland aus regierten. Im Süden Ostfrieslands hatte sich Focko Ukenas, der Häuptling von Leer, etabliert. In der heutigen Krummhörn saßen als mächtige Häuptlinge die Allena und Cirksena. Am 21. Oktober 1413 eroberte Keno tom Brok die Stadt Emden. Hisko Abdena, bislang Herrscher von Emden, flüchtete ins weiter westlich gelegene Gebiet Groningen. Nach internen Streitigkeiten innerhalb der Häuptlingsfamilien um den größten Einfluss und nach zahlreichen Gefechten mit wechselnden Allianzen erlangte die Familie Cirksena nach 1430 den größten Einfluss, den sie in der Folgezeit durch geschickte politische Verbindungen mit den Hamburger Kaufleuten weiter ausdehnen konnte. So wird im Jahre 1464 Ulrich I. Cirksena vom damaligen Kaiser Friedrich III. für Ostfriesland mit der Reichsgrafschaft beliehen; damit war das Land in das Deutsche Reich eingegliedert. 1466 starb Graf Ulrich I. Cirksena. Von seinen drei Söhnen erlangte danach Graf Edzard I. der Große an Bedeutung, der allerdings in zahlreiche dynastische Auseinandersetzungen mit seinen Territorialnachbarn verstrickt war und mit den Groningern, den Oldenburgern, dem Bischof von Münster und sogar mit Sachsenherzog Albrecht von Meißen in machtpolitische Auseinandersetzungen geriet. Die sogenannte «Sächsische Fehde» zwischen 1514 und 1517 hatte nachhaltige Veränderungen im Küstengebiet zur Folge: Graf Edzard I. verlor Groningen an den Herzog von Geldern, der von nun an den westfriesischen Küstenbereich Habsburg-Burgund und somit den Niederlanden unterordnete. Es gelang Edzard zwar, noch für einige Zeit die Jeveraner Dynastie an sich zu binden. Nach seinem Tod im Jahre 1528 besetzten dann seine Söhne Enno II. und Johann Cirksena die Burg Jever. Dann ging es aber bergab: Nach Verhandlungen mit den Grafen von Oldenburg verzichteten die Cirksena fortan zunächst auf Butjadingen; das Jeverland verloren sie, nachdem die letzte Herrin Maria von Jever kraft testamentarischer Verfügung ihren Besitz nach ihrem Tod im Jahre 1575 den Oldenburger Grafen vermacht hatte. Damit waren die Grenzen Ostfrieslands, wie wir es heute kennen, abgesteckt. Lediglich Enno III. konnte im sogenannten Berumer Vergleich noch das Harlingerland endgültig dem ostfriesischen Besitz hinzufügen.

Graf Edzard der Große von Ostfriesland nach einem Gemälde von Jacob Cornelisz van Amsterdam (aus Homann 1975).

Während der Reformation kamen neue Zerreißproben auf die Mar-

Schloss Jever, der ehemalige Wohnsitz der legendären Regentin Maria, die Jever im Jahre 1536 zur Stadt erhob. Schlossturm von Jever mit einer Zwiebelhaube, die an die Kreml-Türme in Moskau erinnert. Jever gehörte in der Tat unter Katharina II., einer gebürtigen Prinzessin von Zerbst, von 1793 bis 1818 zum russischen Zarenreich.

schenländer zu: Ab 1520 kam es zu einem Zerwürfnis zwischen den Calvinisten im Westen und den Lutheranern im Osten. Die Stadt Emden profitierte in dieser Zeit von den Freiheitskämpfen der Niederländer gegen die katholischen Spanier. Dank zahlreicher Glaubensflüchtlinge gelangte die Stadt zu einer großen wirtschaftlichen Bedeutung, und in der sogenannten Emder Revolution von 1595 lehnten sich die reichen Bürger gegen ihren schwachen Landesherrn auf, und die Stadt erlangte ihre Unabhängigkeit. Die Folge war ein jahrzehntelanger Kampf gräflicher Landesherrschaft mit ständischen Interessen, nicht nur in Emden, sondern überall in der ostfriesischen Grafschaft, die dadurch einen kontinuierlichen wirtschaftlichen Niedergang erlebte.

Der wirtschaftliche Niedergang der Küstenregion wurde durch die Folgen des Dreißigjährigen Krieges von 1618 bis 1648 noch verstärkt: Im Krieg zwischen Holland, den damaligen Generalstaaten und

Spanien war Ostfriesland Rückzuggebiet der Krieg führenden Parteien. Kurz vor Kriegsende 1647 geriet die Grafschaft sogar in die Kampfhandlungen, als im Rheiderland und bei Leer kaiserliche und hessische Verbände aneinander gerieten. Plünderungen im Land waren die unabwendbaren Folgen. Nach dem Westfälischen Frieden von Münster und Osnabrück im Jahre 1648 übernahmen wieder die Vertreter der Cirksena-Dynastie die Herrschaft. Graf Georg Christian wurde im Jahre 1662 kurz vor seinem Tod sogar die erbliche Reichsfürstenschaft verliehen; seine Witwe Fürstin Christine Charlotte, eine Tochter des Herzogs von Württemberg, erwies sich von 1665 bis 1699 als einflussreiche Regentin; sie strebte als absolutistische Herrscherin auch die Hegemonie über die damaligen Stände an. Das sollte ihr aber schlecht bekommen. Die Stände entdeckten eine neue Kraft, die sie gegen die harte Landesherrin unterstützen sollte: den Kaiser Leopold II. im fernen Wien. Er war es auch, der als sichtbaren Ausdruck seiner Unterstützung am 24. Januar 1678 an die ostfriesischen Stände, der sogenannten «Ostfriesischen Landschaft» das «Upstalsboomwappen» verlieh. Seither dokumentieren augenfällig zwei Wappen die Herrschaftsverhältnisse in Ostfriesland: das Upstalsboomwappen der Stände und das Dynastiewappen des Hauses Cirksena. Doch eine weitere Naturkatastrophe größten Ausmaßes drohte alles wieder zunichte zu machen: Die Weihnachtsflut vom 25. Dezember 1717 überschwemmte die Nordseeküste, als die Deiche brachen und das Land unter Wasser gesetzt wurde. Die geschätzte Zahl der Opfer liegt zwischen 11 000 und 22 000. Binnen kurzer Zeit hatte sich die wirtschaftliche Situation in ganz Ostfriesland katastrophal gewandelt. Der Rest der Geschichte ist schnell erzählt: Am 26. Mai 1744 stirbt Carl Edzard, der letzte Cirksena-Fürst, ohne Erben, Preußens König Friedrich der Große ergreift noch am gleichen Tag Besitz von Ostfriesland.

Von nun an ist die ostfriesische Geschichte Teil der europäischen Gesamtentwicklung mit allen Konsequenzen wechselnder Herrschaften. Nach dem Sieg Napoleons 1805 bei Austerlitz über Österreich und Russland verbündete sich Preußen mit Frankreich. Damit waren gerade der Küstenraum und die Nordsee selbst verwickelt in die französisch-englischen Auseinandersetzungen, und die Auswirkungen für die Seefahrt in der Nordsee wurden sofort spürbar. England belegte

Das Schloss Aurich entstand 1852 unter dem hannoverschen König Georg V. an derselben Stelle, an der die Cirksena 1447 ihren Wohnsitz errichtet hatten.

alle preußischen Schiffe mit einem Embargo, und Emden verlor 1806 durch Seeschlachten fast seine gesamte Flotte. Als aber im Verlauf der napoleonischen Kriege der Kaiser der Franzosen die Kontinentalsperre über England verhängte, die allen Handel und Verkehr mit der Kolonialmacht unterband, verdienten auf der anderen Seite die Insulaner der Nordsee gut am Warenschmuggel zwischen der damals britischen Kronkolonie Helgoland und Hamburg. Doch der Feldzug Napoleons in Europa ging weiter: Am 14. Oktober 1806 siegte Frankreich bei Jena und Auerstedt über Preußen. Im Tilsiter Frieden musste Preußen alle Gebiete westlich der Elbe abtreten; damit wurde das Küstenland der südlichen Nordsee französisch und war unter Napoleons Bruder Louis Bonaparte, der die Niederlande regierte, zusammen mit dem Jeverland zu einem holländischen «Department Oost-Vriesland» zusammengeschlossen. Nach dem Dekret von Rambouillet vom 9. Juli 1810 wurde das damalige Königreich Holland Bestandteil des Kaiserreichs Frankreich; damit waren das Jeverland und Ostfriesland französisch. Nach dem Zerfall der französischen Herrschaft in Europa übernahm am 17. November 1813 der König von Preußen wieder Ostfriesland; das Jeverland wurde abgetrennt und ging an den Herzog von Oldenburg.

Rathaus Emden (Foto HB Verlag).

Im Jahre 1861 beauftragte der Kaiser einige Fürsten, den Schutz der ostfriesischen Stände zu übernehmen. Einer ragte durch seine starken Interessen für das Küstenland heraus: Friedrich Wilhelm von Brandenburg, der «Große Kurfürst». Mit Bodo von Kniphausen, dem Führer der ostfriesischen Stände, gründete er 1862 sogar die Afrikanische Handelskompanie mit Sitz in Emden, die der Wirtschaft und der Seefahrt zu neuem Aufschwung verhalf.

Auch der Küstenstreifen zwischen Elbe und Dänemark ist in der Geschichte vielfältige Wege gegangen: Als Brückenland zwischen Nord und Süd ist er häufig fremden Einflüssen und Veränderungen mit anhaltenden Ein- und Auswanderungen ausgesetzt gewesen. Erst zwischen 700 und 1000 waren Friesen von Süden her die Nordseeküste Schleswig-Holsteins hinaufgewandert und hatten dort besonders auf den Inseln eine eigene Sprachkultur entwickelt – stark beeinflusst von der Nachbarschaft der Dänen. Bis zur Eider reichte damals die karolingische Provinz Nordelbingen, die vom hl. Ansgar ab 831, ausgehend von der neu gegründeten Erzdiözese Hamburg, christlich missioniert wurde, bis 845 dänische Wikinger alles zerstörten und der Sitz des Erzbischofs nach Bremen verlegt werden musste. So ging es in der Folgezeit hin und her: Kaiser Heinrich I. besiegte die Wikinger in Haithabu und festigte seine Grenzmark erneut zwischen Eider und Schlei. Sein Sohn Otto I. unterstellte das Land dem Herzogtum Sachsen, und erst Kaiser Konrad II. überließ das Gebiet dem starken Dänenkönig Knut dem Großen; damit wurde die Eider auf lange Zeit Südgrenze des Reiches. Die Friesen auf den Geestinseln kümmerte das nicht; sie besiedelten auch nach 1000 die nördlich der Eider gelegenen Marschgebiete, die man damals «Utlande», also unbesiedeltes Außenland, nannte. Vom 10. bis zum 15. Jahrhundert wechselten aufgrund der verwandtschaftlichen Verbindungen im Land zwischen Nord- und Ostsee ständig die Besitz- und Lehnsrechte zwischen den Holsteiner Grafen und den dänischen Königen. Anfangs galt es, die bedrohlichen Slawen abzuschütteln, die von 1032 bis 1066 ganz Nordelbingen und Jütland erobert und Haithabu und Hamburg zerstört hatten. «Lewer dot as Slav» hieß damals die Devise – frei wollten sie auch hier immer sein. So blieb auch der Nordseeküstenraum von Dithmarschen nach wie vor ein freier Bauernstaat, der sich mehrfach, so in den Jahren 1404 und 1500 bei Hemmingstedt, erfolgreich gegen die Übernahmeversuche der holsteinischen und dänischen Landesherren gewehrt hatte, bis dieses Land schließlich im Jahre 1559 unterworfen und aufgeteilt wurde.

Auch Nordfriesland nahm aufgrund seiner Kultur mit eigenen Bauformen, den «Utländischen» Langhäusern, eine ähnliche Sonderstellung ein; es hatte sich hier aber kein politisch unabhängiges Gemeinwesen entwickeln können wie in Dithmarschen und bei den West- und Ostfriesen. Teile von Föhr, Amrum und Sylt gehörten staatsrechtlich seit dem Hohen Mittelalter bis 1864 als Enklaven zu Dänemark. Wie war es zuletzt dazu gekommen? Während des Europafeldzuges von Napoleon Bonaparte betrieb Dänemark eine strikte Neutralitätspolitik. Diese rief allerdings Großbritannien auf den Plan, das ein Bündnis der Dänen mit den Franzosen fürchtete, was die damals große dänische Flotte gegen die Schiffe der Royal Navy einsetzen könnte. Als Kopenhagen sich einem von London aufgedrängten Bündnis verweigerte, beschossen britische Kriegsschiffe Anfang September 1807 die dänische Hauptstadt und raubten die dänische Flotte. Dänemark ging daraufhin eine Allianz mit Napoleon ein und beteiligte sich an Frankreichs Kontinentalsperre gegen die Britischen Inseln. Nach der Niederlage Napoleons in Waterloo und auf dem Wiener Kongress musste das nun wirtschaftlich geschwächte Dänemark im sogenannten Kieler Frieden von 1814 seine damaligen Besitzungen in Norwegen an Schweden abtreten; die Faröer, Island und Grönland durfte es behalten, ebenfalls die Herzogtümer Schleswig, Holstein und Lauenburg – also das ganze heutige Schleswig-Holstein. Doch auch das ging nicht gut: Die überwiegend deutsche Bevölkerung empfand die Oberherrschaft Dänemarks als Besatzungsmacht. Der erstarkende Nationalismus jener Zeit in ganz Europa bewirkte den Bruch. Im Jahre 1844 gab es Krieg zwischen Schleswig und Dänemark, in den sich auch Preußen und später 1864 sogar Österreich einmischten. Dieser war rasch zugunsten der mitteleuropäischen Mächte entschieden, und so musste Dänemark im Frieden von Paris alle Besitzungen in Deutschland abtreten.

Nach dem Wiener Kongress von 1815 war auch das Land zwischen Ems und Elbe erneut in die Lotterie der Gebietsverteilung geraten: Um die Macht in Norddeutschland konkurrierten damals Preußen und das in Personalunion mit dem Königreich England stehende Welfenhaus in Hannover. Preußen wollte seine Ansprüche auf Vorpommern, Rügen und Stralsund befriedigen und überließ den Hannoveranern Ostfriesland nebst Hildesheim, Goslar und Lingen. Im Abtretungsvertrag vom 29. Mai 1815 wurde dieser Landhandel perfekt gemacht. Die Wiener Schlussakte vom 9. Juni 1815 bestätigte diese territorialen Neuordnungen. Die Küstenregion der südlichen Nordsee erhielt in jener Zeit auch im Königreich Hannover nach langem Hin und Her wieder die angestrebte Eigenständigkeit: Am 5. Mai 1846 wurde die Verfassungsurkunde für die «Ostfriesische Landschaft» erneut unterzeichnet; damit war der ostfriesischen Provinz in Hannover wieder eine gewisse Selbstständigkeit zugedacht. Die «Ostfriesische Landschaft» existiert als Kulturparlament noch heute und hat ihren Sitz in Aurich. Am 19. Juni 1866 brach dann der Krieg zwischen Preußen und Österreich aus. Hannover stand auf der Seite der Habsburger, und als diese den Hohenzollern bei Königsgrätz unterlagen und Hannover schließlich bei Langensalza, wurde das Königreich Hannover vom Königreich Preußen annektiert. Am 26. Juni 1866 besetzten preußische Truppen abermals Aurich. Im Kaiserreich erlebte die Region jedoch einen enormen wirtschaftlichen Aufschwung; auch der Tourismus entwickelte sich: Mit dem Ausbau der Eisenbahn nach Emden, nach Norden und Norddeich im Jahre 1892 steigt sogar die Zahl der Badegäste auf den

Inseln an. 1888 wird der Ems-Jade-Kanal zwischen Wilhelmshaven und Emden fertiggestellt. 1899 erhält Emden durch den Dortmund-Ems-Kanal Anschluss an das Ruhrgebiet und erlebt einen gewaltigen Aufschwung als Massenguthafen für den Umschlag von Kohle und Erz. Nationaler Kriegshafen wurde Wilhelmshaven bereits im Jahre 1868. Gleichzeitig florierte an der Küste die Werftindustrie.

Nach Kriegserklärung und Mobilmachung im Ersten Weltkrieg wurden vor allem Helgoland, Wangerooge und Borkum militärisch befestigt; das Gleiche geschah im Zweiten Weltkrieg, als aber alle Inseln in den sogenannten «Atlantikwall» im Kampf gegen England integriert und militärisch ausgebaut wurden. Spuren davon findet man noch überall in Form von Schutzbunkern und Schießplätzen auf den Inseln. Am Ende des Krieges zerstörten britische Bomberangriffe im September 1944 die Altstadt von Emden vollständig; auch in Hamburg richteten die Luftangriffe große Zerstörungen an, dabei starben allein hier etwa 55 000 Menschen. Auch Bremen war stark zerstört, hier wurden aber zahlreiche historische Bürgerhäuser wieder aufgebaut. So erging es auch der holländischen Hafenstadt Rotterdam, deren zerstörte historische Kirchen wieder aufgebaut wurden, die Stadt wurde von den Architekten Jacob Bernd Bakema und Johannes Hendrik van den Broek von 1949 bis 1953 im modernen Stil wieder errichtet. Noch im April 1945 gingen fast 6000 Fliegerbomben auf Wangerooge nieder; auf die grauenhafte Kriegsgeschichte Helgolands komme ich später noch in einem eigenen Kapitel zurück.

Trotz der langen und wechselhaften Geschichte und trotz ihrer politischen Trennung in die Niederlande, Deutschland und Dänemark sind die Friesen dennoch ein eigenständiger Volksstamm geblieben; ihre Sprache bezeugt das. Wer beispielsweise durch den weniger dicht besiedelten Norden der Niederlande fährt, stößt früher oder später auf Straßenschilder, die den folgenden Ort auch auf Friesisch ankündigen. Da firmiert dann die Stadt Stavoren zugleich als Starum, das beschauliche Sneek wird zu Snits und Sloten zu Sleat. Der Landstrich, in dem Städte und Dörfer zwei Namen tragen, ist beinahe deckungsgleich mit der Provinz Friesland. Fryslân, das freie Land, erstreckt sich vom Ijsselmeer im Südwesten bis hinauf zum Watt vor der Insel Schiermonnikoog. Provinzhauptstadt ist Ljouwert, deren niederländische Bezeichnung Leeuwarden geläufiger sein dürfte.

Um Missverständnissen vorzubeugen: Friesisch ist mit dem Niederländischen zwar eng verwandt, doch ist es keine Mundart, sondern eine eigene Sprache. Vor allem auf lexikalischer Ebene zeigt sie auch frappierende Ähnlichkeiten mit dem Englischen: So schreibt man für das Adjektiv «nass» in Holland «nat», in England bekanntlich «wet» und in Westfriesland «wiet». Das hochdeutsche «froh» heißt auf friesisch «bliid» und im englischen «blythe». Das Tor heißt friesisch «gat» und englisch «gate». Mond heißt im Niederländischen «maan», auf englisch «moon» und im Westfriesischen «moanne», und der Nagel ist friesisch ein «spiker» und englisch ein «spike». Linguisten ordnen all diese Sprachen dem westgermanischen Zweig des ausladenden indoeuropäischen Stammbaums zu.

In den Niederlanden hat das Friesische heute einen respektablen Status inne. Jüngeren statistischen Erhebungen zufolge können es über 90 Prozent aller Bewohner der Provinz Friesland verstehen, gesprochen wird es von drei Vierteln. Allein hier ist «Frysk» für etwa 350 000 Menschen Muttersprache. Seit Jahrzehnten wird es in friesischen Schulen unterrichtet, längst hat es in die Beratungen des Provinzparlaments und der Gemeindevertretungen Einzug gehalten. 1997 wurde der fakultative Gebrauch der Minderheitensprache vor Gericht rechtlich festgeschrieben. Die Aufwertung des Friesischen in den Niederlanden ist der versöhnliche Ausklang im wechselvollen Schicksal einer Sprache, die einst entlang der mittleren Nordseeküste etwa bis zur Rheinmündung zu hören war. Im frühen Mittelalter hatten sich die Friesen hier als erfolgreiches Seefahrer- und Händlervolk etabliert. Doch als sie die Unabhängigkeit an fremde Herrscher verloren, gingen ihre Kultur und Sprache in einem allmählichen Assimilationsprozess unter. Friesisch überlebte als Sprache der Bauern und Dorfbewohner und konnte im 19. Jahrhundert von einer breiten Literaturbewegung wiederbelebt werden. An den Universitäten Groningen und Amsterdam und auch in Leeuwarden wird Friesisch angeboten und kann mit einem Examen abgeschlossen werden.

Hat sich Friesisch also zumindest in einem Teil der Niederlande behauptet, ist es östlich der Landesgrenze arg bedroht. Es ist die kleinste jener Minderheitensprachen in Deutschland, die gemäß der europäischen Sprachencharta geschützt und gefördert werden. In Ostfriesland konkurrierte das Friesische seit dem 15. Jahrhundert mit dem

Niederdeutschen; unter preußischer Herrschaft wurde es schließlich systematisch zurückgedrängt. Lediglich im Saterland in den von Mooren allseits umgebenen und ehemals abgeschiedenen Dörfern Ramsloh, Strücklingen und Scharrel westlich von Oldenburg hat sich bis heute eine kleine Bastion gehalten: Vielleicht 2000 Alteingesessene beherrschen dort noch «Seelterfräisk», das Saterfriesische. Dazu kommen die Nordfriesen. Zwischen Husum und Niebüll sowie auf den Inseln Helgoland, Sylt, Amrum und Föhr können sich noch einige tausend vornehmlich ältere Schleswig-Holsteiner auf Friesisch verständigen. Ein internationales «Friesisches Manifest» aus dem Jahre 1955 dokumentiert das gemeinsame Interesse an friesischem Brauchtum und an friesischer Sprache. Ein «Friesenrat» organisiert derzeit sehr erfolgreich die gemeinsamen Vorhaben und Einrichtungen als verbindendes Sekretariat im nunmehr geeinten Europa.

6. *EINZIGARTIG AUF DER WELT – INSELN AUS DEM MEER*

Für «Nordsee-Neulinge», z.B. Besucher aus den Mittelmeerländern oder aus Regionen mit vulkanischen Inseln, ist die Ankunft auf einer der südlichen West- oder Ostfriesischen Inseln ein zunächst unglaubliches Erlebnis. Da liegen «Sandhaufen» mitten im Meer ohne natürliche Gesteine oder Felsen, die der Brandung standhalten. Tropenerfahrene Besucher haben gleich die Assoziation zu Koralleninseln mit ihren endlosen weiten, weißen Stränden. Einem japanischen Besucher entfuhr es einmal beim Anblick der strahlend weiß iridisierenden Ostspitze des Kalfamer von Juist gegen das Tiefblau der See auf der Schiffsreise nach Norderney bei bestem Nordseewetter: «Hier ist es schöner als auf Hawaii!», was die Norderneyer Tourismus-Manager zutiefst erfreute. Karibikähnlich ist es eben auch an der Nordsee – aber die Geschichte ist hier eine völlig andere. Wie kommt es also dazu, dass sich an der Grenze vom Wattenmeer zur offenen Nordsee hin eine Perlschnur von Düneninseln von Texel im Westen bis Wangerooge im Osten erstreckt? Einige Hinweise haben wir in den letzten Kapiteln schon erläutert, dass vor allem die West-, Ost- und einige der Nordfriesischen Inseln das Ergebnis erosiver und aufbauender Kräfte von Strömung, Seegang, Wind, Sand und Pflanzen sind. Sie sind also nicht allesamt – wie man vielfach angenommen hat – Festlandsreste, die durch Sturmfluten von dort losgerissen wurden. Sie sind auch nicht nur Reste einer die Nordseeküste umspannenden Nehrung, welche sich nur an Küsten mit schwacher Tide – wie an der Ostsee – ausbilden kann. Auch das heutige Nordseegebiet an der belgischen und niederländischen Küste war am Ende der Weichselkaltzeit trockenes Land, und das Meer breitete sich westlich von England aus. So ist zu erklären, dass man auf Texel Funde von Rentierjägern gemacht hat, die auf eine Besiedlung vor etwa 12 000 Jahren hinweisen. Die nachfolgende Erwärmung ließ den Wasserspiegel drastisch steigen, und England und Irland wurden zu Inseln. In den von Wasser bedeckten ehemaligen Sumpfgebieten entwickelten sich neue Moorlagen, und seit etwa 5000 Jahren siedelten sich Menschen auf höher gelegenem Land an und betrieben primitiven Ackerbau. Später begann das Meer, Strandwälle vor

der Küste aufzubauen. Gleichzeitig suchte das Wasser nach Wegen und fraß sich in Meerestiefen wie zum Beispiel dem Marsdiep bei Texel erneut durch die selbstgeschaffenen Barrieren. Es entstand allmählich das ausgedehnte Wattengebiet, welches sich freilich immer wieder in Form und Gestalt änderte. Gleichzeitig baute die Nordsee am Ärmelkanal von Seeland bis Den Helder und von Texel bis zur Halbinsel Skallingen nördlich von Esbjerg in Jütland mächtige Strandgürtel, geprägt von aufgehäuftem Sand und riesigen Wanderdünen. Immer wieder gab es Dünendurchbrüche, wo bei verheerenden Sturmfluten das Wasser über besiedeltes Land hereinbrach. Die Dünenkette an der niederländischen und an der dänischen Festlandsküste, wie wir sie heute sehen, ist noch relativ jung und stammt aus dem Mittelalter.

Links: *Wanderdüne mit weitflächigen offenen und verwehbaren Sandfeldern an der jütländischen Küste.*

Rechts: *Entstehung einer Düneninsel in verschiedenen Phasen. Die Entstehung von Brandungssandbänken (1. Phase), von Schwemmsandplaten (2. Phase), von Primärdünen (3. Phase) und Weißdünen (=Sekundärdünen, 4. Phase) sowie ihre jeweilige Position zu den Höhen der Flut sind im Zusammenhang dargestellt (aus Pott 1995).*

Alles deutet also darauf hin, dass die Nordseeinseln aus einem Strandwall vor einem Wattengürtel entstanden sind. Dabei wurde dieser Strandwall von Seegats unterbrochen, die durch den Ebbe- und Flutwechsel entstanden waren. In den Seegats zwischen den Inseln erzeugen die Tideströme und der Seegang sehr komplexe Transport- und Ablagerungsformen des Küstensandes, wie wir sie schon kennen gelernt haben: zunächst Riffbögen am seewärtigen Ausgang der Seegats. Die Größe des Einzugsgebietes eines Seegats, also eines Gebietes, das durch die Wasserscheiden und die Küsten begrenzt ist, sowie die Lage der tiefen Rinne im Seegat bestimmen die Form des Riffbogens. Die engen und tiefen Gezeitenrinnen zwischen den Inseln und die Platen des Flutdeltas markieren weiterhin wattseitige Verzweigungen der Seegats zu Baljen und Prielen. Von großer Bedeutung sind dabei

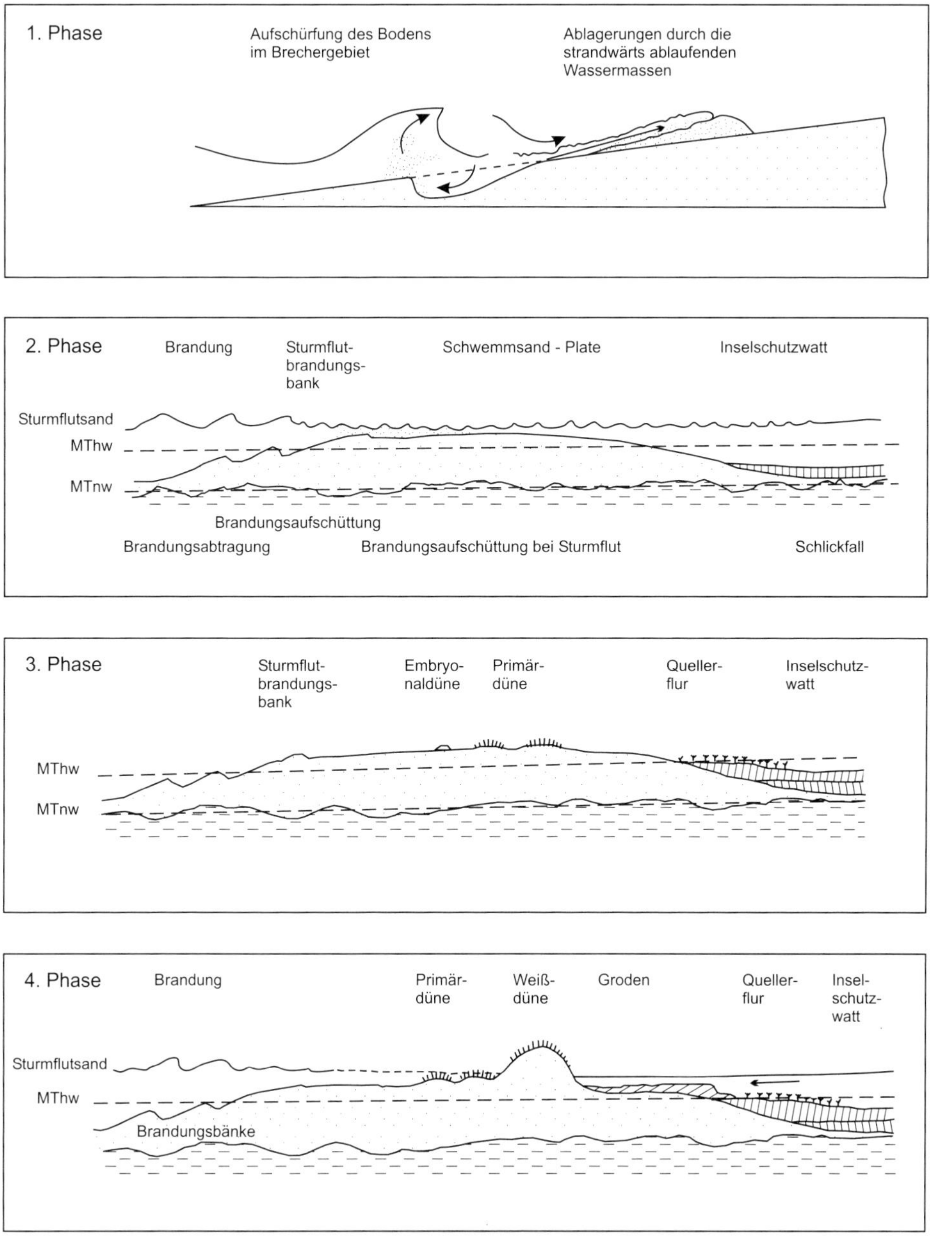

die an den Inselstränden und die an den Ostenden der Inseln akkumulierten, ostwärts transportierten Sande, die sich in Form der Sandplaten in bestimmten Zeitabständen ablösen und über den Riffbogen das Seegat zur nächsten Insel durchwandern können. Der überwiegende Teil des Sandtransportes findet dabei auf den Platen des Ebbdeltas durch Hin- und Herpendeln der Rippeln auf den Wattböden statt. Die Flutdeltas liegen an der wattseitigen Verzweigung der Seegats und leiten über in den eigentlichen Sedimentationsbereich der Watten. In ihrem Aufbau ähneln sich deshalb alle Nordsee-Barriereinseln sehr stark. Seewärts liegt der vegetationsfreie Strand; zur Inselmitte hin folgen zwei oder mehr unterschiedliche Dünenzüge – zunächst die nur spärlich bewachsenen jungen Vor- und Weißdünen, dann die älteren, meist zu einer Landschaft zusammengewachsenen Graudünen und Braundünen. Zum Wattenmeer hin findet man auf den Inseln Salzwiesen mit Quellerfluren in Form des rückseitigen Inselwatts.

Ganz andere Standorte als die Felsküsten Britanniens und Norwegens bieten die Düneninseln des Wattenmeeres mit ihren Sandküsten. Diese Sandbänke, Sandplaten, Strände und strandparallelen Dünenzüge und deren Weiterentwicklung zu Dünenlandschaften bilden wiederum eigenständige Bauelemente, und das ist einmalig. Im Verlauf der Besiedlung von Schwemmsandplaten, von Primärdünen und Sekundärdünen und der Entstehung sturmflutsicherer, fester Inselkerne lassen sich vier Phasen unterscheiden, die nachfolgend kurz dargestellt sind: An der Kante der Watten gegen das tiefere Wasser steht die Brandung der offenen See. Die Brandung führt Sande an die Wattkante heran und wirft sie zu einer niederen Brandungssandkante auf. Bei Sturmflut wird diese weiter zur Sturmflutbrandungskante aufgehöht. Ist die Brandungsbank so hoch aufgewachsen, dass sie auch beim mittleren Tidehochwasser trocken fällt, wird der Sand windbeweglich. Die aufgewehten Sande bilden zusammenwachsend und sich ausbreitend eine über die Mittlere Tidehochwasserlinie aufwachsende Schwemmsandplate, die nur noch von Sturmfluten überströmt wird. Im Schutz einer Schwemmsandplate können sich nun durch Schlicksedimentation erste Inselschutzwatten etablieren. Durch Sandflug konkretisieren sich weiterhin auf der Schwemmsandplate kleine unbewachsene Embryonaldünen, die als hakenförmige Sicheldünen, sogenannte *Barchane,* geformt sind. Sie bilden vergängliche physikalische Dünen. Weiterhin wachsen auf diesen Platen niedrige, von der Binsen- oder Strandquecke (*Agropyron junceum*) besiedelte Vordünen, die auch Primärdünen genannt werden.

Gleichzeitig hat sich das Inselschutzwatt durch Aufschlickung bis direkt unter die MTHw-Linie aufgehöht, so dass sich Quellerfluren ansiedeln können. Die Vordünen können sich, wenn es ihre Lage sowie Höhe und die Häufigkeit der Sturmfluten über mehrere Jahre erlauben, bei weiterer Aufhöhung und Ansiedlung des Strandhafers *(Ammophila arenaria)* zu Weißdünen, auch Sekundärdünen genannt, weiterentwickeln und auftürmen. Diese überstehen Sturmfluten und bilden so einen festen Inselkern. Im Lee der jungen Insel bilden sich in dieser Phase die ersten Salzwiesen. Dass mit derartigen kurzfristigen geomorphologischen Veränderungen auch ein Wandel der Biotope für Vegetation und Tierwelt verbunden ist, liegt auf der Hand. Es ist eine absolut natürliche Entwicklung aus dem Zusammenwirken der Elemente Wasser, Wind, Sand und Pflanzen.

Durch Abbrüche an den Gats kommt es zum Beispiel dazu, dass die meisten Inseln in der südlichen Nordsee ihren Hauptort heute an der Westseite haben. Mit Küstenschutzmaßnahmen hat man in der Vergangenheit die Sandbewegungen gebremst oder zumindest wesentlich verlangsamt. Die ständig von Nordwest anrollenden Wellen tragen dabei normalerweise die Sandmassen am Westende der Insel ab und treiben sie an das Ostende, zum Teil auch über das Seegat und die Riffbögen bis auf die Westseite der nächstfolgenden Insel, wo sie sich wieder anlagern; das macht eine Unterscheidung in lagestabile und lageinstabile Inseln erforderlich; die ist nicht akademisch, sondern ganz fundamental. Die lagelabilen Inseln müssen alljährlich Millionen Euro für Sandaufspülungen zur Sicherung der eigenen Existenz aufwenden; die lagestabilen, besonders Langeoog ist hier zu nennen, können sich das sparen. Die Dynamik ist auch der Grund für die lange fragliche Dauerhaftigkeit solcher Sandhaufen vor der Küste. Die Kartographen und Archivare des Mittelalters waren sich lange Zeit nicht sicher, und so treten erst im Jahre 1398 zum Beispiel auch die deutschen Nordseeinseln unter voller Namensnennung in das Licht der Geschichte. In einer Urkunde vom 11. September 1398 heißt es: «*mit alsulken eylanden, als daer to behoirt, daer bieten gelegen, das is te westen Borkyn* (Borkum), *Juist, Burse* (untergegangen), *Oesterende* (wird zu Norderney), *Balteringe* (Baltrum), *Langeoch* (Langeoog), *Spikeroch* (Spiekeroog) *ende Wangeroch* (Wangerooge)». Einige davon sind schon wieder verschwunden, aber mit Hilfe von archivaischem

Material, Chroniken und Seekarten gelingt es heute, die Entwicklung der ostfriesischen Inselkette seit etwa 1650 in moderner kartographischer Bearbeitung darzustellen. Die wohl stärkste Änderung vollzog sich in der bereits genannten Verlagerung zwischen Juist und Norderney. Hier lag noch um 1650 der Rest der ehemals wahrscheinlich großen Insel Buise, die früher auch Burse genannt wurde. In der Folgezeit stieß Juist in diesen Raum vor, und die beiden früher links und rechts an Buise vorbeiziehenden Seegats, das Norderneyer und Buise-Tief, vereinigten sich zu einem einzigen Norderneyer Seegat. Die Insel Norderney ist dementsprechend auch erst im 13. oder 16. Jahrhundert aus den Sandmassen der Vorgängerinseln Buise und Osterende entstanden; in Kapitel 2 war schon die Rede davon. In diese Verlagerungsvorgänge hat der Mensch seit der Mitte des vorigen Jahrhunderts mit Bauwerken zum Insel- und Küstenschutz eingegriffen. Seinerzeit war der Untergang des Dorfes Wangerooge in der Silvesterflut von 1854/55 dafür ein Stimulus. Es entstanden die ersten Deckwerke, die die Dünen vor der zerstörenden Wirkung des Seeganges bewahren sollten. Zur Abwehr erosiver Kräfte der Seegats und Baljen wurden Buhnen vorgetrieben. Als Baustoffe dienten zunächst Natursteine wie Basalt und Granit sowie Klinker. Erst in jüngerer Zeit setzten sich auch Asphalt- und Betonbauweisen durch. Jetzt wird wohl auf den befestigten Inseln Ruhe sein.

Exponierte Sandstrände sind durch die hohe Energie der Wellen ein extremer Lebensraum für Pflanzen und Tiere. Trotzdem bilden sich auch hier spezielle Nahrungsnetze, die in einem ökologischen Vergleich nach zwei standörtlich unterschiedlichen Typen aufgetrennt werden können: Nach neueren Untersuchungen des Alfred-Wegener-Institutes in Bremerhaven trennt man einen ungeschützten, instabilen, erosiven, dynamischen Strand mit hoher Wellenenergie von einem geschützten, stabilen, depositären Strand mit kontinuierlicher Sedimentation. Beim ersten Strandtyp herrschen infolge der ständigen Verwirbelungen von Wasser und Sand recht sauerstoffreiche Bedingungen mit hoher Umsetzungsrate an organischer Substanz aus abgestorbenem, angetriebenem Pflanzenmaterial, Muschel- und Schneckenschalen sowie den Resten abgestorbener Meerestiere. Hier bleibt keine große Nahrungsquelle für die sonst typische Sandbodenfauna übrig. Das äußert sich in sehr geringen Stickstoff-Kohlenstoff-Gehalten, den

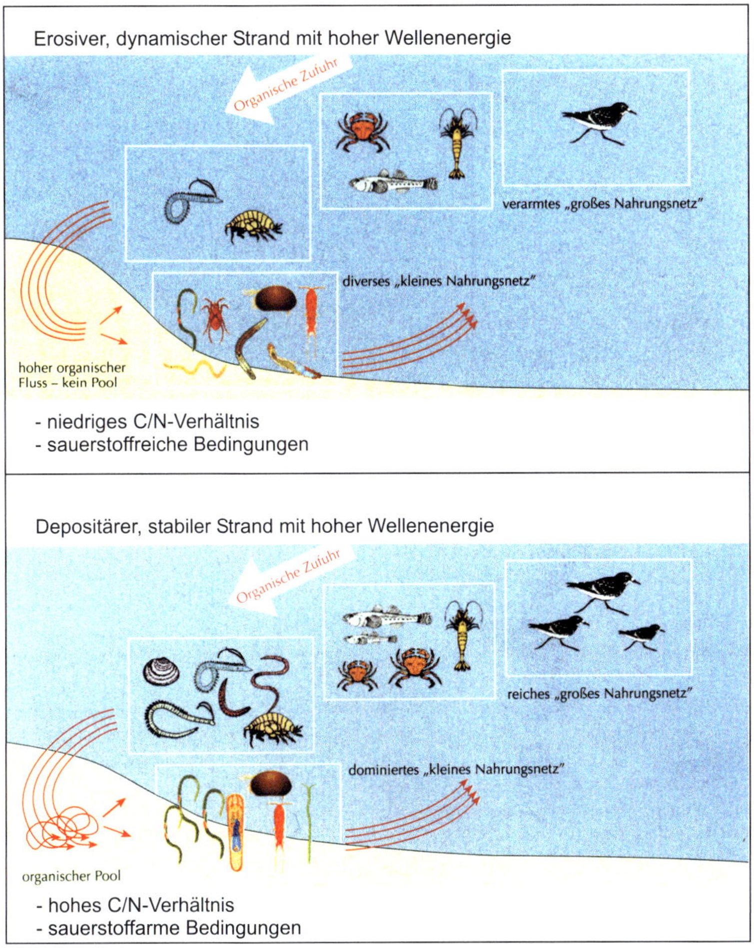

Leben und Nahrungsketten an einem erosiven, dynamischen Strand mit hoher Wellenenergie, mit sauerstoffreichen Bedingungen und einem niedrigen Kohlenstoff-Stickstoff-Verhältnis.

Ein stabiler, fester Strand mit sauerstoffarmen Standortbedingungen und einem hohen Kohlenstoff-Stickstoff-Angebot, welches vielen Meerestieren Lebensmöglichkeiten bietet (Grafiken Iris Menn).

sogenannten C/N-Verhältnissen, dieser Strandböden. Entsprechend gering ist die Menge an Tieren der typischen Sandlückenfauna, die dort in einer Größe um etwa 100 Mikrometer leben. Das dazugehörige Nahrungsnetz von im Sand lebendem, sessilem oder beweglichem Meeresgetier bis hin zu den Vögeln ist vergleichsweise arm. Dies sieht man beispielsweise gut an den dynamischen, erosiven Strandabschnitten von Sylt. In dem geschützten Strand der dänischen Nachbarinsel Rømø kann sich zeitweise organisches Material ansammeln und als Nahrungsgrundlage die Entwicklung einer an Individuen und Arten reicheren Tierwelt fördern. Hier ist das C/N-Verhältnis der Böden deutlich höher, es herrschen meist sauerstoffarme Milieubedingungen, und hier finden auch Meerestiere wie Krabben, Fische und Vögel ein ausreichendes Nahrungsangebot.

Positive Sandbilanz bedeutet zunächst eine Vergrößerung des Areals von Dünengesellschaften. Im Lee neu entstandener Dünengebiete können sich Salzwiesen auf der zuvor vegetationsfreien, sandgeschliffenen Strandplate etablieren. Spülsaumpflanzen und Weißdünenarten besiedeln die seewärts gelegenen Sandfelder, und die Dünen wachsen zu strandparallelen, bis zu 20 Meter hohen Vordünen heran. Im Bereich älterer, verhagernder Dünen entstehen im Zentrum der Inseln die charakteristischen Graudünen, Braundünen und Küstenheiden sowie die typischen Dünentäler. Salzwiesen wachsen auf den Inseln und an der Küste zwischen der mittleren Tidehochwasserlinie und der Sturmflutlinie, sie sind also stark vom Salzwasser beeinflusst. Auf den Inseln bilden vielfach Dünen die natürliche Obergrenze der Salzwiesen, an der Festlandsküste sind sie landeinwärts überwiegend durch Deiche begrenzt. Unterhalb der Mittleren Tidehochwasserlinie schließen sich dann die absolut tideabhängigen Wattflächen an.

In vorderster Front der Dünenbildung oberhalb der Springflut-Hochwasserlinie, wo besonders extreme Bedingungen herrschen, sind spezielle Gräser die wirksamen Sandfänger. Vor allem die Strandquecke bildet durchblasbare Hindernisse, an denen sich kleine Wirbel bilden. Hinter den Pflanzen der Strandquecke bilden sich kleine Sandfahnen, oder die Strandquecke kann sich bei Einsandung über die neue Sandoberfläche durch Internodienstreckung und Wurzelneubildung rasch herausschieben. Damit ist sie in der Lage, das Substrat mit ihrem Rhizom- und Wurzelsystem festzuhalten; so wächst die Primärdüne empor. Durch stetige Sandzufuhr werden auch ständig neue und notwendige Nährstoffe herangetragen. Der Gehalt an Calciumcarbonat ist in dieser Phase der Dünenentstehung noch recht hoch; die Dünenpflanzen sind mit stark sklerotisierten und cutinisierten Unterseiten der Rollblätter an Windgebläse, Austrocknung und Salzgischt hervorragend angepasst. Die Sandoberfläche solcher embryonalen Dünen kann sich bei Sonnenschein auf fast 60 Grad Celsius erhitzen. Die Festlegung des Sandes mit Hilfe der Strandquecke ist Voraussetzung für weitere Aufhöhungsvorgänge. Wenn die Dünen so stark angewachsen sind, dass der Salzwasser- oder Brackwassereinfluss vollständig außerhalb der Dünenpflanzen zu liegen kommt und der salzhaltige

Sand durch Regenwasser zunehmend ausgewaschen wird, wandeln sich Primärdünen zu Sekundärdünen, also zu Weißdünen, die an der Nordseeküste auf Sylt bis zu 35 Meter hoch werden können.

Die Weißdünen haben ihren Namen vom eingewehten weißen Sand, der zwischen den einzelnen Pflanzen oder Pflanzengruppen hindurchleuchtet. Da der Deutsche Strandhafer und auch der Baltische Strandhafer (*Ammocalamagrostis baltica*) die Sandüberstäubung brauchen, gedeihen auch sie am ehesten in Strandnähe beziehungsweise an der Luvseite der Dünen. Durch rasche Internodienstreckung und Heben der Rhizomspitzen schieben diese angepassten Sandfänger immer wieder ihre Vegetationskegel über die jeweils neuen Sandoberflächen hinaus und durchziehen mit riesigem Wurzelwerk somit große Sandflächen der Dünen. Dabei bilden sich an den oberflächennahen Nodien immer wieder die neuen Wurzeln. Alte, etagenhaft angeordnete Wurzelstöcke in den Anrissen mächtiger Weißdünen bezeugen diesen Vorgang.

Vielfach führt also die Sukzession der Strandhafer-Weißdüne nach Aufsandung zu einem dichten und hohen Sanddorngestrüpp. Das ist nur auf den kalkhaltigen Dünen der West- und Ostfriesischen Inseln der Fall. Die alten entkalkten Geestkerninseln der nordfriesischen Küste haben keinen Sanddorn mehr. Der Sanddorn siedelt sich im Endstadium der Weißdüne zusammen mit der Dünenweide (*Salix repens* var. *arenaria*) an und bildet in dieser Phase offene, niedrige und artenarme Gestrüppe. Die Zuwanderung des Sanddorns in den deutschen Küstenraum ist noch recht jung: Nachgewiesen ist eine West-Ost-Ausbreitung des Sanddorns (*Hippophaë rhamnoides*) von den Westfriesischen Inseln her, die Art war 1824 auf Borkum und Juist heimisch, 1856 auch auf Norderney, 1900 auf Langeoog, und sie wurde 1904 auf Wangerooge gefunden. Heute besiedelt das Sanddorngebüsch nicht expositionsgebunden die hohen, noch nicht entkalkten Dünen der West- und Ostfriesischen Inseln. Mancherorts sterben die Sanddornsträucher sehr rasch ab; diesem Phänomen liegt ein kompliziertes Wirkungsgefüge zugrunde: Der Sanddorn lebt mit seinen Wurzelsymbionten aus der Bakterienknöllchen-Gattung *Frankia* zusammen; dieser spezielle Wurzelpilz, ein Actinomycet, fixiert den Luftstickstoff. Solche Wurzelsymbionten gedeihen aber nur optimal unter alkalischen pH- und Bodenbedingungen. Sobald der Boden-

Weißdüne mit Strandhafer (Detail: der Strandhafer).

kalkgehalt einer Düne unter 0,3 Prozent liegt, sinkt auch der pH-Wert unter einen Schwellenwert. Auch in diesem Fall können spezielle Wurzelschädlinge aus der Gruppe der Nematoden das Wurzelwerk und besonders die Bakterienknöllchen des Sanddorns angreifen und dadurch Photosynthese und die Aufnahme von Bodenphosphat und Luftstickstoff herabsetzen. Sehr schnelles Absterben ganzer Bestände ist die natürliche Folge.

Im Bereich des Weiden-Sanddorn-Gebüsches vollzieht sich in der Regel der Übergang von der Weißdüne zur Graudüne. Die Kriechweide ist gegenüber den Winden resistent; sie erklimmt daher auch die Dünenkuppen und kann dort die letzten Wehsande fangen und festlegen. Für den Sanddorn ist sie Wind- beziehungsweise Sandschutz. Letzterer bleibt im Luv niedrig, wächst im Lee aber bis zu 2 Meter hoch und ist seiner Vitamin-C-haltigen orangeroten Früchte wegen ein Hauptnahrungsbaum für die Vogelwelt der Insel. Anstelle der Sanddorngebüsche treten auf den Inseln häufig große Gebüsche der wurzelbruttreibenden, polykormischen Kartoffelrose (*Rosa rugosa*) auf. Diese Art wurde aus Nordasien eingeführt und hat sich seither in den Dünen eingebürgert. In den Altersphasen des Sanddorngebüsches

Mit Sanddorn überzogene, relativ kalkhaltige Dünenlandschaft. Detail a: Sanddorn, Detail b: Sandweide, Detail c: Kartoffelrose.

kommen etliche Straucharten hinzu: Der Holunder (*Sambucus nigra*) vor allem ist windfest genug, um an stickstoffreichen Stellen einzudringen. Dieses ist besonders auf den Dünen der Fall, an denen sich Möwenkolonien für längere Zeit aufhalten. Wo der Sanddorn nachlässt und abstirbt, ist die weitere Sukzession vor allem expositionsbedingt. Dabei ist der Sanddorn ein «Schlüsselelement» für die nachfolgende Entwicklung der Bestände:

Wenn die Bodenbildung noch stärker voranschreitet und aus den anorganischen Komponenten sekundäre Tonmineralien aufgebaut und damit Wasser- und Ionenspeicher gebildet werden, beginnt die Auswaschung von Fulvosäuren mit hohen Gehalten an Eisen-Hydroxiden, die der Düne eine braune Bodenfärbung verleihen. Damit sind die Braundünen entstanden. Diese tragen primäre natürliche Heidegesellschaften mit Krähenbeere (*Empetrum nigrum*), Tüpfelfarn (*Polypodium vulgare*) und Kriechweiden (*Salix repens*). Die Braundünen und auch schon Teile der älteren Graudünen wären unter natürlichen Bedingungen noch stärker mit Dünenweidengebüschen überzogen, es sind zumeist artenarme Pionierweidengebüsche, die aus primären Sukzessionsreihen und nicht aus Wald hervorgehen.

Krattwald mit Eichen als Endstadium der Vegetationsentwicklung auf trockenen Dünenfüßen auf Spiekeroog.

Es ist anzunehmen, dass sich auf trockenen Grau- und Braundünen an windgeschützten Stellen bei ihrer ungestörten Weiterentwicklung natürliche, winterharte Pappel-Eichen-Wälder als windgeschorene *Krattwälder* herausbilden können. Auf Terschelling, Ameland, Norderney und Spiekeroog und in Dänemark sind solche Dünenwälder schon fragmentarisch ausgebildet, vor allem in solchen Dünentälern, die am Dünenfuß spitzwinkelig zulaufen, wo Nährstoffe akkumuliert werden und Windschutz gewährleistet ist. Dass die Primärsukzession vielfach noch nicht zur Waldbildung fortgeschritten ist, lässt sich nur dadurch erklären, dass menschlicher Einfluss (anthropozoogen), unter anderem mit Brennholznutzung, Viehweide und Plaggenstich, überall entlang der Nordseeküsten dieser Entwicklung vorbeugt oder entgegengewirkt hat. Das Fehlen der natürlichen Wälder ist heute vielleicht auch eine Folge der geringen Akzessibilität, das heißt der natürlichen Ansiedlungsmöglichkeit ihrer schweren Samen durch verbreitende Vögel wie Eichelhäher oder Tannenhäher, weil es auf den Inseln kaum eine Quelle für natürliches, standortbedingtes Saatgut von Baumarten gibt.

Graudünen und Braundünen bilden zusammen mit den Dünengebüschen und -wäldern sowie mit dem Ökosystem der feuchten und nassen Dünentäler die *Tertiärdünenlandschaft.* Windanrisse in den Graudünen und Braundünen führen zu sekundären Strandhafer-dünen. Die schon beschriebenen synchronen Prozesse der Bodenreifung und Vegetationsentwicklung von den Primärdünen über die Sekundärdünen zu den Tertiärdünenlandschaften bewirken auch eine räumliche Zonierung der verschiedenen Dünentypen, wobei die ältesten Grau- und Braundünen im Inselinneren, die jeweils jüngsten Dünen dagegen seewärts liegen. Durch die oben bereits geschilderten anthropozoogenen Eingriffe und die natürlich vorkommenden Windanrisse mit den Paraboldünen, die gelegentlichen Meereseinbrüche sowie durch generelles Nachlassen der Sandanlieferung kann der Prozess der voranschreitenden progressiven Dünenbildung stagnieren, beziehungsweise es kommt zum Abtrag von Dünen. Neben der progressiven Sukzession gibt es – räumlich und zeitlich benachbart – also auch zahlreiche Phänomene der Regression. Auch hier zeigt sich die hohe Dynamik der Dünenlandschaften. Der Abbau der Dünengürtel durch Wasser und Wind ist mit Sandanrissen, Windmulden, Paraboldünen und gelegentlich auch durch Wanderdünen gekennzeichnet. Unter natürlichen Bedingungen heilen solche Stellen durch das Wachstum von Pionierpflanzen rasch aus, doch kann der Flugsand in Siedlungen, auf Straßen und im Kulturland Schäden anrichten. Das war noch im 18. Jahrhundert fast überall der Fall. Die Dünenzerstörungen waren damals oft so großflächig, dass man den Heilprozess künstlich beschleunigen musste. Erste systematische Schutzmaßnahmen durch Strandhaferpflanzungen mit naturnahen Lebendbaummethoden, Einzäunungen und Wegegebot haben die natürliche und durch anthropozoogene Einwirkungen verstärkte Dynamik der Dünen im Wesentlichen in den Griff bekommen.

Eine lange Tradition haben auch die Bepflanzungen und Befestigungen vor allem der Dünen zum Zwecke des Insel- und Küstenschutzes. Diese im Grunde wichtigen und positiven Dünenbaumaßnahmen müssen aber heute differenziert betrachtet werden. In Bereichen mit positiver beziehungsweise ausgeglichener Sandbilanz sind künstliche Dünenbefestigungen in der Regel nicht angebracht; es ist bislang auch deutlich geworden, dass sich aus der genauen Kenntnis der Pflanzengesellschaften, ihrer Verbreitung, ihrer Lebensansprüche, ihrer Entwicklungsvorgänge und deren Ursachen nur hochspezifische, geeignete Maßnahmen für einen naturnahen Dünenbau ableiten und beurteilen lassen. Diese sind für die praktische Bedeutung dann auch

Mit Holzfaschinen und Reisig versucht man, die angewehten Sande zu stabilisieren.

erfolgreich, das heißt sicher, billig, und sie führen schnell zum Ziel. Dünen werden von der Natur im Allgemeinen umsonst aufgebaut! Die heute üblichen Abdeckungen kleiner Erosionsbereiche mit Mist, Stroh, Teek und Holz und die Befestigung der Wege mit Klei haben oftmals Fremdmaterial eingebracht und somit großflächig Ruderalgesellschaften gefördert. Die Hoffnung, dass sich auf diesen Flächen ursprüngliche Vegetation nach wenigen Jahren wieder einstellt, kann derzeit nicht bestätigt werden. Vielmehr ist es so, dass sich vergangene Dünenbefestigungsmaßnahmen noch nach Jahren im Gelände abzeichnen.

In den Dünentälern tritt das süße Grundwasser der Inseln zutage; hier können je nach Grad der Vernässung, je nach Kalk- und Salzgehalt des Wassers, verschiedene Röhrichte, Feuchtheiden, Seggen- und Binsensümpfe sowie Wasserpflanzenbestände und amphibische Pflanzengesellschaften in Tümpeln und in anderen Dünentalgewässern auftreten. Hier sind weitaus die meisten aufbauenden Arten grundwasserbedingt. Die Vegetation der grundwasserbeeinflussten Dünentäler mit ihren charakteristischen Pflanzengesellschaften ist äußerst kompliziert. Salzarme, also oligohaline, brackige bis ausgesüßte, meist iso-

Dünental als Habitat nicht nur für kleinwüchsige Pflanzen. Detail a: Zwergflachs, Detail b: natürliche Erika-reiche Küstenheide, Detail c: Dünen-Birkenwald.

liert liegende Strandmulden und primäre Dünentäler bieten ideale Standorte für oft nur fleckenhafte und sehr kleinflächige Pioniergesellschaften mit einer Miniaturvegetation aus oft schlichtweg übersehenen «Kleinlingen», wie Zwergflachs (*Radiola linoides*) und dem namengebenden Kleinling selbst, der den schönen botanischen Namen *Centunculus minimus* trägt. Die Populationen dieser beiden Arten pendeln jährlich, dem jeweiligen Grundwasserstand folgend, hin und her. Ein auffallendes Kennzeichen solcher Pioniergesellschaften ist eine dichte und oft sogar geschlossene Moosschicht. Die ökologische Funktion solcher Moosschichten besteht in der Feuchthaltung des Sandes, was Schutz gegen Austrocknung und Übersandung bedeutet.

In den Endphasen der Vegetationsentwicklung finden wir die Krähenbeer-Glockenheiden typischerweise in allen feuchten Dünentälern, die im Winter öfter geflutet sind und wo das Grundwasser im Sommer bis an die Oberfläche reichen kann. Das sind Küstenheiden, natürliche Vegetationstypen, weil sie in der Regel aus der primären Sukzession hervorgehen. Sie können auch an windexponierten Stellen auf den Inseln und an den Küsten als Dauergesellschaft das Endstadium der Entwicklung bilden. Eine Weiterentwicklung hin zum

Wald gibt es nur an windgeschützten Stellen, wo Grauweiden *(Salix cinerea)* und Lorbeerweiden *(Salix pentandra)* eindringen und Gebüsche aufbauen können. Diese enden schließlich beim Dünen-Birkenwald, der letztlich auf allen Nordseeinseln in ein erlenreiches Schlussstadium mit der Schwarzerle *(Alnus glutinosa)* übergehen kann.

Zu diesem Typ Düneninsel gehören alle West- und Ostfriesischen Inseln, in Dänemark nur Rømø und Fanø. Die Westfriesischen Inseln sind beträchtlich größer und zeigen eine stärkere Verschiedenheit als die Ostfriesischen. Dazu kommt der Kalkgradient der Dünensande von West nach Ost, der ja so entscheidend für das Vegetations- und Landschaftsbild der Dünen ist. Im Küstenbereich der Niederlande zum Ärmelkanal hin gibt es eine sogenannte *geobotanische Hauptgrenze*, die für den Nordseeraum Westeuropas sehr bedeutsam ist: Es ist dies die Grenze zwischen den sehr kalkreichen südlichen Küstendünen nördlich der Mündung von Schelde, Rhein und Waal und den relativ kalkarmen nördlichen Küstendünen. Diese scharfe Grenze liegt bei Bergen, auf der Breite der Käsestadt Alkmaar. Dementsprechend unterscheiden die Pflanzengeographen den südlichen Florendistrikt der Küste als den sogenannten *renodunalen Distrikt* von dem nördlichen, sogenannten *Wattendistrikt*, wozu die gesamten West- und Ostfriesischen Inseln zu rechnen sind. Ein Hauptmerkmal der Flora und Vegetation des Wattendistriktes sind die Dünenheiden. Im renodunalen Distrikt sind die Dünen mit Gebüschen und niederen Wäldern bestockt. Das sieht man sehr schön am Strand von Scheveningen bei Den Haag, dem niederländischen Regierungssitz. Die Dünen von Wassenaar und Oostvoorne mit ihren hohen Sanddorn- und Weißdornbüschen und den Eichenwäldern sind ein Highlight in Europa. Hier etablierten auch schon immer die holländischen Regenten ihre Jagd- und Sommerschlösser, so das königliche Lustschloss Huis ten Bosch aus dem 16. Jahrhundert und die Paläste Nordeinde und Lange Voorhout aus dem 17. bzw. 18. Jahrhundert.

Auf den langgestreckten und mobilen Düneninseln war von jeher die Anlage von Dörfern und Kulturland begrenzt. Nur die Geestkerninseln mit ihrem vergleichsweise festen Untergrund erlaubten nahezu überall die Anlage von Siedlungen. Die ersten Dörfer legte man im Grenzbereich von Dünen zu den Salzwiesen an, wo man vor direkter Überflutung einigermaßen sicher war und wo man auf den ausgesal-

Baum- und buschbewachsene Dünen am Strand von Oostvoorne im niederländischen Dünendistrikt.

zenen und entkalkten Dünen Äcker und Gärten anlegen konnte, da die Kulturpflanzen das Salz nicht vertragen. Heute ist Texel, die westlichste und größte der Westfriesischen Inseln, mit Ausnahme der rund drei Kilometer breiten Sand- und Dünenzone landwirtschaftlich so genutzt wie das benachbarte Festland mit Schaf- und Rinderzucht und Blumenzwiebelkulturen. Hier leben etwa 12 000 Menschen im Hauptort Den Burg. Die Nachbarinsel Vlieland ist langgestreckt, nur 40 Quadratkilometer groß und hat nur rund 1000 Einwohner. Daneben wiederum liegt Terschelling, eine Fremdenverkehrsinsel mit rund 5000 Einwohnern. Diese Insel ist berühmt für ihre schönen und hohen Dünen, die eine Rekordhöhe von 31 Metern erreichen, und für das Boschplaat-Gebiet mit den wohl größten intakten Salzwiesenkomplexen der ganzen Nordseeküste. Auch Ameland ist eine bekannte Ferieninsel, gerühmt für seine ausgedehnten Badestrände und anheimelnden Inselorte, wo nur 3000 Insulaner wohnen. Sehr naturbelassen ist die kleine Insel Schiermonnikoog, wo nur knapp 1000 Menschen leben. Rottumeroog und Rottumerplaat, die östlichsten Westfriesischen Inseln, sind kleine, unbewohnte Vogelschutzreservate.

Spezielle Inselsalzwiesen entstehen auf allen Düneninseln zwischen der Mittleren Tidehochwasserlinie und der Sturmflutlinie. Sie sind also mehr oder weniger vom Salzwasser beeinflusst. Wir wollen sie im nächsten Kapitel bei einer «Wattwanderung» kennen lernen.

Abendstimmung im Wattenmeer vor Juist.

7. WANDERN IM AMPHIBISCHEN MEER

Wer an einem trüben Herbst- oder Wintertag irgendwo an der Nordseeküste aufs Meer hinausschaut und nichts sieht außer verschiedenen Grauschattierungen, dem fällt es schwer, sich vorzustellen, dass hier einer der produktivsten und bedeutsamsten Lebensräume unserer Erde liegt. Viertausend bekannte Pflanzen- und Tierarten leben hier, und viele davon sind an keinem anderen Ort der Erde zu finden. Ein Quadratmeter Schlickwatt, so schätzt man, bietet Lebensraum für bis zu 40 000 tierische Organismen! Dem Betrachter erscheint das Wattenmeer oftmals eher als eine leblose Schlickwüste denn als ein einzigartiger Lebensraum. Obwohl über 70 Prozent der Erdoberfläche von den Ozeanen bedeckt sind, finden wir das Wattenmeer in dieser Form nirgends ein zweites Mal auf der Erde. Wegen des Nahrungsreichtums ist das Wattenmeer im Sommer ein Mauserrevier und im Winterhalbjahr Rast- und Nahrungsgebiet für viele Vögel aus Nordeuropa – mit steigender Tendenz. Hier legen sie sich die Fettreserven an, die sie für den Rückflug in die Brutgebiete und für eine erfolgreiche Fortpflanzung unbedingt benötigen.

Wir haben schon gesehen, für die Entstehung und Erhaltung dieser einmaligen Landschaft ist das Zusammenspiel einer ganzen Reihe von Faktoren erforderlich: Zunächst wird eine Unmenge von Feinmaterial durch die Flüsse in die Nordsee transportiert und abgelagert. Die vorgelagerten Inseln und Strandwälle wirken außerdem als natürliche Wellenbrecher und mindern dabei die Wasserbewegung von landwärts. Es muss ferner genügend Sediment herangeführt werden, damit das Watt aufgeschichtet wird, aber auch Inseln und Dünen entstehen können. Der Gezeitenhub muss außerdem größer als 1,5 Meter sein, damit alle Strömungen kräftig genug sind, das Material heranzuschaffen. Allerdings dürfen die Ströme nicht zu stark sein, da sonst Wattsedimente wieder abgetragen werden. Der Meeresboden muss flach abfallen, Steilküsten eignen sich nicht für die Etablierung von Watten. Ebenso sollte das Hinterland flach sein, also wenig Gefälle haben. Nur dann führen die Flüsse feines Material herbei, das sich im Watt absetzen kann. Die Küste muss sich ferner allmählich absenken, so dass immer neue Schichten aufgetragen werden können.

Nur ein gemäßigtes Klima ermöglicht zudem den watteigenen Pflanzen und Tieren, sich anzusiedeln. In den Tropen würden an dieser Stelle Mangrovenwälder wachsen. Die Bucht der südlichen Nordsee beispielsweise ist sehr flach; hier können die Nordseewellen im Herbst und Winter typische Sturmhöhen um fünf Meter erreichen, und der mittlere Gezeitenunterschied liegt entsprechend zwischen 1,5 und 4 Metern. Diese Konstellation führte zu einer ausgedehnten, amphibischen Meerlandschaft, aber die seewärtige Grenze ist umstritten. Aus geomorphologischer Sicht könnte sie bei den äußeren Inseln liegen oder sogar weiter seewärts bei einer Tiefe von 15 Metern. Denn bis hierhin ist das Küstenwasser noch reich an Larven der Wattfauna; dort schwimmen regelmäßig Schwärme der Garnelen, und hier tauchen die Eiderenten und Seehunde im Winter nach Nahrung.

Als Watt bezeichnet man gewöhnlich den Übergangsbereich zwischen Meer und Land, soweit er bei Tidehochwasser unter Wasser kommt und bei Tideniedrigwasser trocken fällt. Differenzierend wirken nur noch die schon erwähnten lokalen Anstiege des Tidehubs in den Meeresbuchten und den trichterförmigen Flussmündungen sowie aperiodische Änderungen des Meeresspiegelniveaus durch auf- und ablandige Winde oder Stürme. Nur bei Stürmen herrscht über dem Watt ein stärkerer Wellenschlag, während das Flutwasser normalerweise fast lautlos und ohne Brandung aufläuft. Weite Flächen des Watts liegen etwa 0,1 Meter über NN, das sind knapp zwei Meter unter dem Mittleren Tidehochwasser (MTHw). Das liegt daran, dass unter dem Niveau des MTHw der wattaufbauende Flutstrom die größte Wirkung zeigt, darüber aber der abtragende Ebbstrom stärker ist. Bei der Entwässerung des Watts, die bei Ebbe stattfindet, läuft zunächst das Wasser flächenhaft ab. Erst wenn die flachen Wattrücken auftauchen, sammelt es sich in den zahllosen, mäandrierenden Prielen, die seicht beginnen und, sich vereinigend, breiter und tiefer werden, bis sie ein Gat oder Tief bilden, das heißt einen Wattstrom, der auch bei Niedrigwasser niemals trocken fällt. Hinter jeder größeren Insel gibt es dazu eine Wasserscheide des Prielsystems, welche jeweils Grenzsäume zweier größerer Watteinzugsgebiete darstellen.

Das Sylt-Rømø-Wattenmeer und die Wattenmeer-Abschnitte vor den West- und Ostfriesischen Inseln sind seit Jahrzehnten die Freiland-Forschungsobjekte zahlreicher Marinebiologen und Ökologen.

Wattwanderungen gehören dort zu den eindrucksvollsten Erlebnissen eines Küstenbesuches, zeigen sie doch noch wirklich eine von Menschen kaum berührte Urlandschaft. Doch individuelle Wanderungen im Wattenmehr sind für Unerfahrene mit tödlichen Gefahren verbunden, jedes Jahr ertrinken zahlreiche Touristen. Gefährlich sind nicht nur die Untiefen in den Prielen und der unberechenbare Untergrund, sondern gerade stark auflaufende Fluten bei Windrichtungswechsel oder die plötzlichen Nebeleinbrüche. Wer eine Wattwanderung unternehmen möchte, schließt sich besser einer geländekundig geführten Gemeinschaftswanderung, geleitet von den örtlichen Nationalparkbediensteten, an. Dabei lernt man zuerst die verschiedenen Watt-Typen kennen: Sandwatt – Schlickwatt – Mischwatt und Farbstreifenwatt mit ihren verschiedenartigen Lebensgemeinschaften. Die Wattwanderung führt man am besten barfuß und in kurzen Hosen durch. Schuhe, Gummistiefel und Strümpfe werden auf dem Trockenen am Wattrand niedergelegt; niemand nimmt sie weg! Fast überall am Wattrand hat man Holzfaschinen als sogenannte *Schlengen* gezogen. Sie bestehen aus einer langen Doppelreihe eingerammter Pfähle und dazwischen mit Drähten festgehaltenen Reisigbündeln. Die Schlengen dienen einerseits dem Schutz der Salzwiesen, indem sie die bei Sturmfluten auflaufenden Wellen brechen. Andererseits fördern sie die Erhöhung des Wattbodens zwischen den Schlengen, weil das strömende Wasser hier etwas mehr zur Ruhe kommt und mehr mitgeführte Schwebstoffe sedimentieren können.

Das immerwährende Steigen und Fallen des Meeresspiegels während der Tiden prägt das innere Wattenmeer. In einer Tide bewegen sich hier ungeheuer große Wassermassen hin und her. Auch diese sind formenschaffend. Die Wattflächen sind aber auch der trockenfallende Meeresboden. Für die meist marinen, salzertragenden, das heißt *halobionten* Organismen bewirkt das regelmäßige Trockenfallen extreme Lebensbedingungen: Dazu gehören vor allem die täglichen und jährlichen Temperaturschwankungen an der Bodenoberfläche. Bei Ebbe kommt es sommers durch die Sonne zu starker Erwärmung, winters bei geringer oder fehlender Einstrahlung zu starker Abkühlung. Die maximale jährliche Temperaturschwankung beträgt über 40 Grad Celsius; die Wassertemperaturen schwanken in der Regel bis zu 20 Grad Celsius. Auch die Schwankungen des Salzgehaltes können erheblich sein. Bei Ebbe gibt es durch Verdunstung oder Ausfrieren eine Salzerhöhung, durch Regenfälle kommt es zum Absinken des Salzgehaltes. Weitere Schwankungen sind durch die jahreszeitlich wechselnde Süßwasserzufuhr durch die Flüsse bedingt. Insgesamt schwankt der Salzgehalt zwischen 22 und 33 Promille. Meist liegt er im Bereich von 25 bis 30 Promille. Die Tiere des Watts verlassen während der Ebbe entweder über die Priele das Watt oder graben sich ein, um so den extremen Lebensbedingungen zu entgehen. Die Makrofauna, das sind die mit bloßem Auge sichtbaren größeren Tiere, ist mit ihren etwa 140 Arten dementsprechend auch nicht besonders groß. Von diesem Meeresgetier sind es auch nur wiederum 30 bis 40, die einigermaßen regelmäßig oder häufig vorkommen. Die Watten sind somit bedeutende Nahrungsgründe für Garnelen und Fische bei Hochwasser und für Millionen von Wasservögeln bei Niedrigwasser.

Über dem Watt wirbelt der Gezeitenstrom große Mengen an anorganischen Sinkstoffen und organischem zersetzten Material, dem *Detritus,* auf; das Meerwasser erscheint deswegen schmutzig graublau bis braungrau. Diese Mengen gelöster oder sedimentierfähiger biogener und abiogener Substanz stammen teils aus dem Meer, teils ist es Flusstrübe: Sand vom Meeresboden, Schluff und Ton, Muschelschill, das sind zerriebene Muschel- und Schneckenschalen, auch Diatomeenschalen, also Kieselalgen, Detritus aus zerriebenen Seegras-(*Zostera-*) und Queller-(*Salicornia-*)Pflanzen und Plankton. Diese Gruppe umfasst alle Organismen, die frei im Wasser treiben, nicht selbstständig Ortsveränderungen durchführen können und somit von der Strömung des Wassers verfrachtet werden. Hier ist vor allem das winzige Meeresplankton gemeint, mit seinen Mikroorganismen von einem hundertstel bis einem tausendstel Millimeter Durchmesser; zum Plankton zählen aber auch die Larvenstadien der Seeigel, der Seesterne, Borstenwürmer und Muscheln sowie die verdriftbaren Individuen von Quallen, Krebsen und Wasserflöhen einschließlich der pflanzlichen und tierischen Einzeller. Chemisch wirksam im Meerwasser sind obendrein gelöste Phosphate und Stickstoffverbindungen, teils aber auch Schwermetalle und sogar schwer abbaubare, teils giftig wirkende organische Substanzen, die größtenteils von den verunreinigten Flüssen Themse, Maas, Rhein, Ems, Weser, Elbe und Eider angeliefert worden sind.

Ziehende Knutts im Watt (Foto G. Quedens).

Den äußeren Randbedingungen der Wattbildung entsprechend, haben sich die bereits genannten unterschiedlichen Bodentypen entwickelt: Sandwatten entstehen vor allem im Brandungsbereich. Hier verursachen brechende Wellen Strömungsgeschwindigkeiten, die eine dauernde Ablagerung von Schwebstoffen verhindern. Mischwatten bestehen aus Sand und tonig-schluffigen Feinbestandteilen unterschiedlicher Zusammensetzung, sie bilden sich in den strömungs- und seegangsreduzierten Bereichen des Wattenmeeres. Die selteneren Schlickwatten endlich bestehen aus tonig-schluffigen Feinbestandteilen mit hohen organischen Komponenten und entstehen in den seegangs- und strömungsfreien, ruhigeren Buchten, in Flussmündungsgebieten, im Lee der Inselketten und auf den Wasserscheiden nahe der Hochwasserlinie. Mäandrierende Wattrinnen mit ihren typischen Sedimentverlagerungen und Sedimentumschichtungen an Prallhängen und Gleithängen sorgen für ständige Umlagerungen der Sedimente; hier zeigen sich besonders die formenden Kräfte des Wassers durch den Tidestrom. Gestaltend wirkt dabei immer vor allem der

Hier im Sandwatt wirken das auf- und ablaufende Wasser von Ebbe und Flut jedes Mal formenerschaffend.

Ebbestrom. Das entsprechend unsichere Gefühl hat man auch, wenn man den Boden unter den Füßen fühlt.

Härte und Typ des Wattenmeerbodens hängen von der Korngröße des Sandes und dem Gehalt an Bodenwasser ab. Wir unterscheiden im Allgemeinen drei Typen: Das Sandwatt besteht aus vergleichsweise großen Körnern. Es setzt sich aus Mineralkörnchen von 0,02 bis 2 Millimeter Durchmesser zusammen; es ist je nach Herkunft der Sande hell oder dunkel gefärbt. Da das Wasser im grobporigen Sand schnell versickert, wird das Sandwatt so fest, dass man sogar mit Fahrzeugen darauf fahren kann. Der Bodenwassergehalt beträgt nur 25 Prozent. Im Schlickwatt dagegen ist kaum ein Körnchen zu fühlen. Der weiche Boden enthält 50 bis 75 Prozent Wasser und kann das Gehen stark erschweren. Das Schlickwatt mit aufbauenden Partikeln von nur 0,002 Millimeter Durchmesser ist abgelagerter, wasserhaltiger Schlamm, wie oben beschrieben. Je nach Salzgehalt lassen sich allerdings brackige und marine Schlickböden unterscheiden. Weil Sturmfluten auch feine Sande in das Schlickwatt einführen, spricht man in solchen Fällen auch von *Schlicksand*, vom *Schlicksandwatt* oder vom *Sandmischwatt.* Seine feinen Poren erschweren das Versickern des Wassers so sehr, dass der Schlick gewöhnlich leicht und locker bleibt und Füße beim Betreten tief einsinken. Zwischen diesen Bodentypen gibt es eine Reihe von Übergangsformen, die als Mischwatt zusammengefasst werden können. Die Strömungsgeschwindigkeit des auflaufenden und ablaufenden Tidewassers bestimmt maßgeblich, wo diese Wattbodentypen vorgefunden werden. Je höher die Fließgeschwindigkeit und damit auch die Transportkraft, umso größere Partikel kann das Flutwasser mitführen. Während manche Bodenpartikel jedoch schon unterhalb der Hochwasserlinie zu Boden sinken, gelangen die feineren und leichteren mineralischen Teilchen und die organischen Stoffe bis in die Übergangszone zum Vorland.

Neben den erwähnten Rinnen wird der Wattboden weiterhin durch zahlreiche Kleinformen geprägt, die meist wellen- und strömungsabhängig sind. Es sind oft die bekannten Rippelmarken, differenziert als Wind-, Seegangs- und Strömungsrippeln, die sich nach ihrer Größe in Klein- und Großrippeln mit verschieden breiten sowie oft mehrere hundert Meter langen Strukturen differenzieren lassen. Die in der Regel positive Sandbilanz des Wattenmeeres bedingt schließlich auch das Vorhandensein hoch gelegener Sandbänke innerhalb weiter Wattflächen. Besonders reich daran sind die offenen Watten an der Jademündung und im Elbeästuar, wo die Wattflächen zur See hin nicht durch größere Barriereinseln, sondern durch typische Sandbänke abgegrenzt sind. Die Gestalt dieser Sandbänke ähnelt der Form der Barriereinseln, wobei sich an einen zentralen Sandkern beidseitig Fluthaken angliedern.

Wenn wir nun in das Watt hineingehen, betreten wir auch nach Meerwasserstand gezonte, ökologisch feinsinnig unterscheidbare Tiefenstufen: In Höhe der Holzfaschinen leben vor allem Seepocken, Strandschnecken und der Blasentang. Diese Lebewesen gehören zu einer charakteristischen Biozönose des Watts, der *Seepocken-Blasentang-Zone*, die das Obere Litoral kennzeichnet. Diese Zone nimmt die obere Hälfte des Raumes zwischen der Mittelhoch- und Mittelniedrigwasserlinie ein, sie fällt nahezu regelmäßig bei Ebbe eine Zeit lang trocken. Darunter folgt die *Miesmuschelzone*, das Untere Litoral.

Wären im Watt nur physikalische Kräfte am Werk, so würden binnen kurzem Anlandung und Abtragung durch die Strömungen der Tiden ein Gleichgewicht erreichen. Dass eine dauernde Anlandung und damit Erhöhung sowie Stabilisation des Bodenniveaus der Wattflächen möglich ist, ist der Tätigkeit der spezifischen Organismen, unter anderem dem Plankton, zu verdanken, das bereits eingangs kurz erläutert wurde. Die Organismengemeinschaften des Watts sor-

Die tiefstgelegene Zone zwischen der mittleren Tideniedrigwasserlinie und der mittleren Tidehochwasserlinie ist das Wuchsgebiet der Quellerfluren im Schlickwatt am Jadebusen.

Farbschichtenwatt mit verschiedenen Zonen unterschiedlicher Organismen bei Amrum.

Rippelmarken im Sandwatt von Norderney.

gen also in verschiedener Weise für die Sedimentation und Fixierung des Schlicks. Eine wesentliche Rolle spielen dabei die kriechfähigen Blaualgen beziehungsweise Cyanobakterien und Kieselalgen. Diese Algen leben vorzugsweise im Schlickwatt, wo sie schleimige Überzüge bilden können. Sobald sich bei Überflutung auf dieser Schicht Sedimente ablagern, wandern die Algen zum Licht, also phototaktisch an die Oberfläche, und bilden dort während der Ebbezeit eine zusammenhängende Schleimhülle. Diese Hülle schützt das neue Sediment gegen Erosion, indem sie es verklebt und glättet. Bei längerer Trockenheit bewahrt die Schleimdecke den Wattenschlick vor Wasserverlusten und Trockenrissbildung.

Bis zu eine Million Kieselalgen können einen Quadratzentimeter Watt besiedeln. Mehrere hundert Arten sind auf Wattböden gefunden worden. Allen Kieselalgen gemein ist, dass ihre Zellwand aus Salzen der Kieselsäure aufgebaut ist. Die Schale besteht aus zwei Hälften, die wie Boden und Deckel einer Schachtel miteinander verbunden sind. Von Art zu Art verschieden sind Form, Symmetrie und Feinstruktur der Schachtel. Sind die Lebensbedingungen im Watt günstig, teilen sich Kieselalgen einmal am Tag. Zweiteilung ist ihre Art, sich ungeschlechtlich zu vermehren, sie können sich aber auch geschlechtlich fortpflanzen. Im Zellsaft der Alge liegen sogenannte Chromatophoren, die «Farbträger». Sie enthalten die Farbstoffe Chlorophyll a und Fucoxanthin, mit deren Hilfe die Alge Photosynthese betreibt, also mit Hilfe von Sonnenlicht aus Wasser, Kohlensäure und organischen Salzen Reservestoffe aufbaut. Höhere Pflanzen speichern Stärke als Energiereserve; Kieselalgen lagern den Zucker Chrysolaminarin und Öltröpfchen in der Zelle ab. Das Öl enthält bestimmte Geruchsstoffe. Sie sind verantwortlich für den typischen Modergeruch, der an warmen Sommertagen über dem Watt liegt.

Kieselalgen, die wissenschaftlich *Diatomeen* genannt werden, stehen am Anfang aller Nahrungsketten im Ökosystem Wattenmeer; sie sind Primärproduzenten organischer Substanz. Günstige Bedingungen vorausgesetzt, erzeugen Kieselalgen rund 250 Gramm trockener Algenmasse auf einem Quadratmeter im Jahr, etwa 2,5 Tonnen auf einem Hektar Watt. Diatomeen erschaffen also den Löwenanteil der Biomasse, die das Watt insgesamt hervorbringt. Wenn die Flut einsetzt oder es dunkel wird, verkriechen sich die beweglichen Kieselalgen im

Sediment. Ihr Tagesablauf wird also vom Rhythmus der Gezeiten und vom Tag-Nacht-Wechsel gesteuert. Diese Algen leben vorzugsweise im biologisch produktiveren, aber selteneren Schlickwatt, wo sie den größten Anteil der schleimigen Überzüge auf dem Meeresboden bilden. Diese winzigen Algen haben nicht nur eine stabilisierende Wirkung. Sie bilden die eigentliche Lebensgrundlage der Tiergemeinschaften des Wattenmeeres mit ihren Schnecken, Muscheln, Würmern und Krebsen.

Nur die Materialabweichungen im Sandwatt, im Sandmischwatt und im Schlickwatt mit den jeweils verschiedenen Körnungen des Sediments bedingen außerdem einen jeweils verschiedenen Tierbesatz im Wattenmeer. Einen Sonderfall hinsichtlich der Überschichtung verschiedener Sedimente bildet das sogenannte *Farbstreifenwatt*, auch *Farbschichtenwatt* genannt, bei dem vielfach einer zuunterst liegenden, schwarz gefärbten, reduzierten Schlickbank eine schmale, oft violett getönte Schicht von Schwefelbakterien aufgelagert ist; darüber lagern dünne, orange gefärbte Decken von anderen Bakterien und grün gefärbte Schichten von Cyanobakterien. Das Ganze ist schließlich von einer hellen Sandschicht nach oben hin abgedeckt. Es handelt sich also um ein System verschiedener Mikrobenmatten, dünn wie Papier, gelb, grün, rot und schwarz gefärbt. Jede Schicht wird von verschiedenen Bakterien und Cyanobakterien aufgebaut. Sie wachsen verborgen unter einer dünnen Sandschicht heran, die durch Wind und Wasser abgelagert wurde.

Das Farbstreifensandwatt ist ein verstecktes Ökosystem, lange nicht so auffällig wie Dünen oder Muschelbänke. Gleichwohl gehört es zu den ältesten Ökosystemen der Erde. Mikrobenmatten halten sich immerhin seit 3,3 Milliarden Jahren auf der Erde. Man hat sie in salzigen Seen Israels gefunden, in heißen Quellen der Tiefsee, als berühmte Stromatolithen an der Westküste Australiens, am Grunde von Alpenseen – und eben im Wattenmeer. Das Erfolgsrezept der Mikroben: Sie können ohne Sauerstoff Photosynthese betreiben, also Energie durch Gärung gewinnen, wobei Schwefel und Schwefelsäure entstehen. Die Cyanobakterien atmen wie höhere Pflanzen, benutzen also die Energie des Sonnenlichts. Sie leben in der obersten Matte, oft überlagert von einer dünnen Sandschicht. Darunter leben verschiedene Arten von Schwefelpurpurbakterien in einer eigenen Mitte, die charakteristisch purpurrot bis rosa gefärbt ist. In der dritten Schicht leben schwefel- und sulfatreduzierende Bakterien. Das Farbstreifensandwatt ist also streng senkrecht gegliedert. Über ein fein gesponnenes Netz an Beziehungen sind die verschiedenen Mikroben miteinander verbunden und voneinander abhängig. Wichtige Nährstoffe werden über interne Kreisläufe weitergegeben. Erst in den letzten Jahren hat man erkannt, wie wichtig Mikrobenmatten sind. Sie können organisches Material im Sand einlagern und dienen daher in großem Umfang der biologischen Reinigung und der Sauerstoffproduktion des Watts.

Das zweimal in 24 Stunden die Wattgebiete überflutende Wasser führt obendrein beträchtliche Mengen organischer und anorganischer Schwebstoffe mit sich, wobei das meiste organische Material aus der Nordsee selbst stammt. Im Durchschnitt schätzt man die jährliche Produktion an organischer Trockensubstanz in der Nordsee auf 250 Gramm pro Quadratmeter Fläche. Das Watt erzeugt auf den gleichen Flächen etwa 300 Gramm. Aus der Nordseeproduktion werden etwa 200 Gramm pro Quadratmeter in das Watt eingetragen, so dass etwa 500 Gramm organisches Material pro Quadratmeter im Wattenmeer angesammelt wird. Diese Stoffe werden an den Stellen angelagert, an denen im Wattenmeer die Strömung nur sehr gering ist. Das ist möglich, wenn sich der Tidenstrom auf den Wattflächen – bis auf etwa einen halben Meter pro Sekunde – stark verlangsamt, während in den Prielen, den feinverästelten Flusssystemen der Wattgebiete, die Strömungsgeschwindigkeiten durchaus zwei bis drei Meter pro Sekunde betragen können. Solche höheren Strömungsgeschwindigkeiten können eine Ablagerung von Schwebstoffen verhindern beziehungsweise bereits sedimentierte Schwebstoffe erneut fortbewegen. Die Strömungsgeschwindigkeiten nehmen generell in dem sich landwärts verzweigenden System der Priele und der schiffbaren Wattenmeerrinnen, den Baljen, allmählich ab; sie sind nicht gleichmäßig, sondern wachsen innerhalb jedes einzelnen Tidezyklus zweimal zu Maximalbeträgen an und gehen beim Kentern der Flut beziehungsweise der Ebbe jeweils auf null zurück. Unter diesen Einflüssen setzen sich in einzelnen Bereichen der Watten charakteristische Sedimente ab, wobei nach unterschiedlicher Überflutungsdauer ständig wasserbedeckte, *sublitorale Zonen* von den im Gezeitenrhythmus gefluteten und regelmäßig bei Ebbe trockenfallenden *eulitoralen Zonen* sowie den nur bei

Miesmuschelbank im eulitoralen, das heißt regelmäßig trocken fallenden Bereich des Wattenmeeres (Foto G. Quedens).

extremen Wasserständen gelegentlich gefluteten, *supralitoralen Zonen* unterschieden werden.

Wie die Fährten des Wildes im frischen Schnee, so sind die Spuren der Meeresorganismen auf dem eben trockengefallenen Wattboden zu erkennen. Die Schlickhäufchen des Schlickkrebses sind von dicht an dicht stehenden, kleinen runden Löchern, den Atemhöhlen, umgeben. Die meisten Öffnungen sitzen dazu im Zentrum einer sie strahlenförmig umgebenden Kratzspur, die der Schlickkrebs mit seinen Antennen schafft. Bevor er seine Antennen ausstreckt, spreizt er sie weit auseinander. Auch Kriechspuren zeugen von seiner Anwesenheit, ebenso wie die zahlreichen arttypischen Kriechspuren zahlreicher Wattwürmer, welche zum oberirdischen Teil ihres weit verzweigten Wohn- und Fressgangsystems gehören. Noch ein Grundphänomen ist wichtig für das Verständnis dieser amphibischen Landschaft: Das Watt ist keineswegs eine einförmige Ebene, wie man beim Überfliegen meinen könnte. Seine wesentlichen Merkmale sind das Gefälle von der Hochwasserlinie zur Niedrigwasserlinie und seine unterschiedliche Bodenkonsistenz.

Ein weiteres wesentliches Merkmal der Watten sind die Priele. Das Wasser läuft von der Wattfläche nur in der Anfangsphase einer Ebbe

Spuren im Watt: Kothäufchen der Wattwürmer. Detail a: Wattwürmer, Detail b: Schlickkrebse gibt es bis zu 30 000 pro Quadratmeter, Detail c: Meeresringelwurm, Detail d: Seeringelwurm (Fotos G. Quedens).

auf breiter Front ab. Bei gesunkenem Wasserstand folgt das ablaufende Wasser den tieferen Rinnen des Wattbodens, welche durch die Strömung nach und nach eingetieft werden: So entstehen die *Priele.* Die kleineren Priele sammeln sich in größeren Rinnen, deren Basis bereits unter dem Niedrigwasserniveau liegt. Damit zerfallen die tiefergelegenen Bereiche des Watts in gesonderte Flächen verschiedenster Sedimentzusammensetzung, die sogenannten *Platen.*

Allzu weit kann man im Watt nicht wandern, ohne an einen Priel zu geraten. An den Prielkanten bemerkt man ganze Kolonien kleiner, bäumchenförmiger Gebilde, die etwa zwei Zentimenter hoch aus dem Boden zu wachsen scheinen. Jedes dieser «Bäumchen» trägt ein bizarres Geäst aus kunstvollem Sandkorngefüge. Es ist der Ausgang einer festen Wohnhöhle des Bäumchenröhrenwurms (*Lanice conchilega*), der aus dem Sediment ragt. Sie sind ein begehrter Leckerbissen der Schollen. Der Wurm baut sich aus Sandkörnern und Muschelschalenbruchstücken seine Röhre. Die aus dem Wattboden herausragenden Röhrenenden dienen jungen Miesmuscheln als vergleichsweise stabiles Substrat bei der Ansiedlung. Sie fördern so die Entstehung von Muschelbänken. Die Bildung des Wattenmeeres ist also das Ergebnis des Zusammenwirkens verschiedener Vorgänge, welche zueinander in enger Beziehung stehen. Die Tideströme führen dem Wattenmeer das erforderliche Aufbaumaterial zu. Detritus von Seegras und aufgearbeitetem Torf reichert sich bevorzugt zusammen mit Schluff-Tonfraktionen in den Mischwattfazies und den Schlickwattfazies an. Durch ständige Umlagerungen der grobkörnigen Sedimente und infolge des geringen Nahrungsangebotes bieten dabei die Sandwatten vergleichsweise ungünstige Lebensbedingungen für Bodenorganismen. Sandwatten sind deshalb die arten- und individuenärmste Zone des Wattenmeeres. Das Mischwatt mit seinen charakteristischen Schluff- und Tonanteilen im Mengenverhältnis von 2:1 besitzt eine höhere Besiedlungsdichte von Wattorganismen, wobei die drei bis vier Zentimeter tief im Boden lebende Plattmuschel (*Macoma baltica*) und die Herzmuschel (*Cerastoderma edule*) als Leitorganismen anzusehen sind. Ablagerungen der Schlickwattfazies haben durch ihren hohen Anteil an pflanzlichem Detritus und tierischen Zersetzungsprodukten sowie durch ihren hohen Porenwassergehalt eine typische glänzend seidige und wenig tragfähige Konsistenz. Durch kolloidales Eisensulfid (FeS) ist dieser Wattenschlick oft intensiv schwarz gefärbt. Insbesondere die Muschelbänke der Miesmuschel *(Mytilus edulis)* sind als Schlickproduzenten und Schlickfallen bekannt. Miesmuschel und Pfeffermuschel *(Scrobicularia plana)* sind Leittiere des tonreichen, sauerstoffarmen Schlickwatts. Die Miesmuschel produziert leicht zerfallende Kotpillen und hält mit Hilfe ihres Gespinstes von Byssusfäden, mit denen sie am Boden haftet, das Feinmaterial fest.

Charakteristische Oberflächenbesiedler sind ferner Schnecken, vor allem die Strandschnecke (*Littorina littorea*). Für die Fixierung des Schlicks an der Wattoberfläche sind neben den genannten kriechfähigen Blaualgen und Kieselalgen zahlreiche andere Wattorganismen wie der Substratfresser Pierwurm (*Arenicola marina)* sowie Borsten- und Wattringelwürmer wie *Nephthys hombergi* (Borstenwurm) und *Nereis diversicolor* (Wattringelwurm) verantwortlich. Muschelbänke gehören außerdem zu den artenreichsten Lebensgemeinschaften im Wattenmeer. Die auffälligsten Aufwuchsorganismen sind Seepocken, von denen eine Art (*Semibalanus balanoides*) stärker im regelmäßig trocken fallenden Gezeitenbereich, dem *Eulitoral*, vertreten ist und eine zweite Art (*Balanus crenatus*) höchste Dichten im ständig mit Meerwasser bedeckten *Sublitoral* erreicht. Die Seepocken zeigen ausgeprägte Populationsschwankungen, wofür insbesondere der Fraßdruck anderer Meerestiere verantwortlich erscheint. Es sind vor allem die Strandschnecken (*Littorina littorea*), die junge Seepocken im Eulitoral stark abweiden, und im Sublitoral reduzieren Seesterne und Strandkrabben die Bestandsdichte der Seepocken. So kann eine Invasion von Seesternen ganze Muschelbänke eliminieren. Die ökologischen Prozesse in eulitoralen und sublitoralen Muschelbänken unterscheiden sich also erheblich je nach der Höhenlage über oder unter dem Mittleren Tidehochwasser und je nach ihrer Überflutungsdauer.

Muschelbänke spielen eine Schlüsselrolle sowohl für die Struktur wie auch für den Stoffhaushalt der Küstenökosysteme. Im Wattenmeer haben die Miesmuscheln das Potential, das gesamte Wasservolumen in wenigen Sommertagen einmal zu filtrieren. Dabei entziehen sie dem Küstenwasser sowohl pflanzliches Plankton, das Phytoplankton, als auch zerriebene organische und anorganische Partikel. Ein Großteil dieser feinsten Partikel wird im Sediment akkumuliert, und sowohl aus dem Sediment als auch von den Muscheln selbst werden ständig große Mengen an gelösten Nährstoffen freigesetzt, die die Produktion des Planktons wiederum fördern. Dieser Nährstoffkreislauf mit der Nährstofffreisetzung aus Muschelbänken zeigt weltweit die höchsten in Küstengewässern gemessenen Werte. Die Muscheln werden von vielen Tieren, wie Seesternen, Krebsen und Vögeln, insbesondere von Eiderenten, als sehr wichtige Nahrungsgrundlage genutzt. Darüber hinaus stellen die Muschelschalen eine der ganz wenigen Hartsubstanzen in sandigen Küstengebieten dar.

Tiere und Pflanzen treffen im Wattenmeer also auf extreme Lebensbedingungen. Dieser Lebensraum erfordert von ihnen die Anpassung an Ebbe und Flut, an Wasserbedeckung und Trockenfallen, an die Schwankungen von Salzgehalt, Sauerstoffkonzentration und Temperatur. Diejenigen Arten, die im Wattenmeer vorkommen, nutzen den hohen Nährstoffeintrag sowie die geringe Konkurrenz und können auf diese Weise hohe Bestände erreichen. Wer weiter barfüßig über den Wattboden wandert, hat irgendwann das Gefühl, über lauter

Glasmurmeln zu laufen. Es sind dies die Ansammlungen der Herzmuscheln (*Cerastoderma edule*), der Klaffmuscheln (*Mya arenaria*), der Pfeffermuscheln (*Serobicularia plana*) und der baltischen Plattmuschel (*Macoma baltica*), die allesamt unterschiedlich tief im Sediment eingegraben sind und durch ihre Siphone mit der Sedimentoberfläche in Kontakt stehen.

Auf einem Quadratmeter Wattboden finden sich im Sediment bis zu 40 Wattwürmer, 130 Herzmuscheln, 620 Seeringelwürmer und 30 000 Schlickkrebse. Grundlage dieser außergewöhnlichen Tierbestände ist der hohe Eintrag von Nährstoffen, das heißt von Mineralsalzen und organischem Abfall, dem Detritus aus dem Atlantik und der Nordsee. Der Abbau von Detritus erfolgt in den ruhigen Gewässern des Wattenmeeres. Das Wattenmeer ist deshalb eine riesige natürliche, biologische Kläranlage! Die Bodentiere wenden unterschiedliche Ernährungsmethoden an: Mies- und Herzmuschel filtrieren Sinkstoffe aus dem Wasser. Der Pier- oder Wattwurm nimmt den Sandboden auf und stößt die unverdaulichen Reste in Form der markanten Kotschnüre wieder aus. Watt- und Strandschnecke sowie der Schlickkrebs beweiden Wattflächen mit Kieselalgenbewuchs. Zu den Allesfressern, die sich auch räuberisch ernähren, zählen Strandkrabbe, Garnele sowie Watt- und Seeringelwurm. Ein weiteres Charakteristikum sind die Miesmuschelbänke. Sie liegen in stärkerer Strömung entlang der Rinnen, wenn gleichzeitig die Inseln Schutz vor Seegang bieten. Ihre Biomasse erreicht das 30-fache der auf den übrigen Wattflächen, und dort ist sie im Mittel noch etwa 10-mal höher als in der tieferen Nordsee.

Aber neuerdings können auch sogenannte *Neozooen*, das heißt eingeschleppte Neubürger des Wattenmeeres, das System verändern. So haben sich beispielsweise in den Muschelbänken vor Sylt zwei eingeschleppte Arten etabliert: die pazifische Auster (*Crassostrea gigas*) und die amerikanische Pantoffelschnecke (*Crepidula fornicata*). Die pazifische Auster, die im Wattenmeer von Holland und Deutschland kultiviert wird, hat sich entgegen ursprünglicher Vorhersagen im Nordseewasser erfolgreich vermehrt und breitet sich zunehmend aus. In den Niederlanden sind schon große Flächen mit Austern besiedelt, und auch im nordfriesischen Wattenmeer werden von Jahr zu Jahr mehr Austern gefunden. Dies kann zu ökologischen Problemen führen, da die eingeschleppte Art nicht in die Nahrungsnetze unserer

Muscheln und Schnecken im Watt: a Herzmuschel; b Plattmuschel; c Miesmuschel; d Schwertmuschel; e Strandschnecke; f Sandklaffmuschel im Querschnitt mit Siphon (Fotos G. Quedens).

Küste eingegliedert ist. Viele Tiere und Nahrungsspezialisten, wie Eiderente und Strandkrabben, können die sehr viel massiveren Schalen der Austern nicht öffnen und werden an Nahrungsknappheit leiden, sollten die einheimischen Muschelbänke in Zukunft von pazifischen Austern verdrängt werden. Die amerikanische Pantoffelschnecke *Crepidula fornicata* wurde schon um 1870 zusammen mit der amerikanischen Auster (*Crassostrea virginica*) nach Europa transportiert. Sie ist heute vom Mittelmeer bis nach Südnorwegen zu finden. Auch bei uns lebt sie überwiegend auf Muschelbänken. Allerdings hat sie in der Nordsee noch keine Massenvermehrung erlebt, was wohl in ihrer hohen Frostempfindlichkeit begründet ist. Das könnte sich aber ändern, wenn die Temperaturen in den Küstengewässern ansteigen. Hier endet nun unsere Wattwanderung, und rechtzeitig vor der auflaufenden Flut kehren wir von unserer rutschigen Partie auf dem Meeresboden sozusagen an das Land zurück.

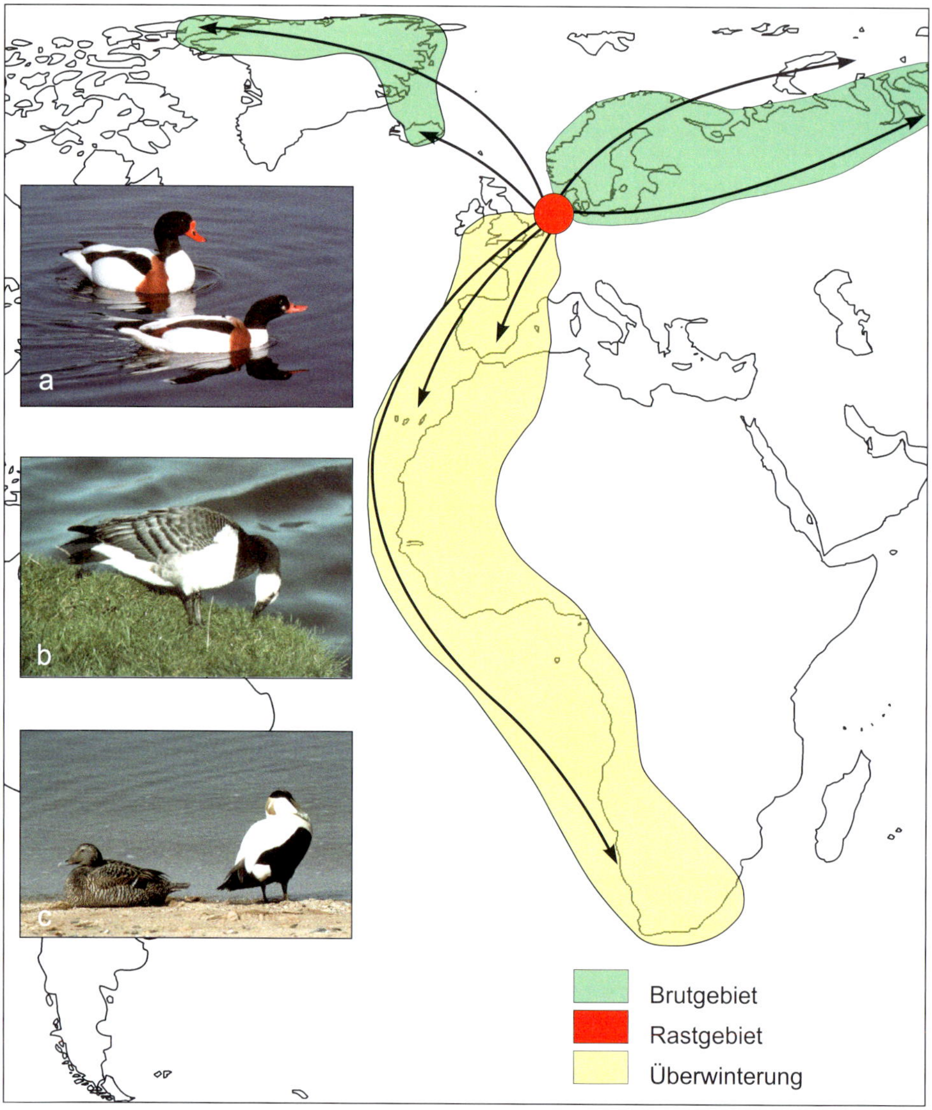

Durchziehende Nahrungsgäste im Wattenmeer: a Brandgänse; b Nonnengans; c Eiderenten (Fotos G. Quedens).

8. EIN PARADIES FÜR SEEVÖGEL, MEERESTIERE UND SALZPFLANZEN

Bei weitem die auffälligste Tierklasse im Wattenmeer sind die Seevögel. Etwa 50 Vogelarten verbringen mehrere Monate des Jahres im Wattenmeer, entweder auf dem Zug oder zur Brutzeit. Während der Zugzeit können mehr als drei Millionen Vögel gleichzeitig im Wattenmeer vorkommen. Insgesamt suchen mehr als zehn Millionen Durchzügler und Gäste das Wattenmeer auf. Das Herkunftsgebiet dieser Vögel erstreckt sich von Ostkanada bis Zentralsibirien und ist etwa 100-mal so groß wie das gesamte internationale Wattenmeer. Die Überwinterungsgebiete liegen an den Küsten Mittel- und Westeuropas und an der afrikanischen Atlantikküste. Ursache dieser großen Konzentration ist das reichhaltige Nahrungsangebot im Watt. Grünalgen, Seegras und die Pflanzen der Salzwiesen sind im Wesentlichen die Nahrungsgrundlagen von Nonnen- und Ringelgans sowie der Pfeifente. Das Wattenmeer versorgt die Vögel nicht nur an Ort und Stelle, sondern dient auch zur Anlagerung von Fettreserven, die sie für Weiterzug und Brutgeschäft, für Mauser und Überwinterung benötigen. Schließlich ist die Bedeutung des Wattenmeeres als Brutgebiet für eine ganze Reihe seltener und bedrohter Vogelarten zu nennen. So beherbergt allein das deutsche Wattenmeer mehrere tausend Brutpaare von Austernfischer, Säbelschnäbler und Rotschenkel. Bedeutend sind auch die Kolonien und die Trupps verschiedener Seeschwalbenarten. Watvögel wie Strandläufer, Regenpfeifer und Schnepfen ernähren sich von Borstenwürmern und Kleinkrebsen, von Muscheln und Schnecken. Körperbau und Verhalten der Watvögel sind an die Nahrungsaufnahme im Wattenmeer hervorragend angepasst. Länge und Form des Schnabels und die Länge der Beine bestimmen die Art der Nahrungssuche. Pfuhlschnepfe, Säbelschnäbler und Großer Brachvogel erreichen ihre Beute, auch wenn sie tief im Boden steckt. Sie erfühlen, ebenso wie Alpenstrandläufer und Knutt, ihre Nahrungstiere mit dem Schnabel. Sand- und Kiebitzregenpfeifer orten sie mit den Augen oder dem Gehör. Die Rastbestände einzelner Arten wie Knutt oder Alpenstrandläufer gehen in die Hunderttausende. Die Aktivität der Nahrungstiere an der Bodenoberfläche erreicht ihren Höhepunkt kurz nach dem Ablaufen des

Brutvögel im Wattenmeer: a Austernfischer; b Säbelschnäbler; c Rotschenkel; d Küstenseeschwalbe; e Brandseeschwalbe; f Sandregenpfeifer (Fotos G. Quedens).

Wassers und kurz vor der Überflutung. Viele Watvögel folgen deshalb bei der Nahrungssuche der Wasserlinie. Fällt das Watt bei Ebbe trocken, ziehen sich die meisten Bodentiere zurück und sind dann optisch kaum noch auszumachen.

Die ökologischen Wechselbeziehungen und Wechselwirkungen der Wattbewohner mit ihrem jeweiligen Lebensraum im Wattenmeer sind also offenbar geworden; die Lebensspuren der Wattorganismen bezeugen oftmals deren Funktion im Gesamtgeschehen. Wir verstehen jetzt auch, dass das Wattenmeer quasi als «Tankstelle» für all die durchziehenden Wattvögel gilt. Auch die bislang noch nicht genannten Möwen

Möwen haben die Lufthoheit im Wattenmeer. a Silbermöwenpaar; b Lachmöwe am Brutplatz; c Sturmmöwe d Heringsmöwenpaar (Foto G. Quedens).

leben vom Watt als Speisekammer. Vor allem die zahlreichen Silbermöwen scheinen die Lufthoheit im Wattenmeer und an den Inselstränden zu besitzen. Sie sind verwandt mit den Heringsmöwen. Wie eine elegante Silbermöwe erscheint uns die Sturmmöwe, doch sie ist deutlich kleiner als ihre Schwesternart mit gelbgrünem Schnabel und ebenso gefärbten Beinen. Derzeit brüten etwa 6000 Paare dieser Vogelart im Wattenmeer; sie nisten auf den Graudünen. Lachmöwen sind die häufigsten Brutvögel im Wattenmeer. Sie sind leicht kenntlich an ihrem braunen Kopf während der Brutzeit – denn im Winter wird das Kopfgefieder hell, und es bleibt nur ein Augenfleck –, den schwarzroten Beinen und dem dunkelroten Schnabel. Lachmöwen gelten als «Kulturfolger» im Binnenland, und auch im Watt nehmen sie immer noch stark zu aufgrund der oben genannten Biomassenanreicherung mit Wattorganismen; ihre Zahl hat sich von 1965 bis 1990 verzehnfacht und beträgt derzeit knapp 130 000 Brutpaare.

Gut 100 Fischarten kommen im Wattenmeer vor. Aalmutter, Steinpicker und Butterfisch sind das ganze Jahr über im Wattenmeer anzutreffen. Zu den Vermehrungsgästen, die im Wattenmeer laichen und aufwachsen, zählen Hornhecht und Streifenfisch. Von besonderer Be-

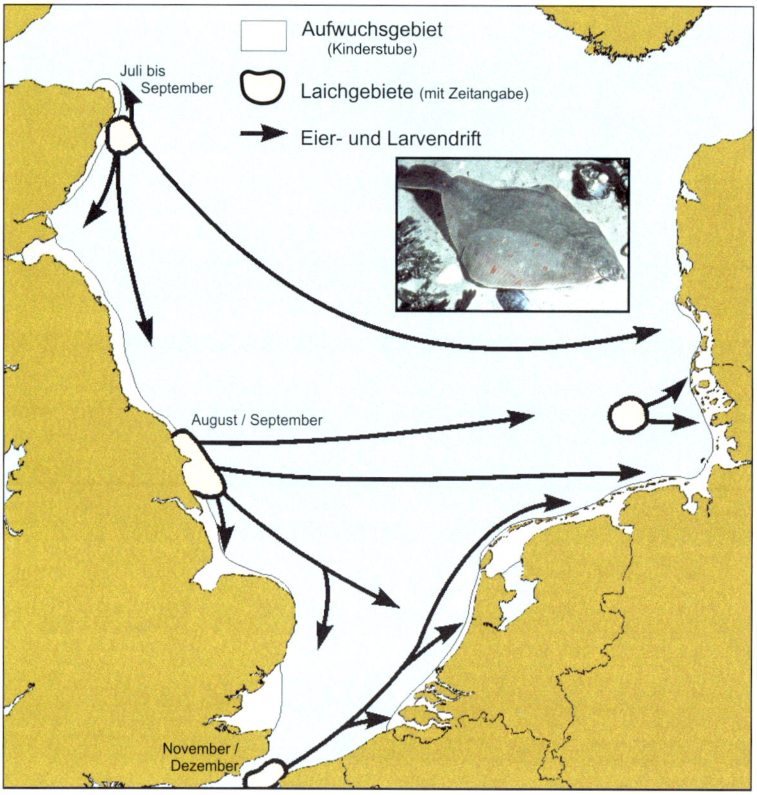

Die Scholle ist ein typischer Plattfisch im Wattenmeer (Foto G. Quedens). Als Kinderstube für die Jungfische ist das Wattenmeer nicht zu ersetzen.

deutung ist das Wattenmeer für Scholle, Seezunge, Hering und Sprotte. Diese Fische laichen in der offenen See, ihre Jugendstadien wachsen im Wattenmeer heran. Sie bilden bekanntermaßen die «Kinderstube» für die zahlreichen Nordseefische, die alle in der freien Nordsee laichen, deren Larven aber im Watt und im Wattenmeer heranwachsen.

Drei Arten von Meeressäugetieren leben im Wattenmeer. Dazu gehören Seehund und die schnellen Kegelrobben (*Halichoerus grypus*) vor Amrum und Sylt. Eine zweite Gruppe Kegelrobben mit etwas über 300 Tieren lebt nahe der Insel Terschelling. Beide Gruppen entstammen einer Population von etwa 90 000 Kegelrobben an den Felsküsten von England und Schottland. Bis ins Mittelalter hinein waren sie auch im Wattenmeer die häufigste Robbenart. Sie benötigen überflutungssichere Strände für die Aufzucht ihrer Jungen in der Zeit von November bis Februar. Nur der große Tümmler, der Weißschnauzendelphin und der Schweinswal finden sich häufiger.

Seegras und Kothäufchen des Pierwurms sind typisch für das Sandwatt.

Höhere Pflanzen wachsen nur selten im tieferen Wattenmeer; einzig die Seegräser haben den Sprung vom Land ins Watt geschafft. Seegräser sind die einzigen Blütenpflanzen der Meere. Allerdings sind sie auf den ersten Blick nicht gerade als Blütenpflanzen zu erkennen, so unscheinbar sind ihre ährenförmigen Blüten ausgebracht. Während die dichten Seegrasbestände früher sogar gemäht, getrocknet oder an die Schweine verfüttert wurden, haben sie heute keine wirtschaftliche Bedeutung mehr. Im Gegenteil: Die Seegraswiesen sind heute sehr stark gefährdet. Ihre ökologische Bedeutung ist aber noch immer sehr groß: Für die in der Arktis brütenden Ringelgänse, die zum Überwintern an unseren Küsten erscheinen, sind sie wohl die Hauptnahrungsquelle. Die von bandartigen Seegräsern der Gattung *Zostera* aufgebauten untermeerischen Wiesen sind an stark salzhaltige Standorte des Litorals beziehungsweise Sublitorals der Gezeitenküste gebunden und wachsen bis zu einer Tiefe von etwa 3 bis 4 Meter im Wattenmeerbereich der Nordsee. Die beiden Seegras-Gesellschaften, die Gesellschaft des Echten Seegrases mit *Zostera marina* und die Zwergseegras-Gesellschaft mit *Zostera noltii*, sind die einzigen untergetaucht lebenden Gesellschaften Höherer Pflanzen im Meer; beide können kleinräumig miteinander verzahnt sein. Sie unterscheiden sich hinsichtlich ihrer Tiefenzonierung: Das Echte Seegras wächst auf Sand- und Schlickwatt im tiefen Wasser unterhalb des Mittleren Tideniedrigwassers, ist auch bei Ebbe überflutet und deshalb niemals trocken fallend. Das Zwergseegras besiedelt im Gegensatz dazu ausschließlich die Schlickwatten, es erträgt das stundenweise Trockenfallen bei Ebbe und ist sogar der Beregnung mit fast ionenfreiem Regenwasser ausgesetzt. Als zentraler Biozönose kommt den *Zostera*-Gesellschaften der Nordsee eine Schlüsselstellung für den Arten- und Individuenreichtum des Ökosystems Wattenmeer zu. Die Ursache für die neuerlichen teilweise katastrophalen Schwankungen in der Bestandesdichte bei den Seegrasarten ist derzeit wohl in Gewässerverunreinigungen zu sehen. Eine offenbar von dem zu den Schleimpilzen, den Myxomyceten, gehörenden Schwächeparasiten *Labyrinthula macrocystis* hervorgerufene Seuche hat beispielsweise schon in den 30er Jahren des vergangenen Jahrhunderts ein flächenhaftes und folgenschweres Seegrassterben bewirkt; mit *Zostera* verschwanden vielerorts auch zahlreiche Fische, Mollusken und Krebse, die sich direkt oder indirekt von ihr ernährt hatten. Nur sehr langsam erfolgt die teilweise Wiederbesiedlung der ehemaligen Areale.

In diesem Lebensraum herrscht neben den Seegrasarten ein üppiges Wachstum von bodenlebenden und auf den Seegrasblättern haftenden Klein- und Großalgen. Diese Gärten des Wattenmeeres bilden die Grundlage für ein komplexes Nahrungsnetz. Durch das eng verflochtene Rhizom- und Wurzelwerk wird das von den Kieselalgen fixierte Sediment zusätzlich weiter stabilisiert. Der dichte Teppich von Seegrasblättern ist ferner imstande, Strömungen und Wellenbewegungen abzumildern und das Absinken von Feinmaterial zu fördern. Hier können sich zahlreiche Tiere verstecken und sich so vor Fressfeinden schützen, aber auch einen Untergrund finden, auf dem sie sich ansiedeln können, wie zum Beispiel die Wattwürmer (*Arenicola marina*), die in großer Zahl in den Seegraswiesen leben. Je tiefer wir ins Wattenmeer hinabsteigen, desto lichter werden die Seegrasbestände, dafür treten vermehrt die üppigen Büschel des olivfarbenen bis braunen Blasentangs auf, der zu den Braunalgen gehört. Braunalgen besitzen keine Wurzeln, sondern nur Haftscheiben, mit denen sie sich auf harten Unterlagen festsetzen können. Im weichen Wattboden dienen Muschelkolonien der Verankerung solcher Blasentange.

Seehunde und Kegelrobben sind Meeressäugetiere der Nordsee.
a junger Seehund, der seine Mutter verloren hat: sogenannter «Heuler»;
b erwachsenes Tier;
c junge Kegelrobbe mit hellweißlichem Winterpelz
(Fotos G. Quedens).

Im Watt oberhalb der Seegraszonen, zwischen 40 und 25 Zentimetern unterhalb des Mittelhochwasserniveaus, begegnet man den ersten Landpflanzen. Es sind dies die stammsukkulenten halophytischen Quellerpflanzen der Gattung *Salicornia* sowie Strandsoden der Gattung *Suaeda.* Diese einjährigen Pflanzen vertragen keine Überstauung; sie wachsen meerwärts mit locker zerstreuten Einzelpflanzen und schließen sich landwärts rasenähnlich zusammen. Verschiedene Quellerbestände lassen sich je nach Salinität (Salzgehalt) und Substrateigenschaften des Wattbodens differenzieren. Ein Pioniercharakter auf schlickigen und sandigen Schlammsubstraten ist allen gemein; wo die Quellerpflanzen bis zu mehreren Hunderten pro Quadratmeter beisammenstehen, kommt das Wasser in Bodennähe zur Ruhe. Dort wirken sie als Schlickfänger und fördern die Anlandung. Nach erfolgreicher Sedimentation im Watt werden sie von geschlossenen Rasen der eigentlichen Salzwiesen abgelöst. Drei wichtige Quellergesellschaften sind für das Verständnis von Vegetation und Landschaft der Wattflächen von Bedeutung: Die Schlickqueller-Gesellschaft mit *Salicornia stricta* wächst von etwa 40 Zentimeter unter dem Mittleren Tidehochwasser (MTHw) bis auf Höhe des MTHw auf Schlickwatten. Diese artenarme einjährige Pioniergesellschaft wird meist im Herbst durch Sturmfluten beseitigt, sie erneuert sich alljährlich aus einem riesigen Samenvorrat. Die Verschmutzung und Überdüngung des Meerwassers begünstigt in letzter Zeit die Zunahme von Grünalgen der Gattungen *Ulva* (Seetang), *Cladophora* (Fadenalge) und *Enteromorpha* (Darmtang, Sauerkrautalge), die sich im Sommer deckenartig über Quellerpflanzen legen können und diese ausdunkeln.

Die Gesellschaft des Vorlandquellers mit *Salicornia ramosissima* ist an ihrer typischen herbstlichen Rotfärbung leicht erkennbar. Sie ist eine vom Kurzährigen Queller beherrschte, einjährige Dauer-Initialgesellschaft in schlickreichen Bodensenken, in Mulden, in Erosionsbereichen und an Prielrändern. Das Flugsand-Quellerwatt mit der immer grün bleibenden *Salicornia decumbens* ist eine niedrige, schüttere, ebenfalls einjährige Pioniergesellschaft auf Flugsandplaten oberhalb MTHw. *Salicornia decumbens* keimt optimal bei 1–2 Millimeter starker Überschlickung; das sandüberwehte Schlicksubstrat dient als Keimbett. Auch weitere Wattpflanzen, wie Strandsode (*Sueada flexilis*) und die Niederliegende Strandsode *(Suaeda prostrata)*, entwickeln sich erst oberhalb MTHw. Nur eine ausdauernde Grasgattung kann solche Standorte ebenfalls besiedeln: Das Schlickgras *(Spartina anglica)* bildet zwischen 40 Zentimeter unter und 20 Zentimeter über MTHw horstartige, schüttere bis dichte, kniehohe Bestände. Diese Art wurde 1927 als Schlickfänger am Wattenmeer der englischen Nordseeküste angesiedelt. Sie hat sich seitdem stark ausgebreitet und verdrängt oft die einjährigen Quellergesellschaften.

Die Salzwiesen an den Küsten beginnen mit scharfer Grenze oberhalb der Linie des MTHw. In diesem über der Hochwasserlinie gelegenen, episodisch vom Wasser überfluteten Bereich variieren mit abnehmender Höhe, Häufigkeit und Dauer der Überflutungen verschiedene Ökosystemkomplexe, die auch räumlich miteinander verzahnt sind. Die Häufigkeit und Dauer der Salzwasserüberflutungen führen zunächst zu bestimmten, gesetzmäßig angeordneten Vegetationszonen von Salzpflanzengesellschaften: die tiefstgelegene Zone zwischen der mittleren Tideniedrigwasserlinie und der mittleren Tidehochwasserlinie, die man auch als die niedrige Salzmarsch bezeich-

Mit Queller und Strandsode bewachsenes junges Quellerwatt auf Norderney.

net, ist das Wuchsgebiet der genannten *Quellerfluren* und eingestreuter Schlickgraswiesen. Landwärts erhebt sich bis etwa zwanzig Zentimeter über die Mittlere Tidehochwasserlinie die Andelgraszone mit *Puccinellia maritima.* Sie wird auf der langsam ansteigenden Salzmarsch noch weiter landwärts vom Grasnelkenrasen mit *Armeria maritima* abgelöst. Diese supralitoralen, also in der Springflutzone liegenden Salzwiesenzonen, die man als Wattwiesen-Ökosystem bezeichnen könnte, sind in der Regel durch eine geschlossene Vegetationsdecke gekennzeichnet und von Prielen, Rinnen und episodisch wassergefüllten Mulden durchsetzt. Durch periodische beziehungsweise episodische Überflutung mit Meerwasser kommt es hier zur Sedimentation und Bodenbildung, verbunden mit hohen pflanzenverfügbaren Salzgehalten. Dazu wirken sich wechselnde reduzierende Bodenbedingungen, geringe oder fehlende Sauerstoffgehalte und hohe Eisen- und Mangangehalte aus.

Die Andelrasen gehören bereits zu den Wattwiesen, also den Salzwiesen. Diese lösen landeinwärts die Quellergesellschaften ungefähr in der Höhe des Mittleren Tidehochwassers zonenartig ab und werden nur noch von Sturmfluten mit Salzwasser überspült. Andelgrasrasen sind daher artenreicher als die Quellergesellschaften. Die niedrigen, dichten Rasen sind vielfach kleinbuckelig reliefiert; sie wurden auf allen Inseln und am Festland bis in die jüngste Vergangenheit teilweise als Weideland genutzt für Schafe, Rinder und Pferde. Dadurch wurde das Artengefüge der Gesellschaft häufig beeinträchtigt und drastisch verändert. In nicht beweideten Wattflächen kann sich an etwas höheren Stellen mit besser durchlüfteten Böden sowie an Prielrändern die Salzmelde (*Halimione portulacoides*) entwickeln. Durch Ausläuferbildung,

Strandflieder-salzwiese auf Norderney.

also klonales Wachstum, bildet die Salzmelde in der unteren Salzwiese oftmals aus einer einzigen Art (monodominant) aufgebaute Riesendecken von mehreren Quadratmetern Ausdehnung. Je mehr der ehemalige Wattboden über MTHw aufgehöht wird, desto öfter kann er nachfolgend vom Regen durchsickert und vorübergehend entsalzt werden. Das Andelgras wird nun vom Salzbinsen- oder Bottenbinsenrasen mit *Juncus gerardii* abgelöst. Diese höher gelegene Salzwiese wird nur noch vergleichsweise selten überflutet. Die Bestände existieren meist ab 25 Zentimeter MTHw, werden nur noch 40- bis 70-mal im Jahr überflutet, und die Salzgehalte bleiben meistens unter 15 Prozent. Die Bottenbinsenwiese ist eine floristisch vielgestaltige Pflanzengesellschaft mit dichten, sattgrünen, blütenreichen Rasen aus *Juncus gerardii* (Bottenbinse), *Limonium vulgare* (Strandflieder) und *Armeria maritima* (Strandnelke). Das Salzkraut *(Glaux maritima)* kann in dichten, teppichartigen Beständen zu geschlossenen Bottenbinsenwiesen überleiten. Auf den Inselwattflächen finden sich zudem ab Juli die unvergleichlichen harmonischen Farben des Strandflieders; seine lilafarbenen Blütenwickel beherrschen noch immer auf fast allen Inseln bis in den Herbst hinein die Nordsee-Wattwiesen.

9. *WO DIE SEE DAS LAND UMSCHLINGT – DIE SCHÖNSTEN SALZWIESEN UND DÜNENTÄLER*

Die «schönsten» Salzwiesenkomplexe der Nordseeküste finden wir im Boschplaat-Inselwatt der Insel Terschelling sowie auf der «Ronden Plaat» und im «Ostland» der Insel Borkum. Letztere gelten als die «schönsten Salzwiesen» Europas, so haben es die Pioniere der niederländischen Vegetationskunde von Salzwiesen, Victor Westhoff und M. F. van Oosten, anlässlich einer gemeinsamen Exkursion auf Borkum im Jahre 1992 festgestellt. Deshalb wollen wir beispielhaft für diesen einmaligen Naturraum zunächst einen Blick auf diese Ostfriesische Insel in der Emsmündung werfen:

Die Insel Borkum ist in ihrer Gestalt einem unregelmäßigen Hufeisen vergleichbar, das sich südöstlich zum Wattenmeer hin öffnet und dessen gewölbte Vorderseite nordwestlich dem offenen Meer zugekehrt ist. Hier ist das Hufeisen halbiert durch das Sloop Tüßkendör, welche die Insel in das Westland und das Ostland zerteilt. Borkum liegt am westlichen Ende der ostfriesischen Inselkette. Dort trennen die beiden tiefen Mündungsrinnen der Ems die Westfriesischen und die Ostfriesischen Inseln. Zwischen diesen Rinnen der Westerems und der Osterems liegt Borkum. Dadurch hat die Insel im Westen keinen Riffbogen vorgelagert und ist auf episodische Sandzufuhr aus der Westerems angewiesen. Die großen Schutzwerke im Westen sind nötig geworden, weil die Westerems ihre Stromrichtung hart an das Inselende von Borkum verlagert hat, so dass die schützenden Dünenreihen im Westen abgetragen wurden. So ist der insgesamt 18 Kilometer lange Sandstrand hier am schmalsten: Er erweitert sich ostwärts und bildet im Bereich der sogenannten Platje eine riesige Sandbank, die im Laufe der letzten Jahrhunderte von Nordwesten her immer mehr Borkum zuwanderte. Borkum war und ist durch die Jahrhunderte trotzdem noch eine vergleichsweise lagestabile Insel. Sie ist mit etwa 32 Quadratkilometern die größte Ostfriesische Insel. Ihre Länge beträgt vom Westkopf bis zum Hohen Hörn etwa 10,5 Kilometer.

Erste gesicherte urkundliche Hinweise auf die Düneninsel Borkum und ihre Besiedlung gibt es erst aus dem 14. Jahrhundert, wenn auch schon um die Zeitenwende zum Beispiel von Plinius dem Älteren eine «Bohneninsel» (Burchana oder Burcana) erwähnt wird, deren Namen möglicherweise in Borkum fortlebt. Die Bildung der heutigen Insel Borkum ist etwa zwischen 500 und 1000 nach Chr. zu vermuten. Wie alle Ostfriesischen Inseln war Borkum schon vor 1368 als Lehen vergeben worden, so dass ab diesem Zeitpunkt die bis dahin ohne Einschränkungen von Fischfang und Strandgutbergung lebende Bevölkerung einer strengen Lehensverfassung mit Abgaben an die Obrigkeit unterworfen war. Schwere Sturmfluten im Mittelalter bedingten eine starke Dynamik der ungeschützten Insel, so dass möglicherweise die Siedler zeitweise die Insel wieder verlassen haben. Im 16. Jahrhundert bestand Borkum aus drei Teil-Eilanden, die nur durch flache Sandstrände miteinander verbunden waren: Es waren das Ostland, das Westland und das Gebiet der Woldedünen. Westland und Ostland wurden durch das Tüßkendör getrennt; auch zwischen den Süddünen und Woldedünen gab es einen solchen flachen Bereich, der bei höheren Fluten überspült wurde.

Damals existierte im Westland bereits eine Kirche, die auch als Seezeichen diente, denn in jener Zeit erhielt die Insel auch Bedeutung als Navigationspunkt für die Emsschifffahrt, da Emden derzeit eine blühende Hafenstadt war. Der Turm der 1540 erbauten Kirche wurde im Jahre 1576 als Seezeichen auf 47 Meter erhöht. Er ist heute der Alte Leuchtturm. Während des niederländischen Freiheitskampfes im 16. Jahrhundert war Borkum außerdem Stützpunkt und Schlupfwinkel der Geusen, die auf niederländisch «Geuzen» heißen und Anhänger und Kämpfer für den im Jahre 1566 zwischen Spanien und den Niederlanden verfassten Freiheitskompromiss waren. In jener Zeit fanden vor Borkum dementsprechend mehrere Seegefechte zwischen den Geusen und den Spaniern statt. Im 17. Jahrhundert wohnten knapp 200 Menschen auf der Insel, die von Viehzucht, Fischfang, Seehundfang und Muschelkalk-Gewinnung aus Muschelschill lebten. Es gab damals auch bereits den ersten Deich im Osten des Westlandes. Zu Beginn des 18. Jahrhunderts wuchs die Bevölkerung bis auf fast 500 an, begünstigt durch die von Emden aus betriebene Handelsschifffahrt, den damals größten Getreidehandel des Kontinents. Die damalige Besiedlung hatte ihren Kern um den Alten Leuchtturm; östlich davon in Richtung Bantjedünen lag auch der alte Binnenhafen.

Im 18. Jahrhundert nun erlebte Borkum einen wirtschaftlichen Auf-

Zaun aus Kinnladen und Knochen von Walen. Sie erinnern an die Grönlandfahrten der Borkumer zwischen 1715 und 1782. Detail a: Gelbe und graue Flechten besiedeln solche natürlichen Knochen, die auch zu eigentümlichen Grabszenen verarbeitet sind (Detail b).

schwung, der für diese Zeit wohl einmalig in der Geschichte der Insel bleiben sollte. Nach kurzfristigem wirtschaftlichen Niedergang infolge des Spanischen Erbfolgekriegs und der damit einhergehenden Behinderung der Emsschifffahrt gingen viele der seemännisch gut ausgebildeten Borkumer für Amsterdamer, Emdener oder Hamburger Reeder auf Walfang bis nach Spitzbergen und Grönland. Bereits 1725 gab es 16 Borkumer Kommandeure von Walfangschiffen, die jeweils am Gewinn einer solchen Fahrt in hohem Maße beteiligt wurden. Die Kommandeure brachten Walkinnladen und Rippen als Trophäen mit und stellten sie als Zäune vor ihren Hausgärten auf. Letzte Reste dieser Zäune, inzwischen mit Flechten und Moosen überzogen, legen noch heute ein beredtes Zeugnis davon ab und erinnern an diese Glanzzeit Borkums. Neben dem großen Reichtum, den der Walfang vor allem den Kommandeuren brachte, bezeugt auch das Sterberegister des 18. Jahrhunderts die Schattenseiten und das Risiko des damaligen Walfangs. Ende des 18. Jahrhunderts kam für die Borkumer das Ende der Walschifffahrt, bedingt durch den englisch-holländischen Seekrieg und die Napoleonischen Kriege sowie durch die Kontinentalsperre im Gefolge des holländisch-englischen Seekrieges von 1780 bis 1783. Bittere Armut und Not löste den einstigen Wohlstand ab, vor allem weil die Borkumer Bevölkerung in der wirtschaftlich guten Zeit Äcker, Gärten und Viehhaltung vernachlässigt hatte. Mitte des 18. Jahrhunderts begann die Besiedlung des Ostlandes, obwohl die Insel immer noch durch das Tüßkendör zweigeteilt war. Erst 1862–1864 wird der Tüßkendörwall, der Westland und Ostland verbindet, aufgeschüttet.

Das Seebad Borkum wurde im Jahre 1850 gegründet; in diesem Jahr weist die Kurliste 255 Gäste auf. Im Jahre 1856 wurde die Eisenbahnverbindung zwischen Rheine und Emden in Betrieb genommen. Erst jetzt waren Emden und Leer, früher beide Häfen für Borkumfahrten, mit dem Hinterland verbunden. Damit war der Einzugsraum bis in das Münsterland und das Ruhrgebiet erschlossen, der heute noch für die Wirtschaft der Insel bestimmend ist. Konsequenterweise bahnte sich im 19. Jahrhundert als neuer Erwerbszweig verstärkt der Erholungsverkehr an. Ab 1850 entstanden auch die ersten mehrstöckigen Hotels. Nach einigen Rückschlägen des Fremdenverkehrs während der Weltkriege – Borkum wurde im Ersten Weltkrieg als militärische Festung ausgebaut und hatte auch im Zweiten Weltkrieg entsprechende Bedeutung – nahm die Zahl der Kurgäste stetig zu und hat sich inzwischen enorm gesteigert. Im Jahre 1981 kamen schon fast 130 500 Kurgäste; heute sind es nahezu 150 000 mit 2 Millionen Übernachtungen pro Jahr bei einer Einwohnerzahl von etwa 6000 Einwohnern. Eine zusätzliche Fährverbindung mit dem niederländischen Eemshaven und ein neu eingerichteter Schnellbootbetrieb mit Emden erleichtern den tideunabhängigen Inselbesuch. Borkum, das 1950 die Stadtrechte erhielt, hat wegen seiner vorgeschobenen Lage als einzige der Ostfriesischen Inseln ein ausgeprägtes Hochseeklima. Neben Norderney ist Borkum die einzige Insel, auf der Autoverkehr eingeschränkt erlaubt ist.

Borkum hat eine Vielzahl besonders wertvoller und schützenswerter Landschaften: Zu den interessantesten und aus Naturschutzsicht sehr wertvollen Gebieten zählt die 58 Hektar große Greune Stee, die «Grüne Stelle» im Südwesten der Insel. In dieses Anlandungsgebiet kann bei höheren Fluten Salzwasser eindringen, so dass es in der Greune Stee vielfältige Übergänge von der Salzwiesen- zur Süßwasservegetation gibt. Die Wäldchen sollen heute der Erholung dienen; früher wurden sie zum Fang von Zugvögeln angelegt, die in Vogelkojen gejagt wurden. Vogelkojen sind von Wald umgebene Teiche, auf denen sich die Zugvögel niederlassen. Vom Teich aus führen sternförmig mehrere Gewässerarme in sogenannte Flöten, in die die Vögel,

Herbstfärbung im Watt auf der Ronden Plaat auf Borkum.

vor allem Wildenten, getrieben wurden. Am Ende der Flöten war ein Fangnetz gespannt, in dem sich die Vögel verhedderten. Schließlich dienten die Wälder auch als Wildrevier. Die Greune Stee ist ein bedeutsames Brutgebiet für viele Arten von Sumpfvögeln, wie zum Beispiel die Rohrweihe (*Circus aeruginosus*) und die Löffelente (*Spatula clypeata*). Das der Greunen Stee vorgelagerte Watt schließlich, die sogenannte «Ronde Plaat», zeigt ohne Übertreibung die schönsten initialen Salzwiesen der Nordseeküste.

Die maximal erst 400- bis 500-jährige Entwicklungsgeschichte der Dünen im Ostland Borkums ist bis heute geprägt vom ständigen Auf- und Abbau. Die großen, halbbogenförmigen Dünensysteme sind hier ihrerseits vielfach untergliedert, und sie weisen auf engstem Raum benachbart eine Vielfalt unterschiedlichster Oberflächenformen auf. Auffällig sind dabei die primären und sekundären Dünentäler als oft kilometerlange und 50 bis 150 Meter breite Rinnen und Mulden. Hier, nordöstlich der Sternklippdünen, liegen ausgedehnte, vegetationsfreie Sandfelder. Vor allem südlich des «Sternklippsteerts» befinden sich hochgelegene Inselsalzwiesen und Sandwattflächen im Gebiet der sogenannten «De Halingtjes». Hier kann man fast alle Stadien der natürlichen Inselentwicklung beobachten von den Dünen über die

Luftbild von Baltrum. Man sieht deutlich den Sandabtrag im Westen und die Akkumulation von Sand im Osten der Insel auf der seewärtigen Seite. Westdorf und Ostdorf sind durch den Timmermanns-Sloop getrennt (Foto H. Kolde).

Salzwiesen bis hin zu den Dünentalbildungen mit ihrer typischen Pioniervegetation. Deichwanderungen im Südteil der Insel vermitteln Eindrücke auf das Watt und führen entlang von jungen und alten Deichbruchstellen, die sich heute als kleine Wasserlöcher, die Wehlen, zeigen. Der Tüßkendörsee entstand in den Jahren 1975 und 1976 durch Bodenentnahmen für den Bau des Neuen Seedeiches; die Binnenentwässerung erfolgt hier über ein Siel, durch welches das Tüßkendörkill führt. Hier hat sich ein wichtiges Vogelbrutgebiet entwickelt.

Einen Besuch lohnt auch die Insel Baltrum, sie gilt als typische Düneninsel. Hier hat man die Möglichkeit, alle wichtigen Bestandteile einer Düneninsel bei nur einem drei- bis vierstündigen Rundgang kennen zu lernen; dazu bietet Baltrum viele Relikte ehemaliger landwirtschaftlicher Nutzung, beispielsweise charakteristische Inselgärten sowie zahlreiche alte Fischerhäuser mit ihrer charakteristischen Architektur. Die Insel ist mit einer Länge von 5 Kilometern, einer Breite von 1,4 Kilometern und einer Fläche von derzeit 6,6 Quadratkilometern die kleinste der sieben Ostfriesischen Hauptinseln. Noch im 17. Jahrhundert hatte diese sehr dynamische Insel die langgestreckte Form einer Barriereinsel, wie Norderney oder Juist heute. Wie keine andere Ostfriesische Insel hat Baltrum dann aber am Westende Land verloren und im Gegenzug nur wenig am Ostende dazugewonnen. Dabei ist das Westende von 1650 bis 1960 um 4,5 Kilometer weit nach Osten gewandert, das Ostende wurde dagegen nur um 1,5 Kilometer nach Osten verlagert. Seit der Sturmflut von 1738 hat Baltrum im Durchschnitt 17,6 Meter jährlich im Westen eingebüßt. Der Grund für die Dynamik und den Landverlust Baltrums liegt im Seegat zwischen Norderney und Baltrum, dessen abtragender Hauptstrom inzwischen direkt an das Westende Baltrums führt. Dadurch ist der Westkopf stark erosionsgefährdet und wird daher durch Buhnenbauwerke geschützt. Der Ebbstrom stößt deshalb weit nach Nordosten vor und bewirkt im Zusammenspiel mit dem ohnehin ostwärts gerichteten Flutstrom und der gleichgerichteten Brandungsströmung den flachen, nicht weit nach Norden reichenden Riffbogen zwischen diesen beiden Inseln. Die Sandriffe stranden aus diesem Grunde erst hinter dem ersten Inseldrittel Baltrums, weshalb das erste Drittel eine negative Sandbilanz aufweist. Das Seegat zwischen Baltrum und Langeoog, das Accumer Ee, liegt mit seiner Hauptströmung ebenfalls ganz dicht an Baltrums Ostende und begrenzt hier eine mögliche Ostausdehnung der Insel. Nach schweren Sturmfluten im 18. Jahrhundert zerbrach Baltrum am sogenannten Timmermanns-Sloop in zwei Teile. Danach waren die Bewohner Baltrums mehrfach gezwungen, ihr Dorf ostwärts zu verlegen. Dokumentiert sind beispielsweise Verlagerungen der jeweiligen Inselkirche aus jener Zeit und zuletzt 1929. Eine Orkanflut von 1825 verwüstete abermals das ehemalige Dorf Baltrums fast vollständig, so dass neben dem 1820 gegründeten sogenannten Ostdorf ein Mitteldorf entstand, aus dem das heutige Westdorf hervorging. Den ehemaligen Durchbruch des Timmermanns-Sloops kann man heute an der buchtenartigen Niederung zwischen West- und Ostdorf erkennen. Um der Inselwanderung entgegenzuwirken, wurde 1873 mit der Errichtung erster Strandschutzbauten am Westkopf der Insel begonnen. Heute schützen sein schweres Deckwerk wie auch die zahlreichen Buhnen die Insel vor weiteren Abbrüchen.

Die Dünenfelder im Ostteil Baltrums haben sich seit der Inselbefestigung schnell verbreitert und verlängert. Im Nordosten der Insel entstanden zwei Dünenzüge, die stellenweise durch ein breites Dünental von den alten Dünenbereichen abgetrennt sind. Der innere Dünenzug verläuft vom Badestrand in südöstlicher Richtung auf das Inselwatt zu. In einem Abstand von zweihundert bis dreihundert Metern erstrecken sich seeseitig daran die Weißdünen der Randkette. Charakteristisch für die Baltrumer Inselvegetation sind die Vegetationselemente der Dünen mit ihren ausgedehnten Strandhafer-Dünen, weitflächigen Rasengesellschaften der Graudünen mit Silbergrasvegetation und auffallenden, prägenden Dünengebüschen mit Sanddorn, Sandweide und Kartoffelrose. Bei Letzterer spielen heute geklonte, sogenannte «Wildformen» eine Rolle. Sie werden in Baumschulen gezüchtet und heute im Zuge von Renaturierungsmaßnahmen in natürliche Systeme eingebracht, wo sie sich ausbreiten. Das findet übrigens auch auf den anderen Inseln statt. Solche Kartoffelrosen verdrängen oft dauerhaft die einheimische Dünenrose *Rosa pimpinellifolia*. Braundünen mit entsprechenden Krähenbeerheiden sind in der Nähe des Ostdorfs nur sehr kleinflächig ausgebildet. Die künstlich befestigten Weißdünen erreichen eine maximale Höhe von 17 Metern. In den wechselfeuchten Dünentälern der jungen, kalkhaltigen Tertiärdünen im Norden Baltrums dominieren heute großflächige Röhrichte aus Schilfrohr.

Schon in früheren Jahrhunderten unterlagen auch die Dünengebiete und die Salzwiesen Baltrums der Bewirtschaftung in Form von Ackerbau, Mahd und der Viehweidung, wodurch ihre Zerstörung beziehungsweise die ständige Mobilisierung des Dünensandes begünstigt wurde. Aus diesem Grunde wurden immer wieder Verbote gegen die starke Dünennutzung erlassen. Nachdem aber Baltrum im Jahre 1898 als letzte der Ostfriesischen Inseln zum Seebad ernannt worden war, traten die traditionellen Wirtschaftsformen allmählich in den Hintergrund. Heute erinnern nur noch die aufgelassenen Inselgärten, die sogenannten *Tune* – das sind mit Wällen eingefasste Gartenparzellen –, an die ehemalige landwirtschaftliche Nutzung. Um die Jahrhundertwende besaß Baltrum 140 Einwohner, die Gästezahlen lagen unter 200 pro Jahr, und das Dorf bestand aus etwa 40 Häusern. Seit dieser Zeit steigen die Zahlen ständig an: Heute sind es etwa 500 Einwohner, und jährlich besuchen rund 50 000 Urlauber und Kurgäste die autofreie Insel. Baltrum ist seit 1966 staatlich anerkanntes Nordseeheilbad. Es gibt in den Siedlungen keine Straßennamen, die Häuser sind chronologisch nummeriert. So tragen die ältesten Häuser niedrige Zahlen, zu ihnen gehören die Häuser 5 und 6 in der Nähe der alten Kirche. Das 1826 errichtete winzige Gotteshaus ist die größte Sehenswürdigkeit Baltrums. Die Kirchenglocke von einem gestrandeten holländischen Segler hängt in einem schlichten Holzgerüst neben der Kirche.

Naturschutzgebiet «Dünental» auf Baltrum.

Dünentäler vom Feinsten gibt es auf den Inseln Sylt und Langeoog. Wir werfen zunächst einen Blick nach Langeoog. Sturmfluten haben die Insel zwischen 1717 und 1721 in drei Teile gerissen und später wieder vereint. Die beiden großen Seegaten Accumer Ee und Otzumer Ee trennen Langeoog westlich beziehungsweise östlich von ihren Nachbarinseln Baltrum und Spiekeroog. Die Insel erstreckt sich über 10,9 Kilometer Länge, im Westdrittel auf ca. 1,9 Kilometer Breite und verschmälert sich ostwärts auf 1,6 bis 1,3 Kilometer, wodurch sich eine Gesamtfläche von 20,4 Quadratkilometern ergibt. Urkundliche Erwähnungen des Langeooger Hafens «Ackumhe» 1289 und der Insel Langeoog 1398 zeigen, dass die Insel zu dieser Zeit schon bewohnt war. Dies wurde auch durch Siedlungsreste am Strand von Langeoog bestätigt. Trotz einiger Rückschläge hat sich Langeoog zweifelsohne als die lagestabilste der Ostfriesischen Inseln erwiesen. So hat sich das Westende der Insel im Laufe der Jahrhunderte kaum verlagert, und am Ostende ist nur eine geringe Längenzunahme eingetreten. Trotzdem blieb den Insulanern das Schicksal vieler anderer Ostfriesischen

Inseln nicht erspart: Seit der mittelalterlichen Besiedlung haben Sturmfluten und Sandflug die Existenz der Menschen auf der Insel immer wieder bedroht. So überspülte die Weihnachtsflut von 1717 die Sandplate zwischen westlichem und östlichem Dünenkomplex, so dass die Insel in zwei Teile zu zerbrechen drohte. Nur vier Jahre später verwüstete eine Sturmflut die Insel so schwer, dass die Bewohner gezwungen waren, ihre Insel zu verlassen und auf das Festland zu ziehen. Im Jahre 1723 begannen Siedler von Helgoland und von den Nachbarinseln einen Neuanfang. Noch 1796 wird berichtet, dass die Bewohner Langeoogs von Steuerzahlungen befreit waren. Ab der Mitte des 18. Jahrhunderts bahnten sich, vor allem infolge systematischer Dünenpflege- und Schutzmaßnahmen, günstigere Bedingungen an. Nach erneuten Rückschlägen durch die Sturmflut von 1825, in der das Große und Kleine Sloop entstanden, folgte eine lange, bis 1900 andauernde Phase positiver Landbildung, die besonders das Ostende betraf. Zwischen 1825 und 1841 entwickelten sich die «Flinthörndünen». Heute besitzt der Ort etwas mehr als 2000 ständige Einwohner. Auf den mächtigen Kaapdünen im Nordwesten der Insel steht der große Wasserturm, der seit 1909 zusammen mit der einzigartigen Inselbahn zum Wahrzeichen der Insel geworden ist.

Die Gestalt des Westendes von Langeoog ist unter den Ostfriesischen Inseln eine Besonderheit, denn es kommt dort nicht, wie auf den anderen Inseln, zu großen Materialverlusten, sondern es handelt sich hierbei um ein Akkumulationsgebiet. Die Strömungsverhältnisse liegen hier so günstig, dass Schutzwerke bisher nicht nötig wurden. Wiederholte Strandaufspülungen reichen als Inselschutzmaßnahmen aus. Ende des 19. Jahrhunderts sind die über 20 Meter hohen «Melkhörndünen» und das Ostende Langeoogs zusammengewachsen, als der dazwischen liegende kleine Sloop um 1890 durch natürliche Dünenbildung geschlossen wurde. Dieser Vorgang wurde allerdings durch Sandfangzäune und Strandhaferpflanzungen unterstützt. Der Große Sloop trennte die Dünenkerne des Westkopfes vom übrigen Teil der Insel bis in das Jahr 1906, er konnte damals mit Hilfe eines Deiches geschlossen werden. Insgesamt vermittelt Langeoog mit seinen Dünenkernen und Sloops einen ungefähren Eindruck von der ursprünglichen Morphologie der Barriereinsel. Die Melkhörndünen auf Langeoog, mit etwa 20 Metern eine der höchsten Erhebungen auf den Ostfriesischen Inseln überhaupt, setzen sich aus gut ausgeprägten Grau- und Buschdünen mit einer typischen artenarmen Vegetation zusammen. Kleinere Flachgewässer im Randbereich sind Überreste des Großes und Kleinen Schlopps, also der ehemaligen Dünendurchbrüche.

Gebiete mit teilweise noch sehr jungen Dünen sind das Ostende sowie der als «Flinthörn» bezeichnete Südwestteil der Insel. Flinthörn ist ein Anlandungsgebiet, in dem sowohl die unterschiedlichsten Stadien der Dünenentwicklung von der Sandplate bis zu den älteren Graudünen beobachtet werden können als auch ein ausgeprägter Fluthaken zu finden ist, eine durch Strömung und Brandung erzeugte Sandfracht. Ein Naturschutzgebiet aus zweiter Hand: Neben Rotschenkeln, Austernfischern und vielen anderen Vogelarten brüten hier auf den höhergelegenen Schillflächen noch die vom Aussterben bedrohten Zwergseeschwalben und weitere Seeschwalbenarten.

Von den Dünentälern fallen besonders das fast zwei Kilometer lange und 100 bis 300 Meter breite «Pirolatal» auf. Es trägt seinen Namen nach dem Rundblättrigen Wintergrün (*Pyrola rotundifolia*), das heute nach Trockenlegung dieses Dünentales nahezu verschwunden ist. Wo sich früher ausgedehnte Wintergrün-Kriechweiden-Gebüsche befanden, sind heute infolge von Austrocknungserscheinungen durch Wasserentnahme nur noch Krähenbeerheiden zu finden. Im Westteil des großen Dünentales «Dreebargen» gedeihen jedoch orchideenreiche Flachmoore, deren Reichtum und Ausdehnung einmalig auf den Ostfriesischen Inseln sind. Dieses Dünental, in dem sich ein Teil der seit dem 19. Jahrhundert ausgewiesenen Vogelkolonie befindet, ist heute an beiden Enden mit Deichen verschlossen. Mit dem Anbau des Flinthörndeiches im Westen der Insel sowie des Ostdeiches in den Jahren von 1937 bis 1944 erhielt Langeoog schließlich auch den sturmflutsicheren, wattseitigen Deichring, der durch Deicherhöhungen und -verstärkungen von 1971 bis 1975 den heutigen Anforderungen angepasst ist. Im Jahre 1850 wurde der Badebetrieb aufgenommen.

Eine Besonderheit ist es sicherlich, dass im Jahre 1884 das säkularisierte Kloster Loccum vom Steinhuder Meer die Seebadeanstalt und den damaligen Kurbetrieb übernahm; die etwa 3000 Inselbewohner versorgten im Jahre 1990 schon mehr als 100 000 Gäste. Heute bietet das Nordseeheilbad Langeoog moderne Kureinrichtungen und ein

Der 18 Meter hohe, 1909 errichtete Wasserturm und die bunte Bahn, die alle Besucher vom Hafen abholt und wieder zurückbringt, sind Wahrzeichen von Langeoog.

umfangreiches Sport- und Kulturprogramm an. Noch eine erwähnenswerte Besonderheit: Auf dem Dünenfriedhof neben dem Sonnenhof, ihrem Wohnsitz, befindet sich das Grab von Lale Andersen. «Vor der Kaserne – vor dem großen Tor», mit diesem Text hat sich die unvergessene Sängerin selbst ihr akustisches Denkmal gesetzt. Ihr Erbe befindet sich heute in Bremerhaven: Dort will das Morgenstern-Museum die Sängerin, deren «Lili Marleen» im Zweiten Weltkrieg

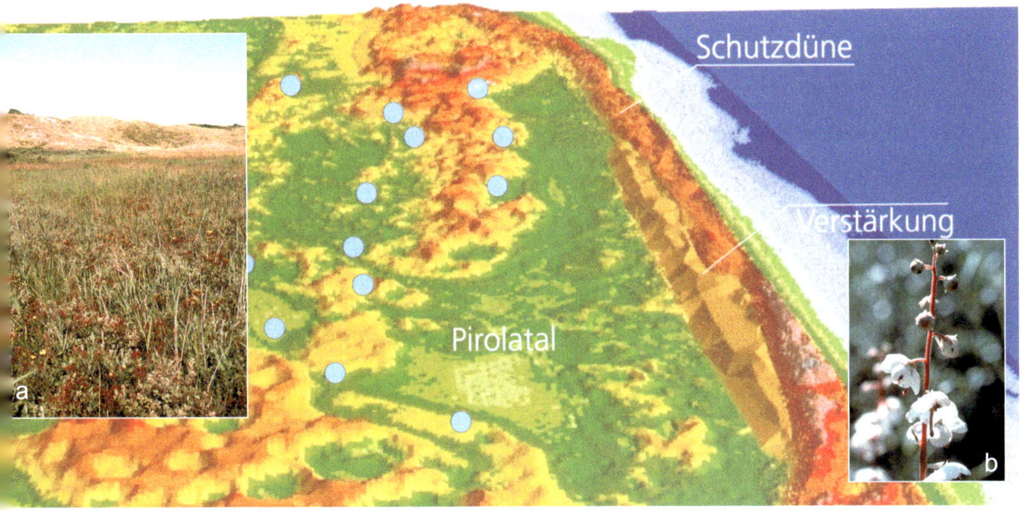

Das Pyrolatal von Langeoog. Das digitale Geländemodell zeigt die heutige Nutzung: Schutzdünen werden verstärkt, die blauen Punkte markieren Entnahmebrunnen für Süßwasser. Bild a zeigt den Hochsommeraspekt der Landschaft; Bild b die namengebende Art, das Wintergrün.

Millionen von Soldaten zu Tränen gerührt hatte, mit einer ständigen Ausstellung ehren. Grundlage dafür sind Briefe, Fanpost und andere persönliche Hinterlassenschaften von Lale Andersen, die 1905 als Lise-Lotte Bunnenberg in Bremerhaven zur Welt kam und 1972 in Wien starb.

Auf den Nordfriesischen Inseln hat Sylt besonders reiche und gut ausgeprägte Dünentäler mit entsprechender Vegetation. Niedermoore und periodisch trocken fallende, oligotrophe Tümpel gibt es besonders schön im Listland. Hier zeigen sich eindrucksvoll außerdem alle inseltypischen Vegetationstypen, da durch die ständige Abtragung weiter Teile der saalekaltzeitlichen Grund- und Endmoränenkomplexe und deren An- beziehungsweise Umlagerung in den Nehrungshaken und Dünen ständig neue Lebensräume gebildet werden. Große primäre Dünentäler gibt es im Listland und auf der Hörnumer Halbinsel. Bei starker Vernässung gehen die Feuchtheiden in niedermoorähnliche Bestände über, die auf Sylt besonders reich an seltenen Pflanzenarten sind. In Kapitel 16 werden wir Sylt mit seinen Lebensräumen näher kennen lernen.

10. DIE KUNST, MIT DER SEE ZU LEBEN

Die Küstenmarschen sind junges, nährstoffreiches Land mit besten Ackerböden von natürlicher Fruchtbarkeit. Deshalb waren sie von jeher begehrtes Siedlungsland für die Menschen an der Küste. Während die küstennahen Bereiche dieser Watten und des Marschlandes gelegentlich überschwemmt wurden, drang das Wasser ins Landesinnere seltener vor, obwohl die Landoberfläche dort nur um wenige Dezimeter höher lag oder genau die gleiche Höhenlage hatte. Mit der Zeit wurden daher die Uferbereiche durch die liegenbleibende Sedimentfracht des Meeres erhöht, während im Hinterland hinter den Deichen Senken entstanden, die selten vom Wasser erreicht wurden und wo sich daher nur wenig Ton ablagerte. Als der Meeresspiegel geringfügig anstieg, vernässten die niedrig gelegenen Flächen hinter den Küsten, die man an der Nordsee Sietländer nennt; so haben wir es im Kapitel 4 schon kennen gelernt. In den Sietländern bildeten sich große Moore, die von Schilf, zum Teil auch von Bruchwäldern bewachsen waren. Da in den Mooren abgestorbene Pflanzenreste Jahr für Jahr nicht zersetzt wurden, wuchsen die Oberflächen der Küstenmoore allmählich in die Höhe, so dass bei hohen Fluten das Meerwasser auch in die Sietländer kaum einmal vordringen konnte. Und geschah das doch einmal, so schwamm der Torf, der leichter als Wasser ist, auf den Fluten empor. Die Mooroberfläche wurde selten von Sturmfluten überspült, aber das Wasser nagte an den Rändern des Moores, riss Torfbrocken ab und verdriftete sie an andere Küstenbereiche, so sehen wir es heute nur noch an einer einzigen Stelle an der gesamten Nordsee, im Sehestedter Außendeichsmoor nördlich von Varel am Jadebusen.

In den Sietländern baute man früher großflächig Torf ab. Er diente nicht nur als Brennstoff – was in der nahezu baumlosen Marsch sehr wichtig war –, sondern auch als Salzlieferant. Der sogenannte Salztorf, in den ja immer wieder salziges Meerwasser eingedrungen war, wurde verbrannt; die Rückstände löste man in Wasser auf und dampfte anschließend die Sole ein. Das Salz war zwar nicht hochwertig, weil es Bitterstoffe enthielt, die sich nicht entfernen ließen, aber es war trotzdem ein wichtiges Handelsgut. Von Nordfriesland

Im Jahre 1355 entstand die Stadt Enkhuizen, und sie gelangte durch Seehandel schnell zu Reichtum. 1572 übernahmen die «Guisen» Enkhuizen von der spanischen Flotte und machten es zur Basis ihrer Seestreitkräfte. Der Rundturm «Dromedaris» stammt aus dem 16. Jahrhundert.

exportierte man es bis nach Jütland, wo Hering und anderer Fisch damit konserviert wurden. In Nordfriesland wurden so schließlich 40 000 Hektar Fläche zur Salztorfgewinnung abgebaut, was dort natürlich eine weitere, sehr gefährliche Absenkung der Landoberfläche zur Folge hatte, die Quittung dafür gab es bei der großen Sturmflut von 1362 – wir werden das noch sehen.

In dem vergleichsweise wintermilden Klima an der Küste liegt zudem wenig Schnee auf den Marschwiesen, und auch Frost tritt selten auf. Die Vegetation bleibt deshalb länger grün als im Binnenland. Schon zeitig im Frühjahr beginnen sich Gräser und Kräuter zu entwickeln, und ihr Wachstum stellen sie erst spät im Herbst ein. Das bedeutet, dass die Marschwiesen fast das ganze Jahr über beweidet werden können. Stallfutter muss nur für die kurzen Zeiten der Schneebedeckung und der Überflutungen gewonnen werden. Die Marschwiesen sind ferner von Natur aus waldfrei, und erst auf der einige Meter höher gelegenen Geest kann Wald wachsen. Seit der Eisenzeit waren daher die Marschwiesen vorzügliche natürliche Weideflächen für Rinder und Schafe; das wissen wir aus zahlreichen Arbeiten des Instituts für historische Küstenforschung in Wilhelmshaven. Aber diese Flächen konnten nur dann genutzt werden, wenn den Viehhaltern die Gliederung der Landschaft mit ihren geringen Höhenunterschieden genau bekannt war. Das Wasser konnte mal monatelang weit außerhalb der Marschwiesenbereiche bleiben, dann wieder bis zum Rand der Geest vordringen. Die Bewohner der Marsch hatten während der Hochwasserphasen zwei Möglichkeiten: Entweder wurde Getreide von der Geest in die Marsch transportiert, oder man baute in kleinem Maßstab auf den Wurten und Strandwällen diejenigen Kulturpflanzen an, die am ehesten einen gelegentlichen geringen Salzgehalt im Boden ertragen können. Transport von Getreide und anderen pflanzlichen Nahrungsmitteln aus der Geest in die Marsch wäre theoretisch auch in der Eisenzeit möglich gewesen, denn Gewässer zwischen Geest und Marsch gab es genug: die sich verästelnden Arme der Priele und Tiefs, die die Marsch durchziehen und in nicht allzu großer Entfernung von den Marschsiedlungen verliefen. Die Marschbauern hätten auch gut mit Fleisch, Milchprodukten und Wolle einen Tauschhandel beginnen und so die Grundlagen für ihr tägliches Brot beschaffen können. Dieser Tauschhandel kam später in Gang, aber

Sieltor von Greetsiel mit den außen liegenden Krabbenkuttern.

wohl nur in Ansätzen schon während der Eisenzeit. Denn bei den Ausgrabungen von Siedlungen der Marschbauern fanden sich vor allem Überreste jener Kulturpflanzen, die man auch damals in den am höchsten gelegenen Bereichen der Marsch anbauen konnte: Gerste wächst sehr schnell, von allen Getreidearten ist sie die toleranteste gegenüber Bodenversalzung. Die Felder und Gärten lagen dort, wo in aller Regel nur im Winter das Wasser der höchsten Sturmfluten hinbrandete. Bis zum Frühjahr war der Boden wieder ausgesüßt, so dass man die Sommergerste und andere Nutzpflanzen ausbringen konnte. Vor dem Einsetzen der Herbststürme mit ihren hohen Fluten wurde geerntet. Auf nur selten überfluteten Feldern konnte man auch großflächig Ackerbohne, Lein und Färberwaid anbauen. Alle wichtigen Bestandteile pflanzlicher Nahrung standen also auch den Marschbauern zur Verfügung: Kohlehydrate der Gerste, Eiweiß der Ackerbohne und Fett der Leinsamen. Der Anbau von Lein hatte aber teilweise, der von Färberwaid ausschließlich technische Bedeutung. Aus Lein wurden Textilien hergestellt. Mit Färberwaid konnte man sie blau färben. Textilproduktion, auch die Wollverarbeitung, hatte in der Marsch einen hohen Stellenwert. Die weißblauen friesischen Tuche waren begehrt.

In geringen Mengen sind aber auch Fleisch, Fisch, Milchprodukte und Textilien in der Eisenzeit aus der Marsch exportiert worden. Eintauschen mussten die Marschbauern sie gegen Holz, das es nur an wenigen Plätzen in der Nähe ihrer Siedlungen gab. Beweise für Tauschhandel sind die Funde von «Terra sigillata», der charakteristischen Keramik der Römer, bei den Ausgrabungen von Küstensiedlungen an der unteren Ems. Diese Tonware gelangte nur dann in die Siedlungen, wenn man voraussetzt, dass etwas anderes gegen sie eingetauscht wurde – und das konnte nur ein Gut sein, das im Überschuss in der Marsch vorhanden war. Als die Sturmfluten höher aufliefen, mussten die Wurten ebenfalls erhöht werden. Kleischicht wurde über Kleischicht gelegt, die Wurten wurden meterhoch. Die Siedlungen auf ihnen bestanden länger als andere, «normale» eisenzeitliche Siedlungen, die wie alle vorgeschichtlichen Siedlungen verlagert wurden. In der Marsch konnte man die Siedlungen nicht so einfach wechseln, weil dazu erst die Aufschüttung einer neuen Warft notwendig gewesen wäre. Offensichtlich wurden etwa im 5. Jahrhundert nach Chr. zumindest viele, wenn nicht alle Wurten nach zum Teil mehrhundertjähriger Besiedlung aufgegeben, was im Zusammenhang mit dem erwähnten Auszug der Sachsen und Angeln nach England stehen könnte. Viele Wurten wurden zwei- bis dreihundert Jahre später erneut besiedelt, und es entstanden wieder im Rund angelegte Dörfer aus dreischiffigen Hallenhäusern, den Vorläufern der niederdeutschen Hallenhäuser. Die Siedlungen und Häuser sahen im Frühmittelalter ähnlich aus wie schon Jahrhunderte zuvor. Es gab also eine Bautradition, die nur dann bestanden haben konnte, wenn doch nicht alle Wurten zwischen dem 5. und dem 7. Jahrhundert verlassen worden waren; aber eine durchgehende Besiedlung in dieser Zeit konnte noch für keine Wurt nachgewiesen werden.

«Versupt wi nich in Soltwater, versupt wi in Sötwater – Ertrinken wir nicht im Salzwasser, ertrinken wir im Süßwasser», resignierten die Küstenanwohner früher, wenn sich bei Sturmfluten oder Hochwasserständen der Nordsee das ablaufende Wasser der Flüsse zurückstaute und über die Ufer trat. Für die Normalabflüsse sorgen die Siele. Das sind die bereits beschriebenen Öffnungen im Seedeich mit oftmals selbstständigen Stemmtoren. Sobald bei Ebbe der Außenwasserstand des Meeres über den Wasserstand des Flusses sinkt, öffnen sich über den Wasserdruck die Sieltore. Das Wasser fließt so lange ins Meer ab, bis umgekehrt bei auflaufender Flut die Tore langsam wieder zugedrückt werden. Nur bei Stürmen bleiben die Außenwasserstände manchmal tagelang so hoch, dass das Binnenwasser nicht abfließen kann. Dann helfen Speicherbecken, Sperrwerke und Flussdeichverstärkungen, um die mündenden Flüsse zu sichern und das Schlimmste zu verhindern.

Zu Deichbrüchen kann es aber auch weiter flussaufwärts kommen: Das ist besonders bei Hochfluten unserer Flüsse in den Sommermonaten der Fall. Normalerweise münden Rhein, Schelde, Maas, Ems, Weser und Elbe als typische Ästuare in die Nordsee mit Problemen während des Rückstaus von Süßwasser nach winterlich-stürmischen Hochfluten der Nordsee. Wenn es aber zum Aufstau winterlichen oder sommerlichen Hochwassers binnendeichs kommt, stehen solche Deichbrüche und entsprechende Überflutungen des Hinterlandes an. Wir wissen das schon lange, verdrängen es aber immer wieder: Aus jedem Bach wird irgendwann ein träger Strom, der aber nicht weniger ungefährlich sein kann, wenn viel Wasser in ihm zum Meere rinnt. Wenn die Strömungsgeschwindigkeit des Flusses im Tiefland nachlässt, reicht seine Kraft zuerst nicht mehr aus, den vormals groben Schotter noch weiterzutransportieren. Das abgetragene Gesteinsmaterial aus dem Gebirge, inzwischen gleichmäßig abgerundet, wird nun aufgeschottert. Am Rand des Stromes ist die Kraft des Wassers geringer: Es verliert dort den Sand oder sogar das feine, tonige Erdmaterial mit seinen vielfältigen Mineralstoffen. Weil Schotter voluminöser ist als der feine Ton, der am Rand des Flusslaufes deponiert wird, kommt es zur Bildung eines Dammflusses. Sein Wasserspiegel liegt schließlich geringfügig höher als die Erdoberfläche der Umgebung. Daraus resultiert eine gefährliche Situation, denn das Wasser kann die natürlichen «Dämme» aus Schotter an seinen Ufern durchbrechen, die alte Talaue überfluten und sich dort einen neuen Flusslauf suchen. Im Verlauf der Jahrtausende brachen die Flüsse des Tieflandes immer wieder durch, und es bildeten sich die großen Flussverzweigungen, wie wir es am Rhein in den Niederlanden sehr schön sehen können. Die vielen neuen Windungen verlängerten den Flusslauf und verringerten somit die Strömung. Zu den Veränderungen der Flussläufe im Tiefland kam es vor allem dann, wenn die Ströme viel Wasser führten.

Das Hochwasser der großen Ströme in die Nordsee ist beinahe lautlos und deshalb sehr gefährlich. Wo Schotter und grober Sand abgelagert werden und das Wasser immer wieder seine zerstörerische Gewalt entfaltet, starke Strömungen auftreten oder im Winter das Eis zusammengeschoben wird, wachsen von Haus aus nur wenige Bäume, vor allem Weiden der Gattung *Salix*, die wieder austreiben, nachdem sie von Wasser, Geröll oder Eis zerstört wurden. In den Lücken zwischen den Silber-, Purpur- und Korbweiden (*Salix alba, S. viminalis, S. purpurea*) sowie vor allem dort, wo das Hochwasser lange stehen bleibt, wachsen verschiedene Flussröhrichte mit Rohrglanzgras (*Phalaris arundinacea*), Schwaden (*Glyeria maxima*) und Schilf (*Phragmites australis*), unter anderem die sogenannten Stromtalpflanzen, zu denen die Wiesenraute (*Thalictrum flavum*) und die Flussveronica (*Veronica longifolia*) gehören. Die fruchtbaren Böden am Rand der regelmäßig überfluteten Flussaue werden von Auwäldern aus Eichen, Ulmen, Linden und Eschen bewachsen, aber nur dann, wenn das Hochwasser nach einer bestimmten Frist wieder zurückgeht. Bei zu langer Überstauung gelangt zu wenig Luft an die Wurzeln der Auwaldbäume, so dass sie absterben, und es bilden sich die typischen holzfreien Brackwasser-Röhrichte der tidebeeinflussten Ästuare, wo die Süßwasserriede mit salzertragenden Simsen und Binsen zusammenwachsen.

Viele Auwälder entlang der Schelde, der Maas, des Rheins, der Vechte, der Ems, der Weser und der Elbe wurden abgeholzt, weil man die feinen Auenböden mit ihrer reichhaltigen Ausstattung an Mineralstoffen für die Landwirtschaft nutzen wollte. Ganz am Rand der Niederungen, wohin das Flusswasser in der Regel nicht vordringen konnte, bildeten sich Talrandmoore, die oft von Erlenwäldern bewachsen waren. Auch viele Erlenwälder hat man abgeholzt, denn an den Erlenwurzeln leben Bakterien, die Stickstoff aus der Luft fixieren. Diese Wälder waren gewissermaßen von Natur aus gedüngt; Gräser wachsen heute dort, wo ehemals Erlenbrücher bestanden haben, besser als anderswo.

Um die ehemaligen Auen und Bruchlandschaftsflächen auf Dauer landwirtschaftlich nutzen zu können, deichte man auch sie ein. Viele Dämme an den Seiten der Ströme stammen schon aus dem Mittelalter; Jahrhundert für Jahrhundert wurden neue Deiche gezogen.

Brackwasserröhrichte aus Schilf vorm Austrieb im Frühling, untersetzt mit salzwassertoleranten Halophyten, kennzeichnen die tidebeeinflussten Ästuare, hier am Dollart.

Dadurch versuchte man, den Fluss zu bändigen. Nun lagerte er den Sand, den er aus dem Hinterland ins Tiefland und ins Mündungsgebiet brachte, nur noch zwischen den Deichen ab, die Sohle des Flusses und sein Wasserspiegel stiegen dadurch immer weiter an. Das nicht mehr überflutete Land dagegen sackte in sich zusammen; es trocknete ab. Der Dammfluss-Charakter wurde dadurch verstärkt, und brach ein Deich, stürzte der Fluss mit großer Gewalt in das eingedeichte Land hinein, in den Polder. Bei der Konstruktion der Deiche hatte man an diese Gefahr oft nicht gedacht. Gerade bei den Tieflandflüssen müssen die Deiche nicht nur das kurzfristige Anbranden der Flutwelle aushalten, sondern eine lange andauernde Belastung, wenn das Wasser viele Tage auf die Deiche drückt und diese aufweicht, so dass sie am Ende doch noch brechen können, wenn die Hochwasserflutwelle schon vorüber ist. Die ständigen Hochwässer, so die letzten im Sommer 2002 und im Januar 2003, sind sicherlich die fatalen Folgen einer verfehlten Flussarchitektur – Versiegelung von Flächen, Begradigung von Flussläufen, Eindämmung und Bebauung von Auen. Nach der Oderflut 1997 haben etliche Kommissionen getagt, geredet und gestritten, die notwendigen Konsequenzen zum Rückbau an den Ufern wurden nicht oder nur ansatzweise diskutiert. Die einfacheren Prognosen der Klimaforscher zu milderen Wintern und stärkeren Niederschlägen sind für viele der Grund. So ist den Flüssen im Binnenland und im Marschenraum nicht ein einziger Meter Auslauffläche zurückgegeben worden – hierin dem Motto folgend: Es wird schon gut gehen.

Mit ganz geringem Gefälle fließt beispielsweise die Elbe von der Havelmündung aus in ihrem Urstromtal nach Nordwesten, auf Hamburg zu. Der westliche Teil des Urstromtales, das alte baltische Flussdelta, wurde auf einer Länge von über 100 Kilometern von der Nordsee bedeckt, als der Meeresspiegel in den letzten Jahrtausenden anstieg. Bis nach Geesthacht östlich von Hamburg hinauf läuft nunmehr die Flut der Nordsee auf und kann das Wasser der Elbe zeitweise aufstauen, vor allem bei Springflut und Nordweststurm, so geschah es bei der Sturmflut im Februar 1962. Mit der anschließenden Ebbe strömen dann aber große Wassermengen auf direktem Weg in die Nordsee, so dass sich ein Flusshochwasser der Elbe im Hamburger Raum kaum noch bemerkbar macht. Ähnliches gilt für Ems und Weser. Ihre Wasserführung ist geringer, in trockenen Perioden des Jahres sind die Flüsse sehr flach. Daher wurden sie ausgebaggert und sollen auch noch weiter vertieft werden, um einen regelmäßigen Schiffsverkehr zu ermöglichen. Problematisch daran ist aber, dass mit einer Flussvertiefung oberhalb der tidebeeinflussten Ästuare nicht nur der Fluss vertieft, sondern auch sein Gefälle noch weiter verringert wird.

Nach und nach wurden also in der Vergangenheit im südlichen Nordseegebiet ganze Deichringe geschlossen, wozu sich alle Küstenbewohner gezwungen sahen, nachdem erste bedeichte Areale entstanden waren. Denn bei hoher Flut drang das Wasser, das von den Poldern ferngehalten wurde, früher in die unbedeichten Marschen der Nachbarorte ein. Und da es im Laufe der Jahrhunderte immer weniger unbedeichtes Marschland gab, in das sich hohe Fluten ergießen konnten, wurden dort die Überschwemmungen immer höher. Im Hochmittelalter war der Ring aus Deichen um Ostfriesland geschlossen; ebenso um Butjadingen, Dithmarschen und Nordfriesland; auch die Unterläufe der Flüsse waren mit Dämmen eingefasst. Die Deiche markierten eine künstlich geschaffene Grenze zwischen Meer und

Land, die auf natürliche Weise nie entstanden wäre. Der nacheiszeitliche Anstieg des Meeresspiegels vor dem Deichbau und damit auch des Grundwasserspiegels im küstennahen Raum führte zunächst ja nur zur Versumpfung und nachfolgenden Vermoorung ganzer Landstriche. Das Salzwasser sollte nun von den Dorffluren verbannt sein, aber bei hohen Fluten konnte es sich ja nun nicht mehr überallhin ausbreiten, wohin es zuvor vielleicht nur zentimeter- oder dezimeterhoch vorgedrungen war. An die Deiche brandeten die Wogen nun meterhoch. Dieser Gewalt widerstanden anfangs viele der primitiven, aus Erde aufgeschütteten Dämme nicht; sie brachen, und das Wasser ergoss sich mit großer Energie dorthin, wohin es in den Jahrtausenden zuvor kaum vorgedrungen war: hinein in die Polder. Die Höhe des Meeresspiegels und die Sturmflutpegel waren dabei nur scheinbar angestiegen, und dies nur deshalb, weil die Wassermassen sich nicht mehr auf die gesamte Marsch verteilen konnten; nachweislich schwankten die Wasserstände der Weltmeere und die Höhen der Sturmfluten in den letzten Jahrhunderten nur um Dezimeter. Deshalb ist in keiner anderen Landschaft Europas das Siedlungsgeschehen so stark und bedingungslos abhängig von den naturräumlichen Veränderungen wie in den Nordseemarschen.

Wenn man vom Deich aufs Wattenmeer schaut, sieht man die Außendeichsalzwiesen. Es lassen sich außendeichs in den sogenannten *Deichvorländern*, je nach Genese und Lage, verschiedene Typen von Salzwiesen klassifizieren, die man überall an der südlichen Nordsee von der Rheinmündung bis nach Skallingen findet. Einige davon sind im Folgenden aufgeführt: Sandsalzwiesen sind artenreiche Salzwiesen, die im Schutz von Strandwällen entstanden sind. Sie enthalten in der Regel nur eine dünne Schlick- oder Kleiauflage auf sandigem Untergrund; man findet sie im Deichvorland nur äußerst selten. Die typischen Vorlandsalzwiesen sind artenärmer als die vorgenannte; sie bilden überall das Vorland der Deiche an der Festlandküste, besonders in den Meeresbuchten. Vorlandsalzwiesen entstanden und entstehen häufig durch die künstliche Landgewinnung. Ästuarsalzwiesen sind vom vergleichsweise geringeren und stark schwankenden Salzgehalt des Wassers beeinflusst. Viele dieser Salzwiesen wurden auch noch eingedeicht, so dass nur noch einige Flächen am Dollart, in der Weser- und in der Elbmündung diesem Typ zuzurechnen sind. Die Sommer-

Geländekanten einer Poldertreppe. Die Oberfläche der älteren Polderböden hat sich durch Abtrocknung gesenkt. Die künstliche Entwässerung erfolgt gegen das natürliche Gefälle.

polder oder Sommerköge als ehemalige Salzwiesen sind bis zu sechsmal im Jahr vom Salzwasser überflutet. Im niedersächsischen Wattenmeerbereich an der ostfriesischen Küste gibt es beispielsweise derzeit noch etwa 8000 Hektar Salzwiesen und 2200 Hektar Sommerpolder; von den Salzwiesen sind etwa 53 Prozent ungenutzt, 24 Prozent werden mit weniger als drei Weidetieren pro Hektar und einmaliger Mahd extensiv genutzt, und 23 Prozent unterliegen noch der Intensivnutzung mit bis zu sechs Schafen oder mehr als einem Rind pro Hektar, sie werden gedüngt und mehrfach gemäht.

Es ist bereits deutlich geworden, dass die Marschen als Schwemmland ihre Entstehung dem direkten und indirekten Wirken des Meeres verdanken. Aus den charakteristischen Transgressionsphasen des Meeres resultieren daher auch die datierfähigen, bis zu 20 Meter mächtigen Schluff-, Ton- und Sandablagerungen sowie die eingelagerten Torfschichten aus den Stillstands- oder Regressionsphasen der Nordsee. Hierbei treten aber in den Küstenmarschen naturraumtypische Unterschiede auf. Bei Spring- und Sturmfluten werden die minerogenen Sedimente vor allem im küstennahen Bereich abgelagert, dort entsteht ein oftmals mehrere Kilometer breiter erhöhter

Uferrücken, das sogenannte *Hochland*. Zum Festland, also zum Geestrand hin, herrscht binnenseitig dagegen ein Sedimentationsdefizit; dort entstehen die ausgedehnten Niederungen, in denen sich die weiten Geestrandmoore entwickelten. Dieses tiefliegende Sietland ist oft aus reinem Torf aufgebaut, während es in Richtung See mit den minerogenen Transgressionsdecken verzahnt ist. Wegen der wechselhaften Ablagerungen aus Sinkstoffen und den organogenen Torfen sind in der Marsch Tonböden von stark organischer Zusammensetzung entstanden. Diese natürlich gedüngten Marschen zeichnen sich durch ihre hohe Bodengüte aus; daher hatte man ja so früh im Mittelalter damit begonnen, diese Marschen einzudeichen. Eine solche landschaftliche Gliederung in Vorländereien, Hochland und Sietland ist typisch für die Küstenmarsch; sie findet sich auch an allen Flüssen im Marschengebiet. Das Hochland, das in der Regel etwa zwei Meter höher liegt als das Sietland, begleitet dort überall als seewärtige Aufhöhung der Marsch über große Strecken den Küstenraum und setzt sich als dammartiger Uferwall in den Flussmarschen fort. Das binnenwärts gelegene Sietland reicht stellenweise sogar unter den Meeresspiegel hinab; berühmt ist die Freepsumer Marsch bei Groß Midlum in der Krummhörn nördlich von Emden mit 2,20 Metern unter dem Meeresspiegel, weil die abgelagerten Sedimente durch ihr Eigengewicht, durch Torfzersetzungvorgänge und durch Entwässerungsmaßnahmen mit Gräben und Schöpfwerken abgesackt sind. In der Wilstermarsch östlich der Elbe entstand auf diese Weise der tiefste Punkt Deutschlands mit 3,54 Metern unter dem mittleren Meeresspiegel.

Die Entwässerung dieser Gebiete erfordert große Energiemengen. Früher wurden diese Flächen mit Hilfe von Windmühlen als Energieerzeugern drainiert, heute geschieht dies durch elektrische Pumpen. Die durchgehenden See- und Flussdeiche boten nicht nur Schutz, sondern brachten auch Gefahren mit sich. Konnte sich vor dem Deichbau bei Sturmfluten das Wasser noch über die ganze Marsch verteilen, so staute es sich nach dem Deichbau an den Deichen, und der Sturmflutpegel lag entsprechend höher. Wenn nun die Deiche brachen, konnte das zu verheerenden Überschwemmungen führen. Geriet das Wasser in das durch Entwässerung abgesenkte Sietland, so konnte es kaum abfließen. Aus diesen Gründen entstanden seit dem 13. Jahrhundert durch zahlreiche Sturmfluten die vorher nicht vorhandenen

Buchten der Zuiderzee, des Dollart und des Jadebusens. Noch schlimmer waren die Verluste in Nordfriesland nördlich von Eiderstedt, wo vor allem mit der «Großen Mandränke» 1362 riesige Gebiete verloren gingen. Hier hatte zusätzlich die Absenkung großer Gebiete durch die Gewinnung von Salztorf zu irreversiblen Einbrüchen geführt. Seit dem 13. Jahrhundert erfolgte damals also weithin ein Landesausbau in der Marsch, bei dem Einzelhöfe angelegt wurden, die nicht mehr auf schützenden Wurten lagen. Je weiter das Gebiet im tiefen Sietland lag, desto später erfolgte die vollständige Kultivierung. Damit setzte ein Teufelskreis ein, denn je stärker diese vermoorten Gebiete dräniert wurden, desto mehr sackten sie zusammen. Die Oberfläche senkte sich immer mehr und war damit noch schwerer zu entwässern.

Erheblichen Anteil an den Marschen haben die Landgewinnungsflächen, die seit dem späten Mittelalter an den großen Meeresbuchten wie Haarlemer Meer, der Zuiderzee und des Dollart entstanden sind. Im Gebiet zwischen Ems und Jade gab es ebenfalls Deichbrüche. Dort wurden nicht ganz so große Flächen überschwemmt, vor allem kein Sietland, und es gelang, die Deiche wiederherzustellen, wenn auch zum Teil erst nach Jahrhunderten. Der Dollart wurde später nicht mehr abgedämmt, zu viel Wasser gelangte damals über die Ems von der Landseite in diese Meeresbucht, an der zudem der wichtige Hafen von Emden lag. Die Leybucht nördlich der Krummhörn wurde dem Meer weitgehend wieder abgerungen. Die Harlebucht östlich von Esens wurde erneut komplett eingedeicht. Als Folge von Deichbrüchen während schwerer Sturmfluten, vor allem der Julianenflut vom 1. Februar 1164 und der Marcellusflut vom 16. Januar 1362, entstand der Jadebusen. An seinem Umriss zeichnet sich die Kraft des Meeres hervorragend ab: Von Anfang an hatte er seine charakteristische Flaschenform. Sein nördlicher Teil, wo das Meer in junges Polderland eingedrungen war, ist schmal und tief. Besonders viel bedeichtes Gebiet ging weiter landeinwärts verloren, im niedrig gelegenen Sietland. Das Wasser drang bis an den Rand der Geest vor, bis an die sandige Küste von Dangast bei Varel, bis wohin das Wasser unter natürlichen Umständen normalerweise keinesfalls reichen würde. Randbereiche des südlichen Jadebusens konnten später wieder eingedeicht werden, aber die komplette Abdämmung der Meeresbucht gelang nie mehr. Vielleicht hätte man dies in moderner Zeit erreichen können. Man dachte aber nicht daran, weil das tiefe Wasser im Flaschenhals des Jadebusens sich als exzellente Fahrrinne für Hochseeschiffe nutzen ließ – doch davon später mehr.

Das westlich des Jadebusens gelegene Wangerland ist ein reines Marschenland mit Marschen unterschiedlichen Alters. Die jüngsten Marschen bildeten sich in der ehemaligen Bucht von Crildumersiel und in den verlandeten und eingedeichten Teilen der Harlebucht. Entscheidend für die Entwicklung der wangerländischen Küste war der Einbruch der Harlebucht zwischen Neuharlingersiel und Friederikensiel. Um 800 erhielt die Bucht ihre größte Ausdehnung. Die Wiederverlandung mit den aufeinanderfolgenden Abschnitten der Landgewinnungsarbeiten und Eindeichungen ist an der Flurteilung der Groden und der Abfolge der Siele auch heute noch gut erkennbar. Ostfriesland profitierte in vielen Sturmfluten davon, dass dem Land die Inseln als Wellenbrecher vorgelagert waren.

Weniger unter den Sturmfluten zu leiden hatten die Gegenden rechts und links der Weser- und vor allem der Elbmündung. Dort lagerten die Flüsse so viel Schlamm ab, dass die Deiche gesichert waren und besonders in Dithmarschen weitere Köge entstehen konnten, auch weit vor den ehemaligen Strandwällen. Wo Land verloren ging und wo nicht, war davon abhängig, wie der Mensch zuvor seine Deiche gezogen und das eingedeichte Land bewirtschaftet hatte. Eine amphibische Landschaft war entweder zu Land oder zu Wasser geworden; der Mensch hatte eine künstliche Küstenlinie als strikte Grenze zwischen Land und Meer gezogen. Sogar im sogenannten «Zweistromland» an der Nordsee, im Cuxhavener Küstengebiet, dominieren die beiden großen Flüsse Weser und Elbe die nordseetypische Landschaft mit entsprechenden Watten, Salzwiesen, der Marsch und der Flussmarsch.

Im Verlauf der Jahrhunderte entstanden durch neue Eindeichungen allmählich die *Polder-* oder *Grodenlandschaften.* Der steigende Meeresspiegel und die mit zunehmendem Alter der Eindeichung nachlassenden Setzungsbeträge bedingen eine sukzessiv höhere Lage von jeweils jüngeren, seewärts gelegenen Eindeichungsflächen zu den tiefer liegenden, älteren Flächen in Form einer sogenannten Poldertreppe. Die künstliche Entwässerung der Polder erfolgte zum Meer hin gegen das natürliche Gefälle. Früher besorgten Windmühlen mit Schöpfrädern nach dem archimedischen Prinzip das «Trockenmahlen» der Polder; heute machen dies elektrische Schöpfwerke. So entstehen vollkommen künstliche neue Landschaften. Der Polder mit der niedrigsten Landoberfläche liegt am weitesten landeinwärts. Jeder Polder, der sich zur Seeseite hin anschließt, hat eine um Dezimeter höhere Oberfläche. Somit ist heute die junge Marsch am seewärts liegenden Polder das trockenste Land mit den Ackerflächen, während die niedrigen Polder weiter landeinwärts als Viehweide genutzt und entwässert werden müssen. Demnach ist die Oberfläche des Landes heute wieder grundsätzlich ähnlich gestaltet wie vor dem Beginn des Deichbaus: Auch in der unbedeichten Marsch liegen die höchsten Gebiete nahe am Meer, die niedrigeren weiter davon entfernt, und der Landschaftscharakter nach der Eindeichung hat sich gründlich gewandelt.

Besonders eindrucksvoll ist dies in den Niederlanden geschehen. Wir haben schon im Kapitel 3 davon gelesen, dass vor 70 Jahren aus der niederländischen Zuiderzee das Ijsselmeer wurde. Mehrere Flüsse und Bäche münden heute in das abgedeichte Gewässer. Um den Pegelstand konstant halten zu können, wurde der große Damm an seinen beiden Endpunkten mit 25 Entwässerungsschleusen ausgestattet. Sie werden dann geöffnet, wenn im Wattenmeer Ebbe herrscht. Pro Sekunde fließen dann mehr als 5000 Kubikmeter Süßwasser aus dem Ijsselmeer in die Nordsee ab. Mit der Fertigstellung des Abschlussdeiches zwischen Den Oever und Kornwerderzand im Jahre 1932 wandelte sich die ehemals gefährliche Meeresbucht zu einem gezeitenfreien Binnengewässer. Noch wichtiger aber war, dass der Deichbau einen beträchtlichen Landgewinn ermöglichte. Seit den dreißiger Jahren wurden zwischen Den Oever und Harderwijk vier große Areale eingedeicht und trocken gelegt. Schritt für Schritt konnten der ehemaligen Zuiderzee mehr als 160 000 Hektar Neuland für fast 300 000 Menschen abgerungen werden. Man hatte sich zwar noch mehr vorgenommen, doch das letzte Projekt der Trockenlegung des Markerwaards wurde nicht mehr verwirklicht. An seiner Stelle befindet sich heute das Markermeer, ein vom Ijsselmeer abgetrennter Binnensee. Lediglich der Houtrib-Deich, der den Polder nach Nordosten hin abgrenzen sollte, wurde fertiggestellt. Zwischen Enkhuizen und Lelystad verbindet er die Provinzen Nordholland und Flevoland. Es ist ein eindrucksvolles Erlebnis, mit dem Auto von Enkhuizen über den Damm

Vermannsplaat ist eine unbewohnte Insel nur für Tiere im Grevelingenmeer in der Rheinmündung. Sie wird ausschließlich zu Naturschutzzwecken benutzt und mit Rindern beweidet. Betreten kann man diese Insel nur mit Sondergenehmigung und Extratransfer, da es hier keinen Hafen gibt.

durch das Markermeer und das Ijsselmeer nach Lelystad zu fahren. Der Kontrast könnte kaum größer sein: das historische Enkhuizen mit seinen Grachten und alten Gebäuden und die futuristische, kaum 40 Jahre alte Planstadt.

Auch im Mündungsdelta von Rhein, Maas und Schelde hat man nach der verheerenden Sturmflut von 1953 große Abschlussdeiche geschaffen, die Küstenlinie damit erheblich verkürzt und mit Sperrwerken das Hinterland geschützt. Die Osterschelde und das Haringvliet südlich des Euroports von Rotterdam sind somit regulierbar. Im Mündungsdelta zwischen Mittelharnis und Schouwen hat man nach der Eindeichung sogar ein neues Naturreservat «De Grevelingen» geschaffen mit einem neuen Binnensee «Grevelingenmeer» und einigen unbewohnten neuen Inseln, wie «Vermannsplaat», «Hampelvoet» und «Stampersplaat», die nur mit Naturschutztieren beweidet werden: ein gigantisches Naturexperiment.

Das kleine Königreich verschanzt sich heute hinter Deichen von mehr 3000 Kilometern Gesamtlänge. Ein gutes Viertel des Staatsterritoriums der Niederlande liegt bis zu sieben Meter unter dem Meeresspiegel, weite Regionen müssen deshalb ständig mit großen Pumpen entwässert werden, um es vor dem Untergang zu bewahren. Für die Niederländer gilt dieses in besonderem Maße. Wo ein großer Teil des Landes heute unterhalb des Meeresspiegels liegt, gelten die Hauptsorgen der Entwässerung, der Trinkwassergewinnung und dem Katastrophenschutz. Die Sturmflut von 1953 ist noch immer unvergessen. So werden noch immer Dämme aufgeschüttet, Entwässerungsrinnen gezogen, Wasserläufe begradigt und Hafenbecken ausgebaggert. Eindeichung und Trockenlegung haben in den Niederlanden auch noch in unseren Zeiten einen hohen Stellenwert. Dass scheinbar naturgegebene Bedingungen und Landschaften veränderbar sind, gestaltet werden können, ist eine holländische Grunderfahrung geblieben. Rechtwinklige Parzellenstrukturen, geradlinige Wege, Dämme und Kanäle und gleichmäßig geschnittene Felder sind typische Bestandteile dieser Kunstlandschaften, die man der Nordsee abgerungen hat. Solche geometrisch klaren Strukturen findet man neuerdings auch vermehrt in der neuzeitlichen Architektur. Die Architekturszene der niederländischen Moderne entwickelte für die Polderflächen Frieslands eigene, neue Ideen: Natur bleibt natürlich hier ein Artefakt, vom Menschen geschaffene zweite Schöpfung. Eine Abstraktion ist auch das Leitbild neuerer niederländischer Raumplanung in dieser Region. Gemeint ist eine offene Mitte, die sich um die «Randstad» legt, der verstädterte, dicht bebaute Ring, den Amsterdam, Utrecht, Rotterdam und Den Haag entlang der Küste bilden. Ein Ergebnis des Bewusstseins, sich auf engem Raum einrichten zu müssen. Sind doch die Niederlande mit mehr als 460 Einwohnern pro Quadratkilometer eines der am dichtesten besiedelten Territorien der Welt.

Bis heute werden die Deiche immer wieder erhöht, ihre bauliche Struktur verbessert. Schafe, die «Tiere mit den goldenen Hufen», sollten auf den Deichen weiden, damit die Grasnarbe kurz bleibt, die Gräser sich ober- und unterirdisch weit verzweigen und die Deichoberfläche stabilisieren. Disteln und Wühlmäuse stellen Gefahren für die Deiche dar, denn die Wurzelbahnen und Gänge können Deichbrüche bewirken. Also musste schon immer rigoros gegen sie vorgegangen werden. Dies oblag zuerst der bäuerlichen Genossenschaft, die die Deiche gebaut hatte, dann den einzelnen Bauern, deren Land an ein bestimmtes Deichstück grenzte. Wer den Deich nicht pflegte, wurde zur Verantwortung gezogen: «Wer nicht will deichen, der muss weichen.» Er musste seit dem Mittelalter sein Land hinter dem Deich zugunsten anderer räumen, damit eine Vernachlässigung des Deiches nicht das Land der gesamten bäuerlichen Gemeinschaft gefährdete.

Die Marsch ist von Natur aus waldfrei; es kam nur dann Gehölz hoch, wenn es von den Bauern gepflanzt wurde. Es diente rings um die Höfe als Schutz gegen den starken Wind, so dass man die Häuser aus größerer Entfernung kaum sehen kann. Unter der Dauerbelastung der von der See her wehenden Winde entwickelten sich nur an der dem Land zugewandten Seite der Bäume größere Äste, so dass sie asymmetrisch sind und schiefgeweht zu sein scheinen. Auf den Weiden wird heute berühmtes Rindvieh gemästet. Die trocken gefallenen Marschböden lieferten beste Kornerträge; es ist aber nicht einfach, den schweren Boden zu pflügen.

Auch auf den Inseln betreibt man Küstenschutz. In den letzten Jahrzehnten haben die Häufigkeit und die Schwere von Orkanfluten in der Deutschen Bucht deutlich zugenommen. Die Zahl der Sturmfluten mit Wasserhöhen von mehr als zwei Metern oberhalb NN hat sich zum Beispiel am Pegel Norderney von jährlich etwa 10 in den 1950er und 1960er Jahren auf mittlerweile 16 in den letzten 20 Jahren erhöht. So kennen wir von 1951 bis 1960 insgesamt 86 Sturmfluten, von 1961 bis 1970 waren es 121 Sturmfluten, von 1971 bis 1980 immerhin 116 Sturmfluten und von 1981 bis 1990 insgesamt 176 Sturmfluten. Dieses entspricht einer Erhöhung um 60 Prozent. In den 1950er und 1960er Jahren traten je eine sehr schwere Sturmflut und in den 1970er und 1980er Jahren zusammen 13 sehr schwere Sturmfluten auf. Im Jahr 1990 war mit 31 Sturmfluten die bisher höchste Sturmflutaktivität zu verzeichnen. Auch das Winterhalbjahr 1992/93 gehört zu den vier bisher sturmflutreichsten Perioden mit mehr als 25 Sturmfluten in dieser Zeit. Allein in den Monaten Dezember 1998 und Januar 1999 gab es 11 Sturmfluten zu verzeichnen, davon vier schwere und eine sehr schwere mit einem Scheitelwert von 2,50 Metern über dem Mittleren Tidehochwasser. Ähnliche Daten gibt es nach Hans-Henning Dette vom Hochwasser- und Sturmflutmesspegel der Insel Sylt.

Die Sturmfluten verursachten zum Teil erhebliche Substanzverluste, vor allem an den Küstenabschnitten, an denen schon in den letzten Jahren ein Strandrückgang zu verzeichnen war. Die Zunahme der

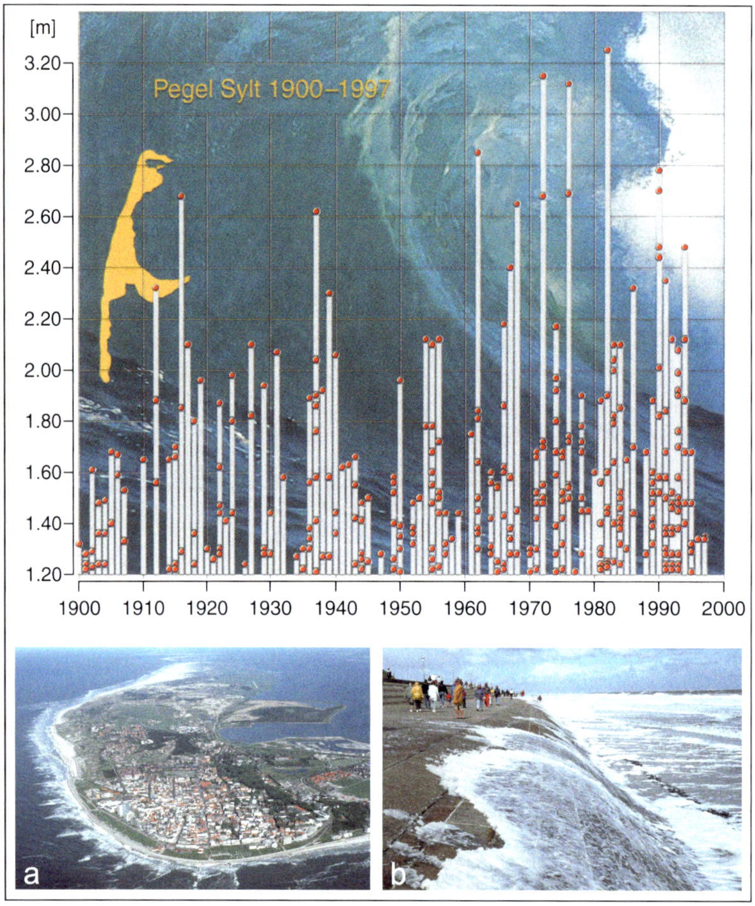

Die Sturmfluten nehmen zu. Jeder rote Punkt steht für eine Sturmflut auf Sylt (aus Dette 2000).

Detail a: Die Buhnen von Norderney halten den Westkopf der Insel.

Detail b: Die Deckwerke aus Sandsteinblöcken und Beton halten den Springflutwellen stand.

Sturmflutanzahl ist auf eine Häufung von Sturm- und Orkantiefs über dem Nordatlantik und der Nordsee zurückzuführen. Die Zahl aller Tiefdruckwirbel über dem Nordatlantik mit einem Kerndruck von unter 950 Hektopascal stieg beispielsweise zwischen 1988 und 1993 auf insgesamt 16 an, während im Zeitraum von 1956 bis 1988 nur fünf Orkantiefs verzeichnet wurden. Ob sich hier die wirkliche Klimaveränderung anbahnt, lässt sich statistisch noch nicht belegen. Infolge des vernachlässigten Inselschutzes im Zweiten Weltkrieg hatten die Strände der lagelabilen Inseln stark abgenommen. Um hochwasserfreie Strände wiederherzustellen, wurden in den Jahren 1951 und 1952 auf Norderney die ersten Strandaufspülungen in Europa durchgeführt. Mit dieser Strandaufspülung hatte Norderney als erste Nordseeinsel einen Wendepunkt zum aktiven Küstenschutz vollzogen. Bis heute haben Strandaufspülungen auch an anderen Stellen wichtige Küstenschutzfunktionen übernommen.

Der Inselschutz ist weitaus aufwendiger. Schon seit rund 250 Jahren wird an den Dünenküsten windbewegter Sand durch niedrige Reisigzäune und Strandhaferpflanzungen aufgefangen, um am Fuß der Randdünen fortgespülten Sand zu ersetzen. Mit fortschreitender Aufsandung werden stets neue Zäune gesetzt. Dazwischen gepflanzter Strandhafer wächst mit dem Sandauftrag hoch und verankert den Sand durch immer neue Wurzelbildung an den Halmknoten. Mit dieser Maßnahme konnte zum Beispiel die bei der Februarsturmflut 1962 auf der Insel Sylt vor der Kersig-Siedlung in Hörnum durchbrochene Düne wieder aufgebaut werden. Der hier zugrunde liegende Gedanke, dem Meer ein Sandpolster zu bieten, das es abtragen und verteilen kann, ohne das Steilufer zu erreichen, wird seit einigen Jahren in größerem Umfang unter Einsatz modernsten Großgeräts durch Aufspülungen umgesetzt. Mit Spezialbaggern wird Sand vom Meeresgrund gefördert, am Strand aufgespült und mit Raupen zu einem so hohen Sanddepot aufgeschüttet, dass Sturmfluten die Oberkante nicht erreichen können. Die Menge reicht für mehrere Jahre aus, bis sie völlig abgetragen ist. Sie wird dann erneuert. Vor diesem Hauptdepot wird außerdem der Strand auf einer Breite von mindestens 70 Metern auf eine Höhe von etwa einem Meter unter Tideniedrigwasser bis etwa zwei Meter über Mittlerem Tidehochwasser aufgespült.

In ähnlicher Weise werden mit geringerem, aber genau berechnetem Sandbedarf auch die vor den vorhandenen Schutzwerken abgetragenen Strände wieder ersetzt. Besonders schwerwiegend wirkt sich an der ostfriesischen Küste in letzter Zeit der Strandabtrag an der 25 Meter tiefen Rinne des Norderneyer Seegats aus. Kurze, bis in 18 Meter Tiefe reichende Buhnen sichern dort den schmalen Inselsockel. Auch hier haben sich Strandaufspülungen zum Schutze der Inseln gegen die Angriffe des Meeres bewährt. Sie fügen sich besser in die natürlichen, dynamischen Prozesse ein als ein weiterer Ausbau von Buhnen und Deckwerken. Die nach dem Bau der Stein- und Betonschutzwerke weitergehende Erosion der Strände machte im Westen Norderneys seit 1951 acht Strandaufspülungen notwendig, um ein Freispülen und Unterspülen der Fußsicherungen und Einfassungen von Deckwerken und Buhnen zu verhindern. Seit 1976 wird für die Norderneyer Strandaufspülungen das westlich vom Norderneyer Seegat liegende Sandplatengebiet «Robbenplate» als Sandentnahmestelle vorgegeben. Bei den sechs Aufspülungen, die seitdem von der Robbenplate durchzuführen waren, wurden spezielle Schneidkopfbagger eingesetzt. Der mit dem Schneidkopfbagger gelöste Sand wird über eine Rohrleitung, bestehend aus einer schwimmenden Leitung mit einem Düker – einer auf den Meeresboden abgesenkten Rohrleitung –, zum Westkopf der Insel befördert. Spezielle Kupplungen, die sich im Notfall schnell lösen lassen, verbinden die schwimmende Leitung mit dem Baggerschiff und Düker. Eine Längsleitung am Fuß des Deckwerks verteilt dann die Sandmassen in die einzelnen Buhnenfelder.

11. IM LAND VON KLAUS STÖRTEBEKER – DIE OSTFRIESISCHE HALBINSEL

Unsere Exkursion führt in die Region zwischen Dollart und Jadebusen durch die Ostfriesische Halbinsel. Emden und Wilhelmshaven gehören zu den wichtigsten Städten der deutschen Nordseeküste. Beide haben Häfen: Wilhelmshaven am Jadebusen und Emden am Dollart. Emden war die bereits genannte wichtige Seehandelsmetropole mit eigener Flotte, deren Größe im 16. Jahrhundert sogar die Anzahl der damals registrierten Handelsschiffe von London und Hamburg übertraf. So war Emden reich, wie wir es an einigen Bürgerhäusern sehen konnten – bis zu jenem Tag, als die alliierten Bomben die Stadt nahezu völlig zerstörten. Sehenswert sind deshalb noch heute der Hafen, das Ostfriesische Landesmuseum mit seiner berühmten Rüstkammer, das historische Pelzerhaus von 1585 und die Kunsthalle mit Arbeiten der Klassischen Moderne, die der Verleger Henri Nannen seiner Heimatstadt gestiftet hat.

Unsere Reise über die Halbinsel beginnen wir ganz willkürlich in der Krummhörn nördlich Emden, direkt an der Bundesstraße 70 zwischen Emden und Georgsheil in der Ortschaft Suurhusen. Schon von der Straße aus sieht man, dass sich der Turm der kleinen Ortskirche auf der Wurt gefährlich nach Westen neigt. Die Wurt ist also gesackt. Er übertrifft mit seinem Neigungswinkel sogar den Schiefen Turm von Pisa und gilt somit als der «schiefste Turm» Europas. Der Kirchenbau aus dem 13. Jahrhundert zeigt noch zahlreiche romanische Stilelemente, der mächtige Turm ist jünger; er stammt aus dem 15. Jahrhundert. Hat der in Italien einen Neigungswinkel von 4,43 Grad, weist der von Suurhusen – von 1450 – einen Winkel von 5,07 Grad auf. Und das Kirchenschiff fällt in die andere Richtung ab. Liegt wirklich nicht an den Ostfriesen. Die geben sich alle Mühe, das Bauwerk zu erhalten.

Neunzehn Wurtendörfer liegen in der Krummhörn; Rysum soll nur als Beispiel für eine bäuerliche Rundwurt dienen, wir haben diese Wurt schon in Kapitel 4 kennen gelernt. Die Häuser und Höfe scharen sich um die auf dem höchsten Punkt der Wurt errichtete Kirche, die im Falle einer Sturmflut oder eines feindlichen Angriffs eine sichere Zuflucht bot. Die Kirche aus dem 15. Jahrhundert ist – wie fast überall –

Duckdalben sind eingerammte, oben weiß gestrichene Pfähle zum Festmachen von Schiffen. Der seemännische Begriff stammt wahrscheinlich vom niederländischen «duiken» für tauchen.

aus Backsteinen und aus Tuffsteinen gebaut. Letztere wurden eigens aus den Vulkangebieten der Eifel beschafft. Die Rysumer Kirche bietet einzigartige Kunstschätze, darunter die älteste bespielbare spätgotische Orgel Deutschlands! Sie ist von Meister Harmanns aus Groningen geschaffen worden. Neben der Kirche, angrenzend an den Friedhof, befindet sich die Süßwassersammelstelle der Wurt, der sogenannte *Fething*, in dem das Regenwasser gesammelt wurde. Eine lebensnotwendige Einrichtung für die Zeiten von Meereseinbrüchen und Hochfluten. Die Rysumer Windmühle ist ein 1898 erbauter dreistöckiger Galerieholländer. Sehenswert sind in der Umgebung: der Wybelsumer Hammrich, der teilweise als Sietland unter dem Meeresspiegel liegt – eine Altmarsch, die bereits seit dem 13. Jahrhundert eingedeicht ist. Nach Westen erstreckt sich der Rysumer Nacken, eine Region, die durch Landgewinnung der letzten Jahrzehnte dem Meer abgerungen wurde und deshalb einen interessanten Alterskontrast dokumentiert. Hier wurde Baggergut aus der Emsvertiefung aufgespült und ein etwa 1000 Hektar großes Poldergebiet für die Industrieansiedlung neu geschaffen. Am Knocke dockt eine Erdgas-Pipeline aus den norwegischen Nordsee-Erdöl- und Erdgasfeldern an. Das Gas wird hier aufbereitet und in unterirdischen, in etwa 1700 Meter tiefen Kavernen, vor allem im 750 000 Kubikmeter fassenden Salzstock von Groothusen, gespeichert, von wo es bei Bedarf entnommen werden kann.

In der ehemaligen Handelswurt Groothusen ist von den ältesten Häuptlingsburgen nur noch die Osterburg als Zeugnis ostfriesischer Häuptlingsherrlichkeit erhalten geblieben. Im Nordwesten der Langwurt erhebt sich die zu Beginn des 15. Jahrhundert erbaute langge-

a Die Kirchwurt Suurhusen mit dem schiefsten Turm Europas.
b St. Stephanus von Pilsum, die einzige Kirche Ostfrieslands, die von einem Vierungsturm überragt wird.
c Leuchtturm von Pilsum.
d Basilika von Marienhafe mit Klaus-Störtebeker-Denkmal.
e Doppelschlossanlage von Dornum aus dem 15. Jahrhundert.
f Alter Sielhafen von Carolinensiel – einige der Schätze Ostfrieslands.

streckte Kirche mit wuchtigem Glockenturm aus dem Jahre 1225. Auch hier gibt es eine wunderschöne, von Friedrich Wenthin geschaffene Orgel von 1801 in perlweiß und gold ornamentiert.

Zu empfehlen ist im zwei Kilometer entfernten Pewsum die bereits genannte Manningaburg, die wir schon im Kapitel 5 kennen gelernt haben. Das Freepsumer Tief erreichen wir etwa einen Kilometer südöstlich von Pewsum im Süden der Wurt Freepsum. Es ist altes Sietland, das bereits 1664 mit Hilfe von Windmühlen getrocknet wurde und erst 1771 dauerhaft drainiert war. Hier liegt bei 2,20 Meter unter dem Meeresspiegel der zweittiefste Punkt Deutschlands, der durch einen Hinweispfahl gekennzeichnet ist. Weiter geht es in Richtung Norden. Weithin sichtbar überragt die im 13. Jahrhundert in drei Bauphasen erbaute einschiffige Kreuzkirche das Wurtendorf Pilsum. Majestätisch erhebt sich das dem hl. Stephanus geweihte Gotteshaus, eine der schönsten Kirchen des Landes, über die stillen roten Backsteinhäuser mit ihren dicht gedrängten schönen Gärten. Der mächtige, an den Seiten mit Blendarkaden, oben mit weißen Zinnen verzierte Vierungsturm ist der einzige seiner Art in Ostfriesland. Er diente jahrhundertelang als Seezeichen für die Schifffahrt, bevor man die seewärts gelagerte Marsch einpolderte. Im Innern der weiß gestrichenen Kirche sind zahlreiche Fragmente gotischer Wandmalereien erhalten, und erwähnenswert ist eine gerade restaurierte Orgel des Valentin Grotian von 1694. Von Pilsum aus erreichen wir den wohl berühmtesten Leuchtturm Ostfrieslands, den Pilsumer Leuchtturm, der bereits Kulisse für viele Werbespots und Filmgeschichten war. Hier sind wir bereits am Naturschutzgebiet Leyhörn, einer im Zuge der Küstenschutzmaßnahmen der Leybucht seit den 70er Jahren geschaffenen Feuchtlandschaft, die heute zum Nationalpark Wattenmeer gehört.

Weiter geht es in die ehemalige Seestadt Marienhafe. Was Marienhafe zu bieten hat, ist überwältigend – nämlich das bedeutendste mittelalterliche Bauwerk der Halbinsel. Einst war es fast so groß wie der Osnabrücker Dom, doch 1829 musste es nach dem Einsturz umfangreicher Gebäudeteile verkleinert werden. Heute besteht die Kirche nur noch aus dem ehemaligen Mittelschiff, das statt des ursprünglichen Gewölbes eine Flachdecke erhalten hat, und dem um zwei Stockwerke verkürzten Westturm. Im kleinen Museum dort sieht man die Zeichnung eines bis auf einige Reste verschwundenen Sandsteinfrieses unter der Dachtraufe. Reiterkämpfe und Ungeheuer sind da zu sehen. Die mittelalterlichen Menschen haben ihn verstanden, für uns wirft er viele Rätsel auf. Die Siedlung wurde planmäßig auf einer Wurt angelegt. Von 1250 bis 1270 errichtete man auf dem höchsten Punkt auch die markante kreuzförmige, dreischiffige Basilika mit einem sechsgeschossigen Turm an der Westseite. Dieses war lange Zeit der gewaltigste Kirchenbau, und der Kartograph Ubbo Emmius bezeichnete diese Kirche als den «großartigsten Tempel zwischen Weser und Ems». Dieser ist heute von einer Friedhofswurt umgeben. Vor allem die Tatsache, dass hier gegen Ende des 14. Jahrhunderts der berüchtigte Pirat Klaus Störtebeker mit seinen Kumpanen Unterschlupf gefunden haben soll, macht neugierig. Der über 80 Meter hohe Turm war schon damals Seezeichen und Wehrturm, aber auch Hauptquartier und Beutespeicher der Piraten. Heute beherbergt dieses Gotteshaus eine berühmte Orgel von G. von Holy, in der Zeit von 1710 bis 1713 geschaffen, einen Taufstein aus dem 13. Jahrhundert aus Bentheimer Sandstein und die sogenannte «Störtebekerkammer», ein kleines Museum zur Kirchengeschichte.

Der Räuberhauptmann Klaus Störtebeker selbst steht als Bronzestatue vor dem ganzen Ensemble. Gerade zwei Kilometer sind es von Marienhafe bis Ostseel – wieder ein Torso und wieder von beachtlicher Größe. Wie gewaltig die Ausmaße der Kirche einmal waren, sieht man an den Resten der Tragepfeiler im Innenraum. Vom Kirchturm aus entdeckte der Theologe und Astronom David Fabricius schon im Jahre 1611 zusammen mit seinem Sohn Johannes Fabricius die Sonnenflecken und schloss konsequent auf die Rotation der Sonne – als das Wetter in Ostfriesland wieder einmal am schönsten war. Der Universalgelehrte Galileo Galilei sah diese nachher ebenfalls.

Von Marienhafe geht der Weg zu den einzigartigen und für das Wattenmeer charakteristischen Sielhäfen direkt an die Küste. Wir fahren nach Greetsiel. Dort, in einem im 14. Jahrhundert von den Cirksena angelegten Sielhafen, können wir heute die wunderbar und sorgfältig restaurierten Giebelhäuser des 17. und 18. Jahrhunderts, die baumbestandenen Klinkerstraßen und die stilvollen Gaststätten in der direkten Umgebung des Alten Siels genießen. Heute ist Greetsiel ein malerischer Fischer- und Künstlerort mit entsprechendem Flair. Hier steht das Geburtshaus von Ubbo Emmius (1574–1625), dem berühmten Kartographen und Historiker, der auch der erste Rektor der damals gegründeten Universität Groningen war.

Hauptattraktion von Greetsiel sind aber die Krabbenkutter; hier liegt die bislang noch größte Kutterflotte der Nordsee. Wahrzeichen Greetsiels sind die bekannten Zwillingsmühlen am südlichen Ortsausgang aus dem 19. Jahrhundert. Im Hafen liegen mehr als 20 Krabbenkutter, ein paar Sportboote und Yachten. In der Hochsaison erstickt der Ort in der Flut der Tages- und Bustouristen. Sie kommen, um die Idylle des alten, mit Kopfsteinen gepflasterten Ortskern zu sehen, den Marktplatz mit den Linden, die Schiffe im Hafen, die schiefe Kirche der Reformierten, die Klinkerbauten mit den Barock- und Renaissance-Giebeln, das alte Sieltor und die moderne Schleuse Leysiel an der Norderley mit den neuen, den Ort umarmenden Deichen. Jetzt sind Ebbe und Flut ausgesperrt, und die Fischer können ein- und auflaufen, wann sie wollen.

Von dort gelangt man entlang des Seedeiches über Norden und Norddeich weiter nach Neßmersiel. Von hier ist es nicht weit nach Nesse und Dornum. Nur wenige Kilometer landeinwärts passiert man auf dem Weg nach Dornum eine kleine, auf einer Langwarft gelegene Handelsniederlassung aus dem 8. und 9. Jahrhundert. Bemerkenswert ist die aus Tuffstein erbaute evangelische Kirche, eine einschiffige Saalkirche aus der Zeit um 1200 mit einem spätgotischen Chor von 1493. Kirchenschiff und Chor werden durch den Lettner, eine steinerne, gegen Ende des 15. Jahrhunderts errichtete Schranke, getrennt, die im Mittelalter die hohe Geistlichkeit vom niederen Volk separierte. Im 17 Kilometer nördlich gelegenen Nordseebad Dornum gehören die barockisierte Norderburg und die Benningaburg (beide von 1400) zu den bedeutsamen Hinterlassenschaften der friesischen Häuptlinge. Die Norderburg, das heutige Schloss, zählt sicherlich zu den schönsten Burgen Ostfrieslands. Hero Attena war der Besitzer der Burgen in Dornum, doch ein Ehedrama setzte im Jahre 1410 seiner Herrschaft ein jähes Ende: Sein Sohn Lütet erschlug sein untreues Eheweib mit dem Schwert. Die Rache seiner Schwiegermutter war fürchterlich. Sie ließ den Schwiegersohn und seine Sippe hinrichten. Das Schloss fiel an die Familie von Closter, die es zwischen 1698 und 1717 in barockem Stil umbauen ließ und Gärten und Parks anlegte.

Dornumersiel, Bensersiel und Neuharlingersiel und schließlich

Carolinensiel sind die weiteren Sielhäfen an der friesischen Küste. Das in den 1950er Jahren angelegte Harlesiel, Wangerooges Festlandhafen, bildet eine Einheit mit dem weiter im Inland gelegenen, über 250 Jahre älteren Carolinensiel. Dieser Sielhafen entstand, als nach der Weihnachtsflut von 1717 die zerstörten Deiche wiederaufgebaut wurden. Durch die vorgeschobene Deichlinie wurde Land gewonnen, der neue «Groden», nach der damaligen Landesherrin Caroline benannt. Zum Abfluss der Harle fügte man in den Deich ein Siel ein. Um das neu angelegte Hafenbecken entstand ab 1730 einer der bedeutendsten Handelshäfen entlang der ostfriesischen und friesischen Küste. Bereits um 1765 wurde ein weiterer Deich vor den Hafen gezogen, der den Bau einer Schleuse erforderlich machte. Sie wurde nach dem neuen Landesherrn Friedrichsschleuse genannt. Aller guten Dinge sind drei: Von 1953 bis 1957 entstand im Zuge eines neuen Deichbaus schließlich Harlesiel mit einer neuen Schleuse, einem neuen Siel und einem modernen Fährhafen. Carolinensiel und die Friedrichsschleuse sind heute Binnenhäfen. Die Friedrichsschleuse mit dem vorgelagerten Speicherbecken des Schöpfwerks Harlesiel bietet etwa 100 Yachten einen Liegeplatz. Vielerorts werden die Siele als Durchfahrtsöffnungen für die Schifffahrt genutzt, dafür sind sie häufig mit einer kleinen Schleuse versehen. An den Sielen entlang der Küste entstanden im Laufe der Zeit Anlegeplätze und kleine Häfen. Von hier aus brachen die Fischer zum Fang auf, unternahmen die Schiffer Frachtfahrten entlang der Küste ebenso wie ins Landesinnere. Über schiffbare Kanäle und Flüsse, die das Land durchzogen, als dieses noch nicht über ein nennenswertes Straßennetz verfügte, versorgten sie außerdem das Binnenland.

Mit der Eindeichung von Buchten und der fortschreitenden Landgewinnung im Verlauf der Jahrhunderte mussten die Siele sukzessiv immer wieder nach außen verlegt werden. Ihre Häfen wanderten also mit, die ehemaligen Küstenorte wurden zu Binnendörfern. Besonders deutlich ist diese Entwicklung im Harlingerland zu verfolgen. Die von Sturmfluten ins Land gerissene Harlebucht reichte zur Zeit ihrer größten Ausdehnung bis nach Wittmund und Jever. In jahrhundertelangem Kampf gewannen die Küstenbewohner das verlorene Land jedoch wieder zurück, und immer erhielten die neuangelegten Orte an den Deichöffnungen einen neuen Namen, meist mit der Endung

-siel. So wanderte etwa der Sielhafen von ursprünglich Altfunnixsiel (1599 erbaut) über Neufunnixsiel (1658) bis Carolinensiel (1729), Friedrichsschleuse (1765) und Harlesiel (1957). Die zurückgebliebenen Häfen versanken meist in Bedeutungslosigkeit. Der alte Hafen von Carolinensiel wurde 1962 gar zugeschüttet und erst 1987 als Bestandteil eines Sielhafenmuseums rekonstruiert. Der alte Hafen ist das Herz Carolinensiels. Hübsche, von hohen Laubbäumen geschützte Giebelhäuser, alte Speicher und schmucke Segelschiffe erinnern an die große Zeit der Frachtensegler Mitte des 19. Jahrhunderts. Im Sielhafenmuseum, das in drei Häusern am Hafen untergebracht ist, wird die alte Zeit lebendig. Die über mehrere Etagen verteilte Ausstellung im sogenannten Mammens Groot Huus aus dem Jahre 1840 dokumentiert die Geschichte der Siele, Häfen und Deiche, der Schiffskultur an der niedersächsischen Nordseeküste, die ihre Blütezeit im 19. Jahrhundert hatte.

Diese malerischen Sielhäfen und die damaligen Küstenorte sind touristische Highlights und im Sommer entsprechend überlaufen. Zudem sind sie die Hafenorte der Nordseefähren zu den jeweils vorgelagerten Inseln. Der große Deich verbindet sie. Ein riesiges Netz von Fahrradwegen macht sie außerdem zu einem Erlebnis für Radfahrer; als Wanderer auf der Deichkrone erlebt man den Gegensatz von Watt und Marsch natürlich am intensivsten. Man blickt vom Deich auf die großen Höfe; die Marschbauern waren und sind wohlhabend, wie ihre mächtigen, dreischiffigen Gulfhäuser zeigen. Sie nahmen in organisierten Bauernschaften ihr Schicksal immer selbst in die Hand. Das Marschland ist wohl das Gebiet mit den wenigsten Städten entlang der Nordseeküste, denn Bauern beherrschten das Land, nicht die städtischen Bürger, schön zu sehen im Wangerland nordöstlich von Jever. Das Wangerland ist aus dem alten Gau Wanga hervorgegangen. Der Name bedeutet «Land der Wiesen», denn in der Silbe «wan(g)» steckt die Bedeutung Ebene, Ebenheit, Wiese, Grünland. Zur Zeit der Friesischen Freiheit war dieses Gebiet eines der selbstverwalteten friesischen Länder. Im Hohen Mittelalter spaltete sich der Westteil vom Wangerland ab, da er durch den Einbruch der Harlebucht nicht mehr erreichbar war. Er wurde zu einem Teil des Harlingerlandes.

Das Wangerland bildete seit der Häuptlingszeit den Nordteil der

Herrschaft Jever. Ausgangspunkt unserer Tour ist die Kirche von Hohenkirchen. Das jetzige Gotteshaus ist ein Granitquaderbau des 12. und 13. Jahrhunderts. Überreste eines tiefen Doppelgrabens weisen die Kirche als mittelalterliche Wehranlage aus. Im Innern birgt sie mit dem romanischen Sandstein-Taufbecken aus dem 13. Jahrhundert, den beiden Werken von Ludwig Münstermann, dem Altar von 1620 und der Kanzel von 1628, dem Sandstein-Epitaph von 1640 und der Orgel von 1694 sehenswerte Kostbarkeiten. Wir wandern auf der Bahnhofstraße nach Westen. Nach etwa 600 Metern haben wir die Landeswarften erreicht. Hier stand in der Nähe des Wasserturms die Burg Lauerens, der bedeutendste Häuptlingssitz des Wangerlandes. Zwischen den Landeswarften und der heutigen Bahnlinie erstreckte sich seit dem 13. Jahrhundert ein schmaler Arm der Harlebucht weit nach Süden. Daher besaß Hohenkirchen, obwohl es von der Bucht selbst rund drei Kilometer entfernt lag, einen Seeanschluss mit einer Anlegestelle. Weiter geht es westwärts, und wir passieren linker Hand die beiden kleinen Warftsiedlungen Klein- und Groß-Werdum. Schließlich erreichen wir Altgarmssiel. Als vermutlich um 1400 die sich vergrößernde Harlebucht die Einwohner zwang, den Deich landeinwärts, also nach Osten, zurückzuverlegen, musste in den neuen Deich ein Siel eingebaut werden, um das Binnenwasser des Tettenser Tiefs ableiten zu können. Sehenswert ist ferner die Wurt Ziallerns. Dieses Wurtendorf ist bis heute noch weitgehend unverändert geblieben und steht zusammen mit seiner näheren Umgebung unter Landschaftsschutz. Die Bauernhöfe liegen ringförmig geordnet auf der vier Meter hohen und 200 Meter breiten Wurt um den Fething.

Unsere Route endet in der sehenswerten Altstadt von Jever mit seiner berühmten Stadtkirche, dem Rathaus und dem Schloss. Wir beginnen unsere Tour in Jever an der Stadtkirche, die durch ihre moderne Architektur beeindruckt. Sie wurde an der Stelle des 1959 abgebrannten Vorgängerbaus errichtet. Im alten Choranbau befindet sich das zwischen 1559 und 1564 gefertigte Renaissance-Grabmal für Edo Wiemken den Jüngeren, den letzten Häuptling von Jever. Vom Kirchplatz gehen wir ostwärts in die Schloßstraße. Rechter Hand erhebt sich das Schloss, das Wahrzeichen von Jever. Der älteste Teil der Anlage ist der Wehrturm, den Häuptling Harlda 1428 errichtete und der später zu einer Wasserburg erweitert wurde. Dies ließ Fräulein Maria

Strandleben auf Norderney.

von Jever in der zweiten Hälfte des 16. Jahrhunderts zum Renaissance-Schloss mit prachtvoller Innengestaltung und einem Audienzsaal mit Kassettendecke aus der Antwerpener Werkstatt Cornelius Floris ausbauen. Später wurde das Schloss noch mehrmals stark verändert. So gestaltete man 1731–1736 den Wehrturm zum jetzigen Schlossturm mit Zwiebelkuppel um. Die heutige Fassade stammt von 1830. Seit 1919 ist im Schloss das sehenswerte Schloss- und Heimatmuseum untergebracht.

12. BEGINN DES TOURISMUS – FREMDENVERKEHR UND NATIONALPARKS

Jahrhundertelang konnte sich auf den Nordseeinseln nur eine kleine Bevölkerung ernähren. Fischfang und Schifffahrt wurden mit wechselndem Glück betrieben. Daneben spielte die Landwirtschaft meistens nur eine untergeordnete Rolle. Sie blieb auf den Inseln im Gegensatz zu den reichen Marschen nur Nebenerwerb, denn immer wieder bedrohten Sand und Salzwasser die kargen Äcker in den Dünen und das Weideland auf den insulären Salzwiesen. Der Fremdenverkehr war zunächst ein zusätzlicher Erwerbszweig. Seine Bedeutung wuchs jedoch sehr schnell, heute ist er wirtschaftsbeherrschend. Er nutzt die naturräumliche Ausstattung des Raumes – das Meer, das Klima, die Landschaft werden zu Attraktionsmomenten.

Das maritime Klima mit seinen milden Wintern und kühlen Sommern macht gerade die südliche Nordsee nicht nur zum beliebten Ferienziel im Sommer, vor allem in den Monaten Mai und August, wenn hier die längsten Schönwetterperioden vorkommen, sondern auch zu den anderen Jahreszeiten, da starke Temperaturextreme zu dieser Zeit nur äußerst selten sind. Der Sommer tritt an der Küste und auf den Inseln etwas später ein als im Binnenland. Dafür ist auch der herbstliche Temperaturfall leicht verzögert durch den Einfluss der Wärme, die das Meer speichert. So sind auch die Temperaturschwankungen im Laufe des Jahres geringer als im Binnenland. Die Hauptsaison der Küste beginnt im Mai und endet im Oktober. Während dieser Zeit im Sommer mildern bei Strahlungswetter typische «Land- und Seewinde» die Tageshitze. Das macht vor allem an heißen Sommertagen den Aufenthalt an der See so angenehm. Aber auch die Winter und die raueren Jahreszeiten im Herbst und Frühling haben an der Küste ihren Wert: Die oft starken Winde üben ein heilendes Reizklima aus mit reichlicher UV-Strahlung und mit einer Luft, die gerade in Nähe der wind- oder sturmgepeitschten Gischt reich an Kochsalz, Brom und Jod ist.

So ist es auch im Norden der Nordsee an den windgestürmten Küsten von Schottland und auf den Inseln der Orkneys und Shetlands; doch auch hier muss selbst an den windärmsten Tagen von Juni bis

August noch mit stürmischem Wetter, tageweise sogar bis Windstärke acht, gerechnet werden, das in den Sommermonaten aber durchweg aus dem Südwesten kommt. Doch schon die Kraft einer normalen Brise, die die Besucher mit Windstärke fünf auf den Klippen trifft, hält viele vom Weitergehen ab. Die Niederschläge auf den Orkneys und Shetlands sind mit etwa 800 bis 1000 Millimeter vergleichsweise gering; das diesbezüglich negativ geprägte Image der schottischen Highlands schlägt leider ungerechterweise auf das der Inseln durch, denn hier ist es viel trockener. Dort hat man in der Vergangenheit sogar aufwendige Leitungssysteme angelegt, durch die das Regenwasser gesammelt und in große Zisternen gebracht wird für die sommerlichen Trockenphasen. Das streng maritime Klima lässt in der Nordsee durchschnittlich August-Höchsttemperaturen von nur etwa 15 Grad Celsius zu, aber auch auf diesen Inseln kommt es durch das Zusammenwirken von Wind, Lufttemperatur und Sonnenstrahlung zu einem ausgesprochenen «Wohlfühlklima».

Die Orkadier und Shetländer unterscheiden sich durch ihren Lebensstil und ihre Lebensart. Der Orkadier ist ein erdverwachsener Kleinbauer mit einem Fischerboot, der Shetländer ein Hochseefischer mit einem Acker. Entsprechend unterschiedlich sind die Lebensinhalte. Diese von Haus aus waldfreien Inseln mit ihren natürlichen Torfdecken, den *blanket-bogs*, ihren Wiesen und spezifischen Naturgewalten lagen früher immer an der bäuerlichen Existenzgrenze. Auch die Fischerei war von jeher risikoreich. Die Insulaner sagen: «Die Natur gibt nichts freiwillig, alles musst du ihr abringen. Jeder Fisch ist bezahlt» und denken dabei an die auf See gebliebenen Fischer.

Beide Inselgruppen sind voller prähistorischer und historischer Denkmäler. Walter Scotts berühmter Roman von 1822 «The Pirate» löste einen ersten Touristenansturm auf die Inseln aus. Ein Sandsturm legte zufälligerweise 1860 die neolithische Anlage Skara Brae frei; das führte zur Begründung der wissenschaftlichen Archäologie auf den Inseln, und auch die 850-Jahr-Feier der St.-Magnus-Kathedrale in Orkneys alter Wikingerstadt Kirkwall führte zu einer erheblichen Intensivierung des Individualfremdenverkehrs.

In den fünfziger Jahren begann auch an der südlichen Nordsee, vor allem in Dänemark, den Niederlanden und den Nord- und Ostfriesischen Inseln, die Entwicklung des Massentourismus. Der Küstenraum wird zu einem der beliebtesten Urlaubsziele in den nordwesteuropäischen Ländern. Die Inseln bieten dabei nicht nur eine weitgehend naturnahe Landschaft mit der Möglichkeit faszinierender Naturerlebnisse und Naturbeobachtungen einer einmaligen Flora und Fauna, sondern auch weitläufige Strände mit sehr guten Bademöglichkeiten. Die inseltypische Melange von intensivem Sonnenlicht, beständigem Wind und maritimen Aerosolen trägt zum Heil- und Reizklima bei, das für eine Vielzahl von Erkrankungen wirksame, schonende und oft alternativlose Therapiemöglichkeiten bietet. Deshalb konnten sich die ursprünglich und im Mittelalter als «karge Eilande» bekannten Nordseeinseln inzwischen allesamt wegen ihrer touristischen und heilklimatischen Attraktivität in «Inseln des Wohlstands» verwandeln.

Die Küsten und die Inseln der Nordsee sind also nicht nur attraktive Urlaubsziele; sie besitzen auch spezielle touristische Eigenheiten: Die durchschnittliche Aufenthaltsdauer auf den Inseln zwischen Texel und Fanø liegt mit etwa acht Tagen weit über dem europäischen Binnenlandsreisedurchschnitt von nur drei Tagen. Die Bettenauslastung ist ebenfalls höher. Interessanterweise ist auch ein Wandel der Mobilität der Urlauber zumindest während eines Inselaufenthaltes festzustellen: Man steigt vom Auto auf ein Fahrrad oder die eigenen Füße um, ohne das als Einschränkung zu empfinden. Ähnliches gilt für die Beachtung der Schutzzonen des Nationalparkes durch die Urlauber. In der Summe sind deswegen die befürchteten negativen Auswirkungen des Tourismus auf Natur und Umwelt relativ begrenzt. Der Tourismus an den Küsten der Nordsee und auf den Inseln wird deshalb als eine sehr «saubere Industrie» angesehen und oft mit dem Prädikat «nachhaltig», im ökologischen Sinne der natürlichen Ersetzbarkeit von Ressourcen, versehen. Dennoch weist der Tourismus gerade auf den Inseln Risiken auf, da die ortsübliche Wasserversorgung aus der jeweiligen Süßwasserlinse einen Eingriff in ein äußerst labiles System darstellt. Wir werden das Problem im Kapitel 14 näher kennen lernen.

Insgesamt kann man sagen, dass die Zahlen der Übernachtungsgäste auf den Nordseeinseln überall seit 1960 rapide angestiegen sind. Der Tourismus ist also seit vielen Jahrzehnten für den Nordseeküstenraum der bedeutendste Wirtschaftsfaktor. Dieser Fremdenverkehr ist offenbar weitgehend konjunkturunabhängig; ein interessantes, gesell-

Wandern und Surfen entlang und in der Brandungsgischt.

schaftliches «Phänomen». Wichtige Aspekte diesbezüglich können hier aus Platzgründen nur am Rande behandelt werden; so ist z.B. nicht abzusehen, wie sich nach den Attentaten vom 11. September 2001 in New York, im April 2002 in Tunesien und nach dem Oktober 2002 in Bali die sich abzeichnende Bevorzugung näher gelegener Urlaubsgebiete auch auf den Nordseeraum auswirken wird.

Noch kann man sagen, dass die Tourismusindustrie eine boomende Branche ist. Der Nordseeraum fängt dabei – überregional gesehen – nur einen kleinen Teil der binnenländischen touristischen Ströme auf. Der Inseltourismus entspricht dabei einem schon lange geforderten wirtschaftspolitischen Ideal. Möglichst nahe gelegene Reiseziele müssten über einen möglichst langen, zusammenhängenden Zeitraum mit möglichst umweltfreundlichen Verkehrsmitteln erreicht werden! Der Energiebedarf einer Anreise zu den Nordseeinseln ist relativ gering, während eines Inselaufenthaltes bleibt der Motor in der Regel kalt. Der Tourismus auf den Inseln wird deshalb inzwischen als exemplarisch für die Gestaltung nachhaltiger Reiseformen angesehen; wir werden das am Beispiel des Nordseestaatsbades Norderney näher betrachten.

Die Einstellungen der Touristen an der Küste gegenüber Natur und Umwelt sind abhängig vom jeweiligen Bildungsstand und von der sozialen Stellung. Die Ergebnisse aktueller Befragungen von Inselbesuchern lassen bei «Normalbürgern» jedoch nur eine geringe Bereit-

Herbsturlaube bis in den späten Oktober hinein sind im Strandkorb möglich, wo die letzten bräunenden Sonnenstrahlen ausgenutzt werden können.

schaft erkennen, ihr Verhalten im Urlaub «zugunsten» der Umwelt zu verändern. Umweltorientiertes Handeln wird bei ihnen mit Verzicht auf Urlaubsfreude, Erlebnis und Genuss gleichgesetzt. Im Hinblick auf das Umweltbewusstsein im Urlaub ist in Zukunft eher von einer Stagnation auszugehen, die Umweltsensibilität der Urlauber scheint sogar ihren Höhepunkt überschritten zu haben. Nicht die Begegnung mit der Natur, sondern die Unterhaltung in der Natur wird gesucht. Die Zahl der sogenannten Bildungstouristen, die die Kultur- und Naturräume der Küsten und der Inseln kennen lernen und kausal begreifen wollen, nimmt Gott sei Dank zu. So ist und bleibt auf jeden Fall die Nordseeküste ein klassisches Urlaubsziel. Inzwischen können allein die Seebäder in Deutschland jährlich zwei Millionen Gäste und mehr als 20 Millionen Übernachtungen nachweisen, und dafür besteht eine gehobene Infrastruktur. Dazu kommen ungezählte Tagesgäste. Die Abhängigkeit der Regionen vom Tourismus ist also sehr stark und kaum zu steigern, denn Alternativen gibt es nicht. Auf den Ostfriesischen Inseln sind beispielsweise derzeit mehr als 80 Prozent aller Arbeitsplätze direkt oder indirekt auf den Fremdenverkehr ausgerichtet. Allerdings unterliegt der Fremdenverkehr einer naturbedingten Saisonalität; man ist aber überall bemüht, mehr oder weniger eine «Ganzjahressaison» zu entwickeln, um eine optimale Auslastung der Hotels, Pensionen und Ferienwohnungen zu erreichen.

Ein Problem sind die sogenannten «Zweitwohnungen» auf den Inseln. Für «Nichtinsulaner» wird oft eine eigene «Zweitwohnungssteuer» erhoben – auf Norderney und Langeoog derzeit etwa 500 Euro im Jahr –, um einen Beitrag am allgemeinen Ausbau der Infrastruktur zu erhalten. Es werden auch rechtliche Instrumente erprobt, um der Verdrängung der ortsansässigen Bevölkerung infolge des Grundstückserwerbs durch Ortsfremde zu begegnen. Auf Sylt hat die Explosion der Grundstückspreise dazu geführt, dass viele Insulaner sich in einigen Orten auf dem Festland angesiedelt haben. Siedlungsgeographen haben für diesen Verdrängungsprozess schon das Wort «Sylt-Syndrom» geschaffen, was, wie überall auf der Welt, den Prozess der sogenannten «Wohlstandsmigration» benennt, der überall dort einsetzt, wo eine schöne, als idyllisch und angenehm empfundene Landschaft durch eine Minorität reicher Kapitaleigner aufgekauft und neu sozialisiert wird, so dass die «normalverdienenden» Einheimischen nicht mehr mithalten können und ihren Besitz verkaufen. Wir beobachten dies derzeit auf vielen Nordseeinseln.

Was ist ein Nationalpark, fragen sich viele Besucher, wenn sie überall auf den Inseln und an der Küste die manchmal zu zahlreichen Hinweisschilder sehen. Ein Nationalpark ist ein Schutzgebiet, in dem sich die Natur weitgehend ungestört und möglichst ursprünglich entwickeln kann. Er umfasst großräumige Gebiete mit einer besonderen Naturausstattung – hier sind es die älteren Salzmarschen, die empfindlichen jungen Salzwiesen der Festlands- und Inselwatten sowie die gesamten Dünenkomplexe mit ihren Primär-, Weiß-, Grau- und Braundünen und den einzigartigen Dünentälern mit ihren wechselnden Süß- und Salzwasserregimen. Die Nationalparkflächen sollen durch den Einfluss des Menschen nicht oder nur wenig beeinträchtigt sein. Deshalb hat man Schutzzonen unterschiedlicher Kategorien geschaffen, um solches zu gewährleisten. Nationalparks sollen nicht mehr Ziel einer landwirtschaftlichen Nutzung sein, was natürlich bei den Marschen und den alten Polder- oder Grodenflächen auf den Inseln und am Festland bei der dort ansässigen Bevölkerung oft Unmut oder Unverständnis auslöst. Denn gerade diese Flächen sind ja mühevoll über Generationen hinweg dem Meer abgerungenes Kulturland. Hier liegt auch viel Konfliktstoff zwischen den Nationalparkverwaltungen der Länder und den Inselbewohnern beziehungsweise den Bauern in der Marsch. Zum Teil benötigen die älteren Strandfliedersalzwiesen auch die alte angestammte landwirtschaftliche Nutzung mit Beweidung durch Schafe, Pferde oder Rinder, wie sie traditionell bis zur Schutzgebietsausweisung ja auch durchgeführt wurde. Heute ist vielerorts auf den deutschen Inseln das Vieh aus dem Nationalpark ausgesperrt, und manche Besucher, die öfter kommen und die die lilafarbenen Strandflieder- und Salzasternwiesen im August und September aufsuchen, beobachten derzeit eine Veränderung: Die Salzwiesen blühen nicht mehr in so riesigen, landschaftsbeherrschenden Ausmaßen. Die lila Farben des Strandflieders gehen zurück, die spätsommerlichen Salzwiesen verlieren ihre Farbenspiele und sind nur noch dunkelgrün. Diese Pflanze wird nämlich durch Beweidung gefördert, das Abbeißen der Pflanzen führt zu sekundären Austrieben, und die Bestände wuchsen früher infolgedessen dichter und flächenhaft. Jetzt, wo die Beweidung fehlt, werden sie vom Strandwermut und anderen hochwüchsigen Pflanzen überwuchert.

Die Nationalparks von Dänemark, Schleswig-Holstein, Hamburg, Niedersachsen und den Niederlanden bestehen seit 1985. Sie alle sind eingeteilt in Zonen unterschiedlicher Schutzintensität, von der Ruhezone bis zur Erholungszone; diese tragen den vielfältigen ökonomischen Interessen dieser Region Rechnung, vor allem dem Fremdenverkehr, der Fischerei und der Schifffahrt. In der Ruhezone sind alle Handlungen verboten, die den Nationalpark oder einzelne seiner Bestandteile zerstören, beschädigen oder verändern. Das Betreten dieser Zone ist verboten. Allerdings gibt es Ausnahmen, beispielsweise für das Wandern auf zugelassenen Wegen. Die Salz- und Strandwiesen zwischen der Hochwasserlinie und dem Deichfuß beziehungsweise dem Dünenfuß der Zwischenzone dürfen in der Zeit vom 1. April bis 31. Juli nur auf zugelassenen Wegen begangen werden, um das Brutgeschäft der Vögel nicht zu stören. Die Erholungszone darf nur als Badestrand oder als Kureinrichtung genutzt werden.

Der größte Teil des dänischen und niederländischen Wattenmeeres ist ebenfalls naturschutzrechtlich gesichert. Außerdem sind ausgedehnte Bereiche des Wattenmeeres als Feuchtgebiete internationaler Bedeutung gemäß Ramsar-Konvention, als Important Bird Area beziehungsweise nach der EU-Vogelschutzrichtlinie oder von der UNESCO als Biosphärenreservat anerkannt.

Dazu gibt es verschiedene Schutzgebietskategorien im Nationalpark Wattenmeer: Die *Erholungszone* ist freigestellt für den Erholungs- und Kurbetrieb, örtliche Regelungen sind aber zu beachten. Die *Zwischenzone* ist gegenüber der Ruhezone weniger streng geschützt. Hier sind alle Handlungen verboten, die den Charakter des Wattenmeeres einschließlich der Inseln und ihr Landschaftsbild verändern und den Naturgenuss beeinträchtigen. Dazu gehört zum Beispiel, die Ruhe der Natur durch Lärm oder auf andere Weise zu stören, wildlebende Tiere an ihren Brut- und Lebensräumen aufzusuchen und zu stören, zu fotografieren oder zu filmen. Hunde dürfen in der Zwischenzone nur im Rahmen der ordnungsgemäßen Jagdausübung frei laufen. Auf anderen als den dafür festgelegten Plätzen, Straßen, Wegen oder Strecken ist es nicht erlaubt zu zelten, Wohnwagen abzustellen, Feuerstellen einzurichten oder Feuer anzuzünden. In der Zeit vom 1. April bis 31. Juli, in der Brut- und Aufzuchtzeit der Vögel, darf in der Zwischenzone das Gebiet zwischen Hauptdeich und der Mittleren Tidehochwasserlinie nur auf den ausgewiesenen Wegen betreten werden. In dieser Zeit dürfen hier bei Ebbe keine Wasserfahrzeuge trocken fallen. Ebenso ist das Reiten dann nicht gestattet.

In der *Ruhezone* gelten die strengsten Schutzbestimmungen, da sich hier die empfindlichsten Landschaftsteile, Pflanzen- und Tierarten des Nationalparks befinden. Wattwandern, Wandern, Radwandern, Reiten und Kutschfahren ist in der Ruhezone nur auf ausgewiesenen Wegen, Routen und Flächen erlaubt; ansonsten besteht ein generelles Betretungsverbot. Um die dort lebenden Tiere nicht zu beunruhigen, dürfen sie an ihren Brut- und Lebensräumen nicht aufgesucht, gefilmt oder fotografiert werden. Von den einschränkenden Regelungen sind aber nicht nur die Erholungsuchenden betroffen, sondern unter anderem auch die Landwirtschaft, die Jagd und die Fischerei. So ist zum Beispiel die Jagd im Wattenmeer verboten. Sport- und Freizeitfischerei sowie Wattwurmstechen im Handstich dürfen nur auf den dafür vorgesehenen Wegen und Flächen ausgeübt werden. Bestimmte hergebrachte Nutzungen durch die ansässige Bevölkerung bleiben weiterhin möglich. Maßnahmen zur Erfüllung öffentlicher Aufgaben wie Seenotrettungswesen, Deicherhaltung und Strandreinigung unterliegen keinen Beschränkungen. Diese überall eingerichteten Nationalparkhäuser sind Stützpunkte des Nationalparks Wattenmeer. Sie bieten vielfach museal aufgearbeitete Informationsstätten mit zahlreichen Möglichkeiten interaktiver «Erlebnispädagogik» zum Kennenlernen und Verstehen der einmaligen Naturereignisse im Wattenmeer. Viele zigtausend Besucher zählt meistens jede dieser Institutionen pro Jahr, und das bezeugt das Interesse breiter Bevölkerungsschichten an diesem Naturraum. Die Mitarbeiter der Nationalparkhäuser organisieren Wanderungen über die Inseln, ins Watt, in die Dünen und die Salzwiesen. Das Wattenmeerforum «Multimar» in Tönning auf der Eiderstedter Halbinsel und der EXPO-Pavillon von Lissabon «Oceanis», heute in Wilhelmshaven, sind ebenfalls mustergültige Einrichtungen. Auch dem Bildungstourismus wird mehr Aufmerksamkeit gezollt, wofür viele Seebäder mit ihren oft hochinteressanten Natur- und Kulturdenkmälern die besten Voraussetzungen bieten. Die Helgoländer Kurverwaltung beispielsweise setzt klare Zeichen, indem sie zu den Themenfeldern Natur, Kultur und Geschichte Rundwege anlegte, zu denen informative Begleitmaterialien zur Verfügung gestellt werden. In diesem Zusammenhang sei auf die renommierten ozeanographischen, biologischen und meteorologischen Forschungseinrichtungen verwiesen, die ihre Arbeit auf Helgoland längst wieder aufgenommen haben und außerdem einen wichtigen Beitrag zum weitgehend saisonunabhängigen Bildungs- beziehungsweise Wissenschaftstourismus leisten.

Die meisten Insel- und Küstengemeinden der südlichen Nordsee sind sich im Klaren darüber, dass die natürlichen wie naturnahen Landschaftsräume des Watten-Insel-Systems das unersetzliche, werbende Kapital für einen umwelt- und sozialverträglichen Tourismus sind und deren Sicherung in ihrem ureigenen Interesse liegt. Die Realisierung eines Nationalparks im strengsten Sinn mit dem Ziel eines vollständigen «Sich-selbst-Überlassens der Natur», wie er gelegentlich von Umweltschützern gefordert wird, kann es aber großflächig im Wattenmeer nicht geben. Eine zeitweise Sperrung von Strandbereichen, Dünen und Salzwiesen zur Brut-, Aufzucht- und Mauserzeit der Seevögel sowie zur Setz- und Säugezeit von jungen Seehunden, die Steuerung der Besucher durch gezielte Wegeführung sowie spezielle Wegverbote und -gebote für Fußgänger, Radfahrer und Reiter sind jedoch Möglichkeiten zum Schutz der Natur und haben sich inzwischen hervorragend bewährt. So werden Naturschutzbelange und Fremdenverkehr fast überall zur Synthese gebracht.

Anfangs bestand bei den Insel- und Küstengemeinden die Befürchtung, die mit der Errichtung des Nationalparks verbundenen Einschränkungen der persönlichen Bewegungsfreiheit könnten die Gäste abschrecken und fernhalten. Dies ist von der Entwicklung in den letzten zehn Jahren entkräftet worden. Das Gegenteil ist eingetreten: Die Übernachtungszahlen sind überall gestiegen, und der Nationalpark ist Markenzeichen für «intakte Natur und Landschaft» geworden. Gezielte Maßnahmen der Umweltbildung mit der Errichtung von Nationalparkhäusern überall auf den Inseln und an den Küsten, dem Wattenmeer-Museum auf Spiekeroog, das Nationalparkschiff «Borkum» sowie laufende Geländeführungen durch die Bediensteten der Nationalparkverwaltung haben das Ihre dazu getan. Heute sind die Belastungen durch touristische Aktivitäten auf den Inseln und im Watt gering.

Nationalparke und andere naturschutzrechtliche Instrumente können jedoch nur einen Teil zur Realisierung der komplexen Schutzziele für Nordsee und Wattenmeer beitragen. Die Verschmutzung der Nordsee durch Schadstoffeinträge, die Risiken im Gefahrguttransport und bei der Ausbeutung von Bodenschätzen sind natürlich nur mit bindenden Beschlüssen der Staatengemeinschaft, insbesondere der Nordseeanrainerstaaten, abzubauen. Wesentliche Grundsätze und Ziele zum Schutz des Wattenmeeres wurden entsprechend in der Ministererklärung der 6. Trilateralen Regierungskonferenz der Niederlande, Dänemarks und Deutschlands zum Schutz des Wattenmeeres im dänischen Esbjerg 1991 beschlossen. Aber es gibt auch die typischen politischen Interessenkonflikte: So konnten sich die Nordseeanrainerstaaten 1990 anlässlich der 3. Internationalen Nordseeschutzkonferenz in Den Haag noch nicht einmal auf eine Halbierung des Eintrages von 129 bekannten Schadstoffen bis 1995 einigen. Allein das Beispiel der Gasleitung «Europipe» aus dem norwegischen EKOFISK-Gebiet durch den Nationalpark Wattenmeer an die ostfriesische Küste im Jahre 1998 zeigt, wie weit Wunsch und Wirklichkeit auseinanderklaffen und wie schnell die hochgesteckten Ziele eines Nationalparks durch wirtschaftliche Interessen und politische Entscheidungen mit entsprechenden Geldzuwendungen relativiert werden können.

Auch Natur aus zweiter Hand ist heute schutzwürdig für den Nationalpark. Zwischen Harlesiel, Schillig und Hooksiel an der deutschen

Nordseeküste liegen der Elisabethgroden und das Crildumer Watt, die im Zuge der Landgewinnungsmaßnahmen in den Jahren 1894 und 1895 eingedeicht wurden. Das Deichvorland, der sogenannte *Außengroden*, erreicht heute stellenweise eine Breite von mehr als 500 Metern. Der fast 800 Hektar große Außengroden wurde wegen seiner Bedeutung für die Pflanzen- und Tierwelt 1973 als Naturschutzgebiet ausgewiesen und gehört seit Bestehen des Nationalparks Niedersächsisches Wattenmeer zu den am strengsten geschützten Bereichen. Durch den ständigen Wechsel von Anwachsen des Vorlandes und Landverlusten bildete sich eine höhenabgestufte Fläche, eine Poldertreppe mit entsprechenden terrassenartigen Salzwiesen. Diese zeichnet sich durch einen zum Watt hin aufgeschlickten Wall, tiefliegende Bereiche in der Mitte und eine höher angewachsene, ältere Salzwiesenzone am Deichfuß aus. Zur Erhöhung des Elisabethgroden-Deiches in den Jahren 1958 und 1959 sowie von 1969 bis 1972 wurde im Außengroden schwerer, toniger Marschboden entnommen. Diese Bodenentnahmestellen, die im Volksmund *Pütten* genannt werden, die heute fast vollständig zugeschlickt sind, werden zum Teil nur bei stärkerem Hochwasser überspült, zum Teil sind es dauerhaft nasse Standorte.

Im Bereich der Pütten konnten sich natürliche Prielsysteme entwickeln. Pütten und Priele steigern erheblich die Standortvielfalt im Elisabeth-Außengroden. In Abhängigkeit von Wasser- und Salzgehalten des Bodens entwickelt sich eine an die Verhältnisse angepasste Pflanzendecke. In den tiefliegenden, nassen Bereichen, in denen das Salzwasser länger stehen bleibt, können oft nur einzelne Quellerpflanzen und Schlickgras-Horste existieren. Die Flächen, die weniger häufig überflutet werden, sind großflächig von sattgrünem Andel und hochaufgewachsenen Stauden wie silbrigem Strandwermut oder rosalila blühender Strandaster besiedelt. Auf höheren und trockeneren Standorten wie zum Beispiel am Deichfuß oder beidseitig entlang ehemaliger Entwässerungsgräben, den sogenannten *Grüppen*, kommen fast ausschließlich Binsenquecke und Rotschwingel vor. Der Boden ist hier bereits so weit ausgesüßt, dass auch Wiesenpflanzen des Binnenlandes wachsen können. Der Ostteil des Elisabeth-Außengrodens wird seit seiner Unterschutzstellung im Jahre 1973 nicht mehr genutzt. So blieb die unterschiedliche Gestalt der Bodenoberfläche, Priele und Pütten erhalten, und es konnte eine Entwicklung zu einer naturnahen

Salzwiese erfolgen. Der westliche und mittlere Teil wird auf einem 200 Meter breiten Streifen am Deichfuß einmal jährlich nach der Brut- und Aufzuchtzeit der Vögel gemäht. Im Elisabeth-Außengroden brüten Küsten- und Wiesenvögel in hoher Dichte. Neben zahlreichen Rotschenkeln kommen hier auch Säbelschnäbler, Wiesenpieper und Rohrweihen vor. Der binnendeichs gelegene Elisabethgroden wird landwirtschaftlich genutzt. Der als Grünland bewirtschaftete östliche Teil besitzt große Bedeutung als Brutgebiet für Wiesenvögel. Auch als Rastplatz werden die kurzrasigen Flächen vor allem von zahlreichen Gänsen benötigt. Die Salzwiesen und hochliegenden Wattbereiche im gesamten Küstenabschnitt von Harlesiel bis Hooksiel werden von großen Schwärmen von Knutts, Grau- und Ringelgänsen und vielen anderen Arten im Herbst auf ihrem Zug in die Überwinterungsquartiere im Süden und im Frühjahr in ihre Brutgebiete im hohen Norden zur Nahrungsaufnahme aufgesucht. Aufgrund der hohen Rastvogelzahlen wurden diese Vorlandbereiche 1976 sogar zum Feuchtgebiet von internationaler Bedeutung «Wattenmeer, ostfriesisches Wattenmeer mit Dollart» erklärt.

Die neuerlichen Bemühungen, bestehende Nationalparkverordnungen entlang der Nordsee nunmehr in Gesetze umzuwandeln, stoßen bei den betroffenen Land- und Inselgemeinden auf heftigen Widerspruch; sie wollen gegen diese Bestrebungen klagen mit der Begründung, dass ein Nationalparkgesetz den Fremdenverkehr behindert und jede strukturelle Entwicklungsmöglichkeit für die Regionen oder die Inseln dauerhaft unterbindet. Den Schutz des Wattenmeeres in der Ruhezone begrüßen alle sehr, aber die Einbeziehung von Menschen bewohnter Gebiete in die Nationalpark-Zwischenzone, in der Bestandesschutz für Flugplätze, Bahnanlagen und Golfplätze gilt, wird im Nationalpark mit den teilweise strengsten Anforderungen des «Sich-selbst-Überlassens» der Natur jeden Ausbau unmöglich machen. Hier ist bislang leider viel zu viel über die Köpfe der Insulaner hinweg entschieden worden, und das Ende des Streits ist noch offen.

13. UMWELT ALS KNAPPES GUT – WARNSIGNALE AUS DEM WATTENMEER

Die Nordsee gehört zu den am stärksten belasteten Meeren. Trotz zahlreicher Bemühungen bei der Überwachung der Stoffeinträge und ihrer Diagnosen, die in vielen sogenannten *Schutzkonferenzen* der acht Anrainerstaaten regelmäßig seit 1984 durchgeführt werden, besteht immer noch ein bedrohlicher Zustand hinsichtlich der Meeresverschmutzung. Obwohl eingeleitete Maßnahmen zum Schutz der Nordsee mit dem Verbot der Dünnsäureverklappung seit 1989 erste Verbesserungen bringen, kann die Nordsee heute leider noch immer im wahrsten Sinne des Wortes als die «Mülltonne» Nordwesteuropas bezeichnet werden: Tanker- oder Containerschiff-Unfälle, Schadstoffeinleitungen, Giftmüll-Verklappungen, Düngemittelbelastungen mit allen Konsequenzen der Überdüngung (Hypertrophierung), Überfischungen, zunehmender See- und Hafenverkehr sowie Pipeline- oder Kabelverlegungen stehen zunehmend im Interesse der Medien und der Öffentlichkeit. Die erhöhte Belastung des Küstenraumes und der Flussmündungsbereiche von Rhein, Themse, Ems, Weser und Elbe ist offensichtlich: Das Seehundsterben zwischen der englischen Ostküste und dem Kattegat in den Jahren 1988 und 2002 sowie die episodischen explosionsartigen Massenentwicklungen von Algen im Wattenmeer haben jedermann vor Augen geführt, dass der Lebensraum Nordsee gefährdet ist.

Die deutschen Wattenmeerbereiche sind im europäischen Vergleich am stärksten genutzt. Daraus resultieren vielfältige Konfliktfelder aus differenzierten Nutzungsansprüchen und entsprechenden ökologischen Belastungen. Zu nennen sind hier besonders Industrieansiedlungen direkt an der Küste, die Fischerei, Anlagen von Aquakulturen, der Hafen- und Seeverkehr, Prospektionen von Öl und Gas, Einleitungen von Abwässern, Ölverbindungen, Klärschlammverklappungen und Ölverbrennungen sowie Kiesgewinnung und Aufspülungen. Dazu kommen alle Folgen von Freizeit- und Erholungsnutzungen. Probleme wie die Verschmutzung der Nordsee durch Direkteinleitungen sowie Einträge über die Flüsse und die Luft lassen sich nur durch internationale Abkommen und deren strikte Einhaltung und Überwachung wirksam und dauerhaft lösen. In diesem Fall sind dann neben den Nordseeanrainerstaaten auch diejenigen Staaten gefordert, die vor allem durch Einleiten von Schadstoffen in die Flüsse zur Verschmutzung der Nordsee beitragen. Internationale Vereinbarungen sind erste Schritte zur Lösung der Probleme. Die Zahl der lesenswerten und informativen Darstellungen zu diesem Themenkomplex ist groß: so unter anderem das «Greenpeace-Buch» der Nordsee von Malcolm MacGarvin, das «Nordseebuch» von Konrad Buchwald und die «Umweltatlanten Wattenmeer» der Nationalparkverwaltungen und des Umweltbundesamtes von 1999. Hier werden die Fragen der Nordseebelastungen und deren Konsequenzen für den Ökosystem-Komplex von Wattenmeer und Inseln eingehend behandelt und diskutiert. Auf diese Werke kann an dieser Stelle nur eindringlich verwiesen werden, zumal die Probleme von Schadstoffbelastungen durch Industrie und Verkehr in diesem Buch aus Platzgründen nicht näher behandelt werden können.

Die wirtschaftliche Bedeutung der Nordsee hat sich durch die Entdeckung von Erdgas seit 1965 und von Erdöllagern seit 1969 deutlich erhöht. Die Förderkosten sind wegen der schwierigen Verhältnisse auf offener See und des damit verbundenen technischen Aufwands rund zehnmal höher als im Nahen Osten. Kürzere Transportwege und der Transport durch Pipelines gleichen jedoch einige dieser Nachteile aus. Die gewinnbaren Vorräte für die norwegischen Produktionsgebiete unter anderem von «Troll», «Brent» und «Ekofisk» werden mit über 1000 Millionen Tonnen Erdöl und mehr als 2000 Milliarden Kubikmeter Erdgas angegeben; für die britischen Produktionsgebiete unter anderem von «Viking» und «Leman» sind es ebenfalls mehr als 1000 Milliarden Tonnen Erdöl und immerhin knapp über 1000 Milliarden Kubikmeter Erdgas. Auch in der Deutschen Bucht gibt es zur Zeit wohl mehr Ölreserven, als man bislang wusste. Wahrscheinlich betragen sie bis zu 60 Millionen Tonnen. Das Erdölvorkommen «Mittelplate» in der Meldorfer Bucht vor der Dithmarscher Küste enthält größere Vorkommen als bisher angenommen und soll auch schneller ausgebeutet werden. Dieses Ölfeld ist bisher schon das mit Abstand größte deutsche Erdölvorkommen. Die Betreiber planen Rohrleitungen von der Förderinsel «Mittelplate» durch den Nationalpark Schleswig-Holsteinisches Wattenmeer; die Förderung soll damit auf mehr als 1,5 Millionen Tonnen Rohöl jährlich steigen. Bislang funktioniert der Abtransport des Rohöls von der Bohr- und Förderinsel zur Raffinerie mit Schiffen, der allerdings von den Tiden zeitlich begrenzt ist.

Das aus Kohlenwasserstoffen bestehende Rohöl und seine Destillations- und Umwandlungsprodukte haben sich als sehr gefährlich für die Meereswelt erwiesen. Auch in der Nordsee findet man immer wieder chronisch verölte Seevögel; Hinweise auf im Meer treibendes Öl liefern auch die häufigen Teerklumpen an den Spülsäumen. Neben der vorsätzlichen Meeresverschmutzung durch den Schiffsverkehr mit bis zu 60 000 Tonnen pro Jahr kann Öl gerade bei Unglücksfällen in die Nordsee gelangen. Über 100 000 jährliche Schiffsbewegungen in der Deutschen Bucht bedeuten ein erhebliches Unfallrisiko. Trotz Lotsen und Leitsystemen ist ein Schiffsunfall in der teilweise nur 300 Meter breiten Fahrrinne nicht auszuschließen. Schon 1990 liefen mehr als 5000 Tanker mit Öl, Flüssiggas und Chemikalien allein deutsche Nordseehäfen an. Die Anlieferung von Mineralöl belief sich in den sechs Nordseehäfen auf knapp 29 Millionen Tonnen. Glücklicherweise hat es in jüngster Zeit noch keinen größeren Tankerunfall in der Nordsee gegeben. Eine Havarie, wie zum Beispiel bei der «Exxon Valdez» im Jahre 1995 in Alaska, hätte in den flachen Küstengewässern der Nordsee katastrophale Folgen. Weite Teile des Wattenmeeres wären für Jahrzehnte unbewohnbar. Die Zahl der Opfer unter den Vögeln ginge in die Hunderttausende, die der Bodenorganismen ließe sich kaum in Zahlen ausdrücken. Einen Vorgeschmack bot ja der bereits genannte brennende Holzfrachter «Pallas» im Jahre 2001, dessen Wrack noch heute vor Amrum zu «bewundern» ist. Die dort zuständigen Behörden sind bis heute nicht einmal in der Lage, den skandalösen Schiffsmüll aus dem Wattenmeer zu entfernen!

Die meistbefahrene Wasserstraße der Welt liegt in der südlichen Nordsee und führt aus der Elbmündung an den Ost- und Westfriesischen Inseln vorbei in den Ärmelkanal. Der Untergang des maroden, mit mehr als 70 000 Tonnen schwefelhaltigem Schweröl beladenen Tankers «Prestige» vor der galizischen Küste in den Herbststürmen des November 2002 macht die Bedrohung offensichtlich: An den ölverschmierten nordspanischen und französischen Küsten verendeten Dutzende von Delphinen, Schildkröten, Seehunden und Fischottern

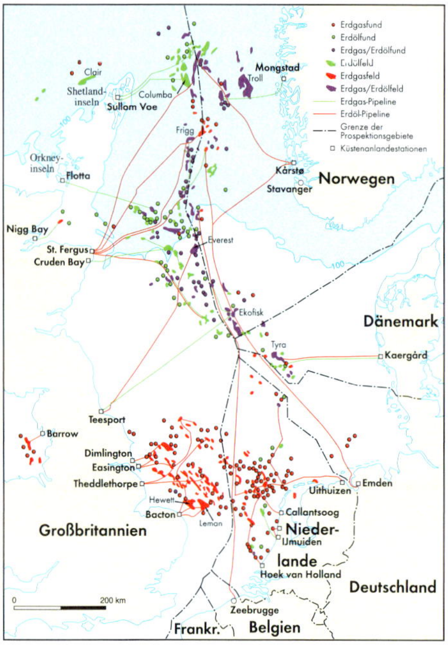

Erdöllagerstätten in der Nordsee (aus Brockhaus-Enzyklopädie, Bd. 15).

sowie mehrere tausend Seevögel, darunter auch seltene Arten wie die Weißkopfmöwe und die Krähenscharbe, zudem zahlreiche Zugvögel aus dem winterlichen Norden Europas, wie Trottellumme, Basstölpel und Papageientaucher. Die Fisch- und Muschelbestände und die anderen Meereslebewesen sind für Jahre kontaminiert, dezimiert und beeinträchtigt, weiß man doch, dass ein Liter flüssiges Öl etwa fünf Millionen Liter Wasser verseuchen kann. Solche Öltanker-Havarien geschehen leider immer wieder. Unvergessen sind noch die Unglücke der «Amoco Cádiz» im März 1978 in der Nähe der französischen Hafenstadt Brest, das Unglück des norwegischen Tankers «Braer», der 1993 vor der Südküste von Shetlands Mainland zerbrach, sowie des Öltankers «Erica» im Jahre 1999, bei der die bretonische Küste durch etwa 20 000 Tonnen Öl verschmutzt wurde.

Seit der Öffnung des «Eisernen Vorhangs» nach 1990 befahren vermehrt die großen Öltanker die Nordsee; sie laden oft Heizöl aus Russland vom lettischen Hafen Windau (Ventspils), dem größten Ölumschlaghafen an der baltischen Küste, und bringen es über die Ostsee und den Ärmelkanal nach Südeuropa. Dabei müssen sie in der Ostsee die Kadetrinne zwischen der dänischen Insel Folster und der mecklenburgischen Halbinsel Darß passieren, eine Flachwasserzone, in der die Wasserstraße sehr eng und schwer zu navigieren ist. Die Wassertiefe pendelt hier je nach Windrichtung und -stärke zwischen 14 und 16 Metern. Auch der Öltanker «Prestige» hatte wenige Tage vor seiner Havarie die Kadetrinne passiert; dort hatte das Unglücksschiff höchstens noch zwei bis drei Meter Wasser unter dem Schiffsrumpf. Obwohl seit 1993 die Öltanker nur noch mit einer Doppelhülle gebaut werden dürfen und viele große Ölkonzerne wie zum Beispiel «Exxon» und «Shell» ihre Tankerflotte entsprechend zertifizieren und kontrollieren, gibt es leider immer noch die Schiffe der sogenannten «Billigflaggen», die den internationalen Sicherheitsbestimmungen offenbar nicht entsprechen. Scharfe Kontrollen und Ausschluss von der Seefahrt wären wohl die dringenden Konsequenzen. Allerdings bleibt die endgültige Sicherheit vor solchen Katastrophen wohl eine Illusion: Nur etwa zwei von fünf Tankern haben derzeit eine Doppelhülle. Würden die anderen drei Fünftel sofort von den Weltmeeren verbannt, würde die Ölversorgung zusammenbrechen. Außerdem wären die Werften wohl nicht in der Lage, so viele Tanker zu bauen, und wer soll schließlich die neue Tonnage finanzieren? Jede Maßnahme, welche die Kontrollen verbessert, veringert sicherlich das Risiko eines Unglücks. Doppelhüllen reißen aber auch bei Schiffszusammenstößen oder bei Strandungen. Die meisten Unfälle auf See werden immer noch durch menschliches Versagen verursacht.

Eine weitere Quelle der Ölverschmutzung sind die Bohraktivitäten, die trotz aller Vorsichtsmaßnahmen zur Ölbelastung der Nordsee beitragen. 1988 gelangten 29 000 Tonnen Öl auf diese Weise in die Nordsee. Selbst im Nationalpark Schleswig-Holsteinisches Wattenmeer, unweit der Insel Trischen, wird das Öl der Meldorfer Bucht gefördert – ein Risiko für Flora und Fauna, wie es auch der ehemalige Leiter der Helgoländer Vogelschutzwarte, Gottfried Vauck, schon 1980 und 1983 immer wieder anmahnte. Besonders die Tierwelt ist direkt vom Öl betroffen. Das zeigt sich zuerst durch Vergiftungen der Meerestiere nach Aufnahme von Teer oder verunreinigter Nahrung, bei Seevögeln vor allem durch Verkleben des Gefieders mit der Konsequenz des Verlustes der Wärmeisolation und Wasserfestigkeit. Spätfolgen hiervon sind immer ihre erhöhte Sterblichkeit und eine verringerte Fortpflanzungsrate. Die Vernichtung der Nahrungsgründe wirkt natürlich noch nachhaltiger auf den Bestand. Das weltweite Übereinkommen zur Verhütung von Meeresverschmutzung durch Schiffe, die Marpol-Konvention (*mar*ine *pol*lution), das 1993 von der Internationalen Meeresorganisation, einer Unterabteilung der Vereinten Nationen, erlassen wurde, soll die schiffsbedingte Verschmutzung des Meeres mit Öl, Chemikalien, Schadstoffen in verpackter Form und Schiffsmüll verhindern. Die norddeutschen Küstenländer entsorgen jedoch seit 1988 kostenlos ölhaltige Rückstände aus dem Schiffsbetrieb und Öl-Wasser-Gemische, das sogenannte Bilgenwasser, das beim Reinigen von Schiffstanks anfällt. Die kritische Lage der Nordsee lässt sich nicht mehr wegdiskutieren.

Natürliche Störungen jedweder Art sind aber für die Ökosysteme und hinsichtlich der Regenerationsfähigkeit von Lebensgemeinschaften in der Nordsee von entscheidender Bedeutung. Sie steuern zum einen die natürliche Artenvielfalt, die Diversität des marinen Benthos mit seinen charakteristischen Seegraswiesen, den Meerestangwiesen und den Muschelbänken, die allesamt wichtige Schlüsselrollen für die Struktur und den Stoffhaushalt von Wattenmeer-Ökosystemen spielen. Die Häufigkeiten und die Störungsintensitäten wiederum beeinflussen die Wiederbesiedlungsgeschwindigkeiten des Wattbodens mit Organismen und bestimmen die Entwicklung der Artenvielfalt. Für den Bereich der flachen Nordsee sind außergewöhnlich kalte Winter oder Sturmereignisse wichtige Störgrößen, welche die Artenzusammensetzung und die Diversität des Benthos maßgeblich beeinflussen. In der Nordsee sind aber auch anthropogene Störungen wichtige Einflussgrößen auf die benthische Diversität. So bewirkt die intensive moderne Grundschleppnetz-Fischerei in der mittleren und südlichen Nordsee eine erhebliche Verarmung der Fischbestände und eine deutliche Verschiebung der Lebensgemeinschaften in frühen Sukzessionsstadien, gerade bei den Seegraswiesen im Wattenmeer. Auf europäischer Ebene wird man künftig diese Probleme diskutieren müssen, um dem Artenschwund entgegenzuwirken oder ihn zumindest aufzuhalten. Die aktuelle Bedrohung der Kabeljau-Bestände ist ja inzwischen ein Thema der europäischen Staaten in Brüsseler Konferenzen. Auch der geplante Bau großflächiger Windenergieanlagen im Off-shore-Bereich der Nordsee wird nicht ohne Auswirkungen auf die marinen Ökosysteme bleiben.

Im Jahre 1988 löschte eine Virusinfektion einen großen Teil des Seehundbestandes (*Phoca vitulina*) in der Nordsee aus. Mehrere tausend Tiere fielen in Nordwesteuropa der Epidemie zum Opfer. Als Auslöser der Seehundstaupe gilt das sogenannte *Phocine Distemper Virus* (PDV). Art und Ausmaß der Krankheit werden aber auch mit einer Schwächung des Immunsystems aufgrund von Umweltbelastungen in Zusammenhang gebracht. Insbesondere Polychlorierte Biphenyle (PCB) sind bekannt für eine Beeinträchtigung der körpereigenen Abwehrreaktionen. Das mag die Ursache für die plötzliche Massenerkrankung der Tiere gewesen sein; anschließend nahm der Seehundbestand allerdings wieder zu und hatte nach wenigen Jahren seine Ausgangsgröße von 1988 wieder erreicht, mancherorts sogar übertroffen. Vierzehn Jahre später wiederholte sich die Tragödie schon wieder: Etwa die Hälfte der Seehundbestände der Nordsee, das sind ca. 23 000 Meeressäuger, ging im Jahr 2002 im Skagerrak, im Limfjord, im friesischen Wattenmeer und an der englischen Northcumberland Coast erneut an der Virusstaupe zugrunde; dabei fragt man sich, ob das natürliche Populationsschwankungen sind oder ob nicht doch die Meeresverschmutzung hier eindeutige Hinweise für die zukünftigen Lebensmöglichkeiten der Seehunde gibt. Die Anreicherungen von Schwermetallen und Chlor-Kohlenwasserstoffen, vor allem der polychlorierten Biphenyle, in der Nährstoffkette werden noch immer als offenbar prädisponierende Stressoren beim bereits erwähnten Seehundsterben diskutiert. Das sind spannende Fragen für die Zukunft und weitere Argumente, eine konsequente Politik der Umweltvorsorge für die Nordsee zu fordern.

Auch im 21. Jahrhundert wird die Nordsee von einigen Anrainernationen als Abfalleimer missbraucht. Das beginnt bei der Einleitung industrieller, landwirtschaftlicher und kommunaler Abwässer in Bäche und Flüsse, führt über die Verklappung von Klärschlämmen, Baggergut, Industrieabfällen und anderem Müll auf See bis hin zu den umfangreichen Schadstoffeinträgen aus der Luft. Doch was unter Wasser verschwindet, ist noch lange nicht aus der Welt. Schadstoffe können sich im Wattboden und in den Organismen anreichern und über Jahrzehnte das Ökosystem Wattenmeer schädigen. Krankheiten bei Fischen und Seehunden, Verschiebungen im Artenspektrum von Algen und zeitweiser Sauerstoffmangel sind alarmierende Zeichen für den Zustand der Nordsee und des Wattenmeeres. Der Eintrag von Nährstoffen spielt hier wohl die wichtigste Rolle: Nitrate und Phosphate gehören zu den wichtigsten Pflanzennährstoffen. Die Landwirtschaft verwendet sie in großem Umfang als Mineraldünger. Noch 1985 gelangten allein 1,5 Millionen Tonnen Stickstoff und 110 000 Tonnen Phosphor in die Nordsee. Davon stammten jeweils zwei Drittel aus den Flüssen, der Rest aus der Luft, aus Direkteinleitungen oder aus Klärschlämmen. Die erhöhten Einträge von Phosphaten und Nitraten in Nordsee und Wattenmeer begünstigen das pflanzliche Wachstum. Sie können zu einem Anstieg der Individuendichte in Form von Algenblüten führen und das Artenspektrum verändern. Nicht nur die auffälligen Schaumteppiche an den Stränden, sondern auch Vergiftungserscheinungen bei Muscheln und erhöhte Sterblichkeit bei Fischen sind die Folge des verstärkten Auftretens einiger giftiger Arten des Phytoplanktons. Schließlich folgt der hohen Primärproduktion ein entsprechend intensiver, sauerstoffzehrender Abbauvorgang, der in jüngster Zeit an der Wattoberfläche mancherorts sauerstofflose schwarze Flecken entstehen lässt. Im Übermaß vorhanden, erhalten die normalerweise lebenswichtigen Nährstoffe den Charakter von Schadstoffen.

Blei, Cadmium und Quecksilber sind nicht abbaubar und in hoher Konzentration giftig. Sie reichern sich über die Nahrungskette an und führen zu tödlichen Erkrankungen des Nerven- und Stoffwechselsystems – auch beim Menschen. Schwermetalle konzentrieren sich in den Sedimenten durch Anlagerung an Trübungspartikel als Sinkstoffe und erreichen besonders hohe Anteile in Schlickgebieten wie dem Wattenmeer. Insgesamt ist die Deutsche Bucht stark mit Cadmium, Kupfer, Nickel und Quecksilber belastet. Hierbei handelt es sich um synthetische, organische Verbindungen. Sie sind nicht wasser-, sondern fettlöslich und können sich im Gewebe von Mensch und Tier über die Nahrungskette anreichern. Viele Stoffe dieser Gruppe sind giftig und krebserregend: Hexachlorbenzol wird als Weichmacher und in Holzschutzmitteln verwendet. Hexachlorcyclohexan kommt zum Beispiel als Insektengift mit den Verkaufsnamen Lindan und Atrazin zum Einsatz. Polychlorierte Biphenyle (PCB) finden als Weichmacher in Kunststoffen, als Hydrauliköl, in Transformatoren und als Insektizidzusatz Verwendung. Die zunehmende Fracht von Schwermetallen und halogenierten Kohlenwasserstoffen wird nun in den Jahresgang biologischer Prozesse einbezogen und lässt sich dementsprechend auch wechselweise in den verschiedenen Kompartimenten des Ökosystems Nordsee nachweisen: im Wasser gelöst, in Schwebstoffen und Organismen gebunden oder im Sediment abgelagert.

Wenn auch in den letzten Jahren erste bemerkenswerte Schadstoff-

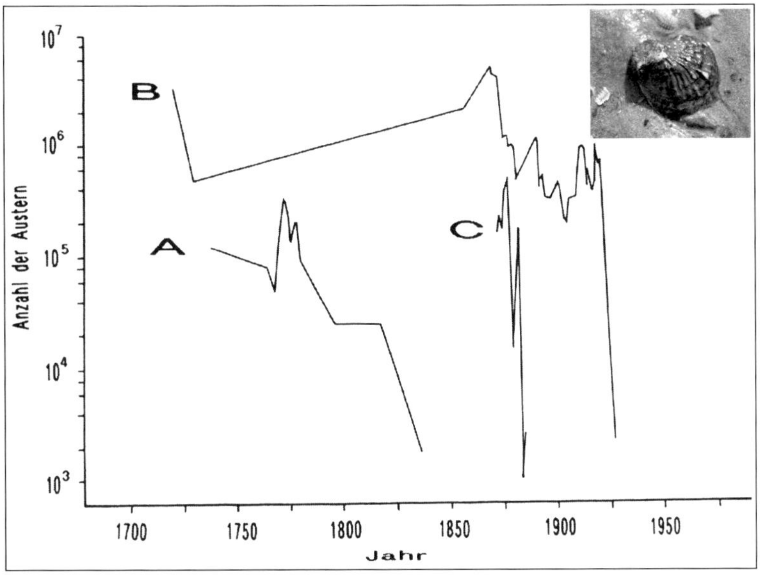

*Die Europäische Auster (*Ostrea edulis*) ist in der Nordsee ausgestorben. Die Grafik zeigt die Fänge seit 1700 in Ostfriesland (A), Nordfriesland (B) und Helgoland (C) (aus Kröncke 1998). Bild: Schale der Auster.*

rückgänge im Wattenmeer nach erfolgreichen Umweltschutzmaßnahmen der Niederlande, Dänemarks und Deutschlands und durch die Verbesserung der Wasserqualität von Elbe, Weser, Ems und Rhein zu verzeichnen sind, so stehen dennoch die Überfischungen sowie der zunehmende See- und Hafenverkehr zunehmend im Interesse der Medien und der Öffentlichkeit. Denn Langzeituntersuchungen der Bodentiergemeinschaften im Wattboden seit Beginn dieses Jahrhunderts zeigen deutliche Veränderungen in der Artenzusammensetzung und der Biomasse. Generell kann es zu einer Verschiebung im Artenspektrum mit einer Dominanz kleiner im Meer und an der Meeresoberfläche fressender Würmer kommen. Als Ursache dafür wird die zunehmende Belastung des Wattenmeeres mit Nährstoffen sowie mit Pestiziden diskutiert. Die europäische Auster (*Ostrea edulis*) ist beispielsweise seit den 20er Jahren vollkommen aus dem Wattenmeer verschwunden; ebenso sind die früher weiter verbreiteten röhrenbauenden Würmer der sogenannten Sandkoralle (*Sabellaria spinulosa*) nur noch auf wenige Stellen begrenzt. Gestörte Nahrungsketten, Verschiebungen in Räuber-Beute-Verhältnissen zwischen Garnelen (*Crangon crangon*) und den jungen Miesmuscheln werden ferner zunehmend beobachtet. Einträge von Schwermetallen und Erdöl- beziehungsweise Chlorkohlenwasserstoffen sind natürlich sehr belastend; diese Stoffe wirken normalerweise nicht nur isoliert und direkt auf einzelne Organismen oder Ökosysteme, sondern sie wirken auch gemeinsam, sich gegenseitig in ihrer Giftigkeit verstärkend.

Wichtig dabei ist noch zu erwähnen, dass der Wasseraustausch in der Nordsee nur vergleichsweise langsam vonstatten geht. So weiß man natürlich auch von Schadstoffen, die fernab der Deutschen Bucht eingeleitet werden, dass sie durch die Gezeitenströmungen bis in das Wattenmeer gelangen. Eine geringe Wasseraustauschrate mit dem Nordatlantik bewirkt dabei eine Anreicherung schwer abbaubarer Substanzen im Nordseeküstenraum. Anhand der Ausbreitung radioaktiver Substanzen, die aus den Wiederaufbereitungsanlagen Windscale in Mittelengland und aus La Hague von der französischen Kanalküste stammen, konnte beispielsweise Aufschluss über die Strömungsbedingungen und die Transportwege gelöster Substanzen in der Nordsee gewonnen werden. Die Wassermassen in der Deutschen Bucht benötigen danach drei Jahre, bis sie die nördliche Nordsee erreicht haben und sich mit dem Wasser des Nordatlantiks wieder vermischen können.

Aber manchmal wird das Szenario der Meeresbedrohung auch überzeichnet. Zuletzt im Frühjahr 1996, als die Medien die Bevölkerung über das Auftreten sogenannter «schwarzer Flecken» in weiten Bereichen des niedersächsischen Wattenmeeres zwischen Festland und Ostfriesischen Inseln alarmierten. Im Luftbild erscheinen diese Flächen weiß, da die Oberfläche ganzer Wattpartien mit weißen Schwefelbakterien überzogen ist. Sofort wurden entsprechende Panikmeldungen über ein Umkippen des Wattenmeeres in den Medien verbreitet und Landwirtschaft, Industrie, Haushalte sowie der Autoverkehr von einschlägigen Umweltpolitikerinnen und -politikern direkt dafür verantwortlich gemacht. Nach dem Motto «Bad news are good news» wurden die vorsichtig relativierenden Äußerungen von wissenschaftlicher Seite zu den Ursachen dieses Phänomens damals von den Medien nicht entsprechend verbreitet. Dabei ist der Mechanismus, der zu den schwarzen Flecken führt, mittlerweile seit Jahren durchschaut und bekannt: Natürliche Ursachen, die mit einem vorausgegangenen Eiswinter in direktem Zusammenhang stehen, sind für die Entstehung der «schwarzen Flecken» verantwortlich. Im Eiswinter 1995/96 hatten sich Massen kälteliebender einzelliger Kieselalgen in der offenen

Nordsee entwickelt und waren dabei in Richtung Wattenmeer verdriftet. Da die meisten Muscheln und Wattwürmer, die diese Kieselalgen wenigstens teilweise als Nahrung aus dem eisigen Nordseewasser filtriert hatten, inzwischen aber durch die vorausgegangene Eisbildung abgestorben waren, lagerten sich die nordischen Kieselalgen in großen Mengen auf dem Wattensediment ab. Die schwarzen Flächen entstanden dann, als im darauffolgenden Frühling nach Abtauen des Eises und nach Erwärmung des Wattbodens beim Abbau der Kieselalgen und der anderen organischen Substanz durch Bakterien der Sauerstoff in der Oberflächenschicht der Wattsedimente komplett aufgebraucht worden war. Dabei gab es hohe Konzentrationen giftigen Schwefelwasserstoffs. Dieser letalen Wirkung des Schwefelwasserstoffs versuchten dann noch alle restlichen im Wattboden lebenden Herz- und Miesmuscheln und die Sandklaffmuscheln sowie alle noch verbleibenden Wattwürmer zu entgehen, indem sie aus dem oberen Wattsediment an die Oberfläche krochen und dort natürlich meistens sofort verendeten. Die einsetzende Sauerstoffnot bei der Zersetzung solcher riesigen Mengen an abgestorbener organischer Substanz verändert schließlich auch den Wattenboden selbst; für die prägnante Schwarzfärbung der Böden ist Eisen verantwortlich. Dem farblosen Eisensulfat wird Sauerstoff entzogen und damit zu dunklem Eisensulfit umgewandelt. So sind die schwarzen Flecken im Grunde genommen nichts Neues und gehören zum natürlichen Geschehen im Watt nach Eiswintern. Ihre enorme flächenhafte Ausdehnung im Jahr 1996 mag aber auf eine Hintergrundbelastung der Wattsedimente durch zunehmende Eutrophierung in den letzten Jahren mit entsprechender Anreicherung von Biomasse zurückzuführen sein.

Die Wiederbesiedlung des Wattenmeeres im Sommer 1996 mit Larven von «Eltern»-Bodentieren, die aus der offenen Nordsee in das Wattenmeer verdriftet wurden, ist durch die Studien von Ingrid Kröncke vom Meeresforschungsinstitut Senckenberg in Wilhelmshaven mittlerweile auch bekannt. Dabei gab es sofort einen erfolgreichen Aufbau neuer Populationen von Wattenmeermuscheln, welche die Auswirkungen des Eiswinters und die schwarzen Flächen in kürzester Zeit vollkommen nivelliert haben. Besonders die Klaffmuschel und die Herzmuschel erreichten erneute Besiedlungsdichten von 10 000 bis 100 000 Individuen pro Quadratmeter. Auch die Wattwür-

Eiswinter im Wattenmeer sind selten (hier ein Bild von 1995).

mer und die Miesmuscheln erreichten sehr schnell wieder ihre früheren Bestandesdichten; die «schwarzen Flächen», die im ersten Moment so dramatisch erscheinen, gehören also zum natürlichen zyklischen Geschehen im Ökosystem Wattenmeer und dienen letztendlich der biologischen Stabilisierung dieses Systems.

Manchmal kommt es bei den Organismengruppen des Planktons zu dramatisch anmutendem Anwachsen von Populationen nur weniger, spezieller Planktonarten: Massenvermehrungen nur einer Art hängen auch im Wattenmeer ab von der jahreszeitlich verschiedenen Sonneneinstrahlung und den Temperaturbedingungen. Je nach Art und Lebensweise gibt es deutlich verschiedene Zeiten ihrer jeweiligen Entwicklungsphasen, wie es das Beispiel für die Schleimkugelalge *Phaeocystis pouchetii*, die Dino-Flagellaten *Dinophysis* und die Kalkalge *Chrysochromulina* bekannt ist. Diese auffälligen Planktonorganismen der Nordsee zeigen teilweise natürliche «Plankton-Blüten» als Zeichen ihrer kurzfristigen Massenvermehrungen, teilweise werden sie auch von der Eutrophierung des Nordseewassers verursacht oder verstärkt. Das Wasser der Nordsee ist im Sommer wesentlich weniger mit Nähr- und Schadstoffen belastet als im Winter – eine erfreuliche Tat-

Plankton-«Blüten» und Schaumwellen im Wattenmeer (Grafik a nach Forschungsstelle Küste, Norderney 1988), Detail b zeigt den Schaum von Phaeocystis.

sache für die Badegäste. Sie geht auf die Fähigkeit einzelliger Planktonorganismen zurück, dem Wasser Schadstoffe zu entziehen und diese aufzunehmen. Nach einer winterlichen Ruhepause bilden gerade die Algen im Frühling im Meerwasser oft ausgedehnte Bestände in den oberen Wasserschichten. Das Phytoplankton, die umherschwebenden, photosynthetisch aktiven planktischen Algen also, stehen am Anfang der Neuaufnahme von Stoffen – auch der Schadstoffe – in das Nahrungsnetz des Meeres. Die anfänglich «natürliche Selbstreinigung» des Nordseewassers beschert uns auf längere Sicht belastete Krebse und Fische, die sich vom Phytoplankton ernähren. Zudem werden abgestorbene Organismen durch bakteriellen Abbau mineralisiert und im Sediment angereichert, oder die nun organisch gebundenen Schadstoffe lösen sich erneut im Wasser und treten messbar in den Kreislauf ein. Die allgegenwärtigen Kieselalgen spielen dabei natürlich eine wichtige Rolle; Zink und Cadmium werden beispielsweise bevorzugt von einer Alge namens *Phaeocystis* angereichert.

Manchmal sind riesige Schaumberge der Alge *Phaeocystis pouchetii* zu sehen, der Schleimkugelalge. Die koloniebildende Alge ist wegen ihrer millimetergroßen, kugeligen bis schlauchförmigen Kolonien für das bloße Auge sichtbar. Die Alge tritt in mehreren Maxima im Frühjahr und im Sommer auf und verursacht seit einigen Jahren in wachsendem Maße starke Schaumbildungen. Der Schaum entsteht dadurch, dass Schleim und Eiweiß der *Phaeocystis*-Kolonien von der Brandung wie Eischnee geschlagen und an den Strand gespült werden. In solchen Augenblicken, die vermehrt im Monat Mai auftreten, werden Dichten von über 10 000 Kolonien pro Liter Meerwasser registriert. Auch der Flügel-Panzerflagellat *Dinophysis* ist mit mehreren Arten in der südlichen Nordsee vertreten. Zwei davon, *Dinophysis acuminata* und *D. acuta*, sind bekannt geworden, weil sie giftige Substanzen enthalten: Sie erzeugen Erbrechen und Durchfall nach dem Genuss von Muscheln, die in großer Menge von diesen Mikroorganismen befallen sind. *Dinophysis* verschwindet normalerweise im Herbst fast vollständig; deshalb soll man nach dem Volksmund nur in den Monaten mit «r» (September-April) Muscheln aus der Nordsee essen.

Die in der Presse sogenannte «Killeralge» *Chrysochromulina* ist ein enger Verwandter von *Phaeocystis*. Ihre Massenausbreitung im Skagerrak und im Kattegat im Sommer 1998 hatte ein großes Fischsterben mit allen Konsequenzen für die dortigen marinen Ökosysteme zur Folge. Ihr Pressename ist sicherlich übertrieben. Aus all dem wird ersichtlich, dass es viele Indikatoren für den bedrohlichen Zustand der Nordsee gibt und dass es eine zentrale Frage bleiben wird, ob und wie wir die Funktions- und Leistungsfähigkeit der ökologischen Systeme dieses stark genutzten Randmeeres für die Zukunft sichern können.

14. DAS NATURPOTENTIAL DES WATTENMEER-INSEL-ÖKOSYSTEMS

Was verbindet den Grand Canyon des Colorado River in Amerika und das Great Barrier Reef vor Australien mit dem Wattenmeer der Nordsee? Erstere sind bereits in die UNESCO-Liste des Weltnaturerbes aufgenommen. Das Wattenmeer ist dafür vorgeschlagen. Es ist mit 13 000 Quadratkilometern weltweit die größte zusammenhängende Wattfläche und ein international bedeutsames Feuchtgebiet, das jährlich zehn bis zwölf Millionen Zugvögeln als Rastplatz dient. Dazu müssen sich die Anrainerstaaten und die sogenannten Konventionsstaaten konkret zum Schutz des heutigen Nationalparks Wattenmeer verpflichten. Die UNESCO-Liste des Weltnaturerbes beruht auf dem internationalen «Übereinkommen zum Schutz des Kultur- und Naturerbes der Welt», das 1972 geschlossen wurde und dem inzwischen 172 Staaten angehören. Die Liste umfasst derzeit mehr als 700 Denkmäler in 125 Ländern.

Die Bedeutung des Wattenmeeres nicht nur für die Vogelwelt ist seit Jahrzehnten bekannt. Schon lange vor Einrichtung der jeweiligen Nationalparke im Wattenmeer wurden ausgedehnte Flächen unter Naturschutz gestellt. 1976 meldete die Bundesrepublik Deutschland das Feuchtgebiet internationaler Bedeutung «Ostfriesisches Wattenmeer mit Dollart» der Internationalen Naturschutzunion (IUCN) und verpflichtete sich damit, für seinen Schutz zu sorgen und seine Betreuung zu gewährleisten. Die Wattenmeer-Nationalparke in Deutschland sind die konsequente Fortentwicklung der Schutzbestrebungen vergangener Jahre. Das internationale Wattenmeer erfüllt die gesetzlichen Kriterien, wonach Gebiete, die «großräumig und von besonderer Eigenart sind», zum Nationalpark erklärt werden können. Hier soll die ungehinderte Entwicklung der ungestörten Naturabläufe Vorrang vor allen anderen Interessen haben. Doch ohne Kompromisse sind Nationalparke heute im dichtbesiedelten Mitteleuropa nicht mehr auszuweisen. Deshalb beinhalten sie auch Bereiche, in denen bestimmte Nutzungsformen noch zulässig sind.

In den einleitenden Kapiteln des Buches haben wir gesehen, dass die West- und Ostfriesischen Inseln mit ihren Watten und Salzmarschen und einige der Halligen und Marscheninseln Nordfrieslands erst in den letzten Jahrhunderten ausgeformt worden sind und immer noch umgestaltet werden. Die Seegaten zwischen den Inseln ermöglichen aber kontinuierliche Wasserabflüsse und -zuflüsse vom Wattenmeer in die Nordsee. In ihrem Aufbau gleichen sich die südlichen Nordseeinseln natürlicherweise auch, aber es gibt auch Unterschiede und lokale Besonderheiten. Man kann grob sagen, dass die Wattsedimente inzwischen ungefähr bis zu 30 Meter mächtig sein können, darunter lagern die von den eiszeitlichen Gletschern und ihren Schmelzwassern angelagerten, auch umgelagerten Sande mit etwa 50 Metern Mächtigkeit, darunter wiederum die elsterkaltzeitlichen Lauenburger Tone, und in Tiefen ab 70 Meter unter NN können Feinsande des Tertiärs auftreten.

Dieser kurze geologische Profilschnitt wird hier deshalb noch einmal wiederholt, weil er die Basis für ein besonderes geologisches Phänomen bildet, das für alle Nordseeinseln lebenswichtig ist. Die eiszeitlichen und die tertiären Sande bilden an Land den Süßwasserspeicher, also den eingangs erwähnten Aquifer, den Grundwasserleiter. Im Wattenmeer, im Gezeitenbereich von Land und Nordsee, kann jedoch das salzige Meerwasser in diese Grundwasserleiter eindringen. Dabei unterschichtet das schwere Salzwasser normalerweise das leichte Süßwasser. Auch Sturmfluten und Meerwassereinbrüche führen zur Versalzung des Grundwassers; auch eine nicht angepasste Grundwasserförderung kann in Küstennähe das Salzwasser viele Kilometer in das Land eindringen lassen. Natürliche oder künstliche Grundwasserneubildung mit süßem Regenwasser kann die Salzwasserfront auch wieder zurückdrängen. Die Süßwasservorkommen der Düneninseln entstehen durch versickernde Niederschläge. Auch hier überlagert das Süßwasser aufgrund seiner spezifisch geringeren Dichte das schwerere Salzwasser. Die Grenzflächen zwischen Salzwasser und Süßwasser auf den Inseln sowie die Grundwasseroberfläche sind annähernd parabolisch geformt, deshalb nennt man die süßen Grundwasservorkommen auf den Inseln auch *Süßwasserlinsen*. Diese sind das Kapital der Inselbevölkerung für die eigene Wasserversorgung. Süßwasserlinsen treten in den Dünentälern zeitweise oder manchmal sogar dauernd an die Oberfläche und sind auch Grund für die Herausbildung der einzigartigen Dünentäler mit ihrer speziellen Vegeta-

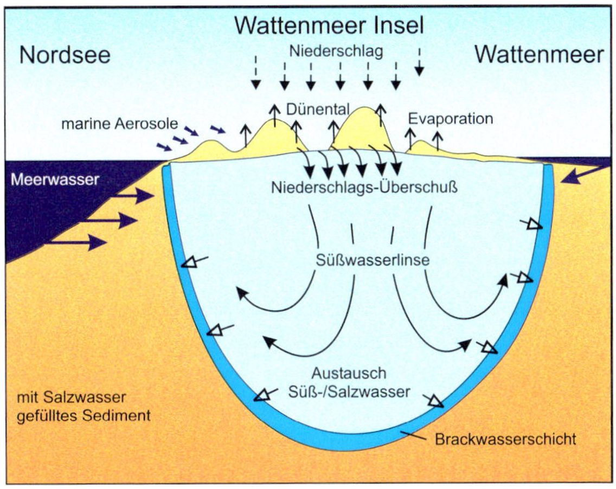

Schema der Süßwasserlinse der Düneninseln in der Nordsee (aus Petersen 2000).

tion. Das gesamte Jahr über trägt ein Teil der Niederschläge zur Grundwasserneubildung in den Linsen bei. Hiervon fließen etwa zwei Drittel ungenutzt für Vegetation und Trinkwasserversorgung in das Meer. Dieser Überschuss des abfließenden Süßwassers dient aber auch wesentlich der Stabilität der Linsen, da er sie vor dem nachrückenden Salzwasser schützt.

Wachsende Trinkwasserentnahmen während der Spitzenzeiten der touristischen Saison haben jedoch in Teilbereichen zu Absenkungen des Süßwasserspiegels auf den Inseln geführt oder die grundwasserabhängigen Ökosysteme der Dünentäler zerstört. Das Zusammenwirken der trockenen wasserdurchlässigen Sanddünen und der an- und abschwellenden Süßwasserlinse nach Niederschlags- oder Trocken- oder Entnahmeereignissen garantiert im Idealfall die Wasserversorgung der Nordseeinseln. Sie sind die einzigen Trink- und Brauchwasserquellen für die Insulaner, soweit nicht bereits Wasser – wie in Wangerooge – vom Festland bezogen wird. Die Mächtigkeiten der Süßwasserlinsen und deren Kapazitäten bestimmen letztendlich hier auch die Grenzen der touristischen Entwicklungsmöglichkeiten. Eine umweltverträgliche Grundwasserbewirtschaftung ist auf den Inseln also lebensnotwendig. Die autarken Wasserversorgungseinrichtungen auf den meisten Inseln sind deshalb auf einem sehr hohen technischen Stand. Die Wasserverluste zwischen Förderung, Abnahme, Verbrauch und Wiederaufbereitung sind relativ gering. Aufbereitung, Transport und Qualität des Wassers sind sehr gut, auf den Einsatz von Chemikalien bei der Wasseraufbereitung kann man in der Regel sogar verzichten, auch seine Desinfektion ist in der Regel nicht erforderlich. Die Versorgungssicherheit ist also in einem hohen Maße gegeben. Wichtig für den Trinkwasserschutz sind allerdings die Reinhaltung der Dünen als Trinkwasserreservoir und deren pflegliche Behandlung. Wir kennen die unterschiedliche Filterwirkung der Pflanzendecke hinsichtlich der verschiedenen

Weiß-, Grau- und Braundünen. Sie sind bei Dünenheiden, -wäldern und -gebüschen besonders günstig. Die Funktionssicherung der Dünenkomplexe zum einen als Inselschutz gegen allzu starke Sturmfluten und zum anderen – wie wir jetzt sehen – auch zum Schutz des süßen Grundwassers in salziger See ist deshalb absolut notwendig. Die Inseln besitzen hiermit ein einmaliges Naturpotential.

Dem Wattenmeer-Insel-System kommt deshalb hinsichtlich seines Naturpotentials eine besondere Bedeutung zu, nicht nur an der Oberfläche von Watt, Wasser und Dünen, sondern auch im tieferen Untergrund. Wir sehen, dass alle Bereiche ursächlich und funktional miteinander verbunden und in ihren Beziehungen voneinander abhängig sind. Dieses dynamische und offene System ist natürlich deshalb extrem störungsanfällig. Stofflasten, die über die Flüsse ins Wattenmeer gelangen, werden durch das Watt-Insel-System transportiert. Schadstoffe können so zunächst unbemerkt auch in die Süßwasserlinsen geraten. Auch direkte Einträge in die Dünen können eingelagert, angereichert oder auch umgelagert werden. Das beherrschende Medium ist aber immer das Wasser in seinen unterschiedlichen Salinitätsstufen als Süß-, Brack- oder Salzwasser. Wasser ist lebensnotwendig. Aber Wasser ist mehr als eine Flüssigkeit, die Menschen, Tiere und Pflanzen brauchen, um zu existieren. Wasser ist auch Lebensraum. Sauberes Grundwasser könnte knapp werden. Aus diesem Grund sind die oben angedeuteten Qualitätsprobleme vorrangig.

In der Öffentlichkeit wird die qualitative Ressourcenbedrohung des Grundwassers – nicht nur im Nordseeumfeld – oft mit Mengenproblemen verwechselt, die in anderen, wasserarmen Ländern natürlich durchaus vorhanden sind. Auf der Basis dieser spezifischen Wahrnehmung werden dann auch für die Ressource Wasser drohende Knappheiten unterstellt. Wasser ist aber in unserem Klima überwiegend eine kurzfristig erneuerbare Ressource. Wir werden vom Regen «verwöhnt» und müssen in den Küstenmarschen primär entwässern und das Grundwasser künstlich ableiten. Das Grundwasser aus den Süßwasserlinsen der Inseln kann jedoch durch kurzfristig hohen Wasserverbrauch in den Sommermonaten wirklich zu einer begrenzten Ressource werden. Die Absenkungstrichter der Förderbrunnen – meist in den Dünentälern – können die seltene und gefährdete Vegetation der feuchten Dünentäler zusätzlich beeinträchtigen. Zur

Konfliktvermeidung haben einige Inseln deshalb bereits eine schonende Grundwasserbewirtschaftung entwickelt, unter anderem durch eine grundwasserunabhängige Steuerung einzelner Brunnen, verbunden mit einer Dauerbeobachtung Süßwasser anzeigender, empfindlicher Pflanzen. Mittels geographischer Informationssysteme werden dabei die Vegetationsveränderungen modelliert und sichtbar gemacht. Ziel der ganzen Prozedur ist ein praxisrelevantes Analyse- und Prognosesystem mit dem Zweck der ökologisch verträglichen Bewirtschaftung der Süßwasservorräte auf den Nordseeinseln.

Das Wissen um die Tragekapazität und die Belastungsfähigkeit der Küstenräume und der Inseln im Hinblick auf Nutzung, Bebauung, Küstenschutz und Naturschutz ist inzwischen sehr groß; die Planung und Entwicklung integrierter Bewirtschaftungskonzepte von Küstenlandschaften ist seit einigen Jahren auch ein wichtiges und zentrales Anliegen der Europäischen Union. Das moderne Schlagwort dazu heißt «Integriertes Küstenzonenmanagement». Dazu ist eine fachübergreifende Zusammenarbeit vieler erforderlich: Es ist beim Küsten- und Inselschutz beispielsweise notwendig, unterschiedliche Überflutungsszenarien zu entwickeln, deren Kräfte und Auswirkungen zu simulieren, um entsprechende Errichtungs- und Unterhaltungskosten verschiedener möglicher Küstenschutzmaßnahmen zu berechnen. Sogenannte «weiche» Maßnahmen mit Sandaufspülungen und Dünenbepflanzungen sind manchmal auf lagestabilen Inseln möglich; manchmal jedoch – bei den lagelabilen Inseln – sind kostspielige «harte» Küstenschutzmaßnahmen mit Buhnen, Tetrapoden und Deckwerken aus Stein oder Beton notwendig.

Ähnliches gilt für die Nutzung von Dünentälern, für Bebauungsfragen und für viele Probleme der Flächennutzung im Nationalpark. Auch das Management der für den Stoff- und Organismenaustausch zwischen Binnenland und Wattenmeer so wichtigen Ästuare erlangt neuerdings immer größere Bedeutung. Die Ästuare haben vornehmlich durch Eindeichungen der Überschwemmungsräume und durch die Vertiefung für die Schifffahrt ihre Eigendynamik verloren. Die fehlende Berücksichtigung dieser Multifunktionalität von Küstengewässern führte in den letzten Jahrzehnten dazu, dass die chemische Qualität des Wassers, vor allem von Themse, Ems, Weser und Elbe, deren Sauerstoff- und Nährstoffgehalt häufig sehr schlecht war.

Düngemitteleinleitungen über das Grundwasser, direkte Wasserverschmutzung und allgemeine Eutrophierung hatten obendrein zu einer Verarmung der aquatischen Lebensgemeinschaften in den perimarinen Räumen geführt. Der Niedergang der Seegrasbestände, des Fischfangs in diesen Regionen, Probleme der Trinkwasserversorgung und Schwierigkeiten bei der Entsorgung von kontaminiertem Baggergut aus den Fahrrinnen der Flüsse waren die Folge. Heute weiß man um die Zusammenhänge: Die Gewässersysteme werden als funktionelle Einheiten aus Oberflächenwasser, Sedimenten, Uferbereichen einschließlich der vorkommenden Lebensgemeinschaften und aller dazugehörenden physikalischen, chemischen und biologischen Prozesse und der technischen Infrastruktur betrachtet. Auch das sogenannte «integrierte Grundwassermanagement» ist eine neue Methode, das Küstenland so zu verwalten und zu entwickeln, dass es den Zielsetzungen der ökologischen Funktionen und dem Gebrauchsbedarf entspricht. Dies beinhaltet eine Abwägung der Interessen, die Erkenntnis des Zusammenhanges untereinander und der Wechselwirkungen zwischen den verschiedenen Kompartimenten des Lebensraumes Ästuar.

Die Anwendung eines integrierten Gewässermanagements bedeutet, dass Eingriffe in den Lebensraum so geplant werden, dass sie auf nachhaltige Art und Weise mehreren Funktionszielen mit minimalen Auswirkungen auf andere Funktionen entsprechen. Bei der Abwägung sollten die Erhaltung oder die Wiederherstellung ökologischer Funktionen im Vordergrund der Interessen stehen. Ein gutes Beispiel ist die Renaturierung des Ems-Dollart-Ästuars, die durch einen Vertrag zwischen dem Königreich der Niederlande und der Bundesrepublik Deutschland zur «Regelung der Zusammenarbeit in der Emsmündung» vom 22. August 1966 gesichert ist. Viele Ästuarsalzwiesen am Dollart sind heute einzigartig für den beispielhaften Schutz der europäischen Lebensräume nach der Flora-Fauna-Habitat-Richtlinie von 1992, und auch das neue Emssperrwerk von Gandersum aus dem Jahre 2002 hat diese mehrfachen Funktionsziele berücksichtigt. Wir kommen im letzten Kapitel darauf zurück.

Bei langfristig steigendem Meeresspiegel verschiebt sich ein natürliches Ästuar flussaufwärts. In einem Gezeitenmeer ist dieser Vorgang von kompensatorischen Rückkopplungen begleitet. Die vordringende

See erodiert nicht nur und überflutet, sondern trägt auch Sediment von der offenen Küste ein. Wo diese Sedimente zusammen mit anderswo im Fluss abgetragenen Materialien deponiert werden, können sie mittelfristig von der Vegetation festgelegt werden, die dann noch weitere Deposition begünstigen kann. Solche gegenläufigen Entwicklungen verursachen eine hohe Biotopvielfalt in der natürlichen Ästuarlandschaft. Vegetationsreiche Ästuare wirken wie Puffer und Filter zwischen Land, Fluss und Meer. Strömungs- und Wellenenergie verteilen sich zwischen Sandbänken, in die Nebenarme des Hauptstromes und in einen weiten, episodischen Überflutungsraum. Eine eigentümliche Flora und Fauna entfaltet sich, die die stofflichen Frachten aus Meer und Fluss in eine hohe biologische Produktion umsetzen.

Durch Eindeichungen, Entwässerungen und Absperrung der Nebenarme von Binnenlandsflüssen konnten im Laufe der Jahrhunderte Teile der Ästuare, die nur bei Sturmfluten unter Wasser gerieten, für Landwirtschaft und Besiedlung nutzbar gemacht werden. Wir haben das bei den Marschen und den sackenden Sietländern schon gesehen. Durch diese Engführung der Flussverläufe nach Eindeichungen wurden auch die bislang vegetationsreichen und fischreichen Flachwasserzonen und die Standgewässer an ihren Rändern reduziert. Die eingeschränkte Dynamik der Flüsse verringerte entsprechend die Biodiversität in den Ästuaren. Die Deiche mit Schöpf- und Sperrwerken zwischen Fluss und Nebengewässern eliminieren inzwischen auch die Übergangsbiotope zwischen Fluss und Land und versperren die Wanderwege der Fische zu ihren Laichgründen.

Mit zunehmender Vertiefung steigert sich zudem der Sedimenthunger des Ästuars, weil der Flussquerschnitt nun für das durchfließende Wasservolumen zu groß ist. Er wird gestillt durch Sedimentimporte über den beschleunigten Flutstrom. Vermutlich geht dieser Sedimentimport zu Lasten der seewärtigen Wattflächen. Das Baggergut bei Fahrrinnenvertiefungen wird deshalb zum Teil auch auf Land deponiert und füllt dort Feuchtgebiete auf. Der Hamburger Hafenschlick ist zu sehr mit Schwermetallen belastet, um ihn anderswo im Fluss zu verklappen. Auch er muss an Land deponiert werden. Durch den mit der Vertiefung größer gewordenen Sedimenthunger des Ästuars muss außerdem die Unterhaltungsbaggerei zunehmen. Das erhöht die Wassertrübung im Ästuar. Diese wiederum verringert die

Lichtversorgung für die aquatische Vegetation, so dass die biogene Sauerstoffproduktion schließlich allmählich abnimmt.

Zusammenfassend kann man sagen: In dem Maße, wie die Natürlichkeit der Landschaften mit ihren spezifischen Lebensräumen im Wattenmeer und auf den Inseln zunimmt und diese Naturnähe mit ihren typischen Pflanzen, Tieren und den Biotoptypen an biologischem und ästhetischem Wert gewinnt, umso mehr wird diese mehr oder weniger intakte Landschaft als Qualitätswert unserer Lebenswelt begriffen und als ökologischer Wert einer Erholungslandschaft anerkannt. Da dieses auch an der Nordsee nach Beseitigung von allzu starken Störungen und Beeinträchtigungen durch die höhere Eigendynamik recht schnell erreicht werden kann, ist dies ihr eigentliches Naturpotential schlechthin.

15. NORDERNEY – EINE MODELLINSEL FÜR DEN UMWELTVERTRÄGLICHEN TOURISMUS

Norderney ist eine ostfriesische Düneninsel mit einer heutigen Länge von 14 Kilometern und einer Breite von 2 Kilometern. Die Insel ist 25 Quadratkilometer groß; sie besitzt über 100 Hektar Dünenflächen, ausgedehnte Strände von etwa 350 Hektar und fast 500 Hektar Inselsalzwiesen. Hier leben fast 10 000 Einwohner und erholen sich mehrere hunderttausend Gäste jährlich. Norderney ist ein Nordseeheilbad mit einem maritimen Klima, das besonders Allergikern sowie bei Atemwegs- und Hauterkrankungen dienlich ist. Zahlreiche Kurkliniken nehmen Patienten für Vorbeugungs-, Abhärtungs- und Erholungskuren auf. Kurhaus und Kurmittelhaus bieten spezielle Programme zur Thalassotherapie, das heißt zu Kuranwendungen mit Meeresschlick aus dem Watt für heilende Fangopackungen oder mit Salzwasserbädern beziehungsweise mit Inhalationen aus aerosoliertem Salzwasser. Dazu besucht man das Seewasserwellenschwimmbad, die Hallen- und Freibäder, oder man badet direkt in der Brandung.

Wie aus alten Karten und geologischen Untersuchungen hervorgeht, ist Norderney seit 1650 ständig gewachsen. Auch heute noch ist die Sedimentbilanz in weiten Teilen der Insel positiv; lediglich im Westen der Insel würden Abbrüche stattfinden, wäre dieser Abschnitt nicht durch die seit 1857 angelegten Schutzwerke gesichert worden. Heute bewahren Strandaufspülungen, Deckwerke und Dünenschutzwerke den Westteil der Insel vor weiteren Abbrüchen, während der mittlere und der östliche Teil der Insel ausreichend mit Sand aus dem Norderneyer Riff versorgt werden. Die genannte Ost-West-Wanderung des Sandes über die Riffbögen nordwestlich zwischen Juist, Norderney und Baltrum ist dafür verantwortlich. Die letzte schwere Sturmflut vom 16. Februar 1962 brachte sogar Meeresfluten in das Innere der Inseln, und die Kureinrichtungen vor der Kaiserstraße von Norderney wurden damals total zerstört. Mehrere Hotels erlebten Grundbrüche der Mauerwerke; um diese in Zukunft zu vermeiden, wurden enge Durchgänge zwischen den Hotels inzwischen geschlossen. Seit 1976 wird die Kaiserstraße auf Norderney durch einen Deich vor Sturmfluten geschützt. Dünenfüße, die im Winter durch Sturm-

Luftbild Norderney (Foto H. Kolde).

fluten geschädigt werden, werden alljährlich im Sommer gesichert. Dies geschieht in zwei Schritten: Zuerst werden Buschzäune aus Birkenreisig eingegraben. Sie haben die Aufgabe, die angewehten Sandkörner einzufangen und im Lee der Buschzäune abzulagern. Wenn der Sand eine gewisse Höhe erreicht hat, wird Strandhafer angepflanzt. Randdünen dürfen nicht betreten werden; sie übernehmen vor allem im Osten der Insel – wie überall auf den Inseln – Deichfunktionen und sind Bestandteile des geschlossenen Schutzringes von Dünen und Deichen. Norderney war seit dem Zweiten Weltkrieg schon führend im Inselschutz gegen Sturmfluten, und nun gilt es als Modellinsel für den umweltverträglichen Tourismus.

Norderney ist zuallererst ein Seebad. Nicht irgendein Seebad, sondern, historisch gesehen, das erste deutsche Nordseebad überhaupt, gegründet im Jahre 1797 mit Genehmigung des Königs von Preußen, Friedrich Wilhelm II. Wir wissen heute nicht mehr genau, was den Adel jener Tage bewog, Norderney den Vorzug zu geben – Norderney ist also das älteste deutsche Nordseeheilbad; es wurde auf Betreiben des Auricher Arztes Friedrich-Wilhelm von Halem begründet. Schon einige Jahren vorher hatte der Juister Pastor Gerhard Otto Christoph

Marienhöhe und Heinrich-Heine-Denkmal auf Norderney.

Janus versucht, den preußischen König von der Heilkraft des Meeres zu überzeugen. Die erste ordentliche «Badesaison» fand im Jahre 1800 statt. Es kamen 250 Badegäste. Seit 1819 ist Norderney auch noch Staatsbad. Es war lange Zeit in der ersten Hälfte des 19. Jahrhunderts die Sommerresidenz des Königshauses Hannover, wobei es vor allem dem hannoverschen König Georg V. als Sommersitz diente. Die Georgshöhe und die Marienhöhe – benannt nach dem König und seiner Gemahlin, der Königin Marie-Luise – erinnern an die vergangene höfische Zeit. Durch prominente Badegäste vollzog sich in jener Zeit auch der Aufstieg Norderneys zum internationalen Modebad, damals gab es schon die großzügigen Kuranlagen, die herrschaftlichen Parks, das staatliche Kurhaus und das Logierhaus, die Norderney ihren besonderen Charme und eine bezaubernde Eleganz als Kurort verleihen. Wer heute nach Norderney kommt, geht überall auf den Spuren berühmter Persönlichkeiten: Heinrich Heine, Theodor Fontane, Wilhelm von Humboldt, von Blücher, Robert und Clara Schumann, Otto von Bismarck, von Bülow und Karl Jaspers, um nur einige zu nennen. Das Heinrich-Heine-Denkmal erinnert an den Besuch des Dichters im Jahre 1825, als er hier auf der Marienhöhe das «Lied vom Meer» dichtete. Das Kurhaus und ganze Straßenzüge, zu sehen in der Luisenstraße und in der Moltkestraße mit ihren weiß strahlenden spätklassizistischen Bauten, bezeugen noch heute den Charakter des vornehmen Seebades.

Zum ersten Mal urkundlich erwähnt wurde die Insel als «Oesterende», wahrscheinlich nach dem östlichen Teil der nachweislich im 14. Jahrhundert untergegangenen Insel Buise. Im 16. Jahrhundert änderte sich die Inselbezeichnung in Ny Norderoghe, Norderoog und Norder neye oog, was so viel heißt wie Norder neue Insel, bis sich daraus die endgültige Namensform Norderney entwickelt hat. Früher war Norderney ein Fischerdorf, zu besichtigen auf Höhe 13, dort steht das älteste Fischerhaus auf Norderney von 1816; es wurde 1960 restauriert und ist heute ein Ferienhaus. Eindrücke aus der Vergangenheit vermittelt auch das Fischerhausmuseum im Argonner Wäldchen. Es wurde originalgetreu nach einem Norderneyer Fischerhaus wiederaufgebaut und ist seit 1937 Heimatmuseum mit einer umfangreichen Sammlung von Gemälden und Bildern des berühmten Norderneyer Malers Poppe Folkerts. Er war ein Maler der See und ein leidenschaftlicher Segler, davon zeugen seine plastischen Bilder.

Die Entwicklung des Siedlungsgebietes von Norderney wird seit zwei Jahrhunderten durch den Fremdenverkehr bestimmt. Die Zahl der Besucher beeinflusste schließlich die Bautätigkeit und die Erweiterungen des Ortes, ihre Ansprüche und ihr Geschmack prägen die Baustile. Das Stadtbild wird mittlerweile durch zahlreiche Hotels, von denen die größten als mehrgeschossige Hochhäuser an der Strandpromenade stehen, durch Pensionen, Ferienheime, Gastronomiebetriebe, durch Kliniken und verschiedene andere Kureinrichtungen beherrscht.

Auf den erfolgversprechenden Start des Seebades im Jahre 1797 folgte die Zeit der Besetzung durch die französische Armee, an die die «Napoleonschanze» im östlichen Teil des alten Kurparks noch heute erinnert. Völlig fassungslos erlebten die Insulaner damals nach der preußischen Niederlage in der Schlacht bei Jena und Auerstedt 1806 den Besitzerwechsel zum Königreich Holland und die Regentschaft von Napoleons Bruder Louis Bonaparte. Der Badebetrieb in dem gerade errichteten Seebad kam völlig zum Erliegen. In den Häfen von Ems und Jade brach der Handel zusammen, und die Kontinentalsperre gegen die Engländer traf die Insulaner zunächst recht hart. Am Ende machten sie aber mit den Holländern gemeinsame Sache im Schmuggelhandel. Damit hatte Napoleon nicht gerechnet. Kurzerhand setzte er 1810 seinen Bruder Louis als König wieder ab und unterstellte Holland und Ostfriesland seinem eigenen Herrschaftsbereich. So wurde auch Norderney bis zur Völkerschlacht von Leipzig 1813 französisch. Die Insel erhielt in jener Zeit eine Besatzung von 300 Soldaten. Danach konnten die Preußen zum zweiten Mal die Herrschaft über die Insel übernehmen, allerdings nur für eine sehr kurze Dauer. Bereits zwei Jahre später auf dem Wiener Kongress von 1815 wurden die preußischen Norderneyer zu Bürgern des Königreiches Hannover der Welfen unter dem englischen König Georg III., der in Personalunion König von England, Irland und Hannover war.

Für das junge Seebad Norderney bedeutete dies zum vierten Male in zehn Jahren den Wechsel der staatlichen Zugehörigkeit. Etwas später wählten die Könige von Hannover Norderney zu ihrer Sommerresidenz. Erste welfische Landesherren waren der genannte König Georg III. (1738–1820), sein Sohn Georg IV. (1762–1830), die sich nicht sonderlich um die hannoverschen Landesteile kümmerten. Das änderte sich erst, als 1830 der Bruder des verstorbenen Königs, Wilhelm IV. (1765–1837), ebenfalls König von England, Irland und Hannover wurde. In seiner Herrschaftszeit wurde die Gästezahl der Insel nahezu verdoppelt. Als nach dem Tode Wilhelms 1837 die Personalunion der welfischen mit der britischen Krone beendet wurde, änderten sich für Norderney die Verhältnisse fundamental: In England bestieg die erst 17-jährige Königin Victoria den Thron; in Hannover wurde Wilhelms Bruder Ernst-August zum König ausgerufen. Dieser lebte von 1771 bis 1851. Er ließ auf der Insel das «Große Logierhaus» bauen, das heutige Kurhotel. Der damalige Kronprinz und spätere König Georg V. (1819–1878), der mit 21 Jahren völlig erblindete, erschien während seiner Regentschaft alljährlich mit dem gesamten Hofstaat auf der Insel.

Von 1819 bis 1866 war Norderney also Staatsbad des hannoverschen Königreiches. Bald gab es hier einen königlichen Hofgarten mit einem Konversationshaus neben dem Großen Logierhaus, der heutige Kurpark. Das ehemalige Dorf dehnte sich im Wesentlichen nach Westen und nach Süden aus, wobei sich die Bauten und die Grünanlagen um das Kurhaus konzentrierten: Der südliche Teil des alten Ortskerns

Moltkestraße mit ihren klassizistischen Straßenzeilen.

und der Kuranlagen entstanden während dieser Zeit, die nördliche Begrenzung war die Lange Straße. Die Kurgäste stiegen damals direkt vom Schiff in einen «Wattwagen» und gelangten so auf die Insel. Mitte des 19. Jahrhunderts hatte Norderney 1000 Einwohner und 2000 Kurgäste jährlich und war durch einen geschlossenen Dünengürtel seewärts geschützt. Dies änderte sich allerdings in der Silvesternacht 1854, als durch eine katastrophale Sturmflut Dünenabbrüche bis zu 25 Meter in einer Nacht zustande kamen. Nun war das junge Seebad gefährdet. 1858 wurde daraufhin von der Strandstraße bis zur Moltkestraße die erste Strandmauer gebaut. Diese Mauer musste kurz danach schon durch Strandbuhnen gesichert werden, weil die Strandhöhe durch Erosion weiter stark abgenommen hatte.

Als im Jahre 1866 nach der Schlacht von Langensalza «ihr König» nach Österreich ins Exil gehen musste und sein Königreich an Preußen verlor, waren auch die Insulaner wohl aufrichtig traurig. Vom 1. Oktober 1867 an galt in der damaligen Provinz Hannover wieder die preußische Verfassung, und die Insel erlebte einen weiteren Aufschwung sondergleichen. Nach der Gründung des Deutschen Reiches nahmen die Besucherzahlen weiter zu, und dementsprechend riss auch wäh-

Typisches Norderneyer Fischerhaus; heute Inselmuseum.

rend der letzten Jahrzehnte des 19. Jahrhunderts die rege Bautätigkeit nicht ab. Nachdem die schützenden Randdünen in diesem Bereich abgetragen wurden, entstanden der nordwestliche Teil des alten Ortskerns und der Kuranlagen. Damit rückte die Bebauung bis an die Strandzone vor. Die sogenannten *Bremer Häuser* mit ihren gedeckten Glasveranden, die zum Beispiel an der Moltke- und Kaiserstraße von der Bremer Baugesellschaft ab 1873 für gehobene Ansprüche gebaut wurden, bezeugen diese Entwicklung noch heute. Von den Bremer Häusern ist leider nur noch wenig erhalten; sie wurden durch viergeschossige Betonbauten oder gar durch Hochhäuser ersetzt.

Zwischen 1866 und 1914 stieg die Einwohnerzahl von knapp 1500 auf über 4000 an. Zugleich nahm die Zahl der Gäste von etwa 3000 auf über 20 000 zu und erreichte damit einen ersten Höhepunkt. Bis zum Ende dieses Zeitraums wurden der nordöstliche Teil des alten Ortskerns bebaut und vorhandene Baulücken geschlossen. Im Jahre 1898 kamen schon mehr als 25 000 Gäste auf die Insel, nachdem der schnelle Ausbau der Eisenbahnlinien und der Anschluss von Norddeich an das Eisenbahnnetz 1882 hergestellt war. Nun wurde Norderney preußisches Staatsbad. Es erhielt das «Seehospiz Kaiserin Friedrich», ein bedeutendes Kinderkrankenhaus, und andere repräsentative Bauten, von denen das ehemalige kaiserliche Postamt und das «Kaiser-Wilhelm-Denkmal» noch heute zeugen. Um 1900 war Norderney ein Weltbad mit einem Kurhaus und einem Kurplatz. Die Kaiserstraße war eine Prachtstraße mit bis zu 170 Meter langen Seestegen, an die Dampfer anlegen konnten. Das Strandleben fand damals nach Frauen und Männern getrennt statt. Vor der Villa Belvedere, die damals Sommersitz des Reichskanzlers von Bülow war, gab es einen Segelsteg fürs Anlegen von Segelbooten.

Während des Ersten Weltkrieges kam der Tourismus zum Erliegen. Im Südwesten, zwischen Ort und Hafen, wurde eine große Wattfläche aufgespült und mit Dünensand, den man im Bereich des Wasserturms abbaute, gefüllt. Hier wurde ein Militärflugplatz aufgebaut. Heute liegen große Teile dieser Fläche brach, werden als Weideland genutzt oder sind bebaut worden. Zur Zeit der Weimarer Republik erreichten die Touristenzahlen das Vorkriegsniveau nicht, bauliche Erweiterungen des Ortes wurden nicht durchgeführt. Lediglich Lücken innerhalb des bebauten Gebietes wurden mit Wohnhäusern für die Einheimischen geschlossen. In der Vorbereitungszeit des Zweiten Weltkrieges zwischen 1935 und 1938 entstanden östlich des alten Kurparks große Kasernenanlagen mit zahlreichen Gebäuden und dazugehörigem Sportplatz. Für die Militärangehörigen wurden in der Umgebung entsprechende Wohnblöcke gebaut. Norderney wurde erneut Seefestung und Luftwaffen- sowie Marinestützpunkt; von den zahlreichen Flakstellungen sind heute noch Reste vorhanden. Erst nach dem Zweiten Weltkrieg wurden Norderney im Jahre 1948 die Stadtrechte verliehen, und in der allgemeinen Wiederaufbauphase wurde im östlichen Teil der Nordhelmsiedlung auch das Gebiet zwischen Birkenweg und Lippestraße mit Wohnhäusern bebaut. Entlang des Nordstrandes entstanden im Jahre 1965 die ersten Hochhäuser auf der Insel. So feierte Norderney 1997 seinen 200. Geburtstag als «Heilbad im Meer». Aber die Menschen kommen heute nicht nur wegen der «guten alten Zeit».

Auch auf Norderney ist inzwischen Ganzjahressaison. Für die Monate Juni bis September werden die Hotels, Pensionen, Ferienappartements, Privatzimmer, Campingplätze und Jugendherbergen der Insel weit im voraus gebucht, frühzeitige Anmeldung ist also immer empfehlenswert. So ist Norderney mit seiner traditionell leistungsfähigen Gastronomie durchgehend «geöffnet» – das einzigartige Nordseereizklima ist nicht auf eine bestimmte Jahreszeit beschränkt. Wer es einrichten kann, kommt schon im Frühjahr, wenn die heilsamen Kräfte der Natur frisch erwachen. Oder im Herbst, wenn Stare und andere Zugvögel zu Abertausenden in die Röhrichte des Südstrandpolders der Insel einfallen. Oder im Winter, wenn Dünen, Strand und Meer einen besonders malerischen Zauber ausstrahlen. Für die beliebtesten Freizeit- und Erholungsangebote gilt keine Saisonbeschränkung. Wenn Reiten ein Steckenpferd ist – es gibt eine Reitschule und Leihpferde, um im Parcours oder auf einer Strandtour das höchste Glück der Erde zu erleben. Obendrein ist Norderney für Surfer, vom Anfänger bis zum Vollprofi, ein Revier der Spitzenklasse. Für hochfliegende Verkehrsteilnehmer hat die Insel einen eigenen Flugplatz zu bieten, der für Privat- und Linienmaschinen geöffnet ist. Ein herrlicher 9-Loch-Golfplatz lädt ein, sich ganz auf das Handikap zu konzentrieren – oder schlicht den ersten Ball sauber zu treffen.

Doch all diese Infrastrukturen erfordern Konzessionen an die Insel selbst – hier ist wirklich und im wahrsten Sinne die natürliche Umwelt das «knappe Gut». Darauf haben die Norderneyer seit geraumer Zeit schon reagiert: Großräumige anthropogene Veränderungen wie die Eindeichung des «Grohdepolders» von 1926 bis 1928 und die Schaffung des Südstrandpolders in den Jahren 1940/41 führten darüber hinaus zu weiteren Veränderungen im Relief und damit in der Vegetationsentwicklung. Während der Grohdepolder zunächst ackerbaulich, später dann bis heute als Grünland genutzt wurde, blieb im Südstrandpolder eine landwirtschaftliche Nutzung aus. Hier wurden die Salzwiesen durch Ausspülungen und Bodenentnahmen großflächig durch offene Wasserflächen, durch Röhrichte und Weidengebüsche ersetzt. Auf dem 140 Hektar großen Südstrandpolder konnten sich danach – nahezu unbeeinflusst durch menschliche Nutzung – inzwischen wertvolle Lebensräume für Pflanzen und Tiere entwickeln. Dieses ist ein anschauliches positives Beispiel dafür, wie eine vom Menschen gestaltete Landschaft nach und nach von Pflanzen unterschiedlichster Nährstoffansprüche besiedelt wurde und wie dadurch verschiedene Biotope geschaffen wurden. So hat sich hier der größte Schilfgürtel aller Ostfriesischen Inseln entwickelt. In ihm können

Schilf- und Teichrohrsänger (*Acrocephalus schoenobaenus, A. scirpaceus*) ebensogut brüten wie Wasser- und Tüpfelralle (*Rallus aquaticus, Porzana porzana*). Auch Rohrweihe und Rohrammer (*Circus aeruginosus* und *Emberiza schoeniclus*) und die seltene Bartmeise (*Panurus biarmicus*) finden hier einen Brutplatz. Für mehrere Wochen im Herbst finden sich manchmal bis zu 1000 Wacholderdrosseln (*Turdus pilaris*) ein. Kaninchen, die seit dem 17. Jahrhundert für Norderney angegeben sind, Damwild und Rehwild üben jedoch großen negativen Einfluss aus, wobei auch hier die Kaninchen flächendeckend anzutreffen sind. Seit 1986 gehören alle diese Flächen zum Nationalpark Wattenmeer: Der gesamte Inselosten, «Südstrandpolder», die Salzwiesen südlich des «Grohdepolders» und das «Große Dünental Ostende» gehören zur Ruhezone; der Strand bildet die Erholungszone, und die übrigen Bereiche im Zentrum der Insel mit Ausnahme der Flächen um die Ausflugslokale «Weiße Düne» und «Oase» sowie der bebauten Bereiche am Leuchtturm sind der Zwischenzone zugewiesen. Diese und das Areal der Stadt Norderney selbst sind aus dem Nationalpark ausgenommen.

Dieser zeigt sich von seiner besten Seite in der Osthälfte der Insel. Die auffälligste und weitreichendste geomorphologische Veränderung auf Norderney in neuerer Zeit ist hier die Ausweitung der Dünengebiete. Sie bedeutet für den Ostteil der Insel im sogenannten *Osthellerbereich* weitestgehend natürliche Vergrößerungen und Neubildungen von Weiß- und Graudünen; im Lee neu entstehender Dünenfelder können sich dann in charakteristischer Weise Salzwiesen auf der zuvor vegetationsfreien, sandgeschliffenen Plate etablieren. Dazwischen liegen primäre Dünentäler mit Anmooren, offenen Brackwasserflächen und Salzsümpfen. Einzelne Sloops mit ihren Ausblasungen und Verlagerungen von Sandmassen vervollständigen das Ambiente dieser einzigartigen Urlandschaft.

Entsprechend artenreich und vielgestaltig ist auch die Tier- und Pflanzenwelt auf Norderney: Im Übergang zwischen Dünen und Salzwiesen gibt es seltene, artenreiche Watt- und Quellergesellschaften. Ausgedehnte strandfliederreiche Salzwiesen runden das Bild ab. Die großen alten Dünentäler und Ausblasungswannen in der Bakenlegde, Meiereiwiesen und im großen Dünental wurden besonders in Ortsnähe bereits zum Ende des 19. Jahrhunderts durch Grünland ersetzt.

Südstrandpolder von Norderney: als Kriegsflugplatz für Wasserflugzeuge geplant – heute ein erstklassiges Naturschutzgebiet aus zweiter Hand (Foto H. Kolde).

Von einem ehemals großen Dünental sind heute nunmehr Reste nördlich vom Südstrandpolder erhalten; ein großer Teil verschwand durch Sedimentation. Im Bereich der «Bakenlegde» haben Absenkungen des Grundwassers in den letzten 20 Jahren zwar zur Umwandlung eines ursprünglich grundwasserabhängigen Flachmoores in eine heutige grundwasserunabhängige Heide geführt, die sich mit starkem Gehölzaufwuchs derzeit zu einem Birkenbusch weiterentwickelt. Das sind für so eine verhältnismäßig kleine Insel starke Standortumwandlungen.

Die im Kapitel 14 beschriebenen Monitoringprogramme des integrierten Küstenschutzmanagements zum Erhalt und zur Regulation solcher abgetrockneter Dünentäler bei umweltgerechter Bewirtschaftung der Süßwasserlinse wurden gerade hier in den letzten Jahren entwickelt. Die Wirtschaftsbetriebe Norderney fördern derzeit aus zwei Wasserwerken etwa eine Million Kubikmeter Grundwasser pro Jahr, zwei Drittel der jährlichen Gesamtförderung werden dabei in den Sommermonaten gewonnen. Trichterförmige Grundwasserabsenkungen im Umfeld der Brunnen von einem halben bis über einen Meter Durchmesser sind schon erwähnt worden. Um die Vegetation nicht dauerhaft zu schädigen beziehungsweise um abgetrocknete Bereiche wieder renaturieren zu können, haben die Betreiber ein wissenschaftlich fundiertes, modernes Monitoring-System entwickelt, das mit sogenannten «critical levels» und entsprechenden Indikatoren von Pflanzen, Bodendaten und Wasserdaten die jeweilige Ausdehnung der Süßwasserlinse, ihre jahreszeitliche natürliche oder anthropogene Veränderung anzeigt und somit ein computergesteuertes Frühwarnsystem ermöglicht, welches die umweltverträgliche Regelung der Grundwasserförderung zur Folge hat.

Für das Leben und den Tourismus auf der Insel ist aber eines essentiell: Norderney verfügt über eine zusammenhängende Süßwasserlinse, die im Mittelteil der Insel ihre größte Mächtigkeit mit 60 bis 85 Metern Tiefe erreicht. Im Überflutungsbereich des Strandes und der insularen Salzwiesen gibt es Überschichtungen der Süßwasserlinse durch Salzwasser bis in eine Tiefe von bis zu 10 Metern; jedoch weniger als 100 Meter von diesen Grenzen hinweg beträgt die Mächtigkeit des Süßwasservorkommens schon 60 Meter, für die Insulaner eine wertvolle Ressource, aber auch eine hohe Verpflichtung zur umweltverträglicheren Grundwasserbewirtschaftung in diesem hydrogeologisch und ökologisch einzigartigen Milieu. Der zunehmend stärker werdende Tourismus ist nicht nur mit einer ansteigenden Trinkwassergewinnung aus der Grundwasserlinse gekoppelt, auch die Bewahrung eines qualitativ einwandfreien Süßwasserreservoirs an dieser empfindsamen Stelle ist ein hohes umweltpolitisches Ziel der verantwortlichen Institutionen. Übersteigt die geförderte Wassermenge die Neubildungsrate der Süßwasserlinse, führt dies zu einem Absinken des Grundwasserspiegels mit den Folgen des Nachrückens von Salzwasser oder der Beeinträchtigung der grundwasserabhängigen Vegetation der feuchten Dünentäler. Die Schutzgebietsausweisung des Südstrandpolders im Jahre 1956 führte dort zum Erhalt und zur Ausdehnung der einmaligen und größten Feuchtheidevorkommen aller Ostfriesischen Inseln in diesem Gebiet.

Norderney besitzt derzeit rund 50 Hektar Laub- und Nadelholzflächen: Erlenwäldchen am Ostheller und im Stadtbereich, im sogenannten Argonner Wald, Birkengehölze mit *Betula pendula, B. pubescens* und *B. carpatica* sind vor allem in Dünentälern zu finden, die bereits stark versauert und entsprechend alt sind. Mit weit ausladenden, windgeschliffenen Baumgestalten zeigt sich in Fragmenten der inseltypische Eichen-Pappel-Wald vor allem im Bereich des Norderneyer Leuchtturms. Diese Restwälder sind allerdings stark mit Schwarzkiefern (*Pinus nigra*) aufgeforstet, die hier nicht hingehören, sondern aus den Kalkgebirgen der Ostalpen stammen – auch deshalb werden derzeit Management-Programme zur Verbesserung der Artenkombination der Inselwälder entwickelt.

Die Zahl der etwa 6500 Einwohner Norderneys ist in den letzten Jahrzehnten weitgehend konstant geblieben. Etwa 4000 Personen sind hier mit Nebenwohnsitz gemeldet, und die Übernachtungsgäste im Jahresmittel liegen seit 1998 immer zwischen 8300 und 8900 Personen. Doch ist die Zahl der Inselbewohner in Wirklichkeit viel größer: Im Jahre 2001 sind über 300 000 An- und Abreisen mit der Fähre registriert und insgesamt mehr als 3,2 Millionen Übernachtungen gezählt mit einer durchschnittlichen Aufenthaltsdauer von genau 10 bis 11 Tagen. Die Kurgäste bleiben mit durchschnittlich 20 Tagen länger. Im Regelfall dauert der Kuraufenthalt zwei bis drei Wochen, manchmal auch bis zu vier Wochen. Dazu kamen im Jahr 2001 genau 504 000 Tagesgäste. An absoluten Spitzentagen im Hochsommer können 8000 bis 10 000 Tagesgäste die Insel gleichzeitig vom Festland aus besuchen, ein Phänomen, das auf allen Nordseeinseln in ähnlicher Weise – jedoch nicht mit so großen Zahlen – beobachtet werden kann. Während der letzten Jahrzehnte hat sich die Verteilung der Besucher auf die unterschiedlichen Jahreszeiten gewandelt. Der Trend zum Zweit- und Dritturlaub mit kürzeren Aufenthalten weitet die Nebensaisonzeiten aus. Bei der Anzahl der Übernachtungen schlägt sich diese Entwicklung weniger stark nieder: In den Übergangsjahreszeiten und zu Weihnachten bleiben die Gäste kürzer auf der Insel als in den Sommermonaten. Stadt und Kurverwaltung sind zudem bemüht, die touristische Infrastruktur das ganze Jahr über anzubieten, um eine Ganzjahressaison zu erreichen.

Doch alles hat auf einer Insel seine Grenzen. Unter den Rahmenbedingungen des heutigen Verkehrssystems stehen Mobilitäts- und Umwelterfordernisse generell in dauerhaftem Widerspruch. Die «Flucht mit dem Auto vor dem Auto» aus den Ballungsgebieten, wo es an Lebensqualität mangelt, löst Verkehrsströme in naturnahe Räume aus, deren Attraktivität sich überwiegend aus dem natürlichen Angebot ergibt. Insbesondere in prädikatisierten Kur- und Erholungsorten wie auf einer Insel besteht die Gefahr, dass die kurörtliche Funktion durch Lärm- und Schadstoffemissionen nachhaltig gestört ist und der notwendige Status nicht mehr gehalten werden kann. Die höhere Sensibilität der Gäste gegenüber Ruhestörungen und Umweltbeeinträchtigungen, der allgemeine Wertewandel spezieller Bevölkerungsgruppen hin zu mehr Umweltbewusstsein sowie die steigenden Qualitätsansprüche im Urlaub erhöhen die Gefahr, dass der unzufriedene Gast nicht mehr wiederkommt. Durch verstärkten Infrastrukturausbau und damit erleichterte Erreichbarkeit eines Ortes kann dessen Attraktivität aufgrund der negativen Auswirkungen des Verkehrs und des so in Gang gebrachten Massentourismus sinken. Weitere Kapazitätserweiterungen können zu einer Verschlechterung der Bedingungen am Ferienort führen. Auf Norderney ist ein eingeschränkter Autoverkehr erlaubt. Das kann den Erholungs- und Gesundheitswert nachhaltig beeinträchtigen.

Aus Befragungen zu den heute bestimmenden Faktoren für einen Qualitätstourismus weiß man, dass Gäste autofreier Inseln häufiger wiederkommen als die Gäste autoorientierter Inseln. Auf autofreien Inseln urlauben außerdem mehr Gäste mit Familienangehörigen und Kindern. Der Hinweis des Pkw-Verbots auf einer Insel zieht viele Gäste an, dagegen kann die Autofahrerlaubnis auf einer Insel aber auch eine spezielle Bedeutung für die Reiseentscheidung haben. Die Gründe für die Mitnahme eines Autos in den Urlaub sind vielfältig: Gepäcktransport, Bequemlichkeit und Zeitersparnis. Die Flexibilität am Urlaubsort spielt dagegen keine oder nur eine untergeordnete Rolle. Je kleinräumiger die Insel dann ist, desto geringer ist interessanterweise auch dort das Mobilitätserfordernis. Auf einer Insel lassen sich die Mobilitätsbedürfnisse außerdem durch den öffentlichen Personennahverkehr auffangen, sofern sie nicht schon durch andere Verkehrsmittel individuell befriedigt werden, zum Beispiel mit dem Fahrrad.

Diskutiert man mit Besuchern und Insulanern über Verkehrsprobleme, so geht es in erster Linie immer um den durch die Einheimischen verursachten Kraftfahrzeugverkehr. Der Anteil von Besuchern und Gästen am Verkehrsaufkommen beträgt auf Norderney deshalb auch nur maximal 10 Prozent. Ein ausgeklügeltes modernes Anreise- und Parksystem veranlasst die meisten Besucher, das Auto für den

Inselaufenthalt auf speziell eingerichteten Großparkplätzen stehen zu lassen. Außerhalb der Stadt und abseits der Strände zählen Tagestouren mit dem Fahrrad, Wanderungen und Spaziergänge zu den beliebtesten Urlaubsaktivitäten der Gäste auf Norderney. Der überwiegende Anteil der Gäste benutzt das Fahrrad als Fortbewegungsmittel.

Bei der Nutzung der Landschaft unterliegt der Tourismus gewissermaßen einem Zwiespalt; einerseits können von ihm, je nach Ausprägung und Intensität, negative Einflüsse durch Tritt, Befahren von natürlichen Flächen, Lärm und Vermüllung ausgehen, andererseits stellt eine möglichst intakte Landschaft eine unabdingbare Grundlage für den Tourismus selbst dar. Der Tourismus und seine Begleiterscheinungen sind deshalb als bedeutendster Veränderungsfaktor von Natur und Landschaft auf Norderney außerhalb des Stadtgebietes zu betrachten. In diesem ökologisch sensiblen wie touristisch intensiv genutzten Lebensraum entwickelte man eine besonders schonende fremdenverkehrliche Nutzung. Hier geht es also vor allem um die Steuerung von Touristenströmen. Als Maßnahmen zur Besucherlenkung in der freien Insellandschaft wurden großräumige Zonierungen sowie Zwangs-, Abschreckungs- und Anreizmittel auf der Insel entwickelt. Durch eine Zonierung im Sinne einer großräumigen Funktionstrennung können in der Regel schon im Vorfeld der Erholungsnutzung Interessenkonflikte vermieden werden, indem der Besucherstrom auf bestimmte, besonders geeignet erscheinende Landschaftsteile konzentriert wird, um andere, sensiblere Bereiche zu schonen.

Das Stadtgebiet ist der bei weitem am stärksten anthropogen überformte Bereich. Die Versiegelung des Bodens mit ihren Folgewirkungen stellt den stärksten Eingriff in den Landschaftshaushalt der Insel dar. Aber auch die unversiegelten Flächen sind durch gärtnerische Pflege und Anpflanzungen erheblich verändert. Der seit langem bestehende Fremdenverkehr prägt also das Bild der Stadt entscheidend, und ohne die ökonomischen Möglichkeiten, die er bietet, hätte die Stadt sich sicher nicht auf ihre heutige Größe ausdehnen können. Effektiv sind auch indirekte Maßnahmen zur psychologischen indirekten Steuerung der Touristen: ein attraktives Angebot von Informationshütten und Lehrpfaden; gut markierte und ausgebaute Wanderwege durch weniger empfindliche, aber landschaftlich reizvolle Bereiche; ein genereller Rückbau der Wegenetze sowie die Schaffung optischer Reize in den Dünen und Salzwiesen. Um das Verlassen der Wege zu erschweren, wurden Bohlenwege errichtet, spezielle Wege mit gezielten, dornigen Anpflanzungen abgezäunt und niedrige Naturholzbarrieren als «Leitplanken» aufgestellt. Informationsstände begründen an vielen Stellen diese Vorgehensweisen.

Ein weiteres vorbildliches System zur Behandlung des An- und Abtransports von Haus- und Gewerbeabfällen zur Sortierung, zum Recycling oder zur Endablagerung auf das Festland wurde in den letzten Jahren entwickelt. Eine sogenannte *Vererdungsanlage* mit Schilfbeeten dient der biologischen Reinigung von stark verunreinigten Abwässern. Diese werden durch große Schilffelder aus *Phragmites australis* geleitet, wo viele Schadstoffe im Wurzelwerk gefiltert und akkumuliert bleiben. Dieses wird nach einiger Zeit kompostiert, also vererdet, und das Schilfbeet erneuert. Zur Stützung der Bauwirtschaft und um ein Bauen überhaupt in bezahlbaren Größen zu halten, konnte ferner das Angebot einer Bauschuttentsorgung im Rahmen eines Wertstoffkreislaufs beibehalten werden. Dies gilt ebenfalls für das Angebot zur Entsorgung von Grünschnitt. Die seit einigen Jahren mögliche kostengünstige oder auch kostenlose Abnahme von Grünschnitt auf dem Recyclinggelände hat zu einer deutlichen Entlastung der freien Landschaft geführt. Durch die Kompostierung von Grünschnitt kann zugleich dringend benötigter Boden hergestellt werden, der im Garten- und Landschaftsbau des Stadtbezirks Verwendung findet. Besondere Bedeutung kommt dem Konzept der Verwendung des vererdeten Klärschlamms auf der Insel zu. Unabhängig von Einsatzmöglichkeiten im Garten- und Landschaftsbau in der Stadt wurden Überlegungen zum Einsatz eines solchen Materials im Rahmen einer alternativen Sicherung und Rekultivierung von devastierten Flächen vorangetrieben. Neben der Möglichkeit, insulare Entsorgungsprobleme zu lösen, ergaben sich dabei auch neue Möglichkeiten zur Verwendung von vererdetem Klärschlamm.

Die Stadt Norderney ist außerdem bemüht, eine möglichst komplette Reinigung von öffentlichen Flächen zu betreiben. Die Sauberhaltung kommt der Insel und der Süßwasserlinse insgesamt zugute. Erforderlich ist von Zeit zu Zeit sicher auch eine Reinigung der freien Landschaft von Müll und Abfall, besonders an den Wegesrändern und auch im Ostland. Die Reinigungsarbeiten stellen keinen unzumutbaren Eingriff in die Natur dar, auch nicht in den Bereichen des Nationalparks, soweit sie umweltgerecht durchgeführt werden, also zum Beispiel nicht das Brutgeschäft der Vögel stören. So sind auf der verstädterten Insel Norderney in den vergangenen Jahren viele Umweltprobleme bewusst und offensiv aufgenommen, diskutiert und bearbeitet worden, ganzheitlich und vielfach ökosystemar und deshalb vorbildlich für die anderen Inseln in der Nordsee wie auch für die Seebäderorte an der Küste.

Hafen von Husum.

16. AN DER KÜSTE VON SCHLESWIG-HOLSTEIN UND DÄNEMARK

Unsere Landschaft an der nordfriesischen Küste ist bescheiden, allem Berauschenden, Üppigen fern», so schrieb es der Maler Emil Nolde, der im Jahr 1926 nach Seebüll kam, hier eine leere Warft bezog und dort seine Zeit mit Berufsverbot während des Nationalsozialismus überstand. Seine Werke sind aber anders als seine Worte: Der Himmel, die Wolken, der Horizont wechseln in lodernden Farben, und auch der Klatschmohn leuchtet scharlachrot wie Feuer. Roter Himmel über grünem Meer. Gelbe Wolken über schwarzen Wiesen. Flammende Blumengärten ohne Ende. Landschaft als elementares Drama der Natur. Die Einsamkeit an der Nordsee war für ihn Lebenselexier. Das lockt jährlich rund hunderttausend Besucher in das nur sommertags geöffnete Nolde-Museum auf dem Friesenhof in Seebüll, ganz nah der dänischen Grenze, wo man auf den Spuren der Aquarelle das Lebenswerk des wohl führenden deutschen Expressionisten nachvollziehen kann. Dieser wurde 1867 als Bauernjunge Emil Hansen im nordfriesischen Dorf Nolde geboren und gab sich mit 34 Jahren den Künstlernamen Emil Nolde. Als er 1940 sein Gemälde «Der Große Gärtner» schuf und mit seinen leuchtenden Farben und einem ruhigen, flächigen Pinselstrich das sehr harmonische Bild malte, war er immerhin schon 73 Jahre alt. Der 1968 erschienene Roman von Siegfried Lenz «Deutschstunde», zu dem Noldes Lebensgeschichte die Vorlage lieferte, machte den Künstler endgültig zur Legende und ließ auch dieses Land an der Nordsee in einem besonderen literarischen Licht erscheinen. Das hat die nordfriesische Küste auch verdient: Ist sie doch mit ihren Geestkerninseln, den Barriereinseln, den Halligen, Sanden und den riesigen Kögen landschaftlich vielgestaltiger als der west- und ostfriesische Küstenstreifen.

Während die Nordfriesen nun schon länger als tausend Jahre an der Küste leben, ist der Landkreis Nordfriesland gerade einmal 30 Jahre alt. Er ist im Jahre 1970 aus den Vorgängerlandkreisen Südtondern, Husum und Eiderstedt bei einer Gebietsreform zusammengefasst worden, und Husum, die Stadt Theodor Storms, das traditionelle kulturelle Zentrum der Nordfriesen, wurde Verwaltungssitz und Kreisstadt. Am «grünen» und «weißen» Strand liegt das Nordseebad Husum, ein altes Fischerdorf, von dem schon Reisebücher im Jahre 1909 berichten, dass «Husum zu den billigsten und dabei gemütlichsten deutschen Nordseebädern gehört, da seine meist wohlhabenden Einwohner nicht auf Ausbeutung der Fremden angewiesen sind...» Dem ist heute nichts hinzuzufügen. Im Husumer Hafen liegen Krabbenkutter neben modernen Yachten. In der Stadt steht das Theodor-Storm-Haus auch heute noch an der Wasserreihe, wo der Dichter als Advokat und Landvogt gelebt und den größten Teil seiner Werke verfasst hat. In früheren Zeiten war Husum keineswegs mit dem Meer verbunden, erst mit der Sturmflut von 1362 bahnte sich die Nordsee den Weg ins Land. Nach 1400 blühte Husum als Hafenstadt auf, und die 1436 erbaute Kirche zeigt mit ihrem 95 Meter hohen Turm, welche Ziele man sich gesteckt hatte. Die Gottorfer Herzöge sahen ebenfalls eine große Zukunft voraus und errichteten im 16. Jahrhundert ein prächtiges Renaissance-Schloss auf dem Gelände eines ehemaligen Klosters. Die durch die Säkularisierung vertriebenen Franziskanermönche hinterließen im Schlosspark ein ganz besonderes Erbe: Wilde Krokusse, die man im Klostergarten als Safranlieferanten und als Heilkräuter gepflanzt hatte, locken noch heute die Besucher im Frühling an die «Graue Stadt am Meer». Mehr als zwei Millionen Krokusse breiten dann ihre violetten Blüten aus.

Die Sturmflut vom 16. Januar 1362 war gewaltig. Landverluste traten nicht nur südlich von Büsum und an der Elbe bei Kudensee ein, als in Nordfriesland diese urkundlich belegte Sturmflut den schützenden Dünenwall im Westen und die niedrigen Deiche aus der Zeit der friesischen Kolonisation durchstieß und damit das Gebiet des nordfriesischen Wattenmeeres gründlich umgestaltete. Unzählige Menschen ertranken, viele Kirchen und Ortschaften gingen unter, darunter auch das durch Detlev von Liliencrons Ballade bekannt gewordene Rungholt. Der größte Teil des Kulturlandes ging also verloren und wurde in Watt umgewandelt. Als Rest blieb nur die damalige Insel «Strand» erhalten. Die Nordsee drang fast überall bis an den Geestrand vor, Husum wurde Hafenstadt. Die nächste große «Mandränke» 300 Jahre später im Jahre 1634 stellt einen ähnlichen Wendepunkt in der Landschaftsgeschichte dar wie jene des Jahres 1362. Fast alle Deiche brachen, die Insel «Strand» wurde in die Teile Nordstrand und Pellworm zerschlagen. Über 9000 Menschen ertranken. Der größte Teil des überfluteten Landes konnte nicht wieder eingedeicht werden. Damit war nahezu die heutige Form des Wattenmeeres geschaffen.

In den folgenden Jahrhunderten überwog gegenüber weiteren Landverlusten der Landgewinn durch Neueindeichungen. Die stets gefährdeten Halligen wurden schließlich in ihrem Wert erkannt und als Wellenbrecher für die Küste sowie als Ansatzpunkte für die Landgewinnung in den Inselschutz einbezogen. Der nach der Februarflut von 1962 kurz darauf beschlossene «Generalplan Deichverstärkung, Deichverkürzung und Küstenschutz» sah vor, das Sturmflutrisiko an der nordfriesischen Küste durch eine Verkürzung der Deichverteidigungslinie von 500 auf 290 Kilometer und durch eine Neugestaltung des Deichprofils zu mindern. Dabei handelte es sich um die mündungsnahe Abdämmung der heutigen Flüsse Eider, Stör, Krückau und Pinnau sowie um die wirklich notwendige Verkürzung der Seedeichlinien in der Meldorfer Bucht für den Speicherkoog Dithmarschen und in der Nordstrander Bucht. Das Eidersperrwerk war 1973 fertig.

Die vor Jahrhunderten bei der ersten großen «Mandränke» im Januar 1632 im Wattenmeer versunkene Stadt Rungholt übt noch heute einen besonderen Reiz aus; dieser in mittelalterlichen Fluten untergegangene Ort wird manchmal sogar dem sagenhaften «Atlantis» gleichgesetzt mit den üblichen Schilderungen von sündhaftem Luxus und dem dazugehörenden göttlichen Strafgericht. Detlev von Liliencron hat dem Drama im Jahre 1882 eine Ballade gewidmet, und diese beginnt mit «Trutz, Blanker Hans. Heute bin ich über Rungholt gefahren. Die Stadt ging unter vor sechshundert Jahren...» So ist die Nordsee als der mordende und zerstörende «Blanke Hans» schließlich ein Mythos geworden. Südlich der Hallig Südfall im nordfriesischen Wattenmeer vor der Mündung des Heverpriels machte man seit dem 19. Jahrhundert zahllose Streufunde wie Holzkonstruktionen, Keramikscherben, Brunnenringe, Waffen und Hausrat, die als Reste von Rungholt gedeutet werden. Schmuck aus Edelmetall oder Münzen, die den «sagenhaften Reichtum» dieser Stadt bezeugen könnten, sind allerdings noch nicht in die Museen gelangt. Die großen Einschnitte im Leben der Menschen an der nordfriesischen Küste waren also immer die Sturmfluten, bei denen riesige Landstriche, manchmal ganze Ortschaften und Inseln, im Meer versanken.

Krokusblüte im Schlosspark von Husum.

Etwas Eigenartiges haftet den Halligen an, wenn man sich ihnen langsam nähert. Theodor Storm hat sie mit «schwebenden Träumen» verglichen, und wenn die Sommertouristen fort sind, scheinen sie auch die letzten Bastionen der Einsamkeit zu sein. Die Halligen werden von dem Geographen Guntram Riecken auch zutreffend als «zerbrechliche Kleinode im Wattenmeer» bezeichnet. Viele von ihnen sind erst im Mittelalter und in der frühen Neuzeit entstanden. Bemerkenswert ist eine Sturmflut vom 3. auf den 4. Februar 1825 an der schleswig-holsteinischen Westküste, die wegen ihrer katastrophalen Auswirkungen auf die Halligwelt auch als Halligflut bezeichnet wird. Diese Flutkatastrophe veranlasste sogar den König Friedrich VI. von Dänemark, das damals noch mit den Herzogtümern Schleswig und Holstein in Personalunion verbunden war, der verwüsteten Hallig Hooge einen Besuch abzustatten, um sich ein eigenes Bild zu machen. Sein Schlafzimmer ist noch heute auf der Wurt als «Königspesel», ein prächtig ausgestatteter Raum in einem nordfriesischen Bauernhaus, erhalten. Das Wort «Pesel» stammt vom vulgärlateinischen «pensile», einem Badezimmer mit beheiztem Fußboden. Von den zehn Halligen sind heute nur noch Langeneß, Hooge, Oland, Gröde und Habel ganzjährlich bewohnt, nur zeitweise gilt dies für die Hamburger Hallig,

Hamburger Hallig.

Südfall, Süderoog, Norderoog und Nordstrandischmoor. Die Halligen sind jedoch keine schwindenden Reste des bei Sturmfluten abgerissenen Festlandes, sondern sie wachsen durch Schlickablagerungen aus dem Meer empor. Die ehemals kleinste Insel im dänischen Wattenmeer, die unbewohnte Hallig oder Marscheninsel Jordsand südlich von Rømø, wird nach Aufgabe von Schutzmaßnahmen neuerdings sogar vom Lister Tief erodiert, und ihr Sand wird im Watt erneut aufgearbeitet.

Durch die häufigen, meist winterlichen Überflutungen – Nordstrandischmoor hält mit 60-mal «Landunter» in einem Jahr den Rekord – wächst eine Hallig allmählich in die Höhe, da jedes Mal kostbares Sedimentmaterial abgelagert wird. Der Blick auf eine Prielkante lässt diesen Vorgang deutlich werden: Viele Sturmfluten haben durch ihre Ablagerungen unzählige Schichten gebildet, deshalb spricht man auch von einer Sturmflutschichtung auf den Halligen. Um zumindest zur Erntezeit Überflutungen weitgehend ausschließen zu können, hat man auf den größeren Halligen Hooge , Langeneß, Oland und Gröde Sommerdeiche gebaut. Zwar erfüllen sie den ihnen zugedachten Zweck und sorgen in den Sommermonaten für ein störungsfreies Halligleben, dies jedoch mit dem bedenklichen Nebeneffekt, dass infolge der stark reduzierten Sedimentablagerung die Auflandung der Halligfläche mit dem steigenden Meeresspiegel nicht mehr Schritt halten kann.

Als Ergebnis der etwa 900 nach Chr. einsetzenden Überflutung und ausräumenden Vertiefung der nordfriesischen Bucht liegen die Halligen heute weit verstreut im Wattenmeer. Sie sind teils Reste ehemals größerer Landmassen, teils Neubildungen aus Erosionsmaterial zerstörter Marschenländereien und damit in ihrer heutigen Form und Lage erst einige hundert Jahre alt. Aufgrund der dynamischen Kräfte im Wattenmeer waren die Halligen – bis zur Sicherung und Festlegung ihrer Ufer durch Steinkanten – ständigen Veränderungen unterworfen. Steter Uferabbruch erfolgte in Luv, der windzugewandten Seite, Anlandung dagegen in Lee, der windabgewandten Seite, so dass wegen der Westwinddrift ursprünglich eine langsame Wanderung der Halligen von West nach Ost stattgefunden hat.

Heute gibt es nur noch zehn Halligen, davon sind vier, nämlich Langeneß und Oland, Nordstrandischmoor sowie die Hamburger Hallig, durch Dämme, die sowohl dem Schutz als auch dem Materialtransport dienen, mit dem Festland verbunden. Diesen Verbindungsdämmen haben die Einwohner der Halligen Langeneß, Oland und Nordstrandischmoor es zu verdanken, dass sie das Festland auch auf Schienen mit ihren privaten Loren erreichen können. Die Form der Halligen Gröde und Langeneß ist recht jungen Datums. Durch den Bau von Lahnungen, dem Buschwerk zwischen zwei Pfahlreihen, und Dämmen sowie durch Landgewinnungsmaßnahmen sind sie zusammengewachsen. In die früher noch wesentlich kleinere Hallig Gröde ist die Hallig Appelland integriert worden, und das heutige sich über elf Kilometer von West nach Ost erstreckende Langeneß bestand früher aus den Halligen Nordmarsch, Butwehl und Langeneß. Mit fast 1000 Hektar ist es mittlerweile zur größten Hallig geworden. Die bekannteste Hallig ist aber zweifellos Hooge, deren heutige Fläche ohne den schützenden, westlich vorgelagerten Japsand sehr viel kleiner wäre. Falls seine nach Osten gerichtete Wanderung im gleichen Tempo fortschreitet wie in den vergangenen Jahrzehnten mit durchschnittlich 27 Meter jährlich, wird dieser Außensand in etwa 100 Jahren als prächtig weißer, sehr breiter Sandstrand an der Westküste von Hooge liegen – vergleichbar dem Kniepsand vor Amrum.

Eine Überfahrt nach Sylt beginnt in Niebüll; dort fährt man mit seinem Auto auf einem Sonderzug der Deutschen Bahn, der ständig zwischen Westerland auf Sylt und dem Festland hin- und herpendelt. Nahezu eine Million Autos werden pro Jahr in beide Richtungen befördert. Der Hindenburgdamm ist im Jahre 2002 schon 75 Jahre alt geworden. Am 1. Juni 1927 rollte der erste Eisenbahnzug über den elf Kilometer langen, sieben Meter hohen Damm, der Sylt mit der schleswig-holsteinischen Küste verbindet. Drei Jahre lang hatten 1500 Arbeiter damals an der Verbindung von Klanxbüll durch das Wattenmeer bis zum Ostzipfel der Nordseeinsel gearbeitet. Der Bau kostete mehr als achtzehn Millionen Reichsmark. Seit 1885 ist Westerland eine Badestadt und ein Nordseeheilbad. Sylt wird wegen seiner landschaftlichen Schönheit, seiner eng beieinander liegenden naturräumlichen Gegensätze zwischen dem fast vierzig Kilometer langen Badestrand, den Dünenlandschaften und den Salzwiesen gerühmt. Die «Königin der Nordsee» zieht im Jahr mehr als eine halbe Million Besucher an; die Insel gilt seit jeher als «Prominententreff», vor allem in der Zeit, in der die Surfer ihren Worldcup-Wettbewerb vor Westerland austragen. Der Fin-de-siècle-Charme von Westerland ist eine besondere Attraktion, ebenso das malerische Kampen mit seinen Reetdachvillen und seiner «Champagnerluft» in den noblen Gaststätten und Cafés. Kampen hat den High-Society-Trubel zu seinem Markenzeichen gewählt; hier logierten schon früher ähnlich wie heute die Maler und Schriftsteller, die Künstler, die Stars, Politiker und die Millionäre, eben alle die, die gern unter sich sein wollen.

Bei Rantum erstreckt sich eine endlose Dünenlandschaft, und auch der Ort ist malerisch an der schmalsten Stelle der Insel gelegen. Er ist mit seiner kaum 500 Meter breiten Landbrücke ständig vom Meer bedroht. Der Inselurlauber Thomas Mann wurde beim Anblick der windgepeitschten Nordsee sogar pathetisch: «Es ist das Raubtiermäßige der Wellen, das Baden in der Brandung.» Die Wirklichkeit ist aber noch unerbittlicher: Auf Sylt frisst das Meer jeden Winter tausende Kubikmeter Sand, die im Sommer für viel Geld auf den Strand zurückgespült werden. «Seit tausend Jahren kämpfen wir Friesen gegen die Nordsee, den Blanken Hans», so hört man es oft beim Besuch der Insel im Winter, wenn der Wind mit Stärke neun durch alle Ritzen zieht und die Wellen hoch an das Kliff auf der Westseite anschlagen.

Rathaus von Kampen.

Wird die Insel tatsächlich immer kleiner? Versinkt Sylt? Wann – erst in 500 Jahren oder vielleicht früher oder gar nicht? Die Sylter Küste ist von Natur aus eine zurückweichende Küste. Die Sandplaten wandern entlang des Geestkernes auf der Westseite der Insel und lagern sich nach dem Prinzip des geringsten Widerstandes irgendwo wieder ab oder werden erneut vom Wasser aufgenommen oder weitertransportiert. Folgen hiervon sind die riesigen, oft dramatisch anmutenden Sandverluste gerade an der Südspitze der etwa 40 Kilometer langen Insel, an der Hörnum Odde. Auf Sylt wird das Kliff erodiert, also vom Meer angefressen. Das erodierte Material wird zu den Enden der Sylter Nehrungen transportiert, vor allem an den nördlich von List allmählich sich verlängernden Haken, und südwärts geht er an der Hörnumer Odde vorbei direkt nach Amrum auf den Kniepsand. Die Amrumer freuen sich über diese strandsichernden, kostenfreien Sandlieferungen.

Auf der ganzen Insel sind es alljährlich etwa eine Million Kubikmeter, die die Nordsee «frisst», aber im Listland oder im Kniepsand auf Amrum wieder anlandet; seit 30 Jahren kommen deswegen von April bis August belgische oder holländische Baggerschiffe, sogenannte *Hopperbagger*, die den Sand vom Meeresboden wieder in dicke Schläuche aufsaugen und auf den Strand spülen. So erstreckt sich bei List im Norden der Insel eine Landschaft, die einmalig ist. Endlos reihen sich hier die von Heidekraut und Krähenbeere bewachsenen Dünenketten aneinander, und wie Schneeberge ragen die bis zu 35 Meter hohen Wanderdünen auf, die größte davon ist 400 Meter breit und 1300 Meter lang. Zwischen drei und zehn Meter rücken sie im Jahr nach Osten vor, begraben alles unter sich, um es nach

Sylter Steilüste, das «Kliff» von Kampen.

Jahrzehnten wieder freizugeben. Die Entstehung der Sylter Wanderdünen ist noch nicht eindeutig geklärt. Man nimmt aber an, dass bei gleichzeitiger Zerstörung mehrerer sehr großer Strandhaferweißdünen durch Viehweidung in der Vergangenheit gewaltige Sandmassen sich auf einmal in Bewegung gesetzt haben und dass dadurch das Verhältnis zwischen Sandtransport und biologischer Sandfestigung mit Dünengräsern gestört bleibt. List, der nördlichste Hafen Deutschlands, bietet an seinem Nehrungshaken, dem sogenannten «Ellenbogen», noch einmal Weite und Einsamkeit, aber auch geselliges Leben, das Jürgen Gosch in seiner Fischhalle mit Scampi und Prosecco, Bratfisch und Bier weltberühmt gemacht hat.

Auf ähnliche Weise bilden sich die Nehrungen und Strandwälle an der nordfriesisch-dänischen Küste. An Land ändert sich wieder die Bauweise der Bauernhäuser: Hier, im Übergang von Nordsee, südlich angrenzendem Schleswig-Holstein und Dänemark, gab es in der Kreidezeit das Land oder die Insel Cimbria, ein Landschaftsname, der noch heute bezeichnend ist für einen langgestreckten Bauernhaustyp mit steilem Reetdach und einem Stall mit Längsgang, der auch als «Utländisches» oder «Cimbrisches Langhaus» bezeichnet wird. Wir

Durch Erosion kuppenförmig erodierte Dünen, sogenannte Runddünen bei Wittdün auf Amrum.

finden solche Häuser noch auf den Nordfriesischen Inseln und in Süddänemark. Diese Utländischen Häuser auf Halligen und Geestkernen waren von der Anlage echte Wohn- und Stallhäuser, wie man sie auf den Wurten schon offenbar seit der Römischen Kaiserzeit kannte. Das von Georg Kossack und Mitarbeitern in Archsum auf Sylt ausgegrabene «Jütische Langhaus» hatte schon damals niedrige Mauern und ein von zwei Pfostenreihen gestütztes Walmdach. Hier konnten die Wurtenbauern bei Sturmfluten das Vieh tagelang im Stall halten. Die Hausdächer waren manchmal so konstruiert, dass sie sich bei Auftrieb nach Sturmfluten von den Mauern lösten und als Rettungsfloß dienen konnten. Im Regelfall boten diese Langhäuser ausreichend Stapelfläche für die Heuernte und genügend Platz für die Großviehbestände.

Im Jahre 1231 wird die Insel Amrum im sogenannten Erdbuch Waldemars II. erstmals urkundlich erwähnt. In ihrer politischen und wirtschaftlichen Geschichte unterscheidet sich Amrum kaum von seinen Nachbarinseln: Es gehörte bis 1864 zu Dänemark, man lebte vom Fischfang und vom Ackerbau, die Insulaner wanderten vielfach bis zur Jahrhundertwende nach Übersee aus. Im Jahre 1890 wurde das Nordseebad Wittdün eröffnet und gleichzeitig in Norddorf das erste

Reetgedeckte Friesenhäuser in Nieblum auf Föhr.

christliche Inselhospiz gebaut, wozu F. von Bodelschwingh die Anregung gegeben hatte. Den Geestkern der Insel bildet eine flachkuppige saalekaltzeitliche Moräne, die in sechs Kilometer Länge und etwa 2,5 Kilometer Breite von Norddorf bis Steenodde reicht. Insgesamt fünfzehn Grabkammern aus der Jungsteinzeit und 135 Hügelgräber aus der Bronzezeit wie auch eine cimbrische Dorfanlage im soge-

Der Hafen von Tönning.

nannten Düval und ein umfangreiches wikingerzeitliches Gräberfeld, das Skalnastal, künden davon, dass schon in vor- und frühgeschichtlicher Zeit der Moränenboden der Geest besiedelt und genutzt worden ist. Ein fossiles Kliff aus der Zeit des größten nacheiszeitlichen Meeresspiegelanstiegs im Atlantikum zieht sich ganz um den pleistozänen Inselsockel. Auf der Westseite ist es in 100 bis 200 Meter Entfernung vom Dünenrand noch zu erkennen. An der Amrumer Ostküste hat die Meereserosion auch zur aktiven Kliffbildung geführt. Am Steenodder Kliff lagern auf der kiesreichen Brandungsterrasse die herbstlichen und winterlichen Sturmfluten große Mengen Getreibsel ab, die zu tangreichen Strandwällen aufgeworfen werden.

Amrum hat eine der großartigsten Dünenlandschaften Europas. Über eine Entfernung von etwa 15 Kilometern begleiten sie die Westküste der Insel. Der einen Kilometer breite Sandstrand Kniepsand ist eigentlich kein Teil von Amrum, sondern eine seit 1644 nachweislich angebrandete Sandbank. Sicher sind im Laufe der Zeit schon mehrere Sandbänke den gleichen Weg gegangen und haben der Insel den Sand zum Aufbau der Dünen zugeführt. Überhaupt könnte man Amrum

Der berühmte Leuchtturm von Westerhever inmitten ausgedehnter Vordeichsalzwiesen (Foto H. Küster).

als Dünenparadies bezeichnen, dehnen sich doch die Dünenflächen über mehr als vierzig Prozent der Inselflächen aus. In ihren Kuppen erreichen die Dünen manchmal Höhen von mehr als dreißig Metern. Aufgrund lebhafter Umlagerungen der Dünen gibt es auf Amrum besonders eindrücklich die sogenannten Runddünen. Diese entstehen nicht infolge von Übersandung, sondern dadurch, dass im Zuge erosiver Vorgänge die vorhandene Vegetation den Sand fleckenhaft festhält, während er im vegetationsfreien Umfeld ausgeblasen wird. Die meist von der Kriechweide oder von der Besenheide gebildeten Dünen dieser Form erreichen mit zwanzig Metern die größten Höhen. Außerdem gibt es auf Amrum heute noch drei Wanderdünen, eine liegt östlich des Skalnastals, eine andere liegt in der Nähe der Vogelkoje, und die dritte liegt bei Flegham westlich von Norddorf.

Das 82 Quadratkilometer große Föhr ist berühmt für seine kühnen Walfangkommandeure, deren Biographien man auf ihren Grabsteinen bei St. Laurentii in Süderende studieren kann. 16 Dörfer liegen auf der behaglichen Insel, wo Landwirtschaft und ein sanfter Tourismus mit Golfplätzen die Landschaft prägen. Bilder von Getreidefeldern, Wei-

St.-Clemens-Kirche von Kirkeby.

deland, Mühlen, einsamen Fluchtburgen und stolzen Kirchen prägen diese «Grüne Insel». St. Johannis in Nieblum und St. Laurentii in Süderende sind die prachtvollsten Gotteshäuser. Wyk, die einzige Stadt auf der Insel, ist seit 1819 Kurbad. Der Dänenkönig Christian VIII. verbrachte von 1842 bis 1847 jeden Sommer in Wyk und verhalf dem Bad zu einem klingenden Namen: Hans-Christian Andersen, Theodor Fontane und Christian Morgenstern dichteten hier, und Johann Strauß komponierte auf der Insel sogar die walzerseeligen «Nordseewellen».

In Dithmarschen bildeten sich ebenfalls Strandwälle, die aber schon seit einigen Jahrtausenden nicht mehr vom Meer beeinflusst werden, also «fossil» sind. In der Landschaft erkennt man sie als langgestreckte Wälle, die vor Ort «Donn» genannt werden; einige Ortschaften wie Hochdonn und St. Michaelisdonn liegen auf solchen ehemaligen Strandwällen. Ihnen wurde inzwischen viel Marschland vorgelagert – so liegen sie heute weitab binnenlands hinter angeschwemmter Marsch.

Wie das benachbarte Glückstadt in der Elbmarsch war auch Friedrichstadt am Eingang zur Eiderstedter Halbinsel das Ergebnis eines ehrgeizigen Plans, denn die 1621 von Herzog Friedrich III. von Schleswig-Holstein-Gottorf gegründete Stadt am Zusammenfluss von Eider und Treene war als Umschlagplatz für den Nord- und Orienthandel über Russland bis nach Persien geplant. Glaubensverfolgte Remonstranten aus den Niederlanden fanden hier Schutz, und sie richteten sich eine malerische Stadt wie in Holland ein, mit Grachten, Bürgerhäusern, Treppengiebeln und der Menonnitenkirche. Im Hinterland lag die reiche Eiderstedter Halbinsel mit ihren Ein-Haus-Höfen, ebenfalls nach holländischem Vorbild, den Haubargen. Dort auf der Halbinsel liegt das Städtchen Garding, das berühmt ist für seinen großen Sohn: Theodor Mommsen, den ersten deutschen Nobelpreisträger für Literatur im Jahre 1902, den er für seine lebhafte Schilderung der «Römischen Geschichte» erhielt, wo er übrigens den jüngst identifizierten Ort der Varusschlacht von 9 nach Chr. in der Nähe von Kalkriese postulierte. Theodor Mommsen gehörte als Nationalliberaler dem preußischen Abgeordnetenhaus und von 1881 bis 1884 dem Berliner Reichstag an. Markante Punkte auf der Eiderstedter Halbinsel sind die Hafenstädte Tönning und St.-Peter-Ording. Letzterer Badeort ist berühmt für seinen 14 Kilometer langen und zwei Kilometer breiten, befahrbaren Strand, der für Strandsegler die begehrteste Piste Europas ist. Auch der Leuchtturm von Westerhever ist eine Berühmtheit, eine bekannte ostfriesische Brauerei aus Jever macht mit ihm Reklame.

Rømø und Fanø, die nördlichsten der Nordfriesischen Inseln, sind ungefähr gleich groß und von halbmondförmiger Gestalt. Sie sind durch das Lister Tief von Sylt getrennt. Dies ist eine der wenigen tieferen Rinnen an der nordfriesisch-dänischen Küste und die einzige Durchfahrt für größere Schiffe. Der größte Teil der Insel Rømø ist von bewaldeten Dünen bedeckt, die am Westrand langgestreckte Ketten bilden. Hier hinein gedrängt liegen die vollkommen unregelmäßig verstreuten Häuser der Insulaner, die dort als Bauern in teilweise prächtigen Höfen leben. Kirkeby, im Süden gelegen, ist das Kirchdorf der Insel. Die St.-Clemens-Kirche ist dem Schutzpatron der Seeleute geweiht. Sie stammt aus dem 16. Jahrhundert und besitzt fünf Votivschiffe. Feinsandig und endlos lang sind die Badestrände von Rømø, der größten dänischen Nordseeinsel. Diese Strände dürfen sogar mit Autos befahren werden. Mit dem Festland ist die Insel seit 1948 durch

Prächtiger Cimbrischer Langhof auf Rømø.

den knapp zehn Kilometer langen Rømø-Damm verbunden. Ihre Blütezeit verdankte die Insel im 17. bis 19. Jahrhundert dem Walfang vor Spitzbergen und Grönland, wie man heute noch an einigen Gebäuden erkennen kann. Die Nordseeinsel Fanø liegt gegenüber von Esbjerg und ist von dort auch mit der Fähre zu erreichen. Im Jahre 1741 erkauften die Inselbewohner als ehemalige Pachtbauern ihre Freiheit vom dänischen König zum Handel und zum Schiffbau. Schon 1897 besaß Fanø die größte Handelsflotte Dänemarks. Von dieser traditionsreichen Vergangenheit kann man sich im Fanø-Museum von Nordby einen guten Eindruck verschaffen. Noch heute ist der Hauptort der Insel mit seinen 200 Jahre alten Häusern und den romantischen Gassen ein Zentrum für seemännische Ausbildung.

17. ROTE INSEL IM MEER – DIE LANGE ANNA MAGERT BEDENKLICH AB

Man hat sie die «deutscheste» aller Inseln genannt – und in gewissem Sinne trifft das sogar zu. Denn Helgoland, Deutschlands einzige Hochseeinsel, ist über lange Zeiten der Geschichte «fremdbestimmt» gewesen. Als A. H. Hoffmann von Fallersleben hier im Jahre 1841 das Deutschlandlied dichtete, herrschten die Engländer über den 60 Meter hohen Felsen. Von 1714 bis 1808 hatten die Dänen ihn besessen, die ihn an das englische Königreich übergaben. Zum letzten Mal kehrte Helgoland vor 50 Jahren nach Deutschland zurück – als ein 1500 Meter langer, 500 Meter breiter Krater, der den traurigen Ruhm besaß, das am perfektesten zerstörte Bombenziel des Zweiten Weltkrieges zu sein. Vier Tage nach der Kapitulation am 19. April 1945 hatten die Einwohner die Insel als Heimatvertriebene verlassen müssen. Am 11. Mai 1945 nehmen britische Soldaten die Insel in Besitz. Für die Bevölkerung gab es keine Hoffnung mehr auf Rückkehr.

Doch damit nicht genug: Die bevölkerungslose Insel diente nach dem Krieg der britischen Luftwaffe als Übungsziel für Bombenabwürfe. Für das einmalige Felseneiland bedeutet dies fast das Ende. Eine Felssprengung am 18. April 1947 zur Beseitigung eines U-Boot-Bunkers und weiterer Festungswerke riss einen Teil der Steilküste mit. Die Engländer beschlossen damals eine Sprengung der Superlative, um die Insel mit einem Schlag zu vernichten. Mit dem dritten Zeitton des 13.00-Uhr-Signals der BBC wurde an diesem Apriltag der Sprengstoff von dem britischen Zerstörer «Lasso» gezündet, aber Helgoland hielt weitgehend stand: Nur ein Teil der Steilküste wurde weggerissen. An den «Big Bang» erinnern nur noch Trichter der 5-Tonnen-Bombe, der größten Bombe des Zweiten Weltkrieges, die man auf Helgoland zündete. Es war auch die größte, nichtnukleare konventionelle Sprengung, die die Welt bis dahin gesehen hatte; dabei waren insgesamt 6700 Tonnen von in Stollen und Kasematten auf der Insel gestapelter Munition in die Luft gesprengt worden. Der «Big Bang» ließ das heutige «Mittelland» von Helgoland entstehen. Bei der größten Detonation also, die je in Europa zu Friedenszeiten gezündet worden ist, stürzten zwei Drittel der 600 Meter langen Ostkante und 370 Meter der Inselwestseite ins Meer, von der Gesamtfläche ging ein Sechstel für immer verloren. Zeitzeugen berichten, im 70 Kilometer entfernten Cuxhaven und in Dithmarschen hätten die Fensterscheiben gezittert. Von allen Bauwerken überlebte nur der alte Flakturm.

Es waren Studenten, die den roten Felsen «zurückeroberten». Als sie 1950 auf Helgoland landeten, hissten sie die deutsche Flagge sowie die Europa-und die Helgolandfahne. Nach dieser aufsehenerregenden Aktion begannen die diplomatischen Verhandlungen über ihre Rückgabe an Deutschland. Erst am 1. März 1952 wurde Helgoland, völlig zerstört, von der Besatzungsmacht an Deutschland zurückgegeben.

Die von Friesen besiedelte Insel kam einst 1402 an das Herzogtum Schleswig, 1714 an Dänemark, das sie 1814 im Kieler Frieden an Großbritannien abtrat, nachdem Helgoland schon während der napoleonischen Kontinentalsperre 1807 von britischen Truppen besetzt worden war. Dabei hat es auch mit der Entwicklung des Helgoländer Seebades seine eigene Bewandtnis: Im Jahre 1807 erlebte die Insel die schlimmste Hungersnot ihrer Geschichte. Die Eroberung Helgolands in jener Zeit durch die Engländer, die von hier aus Napoleons Kontinentalsperre von 1806 unterlaufen wollten, nahm den Inselbewohnern im ersten Jahr der britischen Besatzung fast jede Existenzgrundlage. Erst als englische Handelshäuser sich auf dem roten Felsen niederlassen und die Blockade des französischen Kaisers immer wieder mit Schmuggelfahrten durchbrechen, ändert sich die Situation auch für die Insulaner. Fünf Jahre lang erlebt Helgoland einen wirtschaftlichen Aufschwung ohnegleichen. Bekanntester Helgoländer Blockadebrecher im Auftrag der Engländer ist Klaus Reimers im Zusammenspiel mit der Tochter des Neuwerker Leuchtturmwärters, die die notwendigen Signale für die Schmuggelfahrten gibt. Der Handel floriert: 1809 lagern Waren im Wert von 10 Millionen Mark auf der Insel, 1810 werden Güter im Wert von 20 Millionen Pfund Sterling von Helgoland aus verschifft. Damals lief der gesamte britische Handel über die Kronkolonien Helgoland, Capri, Malta, über die Kanalinseln und Gibraltar. Zeitweilig lebten damals über 150 Schmuggler und Spione auf der Insel. Helgoland war deshalb immer ein wichtiger Navigationspunkt der Schifffahrt und immer auch ein wichtiger strategischer Punkt in der Nordsee. So beobachteten die Helgoländer im Mai 1864 in Sichtweite vor der Insel die

Seeschlacht zwischen dänischen und preußischen Kriegsschiffen sowie einer unter dem Kommando des Admirals Tegethoff aus Triest den Preußen zur Hilfe geeilten österreichischen Flotte. Die dänische Flotte räumte das Schlachtfeld und kehrte nicht mehr zurück. Und so beherrschten nachfolgend die dänischen Schiffe nur die Nordsee von Helgoland nordwärts bis Skagen in Jütland. Im Anschluss an diese Seeschlacht vor Helgoland eroberte die österreichisch-preußische Allianz anschließend auch noch die bislang zu Dänemark gehörenden Inseln Sylt und Föhr.

Neben dem Schmuggel war vorher auch der Lotsendienst kurzfristig attraktiv: Im Jahre 1787 erhalten die Helgoländer das alleinige Privileg des Lotsens rund um die Insel und später in der gesamten Deutschen Bucht. Schon im Jahr 1800 – sagen die Inselarchive – sind von 400 erwachsenen Männern auf der Insel allein 380 im Lotsendienst der Deutschen Bucht beschäftigt. Das Lotsenwesen endet schlagartig mit der englischen Besetzung von Helgoland im Jahre 1807. Nach Aufhebung der Kontinentalsperre im Jahre 1813 und dem Ausbau des Lotsenwesens auf dem Festland sowie nach der Ausweisung konkreter Schifffahrtswege mit Leuchttonnen spielt der Lotsendienst für Helgoland keine Rolle mehr. Nach dem Sieg über Napoleon und dem Friedensschluss zwischen England und Dänemark verliert Helgoland im Jahre 1868 außerdem die Vorteile einer britischen Kronkolonie. Es gibt keine Schmuggelfahrten mehr, und die englischen Handelsfirmen schließen auf der Insel ihre während der Kontinentalsperre eingerichteten Kontore. Helgoland fällt wieder in große Armut zurück. In dieser schwierigen Situation erscheint mit Jacob Andresen Simens ein Helfer in der Not: Er gründet den ersten Seebadbetrieb und legt damit den Grundstein für die Zukunft der Insel als Nordseebad. Von Cuxhaven aus reisen nun die ersten Badegäste in offenen Schiffen an, die danach durch erste Dampf-Fährschiffe ersetzt werden.

Erst der deutsch-britische Helgoland-Sansibar-Vertrag vom 1. Juli 1890 zur Regelung der Kolonialbedingungen zwischen beiden Ländern in Ost- und Südafrika gliederte die Insel wieder in das damalige Deutsche Reich ein. Kaiser Wilhelm II. betrat am 10. August 1890 die Insel und nahm Helgoland an diesem Tag feierlich für das Deutsche Reich in Besitz. Einen Tag zuvor war Helgoland vom britischen Insel-Gouverneur Sir Arthur Barkly an den deutschen Staatsminister von Bött-

Grün ist das Land, rot ist die Kant, weiß ist der Sand! Das sind die Farben von Helgoland! (Foto H. Kolde)

cher übergeben worden. Genau 73 Jahre lang hatte Helgoland bis dahin unter Hoheit der britischen Krone gestanden. Nach der Übernahme Helgolands durch das Deutsche Reich begann 1906 der Ausbau der Insel zur Seefestung mit der Anlage eines Kriegshafens – des heutigen Südhafens. Als dann im August 1914 der Erste Weltkrieg ausbricht, müssen die Inselbewohner erstmals allesamt ihre Heimat verlassen. Für vier lange Jahre – bis 1918 – müssen sie Platz machen für 4000 Marinesoldaten. Bei ihrer Rückkehr nach Ende des Ersten Weltkrieges finden sie ihre Häuser und Wohnungen meist zerstört vor. Das Leben beginnt anschließend aber wieder zu pulsieren; die Insel wird erneut für etwa 20 Jahre das Ziel vieler Urlauber und Tages-Ausflugsgäste. Doch es sollte alles noch viel schlimmer kommen: Ab 1935 wird Helgoland erneut militärisch ausgebaut, und die Zivilisten werden von der Insel evakuiert. Am 18. und 19. April 1945 ereilt auch Helgoland das Schicksal vieler großer deutscher Städte. 17 Tage vor dem Ende des Zweiten Weltkrieges fliegen die Engländer ihren letzten widersinnigen und völkerrechtlich zweifelhaften Vernichtungsangriff. Ziel ist diesmal Deutschlands einzige Hochseeinsel. Fast alle Häuser, Hotels und Pensionen sowie Theater, das Gouverneurshaus und die Kirche fallen in

Lange Anna.

Schutt und Asche. Nur der ehemalige Flakturm, der heutige Leuchtturm, ragt weiterhin in den Himmel. Der Ort ist durch die britischen Bomben vollständig vernichtet worden. Die Insel ist nicht mehr bewohnbar, und wie schon zuvor im Jahre 1914 müssen die restlichen Helgoländer ihre Heimat mit einem Platz auf dem Festland tauschen. Die Insel wird am Ende des Zweiten Weltkrieges wieder evakuiert; die Gemeinde existiert nicht mehr.

Die heute rund 1600 Einwohner auf der knapp einen Quadratkilometer großen Hauptinsel und der nur 0,7 Quadratkilometer großen Badedüne leben heute vor allem vom Tourismus. Im vergangenen Jahr registrierte die Inselverwaltung etwa 550 000 Gäste. Um noch mehr Urlauber anzulocken, entsteht auf der Düne derzeit ein neues, nach ökologischen Kriterien geplantes Bungalowdorf mit 60 Niedrigenergiehäusern. Wer es ganz komfortabel haben will, dem sei das Designerhotel «Atoll» empfohlen.

Die roten Felsen Helgolands sind für die Nordsee eine Besonderheit. Ein Unikat innerhalb der jüngeren Lockergesteine im südlichen Nordseegebiet, gewissermaßen ein Fremdkörper, ist diese Felseninsel schon: Ein bis in ungefähr 700 Meter Tiefe aufgedrungenes Salzkissen hat hier die überlagernden Gesteine so weit gehoben, dass Schichten des Mittleren Buntsandsteins mit steilen Kliffs über den Meeresspiegel herausragen beziehungsweise Schichten des Oberen Buntsandstein, des Muschelkalks und der Kreide in einer breiten Erosionsplattform im Meeresniveau anstehen. Eiszeitliche Geschiebe auf dem sogenannten «Oberland» der Insel belegen, dass das aufragende Festgestein bereits vom elsterzeitlichen Inlandeis überfahren worden ist, möglicherweise auch vom Eis der frühen Saale-Kaltzeit. Helgoland dürfte als Felseninsel bereits aus dem Holstein-Meer aufgeragt haben. Sicher ist, dass Helgoland in der Eem-Warmzeit bewaldet war und eine erheblich größere Ausdehnung hatte als heute.

Die Insel stammt aus der normalerweise in großen Tiefen lagernden, 225 Millionen Jahre alten Buntsandsteinformation, aus der sie infolge tektonischer Bewegungen aufsteigender Salzmassen in Form einer Diapir-Faltung, wobei plastische Salzgesteine durch Druck in hängende Schichten gepresst werden und diese aufwölben oder durchbrechen, aus etwa 300 Meter Tiefe allmählich an die Erdoberfläche gehoben wurde. Die Hebung, wohl um mehrere tausend Meter, wahrscheinlich 4000 Meter, hat die Gesteinsschichten schräg gestellt und stark zerklüftet. Die Entwicklung Helgolands vollzog sich in einem sehr langen Zeitraum: Der Buntsandstein ruhte auf bis zu 500 Meter mächtigen Salzschichten. Letztere wurden durch den genannten gewaltigen diapirischen Druck aus den nachfolgenden Sedimenten der Trias-, Jura- und Kreidezeit plastisch, und alle Salzlager quollen an Schwächezonen der Erdkruste nach oben. Der auf dem Salz liegende Buntsandstein und die auf ihm lagernden Sedimente wurden also so nach oben gedrückt. Bereits seit der Keuperzeit, also seit 220 Millionen Jahren, sind solche salztektonischen Prozesse nachgewiesen; die Salze hoben sich infolge ihrer geringen Dichte und schleppten dabei mesozoische Gesteine, wie Muschelkalk- und Kreidematerialien, mit dem erwähnten Buntsandstein an die Oberfläche. Die salztektonischen Prozesse haben bislang in ihrer Diapirphase nur zur Aufwölbung eines Salzkissens, aber nicht zu einem Durchbruch des Salzstockes geführt. Dies gibt begründeten Anlass zu vermuten, dass sich Helgoland auch heute noch hebt.

Der charakteristische Buntsandsteinfelsen mit seiner typischen roten Farbe bildet heute die Masse des Helgoländer Inselkörpers.

Darauf waren früher im Laufe der Jahrmillionen die viel jüngeren Kalk- und Kreideschichten abgelagert, die nun neben der schräg gestellten Buntsandsteinschicht auftauchen. So wurde das Bild des alten Helgoland von zwei Felsen geprägt: von dem Roten aus Sandstein, dem ehemaligen Westerkliff, der tatsächlich heute mit der «Langen Anna» ein Unikat darstellt, und einem weißen, vergangenen Kliff aus Muschelkalk, dem ehemaligen Wittekliff.

Ursprünglich ragte also östlich des roten Felsens ein fast gleich hoher weißer Felsen aus Muschelkalk empor, in dessen Schutz sich aus seinem eigenen Erosionsmaterial ein Areal von Kalksanddünen hatte bilden können. Helgoländer Bürger legen Wert auf die Feststellung, dass es primär die Obrigkeit in Hamburg und in den Herzogtümern Schleswig und Holstein war, die angesichts des Baubooms in ihren Städten begehrliche Blicke auf den ehemaligen Kalkfelsen warfen. Durch sie fühlten sich die damaligen Einwohner veranlasst und ermuntert, die seinerzeit so überaus wertvollen Baumaterialien Kalkstein sowie Kalk und Gips abzubauen und aufs Festland zu verschiffen. Wirtschaftliche Not, auch als Folge der seit Mitte des 16. Jahrhunderts die stark rückläufigen Erträge beim Heringsfang, und die Aussicht auf gesicherte Einkommen mögen den Entschluss, den eigenen Grund und Boden nach Hamburg und in die Herzogtümer zu verkaufen, wesentlich beeinflusst haben. Dieser verhängnisvolle Raubbau reichte bis in das 18. Jahrhundert hinein, als schließlich nur noch zwei freistehende Kalkfelsenreste übrig geblieben waren. Eine Sturmflut brachte auch diese kläglichen Relikte im Jahr 1711 zum Einsturz. Damit war das auf vielen alten Karten eingetragene Wittekliff verschwunden. Der schützende Kalksteinwall, eine natürliche Verbindung zwischen dem Buntsandstein und dem Kalkfels, zerbrach wenig später infolge einer weiteren Sturmflut. Nun waren die auf Muschelkalk- und Kreidefelsschichten lagernden Dünen den anbrandenden Wellen schutzlos ausgeliefert, so dass binnen kurzer Zeit von dem einst weitläufigen Areal nur noch sechs Hektar übrig waren. Die heutige Fläche von 70 Hektar ist auf künstliche Aufspülung zurückzuführen. Die Düne, zu der man zum Badevergnügen per Boot übersetzt, ist der «traurige» Rest vom Ganzen.

Seine körnige Konsistenz macht den Buntsandstein bekanntermaßen sehr erosionsanfällig; etwa 20 Zentimeter Oberfläche werden in

a
b
c

100 Jahren abgetragen. Schluffige Sande und Tone, zeitweise mit rotem Eisenoxid ummantelt, bestimmen die Zusammensetzung dieses auffälligen Gesteins. Auch Mineralien wie Azurit, Malachit oder Calcit sind enthalten. In den kreidezeitlichen Felspartien der Helgoländer Düne wurden sogar zahlreiche Fossilien gefunden, wie Seeigel, Ammonite und Seelilien. An den Stränden kann man Bernstein entdecken, der durch die Gletscher nach Helgoland transportiert wurde. Mit großer Kraft greift die Brandung noch immer die hohen Steilwände der Felsenklippen an, hauptsächlich in der Höhe des Mittleren Tidehochwassers. Da die Sand- und Tonsteine sowie die Mergel und Kalke nicht sonderlich widerstandsfähig sind, schlagen die Wellen, durch das Brandungsgeröll verstärkt, mit der Zeit Trichter und Hohlkuhlen in das zerrüttete Gestein. Spritzwasser und Regenwasser dringen in die Ritzen und Klüfte des Gesteins ein und führen bei winterlichen Frostwetterlagen durch Gefrieren und Auftauen des Spaltenwassers zur Frostsprengung. Die See schuf dabei eigenartige Erosionsformen mit tiefen Höhlen und Nischen, die sich erweitern können und sukzessive kleine Kavernen entstehen lassen, zwischen denen sich hornartig einzelne Felstürme erheben. Wo die Brandung seitlich auf Felsvorsprünge trifft,

Felsküste mit Lummenfelsen. a Dreizehenmöwen; b Trottellummen; c Basstölpel. (Fotos a–c B. Stemmer)

Der Lummensprung im Mai des Jahres ist ein besonderes Ereignis, wenn die flüggen Jungvögel durch die Eltern vom Nest am Brutfelsen aufs offene Meer weggelockt werden und diese von nun an als Seevögel nur zum Brüten ans Festland zurückkehren.

erweitern sich die Höhlen zu sogenannten *Brandungstoren*. So weicht das Felsenkliff ständig vor dem Angriff des Meeres zurück, sofern nicht Betonmauern den Landverlust verzögern. Besonders die «Lange Anna», der 60 Meter hohe Felsen, zerbröselt allmählich. Dieses Naturdenkmal droht umzukippen. Dabei hat das Wahrzeichen allein jedes Jahr durch die natürliche Erosion rund tausend Kilogramm Gewicht verloren. Um den natürlichen Vorgängen entgegenzuwirken, schützt seit 1911 eine Mauer die Westseite Helgolands als Bollwerk.

Helgoland ist nun wie ein langes und schmales Dreieck geformt, dessen größte Länge im sogenannten Oberland etwa 1600 Meter und dessen Breite etwa 500 Meter beträgt. Im Osten der Insel und etwa einen halben Kilometer davon entfernt erstreckt sich die längliche, jetzt durch weit in die See hinausgebaute Buhnen vollkommen geschützte Düne. Ihr Untergrund besteht aus geschichteten Gesteinen der restlichen Kalke aus der Triaszeit, sie wird jedoch von Geröllen und pleistozänen Sanden bedeckt. Die Tafelform der heutigen Hochseeinsel geht also auf eiszeitliche Abtragungen zurück. Erst vor 4000 Jahren löste sich Helgoland im Zuge des Meeresspiegelanstiegs in der südlichen Nordsee von der wahrscheinlich damaligen Festlandsbrücke, dem ehemaligen «Westland» vor der heutigen nordfriesischen Küste. Mit ihren 60 Meter hohen, steilen Felsklippen, den flachen Felssockeln und dem vorgelagerten, einzigartigen Felswatt, das ebenfalls im Wechsel der Gezeiten periodisch trockenfällt, besitzt Helgoland für die Nordsee einzigartige Lebensräume. Nächstliegende Felsküsten gibt es erst wieder an den englischen und norwegischen Felsenkliffküsten. Die legendären Lummenfelsen bieten Brutplätze für Dreizehenmöwe (*Rissa tridactyla*) und Trottellume (*Uria aalge*) sowie 20 bis 30 Paaren des Eissturmvogels, 4 bis 5 Paaren des Tordalks und neuerdings auch des Basstölpels. Dazu ist Helgoland ein wunderbares Hummergebiet. Noch immer werden jährlich etwa 300 bis 400 dieser Tiere auf der ganzen Welt gefragten Delikatesse gefangen. Die Helgoländer Hummer werden von der Biologischen Anstalt Helgoland speziell geschützt und sogar ausgesetzt. Dabei werden von den Fischern Eier tragende Hummerweibchen abgeliefert, deren Larven abgelöst und in Forschungsbassins herangezogen. Die Muttertiere werden wieder ausgesetzt; ebenso die herangewachsenen Larven, wenn sie etwa 5 Zentimeter groß sind. Nach fünf Jahren etwa wiegen die Tiere nur ein Pfund, erst nach 10 Jahren sind sie dreißig Zentimeter groß und geschlechtsreif.

Am Lummenfelsen lassen sich Jahr für Jahr von April bis September das Verhalten und die Brutbiologie der Seevogelkolonie mit mehr als 5000 Vogelpaaren auf dem einmaligen Vogelfelsen beobachten. An der steilen, roten Felswand geben sich im friedlichen Nebeneinander die schon genannten Dreizehen- und Silbermöwen, Eissturmvögel, Trottellummen, Tordalken und Basstölpel ein Stelldichein. Das spektakulärste Schauspiel bietet dabei im Mai oder Juni der Lummensprung, wenn sich die noch stummelflügeligen, jungen Trottellummen, von ihren Eltern durch Schreie angefeuert, vom Felsen stürzen und sicher im Seewasser landen. Sehr viel später, in der zweiten Septemberhälfte, wagen sich dann die jungen Eissturmvögel als letzte vom Felsen aus zum Flug aufs weite Meer.

Zu einer «Wanderung auf dem Meeresboden» lädt das Felsenwatt nördlich der «Langen Anna» als weiterer außergewöhnlicher mariner Lebensraum mit seiner Artenvielfalt an Algen, wirbellosen Tieren, Fischen und Vögeln ein. Der «Helgoländer Felssockel», das Felswatt, ist mit einer Fläche von 5,1 Hektar das größte Naturschutzgebiet Schleswig-Holsteins. Hier fluten die langen Blätter der großen Braunalgen, und sie schwingen in den seichten Bewegungen der Dünung auf und ab. Sie überwachsen die unzähligen Schichtköpfe des roten Buntsandsteins. Unzählige der essbaren Seeigel zehren hier von den derben Braunalgen, den Tangen, und sorgen wiederum für ein biologisches Gleichgewicht. Der selten gewordene Sonnenstern ist eine große Seesternart, die unter anderem auch die großen Seeigel verzehren kann. Häufig findet man immer noch den gemeinen Seestern, der oftmals zur Nahrungssuche auf den Muschelbänken zu finden ist.

Rund um Helgoland befindet sich eine bezaubernde Unterwasserwelt. Besonders erwähnenswert ist die Dauerflutzone mit ihren unzähligen Blättern der Palmen- und Zuckertange; im Gezeitenbereich wachsen die Fingertange. Unter dem schützenden Blätterdach der Tange sowie unter deren Haftorganen, den Rhizoiden, an den Felswänden und in den Ritzen und Höhlen lebt eine Vielzahl von marinen Pflanzen und Tieren. Sofort fallen die großen Kolonien von Weichkorallen auf, die hier in weißen und orangefarbenen Farbvarianten vorkommen. Sie zieren dort die Felsen, wo noch ausreichend

Gezeitenströmung herrscht und wo es noch genügend Nahrung in Form von Plankton gibt.

In Tiefen unter 12 Metern, wo für die großen Brauntange nicht mehr ausreichend Licht für die Photosynthese vorhanden ist, sind die Felsen fast ausschließlich mit Weichkorallen und Blumentieren besiedelt, das sind Verwandte der Quallen, die ebenfalls zu den Nesseltieren zählen. An den strömungsreichen äußeren Schichtkopfwänden sind ganze Flächen von der filigran gebauten, bis zu 25 Zentimeter hohen Seenelke besiedelt. Hier um Helgoland stehen weiße, braune, grüne und orangefarbene Farbvarianten nebeneinander und bieten eine herrliche Farbkulisse. Es sind Blumentiere, sogenannte *Anthozoen*, die zusammen mit den Quallen, den *Scyphozoen* und den polypenhaften *Hydrozoen* den Stamm der Nesseltiere, der Cnidarier, um Helgoland repräsentieren. Besonders zur Planktonblüte im Frühjahr und Spätsommer pulsieren viele der blauen Nesselquallen im Freiwasser, und mancher Badegast hat schmerzhafte Erfahrungen mit ihrem Nesselgift gemacht. Mit ihren langen Fangtentakeln fangen diese Quallen Larven anderer Meerestiere und Jungfische. Das vorbildlich ausgestattete Aquarium ermöglicht solche tiefen Einblicke in die Fauna und Flora der Nordsee – Auge in Auge mit dem Betrachter zeigen sich die blumengleichen Seenelken, oder Dorsch, Kabeljau, Hering, Hai und Rochen ziehen an einem vorüber.

Obwohl Seehunde das ganze Jahr über um Helgoland zu finden sind, haben sie hier keine Möglichkeit, ihre Jungen ungestört zu gebären und zu säugen. Während im Winter normalerweise über 100 Seehunde am Nordstrand der Helgoländer Düne liegen, reduziert sich ihre Zahl im Sommer deutlich. Die Muttertiere gebären ihre Jungen von Mitte Juni bis Anfang Juli auf ungestörten Sandbänken im Wattenmeer. Seit den 90er Jahren leben auch bis zu vier Kegelrobben das ganze Jahr über in den Helgoländer Gewässern. Diese große Robbenart, deren Bullen 2,50 Meter lang und bis zu 280 Kilogramm schwer werden können, bekommen ihre Jungen im Winter. Die jungen Robben werden außerdem nicht wie Seehunde im Fellkleid der ausgewachsenen Robben geboren, sondern im weichen, dichten, embryonalen sogenannten Lanugo-Fell. Dieses schützt hervorragend vor winterlicher Kälte an Land, ist aber im Wasser kein Wärmeschutz. Häufige Störungen sind deshalb für diese Jungtiere eine Bedrohung,

Bunte Holzhäuser sind typisch für das neue Helgoland.

da ihr Fluchtverhalten sie zum Ausweichen in das Wasser zwingt, wo sie schnell Wärmeverluste erleiden. Auch Tümmler oder Schweinswale sind regelmäßig in den Gewässern um Helgoland anzutreffen. Die schnellen, nur um die 1,60 Meter langen Kleinwale sind allerdings nur schwer zu beobachten. Schweinswale sind in der Nordsee derzeit stark bedroht; ihr Problem ist, dass sie sich in den Netzen der Stellnetzfischer verfangen. Das sind allein in der Nordsee schätzungsweise bis zu 10 000 Tiere im Jahr.

Sehenswert ist auch die Ortschaft des seit 1962 wiedererstarkten Nordseeheilbades. Schon der holländische Name «Lung Wai» der meist begangenen Hauptstraße mutet exotisch an – Enge und Geschäftigkeit der umlagerten Verkaufsstände verlieren sich sofort, wenn man zur einsamen «Langen Anna» zur Nordspitze geht oder vorbei an den bunten Häusern über die Landungsbrücken hinweg nach der Düne herübersieht. Klinker, Holz und Glas sind die dominierenden Bauelemente nach dem Wiederaufbau der Insel. Auch die kupfergedeckte Kirche des hannoverschen Architekten Peter Hübotter (1928–2002) mit ihrem schlanken Turm, dem erdfarbenen Mauerwerk und dem großen Sandsteinkreuz im Innern fügen sich hervorragend in das Landschaftsbild.

Der moderne Leuchtturm von Helgoland ist der älteste seiner Art in der Nordsee; er wurde im Jahre 1911 errichtet.

18. LEUCHTTÜRME, WINDPARKS, SEEZEICHEN UND ANDERE MARITIME BESONDERHEITEN

Leuchttürme stehen als Wächter über die Schifffahrt an markanten Punkten auf Felsen, im Wattenmeer, auf Deichen, auf den Halligen und auf den Dünen der Nordseeinseln. Nachts grüßen die Lichter von Insel zu Insel sowie vom Land zu den Schiffen. Alle Leuchtfeuer – ob Oberfeuer, Unterfeuer, Quermarken- oder Leitfeuer – sind heute automatisch. Leuchtturmwärter mit ihrer alten, einsamen Lebensweise gibt es nicht mehr. Die Leuchttürme dienen als Seeschifffahrtszeichen der Navigation, ihre Leuchtfeuer sind also inzwischen an der Spitze durch verschiedene Formen, durch Farbgebung und verschiedene, jeweils charakteristische Licht-, Funk- und Schallsignale identifizierbar, man nennt sie *Kennung*. In den Mündungsgebieten von Elbe und Weser stehen besonders markant die Leuchttürme von Neuwerk und vom «Großen Vogelsand» nördlich von Cuxhaven im Meer verankert als Ersatz für Feuerschiffe. Das im Jahre 1980 außer Dienst gestellte Feuerschiff Weser I hat seinen heutigen Liegeplatz zur Besichtigung am Bontekai in Wilhelmshaven. Auf Helgoland wurde schon 1630 eine «Blüse» – das war ein massiver Turm mit offenem Steinkohlenfeuer – errichtet. Im Jahre 1811 wurde auf der Insel dann der erste richtige Leuchtturm gebaut.

Leuchttürme sind feste Seezeichen, Feuerschiffe sind schwimmende Seezeichen nach dem internationalen Seezeichensystem, dem nach der seemännischen Sprache auch ein seitliches Seezeichen zur Markierung der Schifffahrtstraßen zugeordnet ist. Jeder Küstensegler kennt die rot gestrichenen, tonnenförmigen oder zylindrischen Fahrwasserzeichen für die Backbordseite und die grün gestrichenen Schwimmbaken für die Steuerbordseite. Auch bei Fahrwassergabelungen sind entsprechende Seezeichen markiert: Rot mit breitem, waagerechtem, grünem Band bedeutet «durchgehendes Fahrwasser» nach Steuerbord; grün mit breitem, waagerechtem, rotem Band bedeutet «durchgehendes Fahrwasser» nach Backbord. So funktioniert, für den schnellen Besucher nur vordergründig sichtbar, der Schiffsverkehr in der Nordsee anscheinend reibungslos. Es ist aber viel komplizierter.

Wie kam es dazu? Ein Blick in die Leuchtturmgeschichte ist da ganz nützlich. Der Pharos vor Alexandria – eines der sieben Weltwunder der Antike – war wohl der älteste bekannte Leuchtturm der Erde. Schon Julius Caesar beschrieb ihn um 40 vor Christus als einen «Bau von großer Höhe und wundervoller Konstruktion.» Er wurde im 14. Jahrhundert durch ein Erdbeben total zerstört. Er hat aber nicht nur der «Leuchtturmkunde», der «Pharologie», den Namen gegeben; auch an vielen Küsten des Mittelmeeres heißen die Orte mit Leuchttürmen beispielsweise «phare» im Französischen und «faro» im Italienischen und Spanischen. Die Römer bauten natürlich auch Leuchttürme, und ein solcher ist an der Nordsee in Dover in der Grafschaft Kent an der Kanalküste erhalten geblieben. Ein achteckiger Steinbau, der zugleich noch immer das höchste römische Bauwerk in England ist. Die Engländer nennen ihn «Devil´s drop of Mortar», des Teufels Mörteltropfen – warum auch immer; er soll auch das älteste Bauwerk des Landes insgesamt sein. Der Leuchtturm steht selbst nur zwölf Meter hoch, wegen seiner Position über der Kliffküste ragte sein Licht jedoch 115 Meter über der Nordsee auf. Es dürfte vom Tour d´Ordre im nordfranzösischen Boulogne an der südlichen Kanalküste erkennbar gewesen sein und nicht nur als Leuchtfeuer zur Orientierung, sondern auch als Signalstation bei der Sicherung des Römischen Reiches gedient haben. Das Licht – ein offenes Feuer – befand sich bei Letzterem an der Spitze des 38 Meter hohen Turms, dessen ebenfalls achteckige Basis einen Durchmesser von 20 Metern hatte. Die Klippen von Calais, auf denen er erbaut war, stürzten 1644 mitsamt dem Turm ins Meer.

Nach dem Zerfall des Römischen Reiches brachen offenbar auch an den Küsten im wahrsten Sinne finstere Zeiten an; nicht ein Wikingerfeuer ist überliefert, und erst von den Hansekaufleuten des 13. Jahrhunderts wissen wir, dass sie an der Nordsee Leuchtfeuer unterhielten, von denen aber keines mehr erhalten ist. Die Dänen, die den nördlichen Zugang zur Ostsee am Skagerrak kontrollierten, richteten in jener Zeit sogenannte *Wippfeuer* ein. Das waren Holzkonstruktionen mit einem brennenden Teerfass, welches nach dem Anzünden mit einem langen Hebearm in die Höhe gezogen wurde. Ein Beispiel für so ein nicht ungefährliches Feuer sieht man noch heute am Leuchtturm von Skagen. Verbürgt für die Zeit der Grönlandfahrten waren die *Biiken*, das waren große Holzfeuer, die man beim Auslaufen der

Walfänger entzündete. Mit dem Feuer beschworen die mutigen Männer ihre glückliche Rückkehr von den gefährlichen Fahrten. Noch heute verabschieden die Sylter alljährlich am 21. Februar mit dem alten Brauch des *Biikefeuers* den Winter, lassen ihn von den Flammen symbolisch verschlingen.

Das älteste feste Seezeichen an der südlichen Nordseeküste ist der hohe, kantige Turm auf der Insel Neuwerk vor der Elbmündung. Er wurde 1310 von der Hansestadt Hamburg errichtet und sollte als Sichtmarke und als Festungsturm die Einfahrt zur Elbe kennzeichnen und sichern. Ober- und Unterfeuer bilden sogenannte *Richtfeuerlinien*, sind also Leitlinien für die Fahrrinnen, schön zu sehen in Bremerhaven. Das Wort «Semaphor» wird nicht jedem Binnenländer geläufig sein; es bedeutet griechisch «Zeichenträger», und ein solcher steht seit dem 19. Jahrhundert nahe dem Leuchtturm von Cuxhaven. Eine Eisenkonstruktion diente dazu, den auslaufenden Schiffen mitzuteilen, welche Wetterbedingungen in der Nordsee herrschten. Ein riesiges «B» am Semaphor bedeutet Borkum, und ein «H» steht für Helgoland. Zeiger in großen Kreisen geben die Windrichtungen an, und Ausleger am Mast verdeutlichen die Windstärken bei der jeweiligen Insel. Ein Ausleger steht für schwachen Wind, drei für Sturm und sechs für Orkan. Zweimal am Tag wurden die Zeichen gestellt, und am 1. August 1884 wurde das Gestell in Betrieb genommen.

Die ersten Leuchtfeuer strahlten ihr Licht gleichmäßig und ununterbrochen aus. Sie standen so weit voneinander entfernt, dass Verwechslungen bei Nebel und in der Dunkelheit ausgeschlossen waren. Als diese Gefahr mit zunehmender Verdichtung der Leuchtfeuer rund um die Nordsee aufkam, suchte man nach Möglichkeiten zur Unterscheidung. Im 18. Jahrhundert gab es die ersten Versuche in dieser Richtung mit Zwillingsfeuern, zwei Kohleblüsen nebeneinander oder zwei Lampen übereinander. Hundert Jahre später hatte man schon Blinkfeueranlagen mit auf- und abschwellendem Licht, das waren Parabolscheinwerfer auf Drehtischen. Ab 1830 entwickelte man schon mit Dreh- und Umlaufblenden unverwechselbare, periodisch wiederkehrende Lichtzeichen, ähnlich wie die Morsezeichen. Seither gibt es auch rotierende Prismenstäbe, die das Licht nicht verloren gehen lassen. In jener Zeit der langsam fahrenden Segelschiffe waren die Lichterscheinungen der Leuchtfeuer zum Erkennen und Einpeilen auch relativ lang, und sie dauerten bis zu vier Minuten. Seit dem Aufkommen der Dampfschifffahrt mit immer höheren Geschwindigkeiten forderten die Kapitäne verständlicherweise rascher erkennbare Leuchtfeuer, die zudem deutlich von dem ständig wachsenden Lichtermeer der Küsten und der Häfen unterscheidbar sein sollten. So entwickelte man ab 1900 die schnelleren Blitzfeuer; die schon um 1820 von dem Franzosen Augustin Jean Fresnel eigens für Leuchttürme konstruierte Spezialoptik mit Bündelung von Lichtstrahlen mittels spezieller Linsen und Prismen zu starken Lichtquellen kam seither vermehrt zum Einsatz. So konnte man die notwendigen, heute üblichen Kennungen der Leuchtfeuer nach und nach entwickeln. Die erste Richtfeueranlage mit Scheinwerfern an der Nordsee mit zwei verschieden hohen Leuchttürmen wurde ebenfalls auf der Insel Neuwerk in der Elbmündung errichtet.

Auch die Bewirtschaftung der Leuchttürme hat sich fundamental verändert. In den vergangenen Zeiten gab es noch die Blüsenmeister mit ihren Holzknechten, die bei jedem Wind und Wetter – im Winter bis zu 16 Stunden – das Feuer versorgen und bewachen mussten; von Helgoland weiß man, dass sie in einer Sturmnacht bis zu 40 Zentner Kohle auf den Turm zu schleppen und die Asche wieder wegzutragen hatten. Die Leuchtturmwärter des 19. Jahrhunderts brauchten nur noch bei Sturm die Laternen vom Salz zu säubern, den Rest der Zeit hielten sie Wache auf dem Turm. Auf den Leuchttürmen im Meer lebten zwei bis vier Mann Besatzung monatelang, ehe sie für einen kurzen Urlaub an Land abgelöst wurden. Ab 1900 erleichterte ihnen die Funktechnik das Leben, als auch die Richtfunkfeuer eingeführt wurden. Heute arbeiten satellitengestützte Systeme, und es konnten für die südliche Nordsee mit den Seeschifffahrtsstraßen Ems, Jade, Weser und Elbe regelrechte Verkehrssicherungssysteme entwickelt werden, die von den Leuchttürmen und speziell am Küstensaum eingerichteten Radarketten Tag und Nacht gesteuert werden.

Zur Radarüberdeckung kommt eine Funkortung. Das Funkortungssystem arbeitet nach dem Verfahren der Kreuzpeilung; es ermöglicht eine exakte Standortermittlung eines Schiffes. Die dazu erforderlichen UKW-Präzisionspeiler wurden auf den Leucht- und Radartürmen Helgoland, Wangerooge, Minsener Oog, Hooksielplate, Schillig und Tossens installiert. So kann man die einzelnen Schiffe lenken und überwachen oder die Begegnung und das gegenseitige Überholen von Schiffen vorausberechnen. Das nennt man in der Seemannssprache eine «strategische Verkehrsüberwachung». Supertanker und Schiffe mit gefährlicher Ladung werden gesondert ausgewiesen und geführt, auch «Falschfahrer» werden damit erwischt. Das System gilt weltweit als größtes und sicherstes und ist Vorbild für viele im Ausland. Mit jährlich rund 100 000 Schiffsbewegungen gehört die Deutsche Bucht inzwischen auch zu den meistbefahrenen Wasserstraßen der Welt.

Nicht nur Leuchttürme sind auch tagsüber von Ferne sichtbar, in letzter Zeit kommen auch die hohen Windkraftanlagen hinzu; sie dienen der Gewinnung elektrischer Energie aus der natürlichen Strömungsenergie des Windes. Wichtigstes Bauelement eines solchen «Windenergiekonvertierers» ist das eigentliche Windrad, der «Rotor», eine Turbine, die an einer Welle befestigt wird und mit großen Flügeln dem Wind Angriffsflächen bietet, so dass die zuströmende Luft in Drehung versetzt wird. Über die Welle und ein Getriebe wird die Drehung auf einen Generator übertragen, der den elektrischen Strom erzeugt. Nach der Generatorleistung unterscheidet man kleine Windräder mit Rotordurchmessern von bis zu 16 Metern und bis 50 Kilowatt Leistung und solche mit bis zu 45 Metern Durchmesser und etwa 500 Kilowatt elektrische Leistung. Die drehbare Rotorgondel wird von einer Turmkonstruktion aus Stahl oder Beton getragen, die bis zu 100 Meter hoch sein kann.

Je dichter man ans Meer kommt, umso mehr Windräder prägen den Horizont. Allein im Windenergiepark Krummhörn erzeugt dort seit 1989 jedes von ihnen etwa 300 Kilowatt Strom. Die sturmgebeugten Bäume überall an den Küsten zeugen von der Kraft des Windes; seit dem Mittelalter hat man diese Kraft mit Windmühlen genutzt, zunächst vor allem, um das Land zu entwässern, es «trocken zu mahlen», wie wir gesehen haben. Das Kornmahlen war ein angenehmes Zusatzgeschäft. Die Windmühlen avancierten sogar zu Markenzeichen in Holland, wo sie als sogenannte «Galerieholländer» mit festem Bau und Umgang oder als gänzlich drehbare «Bockwindmühlen» unzählige Motive auf Gemälden, Wandfliesen und Stickereien lieferten. Sie waren außerdem gute Orientierungspunkte im flachen Marschland.

Heute ist die Nutzung des Windes als alternative Energiequelle oft fast schon ein Glaubensbekenntnis einiger Öko-Anhänger. Mit hohen

Galerieholländer-Mühle von Hooge in Ostfriesland.

öffentlichen Subventionen seit dem sogenannten *Stromeinspeisungsgesetz* von 1990 werden überall Windparks errichtet. In Utgast südwestlich von Esens-Bensersiel entstand 1996 der bislang größte Windpark Europas. Rotoren an rauer See stehen zuhauf auch an der nordfriesischen Küste in Schleswig-Holstein.

Dort, bei Husum, werden derzeit immerhin fast 40 Prozent aller in Deutschland produzierten Windanlagen hergestellt. Hier hat sich für den Sektor der Windenergie ein namhaftes Kompetenzzentrum entwickelt. Ein umfassendes Ausstellungsforum und ein einzigartiges Ausbildungszentrum präsentieren hier die erste «offshore-fähige» 5-Megawatt-Anlage ihrer Art. In der Nachbarschaft wurde eine erste, im Jahre 1994 in Betrieb genommene 3-Megawatt-Großanlage im Kaiser-Wilhelm-Koog wegen der Standfestigkeit zunächst wieder abgebaut. Der heutige «Windenergiepark Westküste» besteht aus 32 Windrädern und hat eine Gesamtleistung von 1200 Kilowatt. Auch auf Helgoland wurde 1990 eine große Windkraftanlage in Betrieb genommen. Bei Wilhelmshaven wurde 1989 der «Jade-Windpark» errichtet mit seltsam anmutenden asymmetrischen einblättrigen Rotoren, die auch noch den archaischen Firmennamen Monopteros führen, der wohl den Dinosauriern entlehnt ist, und so werden sie vielfach auch gesehen.

Riesenrotoren entstehen nun auch auf anderen Küstenabschnitten in der 12-Seemeilen-Zone, also seewärts vor den Inseln; so sind an der niedersächsischen Küste die besten Plätze bereits vergeben. Jetzt zieht es die Windenergieplaner hinaus aufs offene Meer. Der erste Offshore-Windpark 45 Kilometer nördlich von Borkum ist bereits genehmigt, und die west- und ostfriesischen Inselgemeinden gehen auf die Barrikaden. Gegen diese Vorhaben gibt es auf den Inseln heftigen Widerstand. Auch sollen die riesigen Rotoren noch viel näher an die Ostfriesischen Inseln heranrücken. Vor Borkum, Langeoog und östlich von Wangerooge sind Windparks geplant, die von den Inselstränden aus kaum zu übersehen sein werden. «Damit verlieren wir unser wichtigstes Gut, den weiten Blick aufs Meer», schimpfen die Insulaner; eine neue Art der Industrialisierung der Nordsee bahnt sich an.

Bockwindmühle von Dornum in Ostfriesland.

Seither entwickelt sich auch die Diskussion vom anfangs leichten Gegenwind bis hin zum schweren Sturm: Viele Naturschützer klagen gegen die Windräder, da sie Brutplätze für die Vogelwelt beeinträchtigen, denn Zugvögel meiden diese Monstren großräumig. Andere sprechen von einer «Verspargelung» der Landschaft, neudeutsch: «optical pollution». Auch die Geräuschpegel der surrenden Riesen sind gewöhnungsbedürftig. Es ist wie immer: Wem der Grund und Boden der Anlage gehört, dem ist finanzieller Gewinn in Aussicht gestellt; wer nebenan wohnt, der hat das Nachsehen, oder er wird zumindest mit Flashlights wie in einer Tagesdisko beglückt, wenn bei Sonnenwetter zu bestimmten Tageszeiten hinter den sich drehenden Propellern das Sonnenlicht zu zuckenden Blitzen zerhackt wird. Bei Sturm oder Eiswetter können solche Windriesen sogar umfallen, wie man im Winter 2002 überrascht feststellen musste.

Moderne Agrarlandschaft bei Husum mit Fettweiden und Windrädern.

19. DIE NORDSEESCHIFFFAHRT – VOM KRABBENKUTTER BIS ZUM KREUZFAHRTSCHIFF

Die professionelle Seeschifffahrt der Nordsee begann im Hoch- und Spätmittelalter. Vorher hatten schon die Römer, die Wikinger, Friesen, Angelsachsen und andere das Meer befahren und navigatorisch exploriert. Damals war Lübeck als wichtigste Hansestadt bedeutsam für den Ostseehandel des ökonomisch so überaus erfolgreichen und bedeutsamen Kaufmann- und Städtebundes der Hanse. In dieser Zeit richtete sich aber auch Hamburg nach Westen auf das Hinterland der Elbe und auf den Fernhandel über die Nordsee aus. Die Kaufleute, die bis etwa um 1250 ihre Waren mit den seetüchtigen und geräumigen Koggen transportierten, hatten sich schon hundert Jahre zuvor zu einem lockeren Bündnis, vor allem westfälischer und rheinländischer Händler, zusammengefunden, den sogenannten «Hansen», die in fremden Ländern gegenseitig Schutz und Sicherheit aufboten. Die fortschreitende Verdichtung des nordwesteuropäischen Handelsnetzes schon damals zu Lande und auf Nord- und Ostsee sowie die etwa um 1300 einsetzende schriftliche Abwicklung von Handelsgeschäften bewirkten förmliche Zusammenschlüsse zur Steuerung von Kauf und Verkauf in der Ferne. Zunächst waren es die einzelnen Kaufleute, dann gingen die Bündnisse auf die Handelsstädte über, die sich 1356 in Lübeck zum Städtebund der Hanse zusammenfanden. Die norddeutschen Hansestädte – insgesamt haben wohl etwa zweihundert diesem Bund angehört – beherrschten vor allem den Ostseeraum; im Vordergrund ihrer Aktivitäten standen vorwiegend wirtschaftliche Interessen, deswegen kamen sie auch nur selten mit den jeweiligen Reichsgewalten in Konflikt. Im Jahre 1367 trat auch die holländische Stadt Amsterdam der Konföderation der Hanse bei. Es entwickelte sich ein intensiver Handel und Frachtverkehr mit Hamburg, wobei Amsterdam eine Brückenfunktion bildete zwischen den flandrischen Hansestädten Gent und Brügge, den Brabanter Kaufleuten aus Antwerpen und den norddeutschen Hansestädten. Das war die Basis für die spätere niederländische See- und Kolonialmacht ab dem 17. Jahrhundert. Zur Zeit der Hanse stand aber der Handel im Vordergrund des Interesses; ihre Seewege und die hanseatischen Handelsvorrechte sicherte die Konföderation gelegentlich mit Waffengewalt. Besonders die dänischen Könige bekamen das manchmal zu spüren. Die Durchfahrten durch den dänischen Ostseesund und die von den Dänen geforderten Sundzölle waren meistens der Grund für Handelskriege, Blockaden und auch militärische Gewalt. Der Erfolg der Hanse in der Ostseeregion war über den Zeitraum von mehr als dreihundert Jahren immens.

Im 16. Jahrhundert ging jedoch der Einfluss der Hanse wegen der harten niederländischen und englischen Konkurrenz zurück; der Fischfang in der Nordsee wurde schon damals unrentabel, und die Mitgliederzahl des Städtebundes schwand. Im Verlauf des Dreißigjährigen Krieges waren nur noch die Hansestädte Hamburg, Lübeck und Bremen eng miteinander verbunden. An der Nordseeküste waren zuvor die hanseatischen Kontore in Brügge, in London und in Bergen von großer Bedeutung: Handelsgüter waren vor allem Pelze und Wachs aus Russland, Getreide aus Südosteuropa, Fisch aus Skandinavien, Tuch aus Westfalen und Friesland, Salz und Wein aus Lüneburg und Frankreich. So sicherte die Hanse jahrhundertelang den Getreidebedarf Norwegens. Die norwegische Küstenstadt Bergen mit ihrem ungewöhnlich milden Klima und dem lange eisfreien Naturhafen an der Schären- und Fjordküste war deshalb ein wichtiger Stützpunkt der mittelalterlichen Hanse in der Nordsee. Bereits seit 1236 bestanden hier ständige deutsche Niederlassungen. Das hanseatische Kontor brachte ab 1343 sogar einen großen Aufschwung in die Stadt, die das Privileg besaß, dass kein Handel mit Fisch nördlich von Bergen erlaubt war. So mussten alle nordländischen Fischer ihren Fang nach Bergen bringen, und die deutschen Kaufleute zogen den ganzen Handel an sich. Tuche, Getreide, Salz und Bier wurden gegen Fisch von den Lofoten und von der Christiansandküste gehandelt.

Erst 1559 ging die Macht der Hanse auch hier zu Ende. Am Marktplatz in Bergen erstreckt sich noch heute auf der Nordseite des Vågen die Bryggen, die früher auch «Tyskebryggen», also «Deutsche Brücke», genannt wurde. Die alte Hansesiedlung erhielt ihren Namen, weil die Holzhäuser zum Beladen und Entladen der Schiffe direkt am Hafenbecken lagen. Hier standen einst auch die Häuser der deutschen Hanse-Kaufleute, die später immer mehr durch steinerne und in ihrer Bauweise an die Hanseatenzeit erinnernde Lagerhäuser ersetzt wur-

Bergen ist eine Hafenstadt am natürlichen Fjord (Foto HB Verlag, Wilkin Spitta): Die Tyskebryggen mit Giebelhäusern am Hafen (Detail a) sind heute UNESCO-*Weltkulturerbe (Detail b).*

den. Nach einem großen Brand von 1702 wurden die Kaufmannshäuser und Lagerhallen wiedererrichtet, und sie stehen nun auf der UNESCO-Liste der erhaltenswerten Kulturdenkmäler.

Der Anfang des 17. Jahrhunderts beginnende Walfang brachte auch den Nordseeinseln weiter südlich ein «Goldenes Zeitalter». Engländer und Holländer hatten in den Jahren 1609 und 1621 im nördlichen Eismeer den Reichtum von Walen, Robben und Eisbären entdeckt und rüsteten entsprechende Fangschiffe für das Eismeer vor Spitzbergen und Grönland aus. Die Mannschaften dafür wurden im Küstenraum, vor allem aber auf den Ost- und Nordfriesischen Inseln, rekrutiert, berühmt waren vor allem die Leute von Borkum, von Amrum, Föhr und Rømø. Kleine hiesige Küstenschiffe brachten die Walfänger nach Amsterdam, wo sie auf die Walfangschiffe umstiegen. Ab 1644 rüstete auch Hamburg zum Walfang und heuerte entsprechend an; viele der damaligen Kommandeure stammten von Borkum und Föhr, wie man dort noch auf den Grabsteinen an den Inselkirchen lesen kann. Diese waren am Fangerlös beteiligt, was sich im privaten und öffentlichen Wohlstand mit schulischer Ausbildung und höherem Lebensstandard auf den betreffenden Inseln niederschlug. Von den Borkumern hatten wir in Kapitel 6 schon gehört; um eine weitere Vorstellung davon zu bekommen: Von den im Jahre 1760 rund 4500 Einwohnern der Insel Föhr gingen rund 1500 auf Grönlandfahrt, so nannte man damals den Walfang. Das war ein Großteil der männlichen Bevölkerung, wobei man wissen muss, dass Jungen schon mit zwölf Jahren anheuern konnten. Viele blieben natürlich auch auf See. Schon gegen Ende des 18. Jahrhunderts waren die Fanggründe im Eismeer weitgehend ausgebeutet, und die Napoleonischen Kriege machten dem Ganzen ein langsames Ende. Schon um 1860 waren die Grönlandfahrten endgültig unrentabel geworden, als synthetische Stoffe den Walfischtran als Schmiermittel und Brennstoff ersetzten.

Im Laufe des 18. Jahrhunderts traten dann zunehmend die Handelsseefahrten nach Mittelamerika, nach Südamerika, nach Afrika und Australien in den Vordergrund der friesischen Seefahrer. Erneut waren vor allem die Insulaner als Kapitäne und Mannschaften gefragt. Die Auswanderungen nach Nordamerika spielten von Hamburg und Bremerhaven aus eine große Rolle. Schwerpunkthäfen für große Fahrten waren natürlich wieder Amsterdam, die englischen Kanalhäfen und in der Nordseebucht vor allem Emden und Hamburg, die rasch wachsende Überseeflotten begründeten. Hamburg wurde schließlich um 1900 zum größten europäischen Handelshafen. Mit dem Aufkommen immer größerer und schnellerer Dampfer sah die Segelschiffära und damit auch die große Zeit der Sielhäfen im letzten Drittel des 19. Jahrhunderts ihrem Ende entgegen. Hafenbecken und Durchfahrten reichten für die Dampfer nicht aus. Die Segelschiffe, die von der Krabbenküste aus einst die Weltmeere befahren hatten, waren nicht mehr konkurrenzfähig. Die Sielhäfen sind heute für die Fischerei, für den Fährverkehr zu den Inseln, als Yachthäfen und damit nicht zuletzt für den Fremdenverkehr von großer Bedeutung. Die im Gegensatz zu den alten Warftendörfern in der Krummhörn relativ jungen Orte haben sich nach dem Zweiten Weltkrieg zu blühenden Küstenbadeorten entwickelt. Sie haben auch etwas zu bieten, was es auf den Inseln schon lange nicht mehr gibt: bunte Fischkutter und Krabben frisch von Bord, die man in jedem Sielort der ostfriesischen Halbinsel oder an der nordfriesischen Küste probieren kann.

Die Schifffahrt auf der Nordsee unterliegt inzwischen staats- und völkerrechtlich besonderen Regeln. Die internationale Seerechts-Konvention von 1982 regelt alle Fragen der Schifffahrt, der Fischerei, der Seenotrettung, des Abbaus von Bodenschätzen auf dem Meeresboden und Meeresuntergrund sowie die Abfallbeseitigung auf den Schiffen. Als Staatsgebiete der Nordsee-Anrainer gelten nur die jeweiligen Küstengewässer. Für die territoriale Breite der nationalen Küstengewässer ist jedoch eine Höchstgrenze von 12 Seemeilen festgesetzt worden. Der Begriff *Küstengewässer* ist ein völkerrechtlicher Begriff; er umfasst die vor der Küste liegenden Meeresteile, die zur Gebietshoheit des jeweiligen Anrainerstaates gehören. Die Grenzen zwischen dem Staatsgebiet und der hohen See, die *Küstenlinien*, waren früher in der Dreimeilenzone festgelegt; heute richtet sie sich nach dem tiefsten Meeresstrand bei Tiefebbe. Liegen vor einer Küste die Inseln innerhalb des Küstenmeeres, so verschiebt sich die seewärtige Grenze entsprechend nach außen, weil die Küstenlinien der Inseln mitgerechnet werden.

Das spielt für die Küstenfischerei und die Hochseefischerei eine große Rolle. Die Küstenfischerei der Nordsee betreiben heute fast nur noch die Krabbenfischer, die täglich mit ihren Kuttern in die Flussmündungen und ins Wattenmeer auslaufen. Die industriell betriebene Hochseefischerei führt dagegen in die entlegenen Fanggebiete der nördlichen Nordsee und in die angrenzenden Seegebiete des Nordatlantiks. Die Nordsee ist eines der wichtigsten Fischfanggebiete der Anliegerstaaten; bekannte Fischgründe sind die Doggerbank, eine Flachwasserzone mit einer geringen Tiefe von nur etwa 13 Metern. Sie erstreckt sich in der südlichen Nordsee 300 Kilometer von West nach Ost und ist rund 100 Kilometer breit. Für den Heringsfang ist heute der Fladengrund in der nördlichen Nordsee berühmt. Dies ist eine etwa 300 Meter tiefe untermeerische Rinne. In der Nordsee lassen im Allgemeinen nur die flachen Kontinentalschelfe mit Wassertiefen von weniger als 200 Metern eine ausreichende Seefischerei zu. Hier können jährlich etwa 50 Kilogramm Fisch pro Hektar gefangen werden, die Erträge im offenen Ozean liegen dagegen mit etwa einem Kilogramm

Krabbenkutter auf dem Wattenmeer.

pro Hektar deutlich niedriger. An der Gesamtfangmenge sind vor allem der Sandaal und Hering mit etwa 20 bis 30 Prozent beteiligt. Geringer sind die Mengen von Kabeljau, Scholle und Makrele mit je etwa 5 Prozent. Auch Krabben, Krebse und Muscheln sind in der Fangmasse gering, im wirtschaftlichen Wert aber bedeutend. Die Haupthäfen der deutschen Fischereiflotte sind Cuxhaven und Bremerhaven, die meisten Krabbenkutter starten aus den Sielhäfen von Greetsiel in das ostfriesische Watt und von Husum in das nordfriesische Wattenmeer.

An Krisen sind die Krabbenfischer gewöhnt. Die bisher letzte liegt gerade zehn Jahre zurück. Damals ging es um das Schälen der bis zu zehn Zentimeter langen Nordseekringel. Traditionell wurde das von friesischen Hausfrauen in Heimarbeit erledigt. Doch dann gab es Probleme mit der Hygiene und den Kühlvorschriften, die sich in den privaten Häusern kaum einhalten oder kontrollieren ließen. Gleichzeitig waren immer weniger Frauen bereit, angesichts der niedrigen Löhne beim Krabbenpulen mitzumachen. Zunächst sah die Fischereigenossenschaft ihr Heil in Schälmaschinen, die einige Tüftler in jahrzehntelanger Arbeit gebastelt hatten. Aber diese Anlagen sind teuer, produzieren zu viel Ausschuss und machen außerdem noch ein Nachsuchen erforderlich, was sich auf die Preise für Krabben auswirkte. Deshalb wurde das Schälen im Ausland als preiswerte Option entdeckt. Sofort nach der Anlandung verfrachten heute Kühllastwagen den Fang nach Polen, wo östlich von Stettin rund um die Uhr Krabben gepult werden. Nach drei bis sieben Tagen tauchen die geschälten Tierchen wieder auf. Ganz so frisch sind sie dann nicht mehr, und wegen des aus Hygienegründen notwendigen Waschens haben sie auch an Aroma verloren. Am Hafen von Fedderwardersiel oder Greetsiel aber hat man noch die Wahl: Neben den geschälten Tieren werden auch fangfrische Krabben angeboten, die hier *Granat* heißen. Den pult man selber aus, und das geht ganz einfach: drücken, drehen, abziehen – und schon hat man zwei halbe Krabben in der Hand.

Der Fischverzehr in den Küstenstreifen der Nordseeanrainerstaaten ist höher als im Binnenland. Bis zu 30 Kilogramm konsumieren die Bürger normalerweise im Jahr. Von den Nordseefischen sind dies vor allem der Hering (*Clupea harengus*), der in riesigen Schwärmen im Atlantik sowie in Nord- und Ostsee vorkommt. Vor einigen Jahren drohte der einst verbreitetste Fisch Europas auszusterben; erst nach Fangverboten und starken Einschränkungen hat sich der Bestand in der Nordsee und im Nordatlantik einigermaßen erholt. Auch der Kabeljau oder Dorsch (*Gadus morhua*), ein gefräßiger Räuber, der sich vorzugsweise von Heringen ernährt und bis zu 1,3 Meter lang und 40 Kilogramm schwer werden kann, ist heute äußerst stark gefährdet, weil die verbliebenen Bestände durch Überfischung inzwischen so klein geworden sind, dass sie sich kaum noch erholen. Nur vor Island im Nordatlantik gibt es ausreichend Kabeljau. Ähnliches gilt für den Seelachs (*Pollachius virens*), der oft zusammen mit dem Kabeljau in denselben Gebieten gefangen wird. Typische Küstenfische sind die Nordseeschollen (*Pleuronectes platessus*), die von den flachen Strandzonen bis zu einer Tiefe von 200 Metern leben. Ihre Kinderstube ist an unseren Küsten das Wattenmeer. Dieser Plattfisch kann 50 Jahre alt, einen Meter lang und sieben Kilogramm schwer werden. Die Bestände der Nordsee sind völlig überfischt, und es werden zu viele junge Schollen gefangen. Nur die Makrele (*Scomber scombrus*) ist noch nicht akut bedroht. Es gibt sie vom Nordatlantik bis zum Mittelmeer. Die Makrelen sind mit den Thunfischen verwandt und leben in großen Schwärmen. Sie erreichen bis zu 50 Zentimeter Größe und wiegen dann rund zwei Kilogramm.

Der Fischfang in der Nordsee wird kontrolliert. Regelmäßig überprüfen sogenannte «Fischereischutzboote» den vorschriftsmäßigen Fang. Dabei gehen Inspektoren auf hoher See an Bord und kontrollieren die Fischart, die Größe der Fische und die Weite der Netzmaschen. Normalerweise halten sich die Nordseefischer an ihre Auflagen. Doch was kaum ein Fischliebhaber an Land weiß: Pro Kilogramm gefangener Scholle, Kabeljau oder Seelachs gehen etliche andere Fischarten, Krebse und weiteres Meeresgetier mit ins Netz, sogenannter *Beifang*. Denn viele Fische teilen sich ihren Lebensraum mit anderen Arten, was ein selektives Fischen schwierig macht. Gerade die Schollen als Plattfische werden mit engmaschigen, sogenannten *Baumkurren*, gefangen, die sehr viel Beifang machen. Es heißt, auf zwei Kilogramm Scholle kommen mindestens sechs Kilogramm Beifang. Was macht ein Fischer mit dem Beifang? Er lässt ihn aussortieren und wieder über Bord kippen. Eine Prozedur, die für die meisten Meerestiere tödlich endet. Hierin verbirgt sich wohl das größte Problem der Meeresfischerei. Auch die betriebene Schleppnetzfischerei hinterlässt deutliche Spuren auf dem Meeresgrund, über den es stundenlang gezogen wird. Noch merkt der Verbraucher wenig von dieser dramatischen Entwicklung in der Nordsee, denn die reichen Fischereinationen in Europa weichen einfach auf andere und entferntere Fischgründe aus, etwa vor die Ostküste Kanadas, wo jedoch auch schon seit 1990 die gesamte Kabeljaufischerei verboten ist.

Ein lohnender Besuch im Deutschen Schifffahrtsmuseum von Bremerhaven bietet unvergessliche Eindrücke über die Entwicklung der Nordseeschifffahrt und zeigt als weitere Attraktion ältere und alte Schiffstypen im Original, die von der Bedeutung und dem Zweck der Seeschifffahrt künden: die Expeditionsjacht «Grönland», das Feuerschiff «Elbe 3», das Walfangboot «Rau IX», den Bergungsschlepper «Seefalke» und das Schnellboot «Kranich». Zentrales Großprojekt in dem von Hans Scharoun entworfenen Hauptgebäude ist die Bremer Hansekogge von 1380, die seit dem Frühjahr 2000 nach langjähriger Rekonstruktion erstmals wieder ganz zu bestaunen ist. Um das wichtigste Handelschiff der Hansezeit herum wird im Museum auf mehreren Ebenen die Entwicklung der Schifffahrt in Nordeuropa von der Frühgeschichte bis zum Ausgang des Mittelalters gezeigt. Auch die Entwicklung der Navigation und des Seezeichenwesens, die See- und

Hochseefischerei und der Walfang werden hier ausgiebig dargestellt. Am benachbarten Kolumbuskai wurden einst die großen Fahrgastschiffe nach Übersee abgefertigt. Das An- und Ablegen der Ozeanriesen ist hier noch immer ein faszinierendes Schauspiel, obwohl seit 1965 der regelmäßige Linienverkehr nach Amerika durch den ständig sich verstärkenden Flugverkehr eingestellt wurde. Heute legen hier die England- und Helgoland-Fähren an, gelegentlich auch ein Kreuzfahrtschiff. Wie das Düsenflugzeug im regelmäßigen Passagierverkehr nach Übersee das Fahrgastschiff ablöste, tritt im derzeitigen Güterverkehr anstelle des konventionellen Frachters das Containerschiff. Mit ihren Container-Terminals besitzen Rotterdam, Amsterdam, Bremerhaven und Hamburg derzeit die modernsten und größten Spezial-Hafenanlagen der südlichen Nordsee. Eine 1000 Meter lange Stromkaje in Bremerhaven erlaubt beispielsweise bei einer Wassertiefe von 12 bis 14 Metern das unmittelbare Anlegen der größten Containerschiffe, die als Güter über 1000 Container an Bord nehmen, jeder davon so groß wie ein Lastwagen. Mit Spezialkränen werden in den Häfen die Container auf Waggons oder Lastkraftwagen-Chassis gesetzt. So wird die Fracht ohne Umladung über See direkt von «Haus zu Haus» befördert. Im «Lash-Terminal», einem Spezialhafen für eine Art Container-Mutterschiffe, werden schwimmfähige Container, sogenannter Lash, an Bord genommen. Im Bestimmungshafen des Mutterschiffes werden diese über einen Kran am Heck ins Wasser gelassen und von Schleppern direkt aus dem Hafen über Kanäle oder Flüsse an ihren endgültigen Platz bugsiert.

Die zunehmende Größe der Schiffe hatte in den letzten Jahrzehnten immer neue Forderungen der Seeschifffahrt nach Fahrwasservertiefungen in den Ästuaren zur Folge. Die Hafenstädte Hamburg und Bremen baggerten um die Wette für die dicksten Schiffe. Die Unterelbe mit normalerweise drei bis sechs Metern Tiefe unter Niedrigwasser baute man auf eine Fahrwassertiefe von derzeit 15,5 Metern aus. Die Unterweser wurde von etwa drei Metern auf neun Meter vertieft, die Außenweser auf zwölf Meter. Die Vertiefung der zentralen Fahrrinne beschleunigte jeweils den Flutstrom, der nun weiter flussaufwärts dringen konnte. Der Tidenhub erhöhte sich, bei Hamburg von 1,80 Meter auf 3,50 Meter und bei Bremen von dreißig Zentimetern auf 4,10 Meter! Obendrein kam es zum Absinken des Tideniedrigwassers mit

Hamburger Rathaus.

größer werdenden trocken fallenden Flachwasserzonen in den Ästuaren. Das sind starke Veränderungen der natürlichen Umwelt mit teilweise neu geschaffenen Umweltproblemen – die Sturmflut von 1962 im Hamburger Hafen wäre ohne dies alles sicherlich nicht so schwerwiegend ausgefallen. Früher entstanden die Häfen dort, wo sich der teure Landweg und der billigere Seeweg trafen. Heute wird ihre Lage stellenweise den aktuellen Anforderungen nicht mehr gerecht. Die modernen Seehäfen sollten deshalb an der offenen See liegen, und die Schiffe sollten nicht die langen und teuren Flusswege der Ästuare befahren müssen.

In Wilhelmshaven gibt es in der Jaderinne derzeit den einzigen Tiefseewasserhafen Deutschlands; er ist allerdings tideabhängig für Seeschiffe, vor allem Großtanker, erreichbar. Hier hat auch die deutsche Marine ihren größten Standort. Und es gibt Probleme. Im Wattenmeer vor Butjadingen steht Ärger ins Haus: In den vergangenen hundert Jahren hat das immer tiefere Ausbaggern einer Fahrrinne nach Bremerhaven und Bremen den Fedderwarder Priel, einst Hauptarm der Weser, zur Bedeutungslosigkeit verurteilt. Jetzt droht er ganz zu verschwinden, weil für den neuen Containerterminal in Bremerhaven und den Bau des Jade-Ports in Wilhelmshaven weitere Vertiefungen im Fahrwasser von Jade und Weser notwendig sind. Der Jadebusen liegt an der Stelle eines früheren Flussarmes. In dieser alten Flussrinne der Weser konnten die mittelalterlichen Sturmfluten besonders weit ins Landesinnere vordringen. Mit gewaltiger Kraft bahnten sich damals die Wassermassen eine tiefe Rinne durch die junge Marsch. Daraus resultiert die allbekannte Form des Jadebusens auf der Landkarte.

Nordostseekanal mit Containerschiff.

Im Norden sieht er wie ein Flaschenhals aus. Dort ist die tiefe Wasserrinne. Der südliche Jadebusen ähnelt einem breiten Flaschenbauch. Weite Teile der dortigen Wattflächen werden nur bei hohen Wasserständen überstaut, der abziehende Ebbstrom sammelt sich in einigen Prielen, die sich zur tiefen Wasserrinne im Flaschenhals zwischen Wilhelmshaven und Butjadingen vereinigen. Hier wirken also ständig natürliche Strömungskräfte: Täglich räumt der nach Süden gerichtete Flutstrom Sand aus der Rinne, noch kräftiger zieht der Ebbstrom nach Norden. Die tiefe Rinne der Jade nutzt man inzwischen auch für Supertanker, die am Ölterminal festmachen. Sie ist also Voraussetzung für die Anlage von Häfen für große Schiffe und prädestiniert die Wasserstraße vor Wilhelmshaven für die Anlage des derzeit diskutierten Tiefseehafens für eine internationale Containerdrehscheibe.

So ein Tiefseehafen an der Nordsee ist notwendig, um die immer größer werdenden Containerschiffe abzufertigen. Dabei konkurrierten bis zum Januar 2003 als Standorte die Elbmündung vor Hamburg und die Jaderinne vor Wilhelmshaven. Die tiefe Rinne der Jade ist für einen solchen Hafen nun ausgewählt und wohl auch besser geeignet, da sie eine natürliche Wasserrinne ist, die durch den Tidestrom ständig freigehalten wird. Die Elbe müsste dauerhaft ausgebaggert und ausgespült oder angestaut werden, da die Ästuare bekanntermaßen versanden. In Butjadingen, so die Fischer und Kapitäne, verändere der Bau eines Tiefseehafens die Strömungsverläufe von Ebbe und Flut im Wattenmeer so massiv, dass der Priel zu verschlicken drohe. Die Hafenzufahrt sei bald nicht mehr zu benutzen, und es ist die Frage, ob die Verschlickung vor der Küste Butjadingens nicht auch als natürliche Rückentwicklung eines Priels anzusehen ist. Wie dem auch sei: Die Kutter sitzen bei Niedrigwasser immer öfter im Schlick fest, denn der Priel hat allein in den vergangenen dreißig Jahren achtzig Prozent seines Volumens verloren. Schon jetzt kommt die Krabbenladung deshalb häufig nur mit Verspätung in den Hafen.

Ein Verweilen am Weltschifffahrtsweg «Alte Liebe» bei Cuxhaven ist ebenfalls ein ungewöhnliches Erlebnis von Meeresweite mit vorbeiziehenden Schiffen aus aller Herren Länder. Mehr als 60 000 Schiffe passieren – ein- und auslaufend – jährlich die Kugelbake und die «Alte Liebe», die Wahrzeichen von Cuxhaven. Letztere wurde 1732 als Wellenbrecher und Bollwerk zum Schutz des Hafens gebaut. Die Grundlage des durch Pfähle, Balkenwerk und Steinpackungen ausgebauten und verstärkten Bollwerks bildeten die damals drei alten ausgedienten und mit Steinen ausgefüllten Schiffe, die an der äußersten Landspitze versenkt wurden. Da eines der Schiffe «Olivia» geheißen haben soll, ergab sich für diesen Platz der Name «Ol Lieve» und schließlich hochdeutsch «Alte Liebe». Für den Seemann auf großer Fahrt ist sie letzter oder erster Gruß der Heimat: Abschied oder Wiederkehr.

Wegen des erheblichen wirtschaftlichen Aufschwungs im Ostseeraum, aber auch aus militärischen Gründen schuf man an der Wende vom 19. zum 20. Jahrhundert neue Seeverkehrswege. Zuerst wurden die Wasserwege ausgebaut. Der für Nord- und Ostsee wichtige Kanal ist der als «Kaiser-Wilhelm-Kanal» erbaute, heute unter dem Namen «Nord-Ostsee-Kanal» oder «Kielkanal» bekannte Wasserweg zwischen Brunsbüttel an der Elbmündung in die Nordsee und Kiel an der Ostsee, das durch den Bau des Kanals einen weiteren Entwicklungsimpuls als Hafenstadt erhielt. Der 1895 eröffnete Wasserweg erlaubt die Passage von Schiffen mit einem Tiefgang bis zu acht Metern. Die maximalen Abmessungen von Wasserfahrzeugen, die den Kanal passieren

Szene im Hamburger Hafen mit St.-Michaelis-Kirche, dem berühmten «Hamburger Michel», im Hintergrund.

können, werden durch die beiden Schleusen an seinen Enden vorgegeben. Sie sind 330 Meter lang und 45 Meter breit. Etwa die Hälfte der Schiffe, die zwischen der Ostsee und den Weltmeeren verkehren, nutzen den Nord-Ostsee-Kanal.

Auch der Schiffbau an der Nordsee hat lange Tradition. Großwerften mit Schiffbauhallen, Schwimmdocks und Ausrüstungskais gibt es in Norwegen und an der englischen Küste, in den Niederlanden, in Bremen und Hamburg. Hier spielen neben den Schiffsbaugewerben noch immer Handel und Transport in den Häfen die Hauptrolle. Die Hamburg-Amerika-Linie war weltberühmt. Die 1847 gegründete Reederei für Personen- und Frachtverkehr von Hamburg nach New York startete mit Seglern, ab 1855 nahm man Dampfer. Bis zum Ersten Weltkrieg betrieb diese Reederei fast zweihundert Ozeandampfer und zahlreiche Linienschiffe und war damit die größte Schifffahrtsgesellschaft der Erde. Noch heute haben mehr als fünfzig Reedereien ihren Hauptsitz im Hamburger Hafen. Der Norddeutsche Lloyd in Bremen war die einzige deutsche Reederei, die nach dem Zweiten Weltkrieg mit großen Schiffen auf den Nordatlantik zurückkehrte. Es waren die Passagierschiffe «Berlin», die «Bremen» und die «Europa», die von

Meyer-Werft und ein gerade gebautes Kreuzfahrtschiff.

1954 bis 1971 im Liniendienst zwischen Bremerhaven und New York verkehrten. Alle ihre Schiffe nahmen die Nordsee zur Passage. Auch die Hafenanlagen von Bremen und Bremerhaven, zusammen die Bremischen Häfen genannt, haben einen hohen Stellenwert. Nach Hamburg sind sie die wichtigsten Seehäfen Deutschlands; der Stadthafen von Bremen ist ein Tidehafen, der von Bremerhaven überwiegend ein Dockhafen. Hier werden im modernen *Roll-on-Roll-off-Verkehr* vor allem Kraftfahrzeuge und Container umgeschlagen. Bremerhaven besitzt den größten Fischereihafen Deutschlands und ist wichtigster Standort der Hochseefischereiflotte. Historisch bedeutsam ist die Passagierschifffahrt nach Amerika vom Kolumbuskai. Heute dominieren der Seebäder-, Kreuzfahrt- und Fährverkehr nach Helgoland und nach Großbritannien.

Der Hafen von Emden ist durch eine zu geringe Fahrwassertiefe und durch seine nur zwei kleinen Seeschleusen mittlerweile in seiner Entwicklung eingeschränkt. Deshalb, aber auch infolge der Konkurrenz der Rheinmündungshäfen in den Niederlanden ging der Umsatz im Emdener Hafen in den letzten Jahren stark zurück. Seine größte Zeit hatte der Hafen vom 17. bis zum 19. Jahrhundert, als 1683 unter Friedrich dem Großen der Sitz der Kurbrandenburgischen Admiralität hierherverlagert wurde und die afrikanische Handelskompanie ihren Sitz in Emden nahm. Der Bau des Ems-Jade-Kanals 1887 und

Kreuzfahrtschiff «Aurora» bei der Überfahrt auf der Ems (Foto Meyer-Werft, Papenburg).

die Vollendung des Dortmund-Ems-Kanals 1899 machten Emden seinerzeit zum wichtigsten Handelshafen für das Ruhrgebiet.

Eine zunehmende Bedeutung erlangt in letzter Zeit der Schiffbau an der Unteren Ems. Die Meyer-Werft in Papenburg ist eine der modernsten Großwerften der Welt mit anspruchsvollem Spezialschiffbau. Zum Produktionsprogramm gehören neben Auto- und Passagierfähren Gastanker, Tiertransporter und vor allem Kreuzfahrtschiffe. Hier im größten überdachten Baudock der Erde können vor allem exklusive Passagierschiffe witterungsunabhängig gebaut werden. Die in der Meyer-Werft gebauten Kreuzfahrtschiffe werden über die Ems in Richtung Dollart und Nordsee überführt – jedes Mal ein beeindruckendes Ereignis, wenn die großen Schiffe über den Fluss gelotst werden. Am Eingang zum Dollart hat man jetzt bei Gandersum ein 500 Meter langes Emssperrwerk gebaut, das als Mehrzweckbauwerk zum Sturmflutschutz an der Ems und im Leda-Jümme-Gebiet fungiert und gleichzeitig die Flexibilität des Schifffahrtweges der Ems gewährleistet. Das Sperrwerk hat insgesamt sieben Öffnungen, die Hauptschifffahrtsöffnung ist 73 Meter lang und wird mit einem Drehtor von 850 Tonnen verschlossen, das in einer Mulde im Flussboden versenkbar ist. Das Emssperrwerk ermöglicht Überführungen von Schiffen mit einem Tiefgang bis zu 8,50 Metern und schützt das Hinterland vor Sturmfluten, die zwei Meter höher als das normale Hochwasser auflaufen.

Lister Wanderdünen, die größten offenen Dünenlandschaften an der Nordsee.

EPILOG

Wenn man die lange und komplizierte Entstehung der Nordsee bedenkt, bleibt der fundamentale Unterschied zwischen Norden und Süden dieses atlantischen Randmeeres essentiell: Die Fjorde und Schären in Norwegen, auf den Orkney- und Shetland-Inseln sowie Schottland im Norden sind Zeugnisse von eiszeitlichem Abtrag und nacheiszeitlicher Ingression der Nordsee selbst. Das nordische Klima hat kahle Felseninseln hervorgebracht, die nur in Südnorwegen noch Buchenwälder oder andere Laubmischwälder erlauben, wie sie überall im Süden der Nordsee in England und auf den Geestkernen Nordwestdeutschlands und Dänemarks üblich sind. Das alles erzeugt einen Gradienten der naturräumlichen Wahrnehmung: kalter Norden und temperierter Süden an einem Meer. Seit der Wikingerzeit ist dieser Unterschied auch im Natur- und Kulturgut der Menschen fest verankert. Die Nordsee selbst war nie verbindend, so wie wir es seit der Hansezeit von der Ostsee her kennen. Die Nordseeanrainer pflegten stets ihre Eigenheiten in Sprache, Brauchtum und auch in der Landnutzung. Nur die Friesen brachten von jeher nach der karolingischen Freiheit eine Einheit in den Küstenraum. Ihre bis heute erhaltene eigene Sprache, ihre Bauweisen mit den Cimbrischen Langhäusern, den Haubargen und den Gulfhäusern waren für diese Landbevölkerung unmittelbar am Meer stets eine Herausforderung und ein verbindendes Element. Auch waren sie immer frei und ungebunden, die Idee des «Freien Friesen» wird seit jeher zitiert und kultiviert, und das heutige Landschaftsbild der Küstenmarschen – arm an Städten – spricht für die basisdemokratische Gesinnung der Marschbauern. Ihr Wille zur Selbstbestimmung klingt immer noch durch – ganz anders ist das natürlich in England, in Schottland und auf den Inseln. Die Angelsachsen des 5. Jahrhunderts von der festländischen Geest entwickelten schnell auf der britischen Insel neue Feudalsysteme mit einer entsprechenden Geschichte, die aber nicht Thema dieses Buches sein soll. In England bis hinab zur Kanalküste gibt es keine nordseebezogene Identität. Auf den Shetlands und Orkneys und in Schottland sind dagegen immer noch skandinavisch anmutende, wikingerzeitliche Elemente in Sprach- und Brauchtum anzutreffen.

Man darf auf die Zukunft der Nordsee gespannt sein. Trotz der geologischen Dynamik hoffen die Menschen im Küstenraum auf eine prosperierende Zukunft, und sie haben es teilweise selbst in der Hand. Die Probleme der Meeresverschmutzung mit Kohlenwasserstoffen im weitesten Sinne, der Eutrophierung mit Düngemitteln aus der Luft oder über den Grundwasserpfad von den Binnenländern her hat man leider noch nicht im Griff. Trotz aller Europa-Bekundungen sind nach wie vor die Briten die größten Verschmutzer der Nordsee. Sogar ihr Hausmüll findet sich noch im Angespül der friesischen Inseln. Solange dies nicht abgestellt wird, sind alle Appelle aus Brüssel für multi-, tri- oder bilaterale Konferenzen zum Schutz des Wattenmeeres und der Nordsee nahezu zwecklos. Das Gleiche gilt hinsichtlich der Bilgenwasserabgaben ins Meer sowie für alle Formen der «Verklappungen» nach dem Motto «Was im Meer ist, ist verschwunden», denn das Gegenteil ist der Fall, die kranken Fische und Seehunde zeigen das in zyklischer Wiederkehr.

Es gibt im politischen Umfeld der Nordsee auch das überall bekannte Phänomen: Je schlechter die verantwortlichen politischen Institutionen arbeiten, umso mehr Kommissionen und Arbeitskreise sogenannter «Non Governmental Organisations», abgekürzt «NGO» – Einrichtungen mit Experten – werden zusammengerufen, die alle Probleme lösen sollen. Greenpeace und andere NGOs zeigen viele Probleme auf, schießen aber auch oft über das Ziel hinaus, wie beispielsweise bei der ‹Brentspar›-Aktion im Jahre 1998, als man nach spektakulären Fernsehaktionen schließlich die alte Nordseebohrinsel kleinlaut in einen norwegischen Fjord verbrachte. Auch die anfänglich lauten Proteste von deutschen Vogel- und Naturschützern gegen eine Ölpipeline aus dem ‹Ekofisk›-Bohrgebiet durch den Wattenmeer-Nationalpark verkamen zu einem leichten Räuspern, nachdem damals mehrere Millionen D-Mark in eine Wattenmeer-Stiftung eingebracht worden waren. Die Pipeline ist inzwischen durch das Accumer-Ee-Gat zwischen Baltrum und Langeoog gebaut worden.

Traditionell waren Fischerei und Seeverkehr die einzigen Nutzungen der Nordsee. Im Laufe der Jahrhunderte haben sich aber neue Nutzungsansprüche entwickelt, sind regionale oder lokale Nutzungen ausgedehnt worden. Die Nordsee ist heute nicht mehr nur Produktionsraum, wo biologische, mineralische und energetische Ressourcen

ausgebeutet werden, sondern auch Entsorgungsraum für flüssige und feste Abfallstoffe. Der Prozess der Vergiftung von Meerestieren mit den eingeleiteten toxischen chlorierten Kohlenwasserstoffen und Schwermetallen und die biologische Veränderung verlaufen je nach Wassertiefe und Wasserschichtung und je nach dem Verlauf der Transportwege eingeleiteter Stoffe durch die Tiden beziehungsweise abhängig von den Eintragsorten regional unterschiedlich. Trotz dieser regionalen Differenzierung ist aber inzwischen die ganze Nordsee davon erfasst. Durch die Intensivierung der Seeschifffahrt und nach Ausbau der Transportsysteme ist die Nordsee auch Verkehrsraum geworden mit zunehmend stärkerer Beanspruchung. In jüngster Zeit werden gerade die Flachwasserzonen, die Küstenmarschen und die

Der Biesbosch, niederländisch Binsenwald, ist ein durch den Deichbau der Maas im Jahre 1421 entstandener Meereseinbruch, der seit dem 18. Jahrhundert eingedeicht wurde. Heute ist er ein hervorragendes Natur- und Vogelschutzgebiet.

Flussmündungsgebiete verstärkt als Flächenressource für fragwürdige Industrieansiedlungen gesehen, die zunehmenden und immer wieder kritisierten Offshore-Windparks seien hier beispielshaft angeführt.

Große Teile der Küsten und der Inseln sind natürlich auch attraktive und in ihrer therapeutischen Wirkung unersetzliche Erholungsräume. Die Überlagerungen dieser Nutzungsansprüche mit großräumig ausgewiesenen Schutzgebietssystemen der Nationalparks sind jedoch ein weiteres Konfliktfeld von Gewicht für die Zukunft. Dieser Flächen- und Artenschutz ist nur dann erfolgreich, wenn das ganze «System Nordsee» berücksichtigt wird; das heißt, das «Funktionieren der ökologischen Schaltkreise», wie wir sie im Wattenmeer, in den Ästuaren und für die offene Nordsee kennen gelernt haben, muss aufrechterhalten bleiben. Das oft gedachte und geplante «Nebeneinander» verschiedener Nutzungsformen mit Nationalpark – Naturschutz hier und Industrialisierung dort – kann auf Dauer nicht gut gehen. Die Nordsee ist heute eines der intensivstgenutzten Meere. Sie ist dadurch zugleich eines der aus ökologischer und biologischer Sicht gefährdetsten Meere. Ziel einer künftigen Nordsee-Umweltpolitik aller Anrainer muss deshalb sein, für alle Bereiche dieses Meeres ökologisch und ökonomisch langfristig tragbare Nutzungskombinationen zu finden, durchzusetzen und zu gewährleisten.

Die neuen europäischen Initiativen und Ideen sind hoffentlich zukünftig erfolgreicher als bisher. Zu nennen sind hier vor allem die «North Sea Region Interreg»-Programme, zuletzt im Jahr 2001 und 2002, in denen spezielle Aktivitäten der Länder beispielsweise zum «Integrierten Küstenschutz-Management», zum «Sustainable Development» oder zum Thema «The Landscape and Cultural Heritage» überregional und transnational bearbeitet werden. Einige schöne Projekte sollen beispielhaft die jetzigen Aktivitäten in Europa zum Thema Nordsee verdeutlichen: «The North Sea Viking Legacy» – erarbeitet von der Rogaland Fylkeskommune in Stavanger (Norwegen), der Ale Kommune in Alafors (Schweden), vom Norfolk County in Norwich (Großbritannien) und vom Viborg-Amt in Viborg (Dänemark) – erstellt ein Netzwerk für den Kulturtourismus rund um die Nordsee. «Nortrail – the North Sea Coastal Path» mit Partnern aus Norwegen, Dänemark und England erarbeitet ebenfalls ein kulturgeographisches Programm zur Etablierung einer Route rund um die Nordsee zum

Studium der alten Kulturlandschaften, die durch traditionelle Fischerei und naturräumlich angepasste Landwirtschaft geprägt wurden. Großprojekte mit vielen Partnern aus allen Nordseeanrainerstaaten behandeln das Thema «Restoration of Ecological Networks», das die Probleme der Landnutzung, der Industrialisierung und der Urbanisierung im Umfeld der Nordsee mit allen Folgen des Verlustes an Arten- und Lebensraumvielfalt zur Folge hat. Das lässt hoffen auf eine Re-Etablierung und Re-Konnektierung heute geschädigter, verlorener oder zerstückelter Lebensräume vor allem in den Wattenmeerökosystemen.

Hoffen lässt auch das Projekt mit dem Acronym *Lancewad*. Das meint «The Landscape and Cultural Heritage of the Wadden Sea Region», ein wiederum transnationales Unterfangen von Dänemark, den Niederlanden und Deutschland mit dem Ziel, die Inseln, die Halligen und die Marschen der südlichen Nordsee als Kulturgut für Europa zu erhalten und die Küstenregion von West-, Ost- und Nordfriesland mit ihrer vergleichbaren geologischen Entwicklung und Kulturgeschichte auch künftig als Siedlungsraum und als Fremdenverkehrsgebiet weiter zu entwickeln.

Im Umfeld der Nordsee leben derzeit etwa 165 Millionen Menschen. Alle ungereinigten Abfälle der Flüsse, industrielle Abwässer und Düngemittel der landwirtschaftlichen Nutzflächen landen irgendwann direkt oder indirekt in der Nordsee, wenn sie nicht vorher entsorgt oder recycelt werden. Internationale Seeschifffahrt und Fischerei spielen neben den Öl- und Erdgasbohrungen in der Nordsee selbst eine wirtschaftlich entscheidende Rolle. Hier bieten nur multinationale Verträge zum Schutz des Nordseewassers und der Umwelt insgesamt eine tragfähige, dauerhafte Lösung. Die Nationalparke der Wattenmeere sind ein guter Anfang. Dazu kommt, dass der größte Teil der Küsten und nahezu alle Inseln der Nordsee dem Bädertourismus und der Erholung dienen. Der Druck des Fremdenverkehrs auf die natürlichen Ressourcen von Wasser, Strand und Küste verlangt ebenfalls dauerhafte und intelligente Lösungen zur umweltverträglichen Nutzung von Natur und Landschaft in und an der Nordsee.

LITERATUR

Widmung und Prolog

Dircksen, R., Am Meer und hinter dem Deich. Das Land Wursten. Hamburg 1981.

Güntheroth, H., Die Nordsee – Portrait eines bedrohten Meeres. 4. Auflage, Hamburg 1988.

Quedens, G., Inseln und Meer – Eine Bildreise. Hamburg 2001.

Rilke, R. M., Die Monographie einer Landschaft und ihrer Maler. Worpswede 1903.

1. Steigt der Meeresspiegel?

Allen, M., S. Raper & J. Mitchell, Uncertainty in the IPCC's Third Assessment Report. Science 293, 2001, 430–433.

Behre, K.-E., Meeresspiegeländerungen und Besiedlung während der Zeit um Christi Geburt in den Nordseemarschen. Offa 43, Neumünster 1986, 45–53.

Behre, K.-E., J. Dörjes & G. Irion, Ein datierter Sedimentkern aus der Nordsee. Probleme der Küstenforschung des südlichen Nordseegebietes 15, Hildesheim 1984, 135–148.

Behre, K.-E., Holozäne Küstenentwicklung, Meeresspiegelbewegungen und Siedlungsgeschehen an der südlichen Nordsee. Bamberger Geographische Schriften 20, Bamberg 2001, 1–28.

Berner, U., Kohlendioxid und Kohlenstoffkreislauf: Variationen vom Erdaltertum bis heute. Terra Nostra 5, 99, 1999, 10–12.

Berner, U. & H. Streif (Hrsg.), Klimafakten. Der Rückblick – ein Schlüssel für die Zukunft. 1. und 2. Auflage, Stuttgart 2001.

Freund, H. & H. Streif, Natürliche Pegelmarken für Meeresspiegelschwankungen der letzten 2000 Jahre im Bereich der Insel Juist. Petermanns Geographische Mitteilungen 143, Gotha 2000, 34–45.

Glaser, R., Klimageschichte Mitteleuropas. 1000 Jahre Wetter, Klima, Katastrophen. Darmstadt 2001.

Grevemeyer, R., R. Herber & H.-H. Essen, Microseismological evidence for a changing wave climate in the northeast Atlantic Ocean. Nature 408, 2000, 349–352.

Hanisch, J., Neue Meeresspiegeldaten aus dem Raum Wangerooge. Eiszeitalter und Gegenwart 30, Hannover 1980, 221–228.

Hughes, L., Biological consequences of global warming: is the signal already apparent? Trends Ecol. Evol. 15, 2, 2000, 56–61.

IPCC, Climate Change 2001. The Scientific Basis. Contribution of Working Group I to the Third Assessment Report of the Intergovernmental Panel on Climate Change (IPCC). Cambridge 2001.

Jelgersma, S., Sea-level changes in the North Sea basin. In: Oele et al. (Hrsg.), The Quarternary History of the North Sea. Acta Univ. Upsalensis 2, Uppsala 1979.

McCarty, J. P., Ecological consequences of recent climate change. Conserv. Biol. 15, 2, 2001.

Mikkelsen, N., G. Hoffmann-Wieck & A. Svein-Bjørnsdottir, Climate Variability and Disappearance of the Norse from South Greenland. Mitt. Pollichia 88, Bad Dürkheim 2001, 70–80.

Milankovitch, M. M., Canon of insolation and the ice-age problem. Beogard, Königl. Serbische Akademie. Publ. US-Department of Commerce and the National Science Foundation Washington DC, 1941, 1969.

Mittelstaedt, E., Nord- und Ostsee: Gezeiten, Strömungen, Wasserschichtung. In: Institut für Länderkunde, Leipzig (Hrsg.), Nationalatlas Bundesrepublik Deutschland, 118–119. Heidelberg-Berlin, 2003.

Niedersächsische Akademie der Geowissenschaften, Klimaentwicklung und Meeresspiegelschwankungen. Veröffentlichungen der Umweltfachtagung 16, Hannover 1999, 1–25.

Pasenau, H., Die Entstehung der Eiszeiten. In: M. Fansa (Hrsg.), Vom Eise befreit – Geest – reiche Geschichte auf kargem Land. Schriftenreihe des Landesmuseums für Natur und Mensch Oldenburg 25, Oldenburg 2002, 35–40.

Peltier, W. & M. Tushingham, Global sea level rise and the greenhouse effect: Might they be connected? Science 244, 1989, 807.

Pott, R., Palaeoclimate and vegetation – long-term vegetation dynamics in central Europe with particular reference to beech. Phytocoenologia 30, 3–4, Berlin, Stuttgart 2000.

Reilly, J., P. H. Stone, C. E. Forest, M. D. Webster, H. D. Jacoby & R. G. Prinn, Uncertainty and Climate Change Assessments. Science 293, 2001, 430–433.

Schellnhuber, H.-J. & H. Sterr (Hrsg.), Klimaänderung und Küste – Einblick ins Treibhaus. 1. Auflage, Berlin, Heidelberg, New York 1993.

Schröter, J. & M. Wenzel, Wenn NN nicht normal ist. Report Alfred Wegener Institut 2000/2001, Bremerhaven 2002, 29–32.

Streif, H., Zur Altersstellung der Ostfriesischen Inseln. Offa 43, Neumünster 1986.

Streif, H., Quaternary sea-level changes in the North Sea, an analysis of amplitudes and velocities. In: P. Brosche & J. Sundermann (Hrsg.), Earth´s Rotation from Eons to Days, Berlin 1990, 201–204.

Svensmark, H., Influence of Cosmic Rays on Earth´s Climate. Physical Review Letters 81, 22, 1998, 5027–5030.

Svensmark, H. & E. Friis-Christensen, Variation of cosmic ray flux and global cloud coverage – a missing link in solar-climate relationships. Journal Atmospheric and Solar-Terrestrial Physics 59, 11, 1997, 1225–1232.

Thiede, J., Treibhausgase allein machen noch keine Warmzeit. Der Rotarier 2, 2001, 38–42.

Walther, G.-R., C. A. Burga & P. J. Edwards (Hrsg.), «Fingerprints» of Climate Change – Adapted behaviour and shifting species ranges. New York 2001.

Walther, G.-R., E. Post, P. Convey, A. Menzel, C. Parmesan, T. J. C. Beebee, J. M. Fromentin, O. Hoegh-Guldberg & F. Bairlein, Ecological responses to recent climate change. Nature 416, 2002, 389–395.

Watson, R. T., M. C. Zinyowera & R. H. Moss (Hrsg.), The Regional Impacts of Climate Change: An Assessment of Vulnerability. A Special Report of IPCC Working group II, Cambridge 1997.

Wigley, T. M. L., The science of climate change – global and US perspectives. PEW Center for Climate Change. Goddard Inst. For Space Studies, New Hampshire 2000, 1–51.

Woodward, F. I., Climate and plant distribution. London 1987.

Zwiers, F. W., The 20-year forecast. Nature 416, 2002, 690–691.

2. Dynamische Nordsee-Küstenlandschaften

Baedeker-Allianz-Reiseführer, Schottland. 34. Auflage, Ostfildern 2000.

Behre, K.-E., Pollenanalytische Untersuchungen zur Vegetations- und Siedlungsgeschichte bei Flögeln und im Ahlenmoor (Elbe-Weser-Winkel). Probleme d. Küstenforschung 11, Hildesheim 1976, 101–118.

Behre, K.-E., Meeresspiegelbewegungen und Siedlungsgeschichte in den Nordseemarschen. Vorträge d. Oldenb. Landschaft 17, Oldenburg 1987, 1–47.

Behre, K.-E., Die Entwicklung der Nordseeküstenlandschaft aus geobotanischer Sicht. Ber. d. Reinh.-Tüxen-Ges. 3, Hannover 1991, 45–58.

Behre, K.-E., Die nacheiszeitlichen Meeresspiegelbewegungen und ihre Auswirkung auf die Küstenlandschaft und deren Besiedlung. In: H.-J. Schellnhuber & H. Sterr (Hrsg.), Klimaänderung und Küste. Heidelberg 1993, 57–76.

Behre, K.-E. & J. Streif, Kriterien zu Meeresspiegel- und darauf bezogenen Grundwasserabsenkungen. Eiszeitalter und Gegenwart 30, Hannover 1980, 153–160.

Behre, K.-E. & P. Schmid, Das Niedersächsische Institut für historische Küstenforschung – 60 Jahre Forschungstätigkeit im Küstengebiet. Wilhelmshaven 1998.

Caspers, G., H. Jordan, J. Merkt, K.-D. Meyer, H. Möller & H. Streif, Niedersachsen. In: L. Benda

(Hrsg.), Das Quartär Deutschlands. Berlin, Stuttgart 1995, 23–58.

Ehlers, J., The Morphodynamics of the Wadden Sea. Balkema, Rotterdam 1988.

Falk, G. F. & D. Lehmann, Schottland – Geographischer Exkursionsführer. 1. Aufl., Gotha 1998.

Figge, K., Das Elbe-Urstromtal im Bereich der Deutschen Bucht (Nordsee). Eiszeitalter und Gegenwart 30, Hannover 1980, 203–211.

Flemming, B.W. & A. Bartoloma, Die Gezeiten. Ursache und Erscheinungsformen. In: M. Türkay (Hrsg.), Wattenmeer. Kleine Senckenberg-Reihe 29, Frankfurt a. M. 1998, 3–9.

Freund, H. & H. Streif, Salzwiesen, Brunnen und andere Funde am Juister Strand. Archäologie in Niedersachsen 4, Göttingen 2001, 45–48.

Glässer, E., Norwegen. Wissenschaftliche Länderkunde Band 14, 2. Auflage, Darmstadt 1993.

Hanisch, J., Neue Meeresspiegeldaten aus dem Raum Wangerooge. Eiszeitalter und Gegenwart 30, Hannover 1980, 221–228.

Hayes, M. O., Barrier island morphology as a function of tidal and wave regime. In: S. Leatherman (Hrsg.), Barrier Islands from the Gulf of St. Lawrence to the Gulf of Mexico. New York, San Francisco, London 1979, 1–27.

Heineberg, H., Wirtschaftsgeographische Strukturwandlungen auf den Shetland-Inseln. Paderborn 1969.

Hempel, L., Nordwestdeutschland. Reliefformen, Reliefgenese, Reliefräume. Münster 1976.

Höfle, H., J. Merkt & H. Müller, Die Ausbreitung des Eem-Meeres in Nordwestdeutschland. Eiszeitalter und Gegenwart 35, Hannover 1985.

Hofmann, H., Die Deutsche Bucht. Inseln, Meer und Küstenland. Münster 1975.

Hoselmann, C. & H. Streif, Bilanzierung der holozänen Sedimentakkumulation im niedersächsischen Küstenraum. Zeitschrift Deutsche Geologische Gesellschaft 148, 3–4, Stuttgart 1997, 431–445.

Jelgersma, S., Sea-level changes in the North Sea basin. In: E. Oele, R. T. E. Schütten-Helm & A. J. Wiggers (Hrsg.), The Quaternary History of the North Sea. Acta Univ. Ups. Symp. Univ. Ups. Annum Quingentesimum Celebrantis 2, 1979, 233–248.

Kelletat, D., Physische Geographie der Meere und Küsten. Teubner Studienbücher der Geographie, Stuttgart 1989.

Kelletat, D., Meeresspiegelanstieg und Küstengefährdung. Geographische Rundschau 42, 12, Braunschweig 1990, 648–652.

Küster, H., Die Ostsee – Eine Natur- und Kulturgeschichte. München 2002.

Luck, G., Von der Natur und dem Menschen geformt – Wie Küste und Inseln wurden und was sie sind. Naturmagazin «Draußen» 25, Hamburg 1985, 7–17.

Mettjes, G., Zweistromland an der Nordsee – Landschaften im Landkreis Cuxhaven. Bremen 2003.

Müller, M. J., Küstenformen an der Nordsee: Inseln, Watt und Marsch. – In: Institut für Länderkunde, Leipzig (Hrsg.), Nationalatlas Bundesrepublik Deutschland, 78–79, Heidelberg, Berlin, 2003

Nationalparkverwaltung Niedersächsisches Wattenmeer & Umweltbundesamt (Hrsg.), Umweltatlas Wattenmeer. Band 1: Nordfriesisches und Dithmarscher Wattenmeer; Band 2: Wattenmeer zwischen Elb- und Emsmündung, Stuttgart 1999.

Pasenau, H., U. Bleiche & M. Fansa, Geest – Die Sesshaftigkeit. In: M. Fansa (Hrsg.), Vom Eise befreit. Oldenburg 2002, 63–99.

Pott, R., Farbatlas Nordseeküste und Nordseeinseln. 1. Auflage, Stuttgart 1995.

Pott, R., Biotoptypen. Schützenswerte Lebensräume Deutschlands und angrenzender Regionen. 1. Auflage, Stuttgart 1996.

Pott, R. & M. Peters, Dünendurchbrüche und ihre Bedeutung für die Vegetations- und Landschaftsdynamik. Naturschutz und Landschaftsplanung 29, 3, Stuttgart 1997, 69–74.

Pott, R., A. Fromke, M. Peters, J. Petersen & K. Rieck, Aktuelle geobotanische Forschung auf den Nordseeinseln. Ber. d. Reinh.-Tüxen-Ges. 11, Hannover 1999, 39–108.

Priesmeier, K., Geomorphologische Beschreibung. In: W. Hofmann & H. Louis (Hrsg.), Landformen im Kartenbild 1:25 000. Insel Borkum. Braunschweig 1975.

Priesmeier, K., Form und Genese der Dünen des Listlandes auf Sylt. Schriftenr. des Naturwiss. Vereins Schleswig-Holstein 40, Kiel 1975, 11–51.

Quedens, G., Inseln und Meer – Eine Bildreise. Hamburg 2001.

Schulz, H. D., Der Steingrund bei Helgoland – Restsediment einer Saalekaltzeitlichen Endmoräne. Meyniana 5, Kiel 1983, 43–53.

Seedorf, H. H. & H. H. Meyer, Landeskunde Niedersachsen. Natur- und Kulturgeschichte eines Bundeslandes. Bd. 1: Historische Grundlagen und naturräumliche Ausstattung. Neumünster 1992.

Sindowski, K.-H. & H. Streif, Die Geschichte der Nordsee am Ende der letzten Eiszeit und im Holozän. In: P. Wolstedt & K. Duphorn (Hrsg.), Norddeutschland und angrenzende Gebiete im Eiszeitalter, Stuttgart 1974, 411–431.

Streif, H., Das Ostfriesische Küstengebiet – Nordsee, Inseln, Watten und Marschen. Geol. Führer 57, 2. Auflage, Berlin, Stuttgart 1990.

Streif, H., Geologische Aspekte der Klimaforschung im Küstenraum der südlichen Nordsee. In: H.-J. Schellnhuber & H. Sterr (Hrsg.), Klimaänderung und Küste, Heidelberg 1993.

Streif, H., Geologische Küstenkarte von Niedersachsen 1:25 000 – eine neue Planungsgrundlage für die Küstenregion. Zeitschr. Angewandte Geologie 44, 4, Hannover 1998.

Streif, H., Nordsee und Küstenlandschaft – Beispiel einer dynamischen Landschaftsentwicklung. Akad. Geowiss. Hannover 20, 2002.

Veenstra, H. J., Introduction to the geomorphology of the Wadden Sea area. In: W. J. Wolff (Hrsg.), Ecology of the Wadden Sea, Vol. 1, Rep., 1983, 8–19.

3. Ebbe und Flut

Behre, K.-E., Die Entwicklungsgeschichte der natürlichen Vegetation im Gebiet der unteren Ems und ihre Abhängigkeit von den Bewegungen des Meeresspiegels. Probleme der Küstenforschung im südlichen Nordseegebiet 9, Hildesheim 1970, 13–48.

Behre, K.-E., Pollenanalytische Untersuchungen zur Vegetations- und Siedlungsgeschichte bei Flögeln und im Ahlenmoor (Elbe-Weser-Winkel). Probleme d. Küstenforschung 11, Hildesheim 1976, 101–118.

Behre, K.-E., Meeresspiegelbewegungen und Siedlungsgeschichte in den Nordseemarschen. Vorträge d. Oldenb. Landschaft 17, Oldenburg 1987, 1–47.

Behre, K.-E., Die Entwicklung der Nordseeküstenlandschaft aus geobotanischer Sicht. Ber. d. Reinh.-Tüxen-Ges. 3, Hannover 1991, 45–58.

Behre, K.-E., Die nacheiszeitlichen Meeresspiegelbewegungen und ihre Auswirkung auf die Küstenlandschaft und deren Besiedlung. In: H.-J. Schellnhuber & H. Sterr (Hrsg.), Klimaänderung und Küste, Heidelberg 1993, 57–76.

Behre, K.-E., Die Entstehung und Entwicklung der Natur- und Kulturlandschaft der Ostfriesischen Halbinsel. In: K.-E. Behre & H. van Lengen (Hrsg.), Ostfriesland, Geschichte und Gestalt einer Kulturlandschaft. 3. Auflage, Aurich 1998, 5–38.

Behre, K.-E. & D. Kučan, Neue Untersuchungen am Außendeichsmoor bei Sehestedt am Jadebusen. Probleme der Küstenforschung im südlichen Nordseegebiet 26, Oldenburg 1999, 35–64.

Bird, E. C. F., Potential effects of the Sea Level, Rise on the coasts of Australia, Africa and Asia. In: J. G. Titus (Hrsg.), Effects of changes in stratosphere, ozone und global climate 4, Sea Level Rise, 1986, 83–98.

Dette, H. H., Sturm und Wellen in der Nordsee. In: J. Newig & H. Theede (Hrsg.), Sturmflut. Gefährdetes Land an der Nordseeküste. 1. Auflage, Hamburg 2000, 17–29.

Dijkema, K. S., Climate of the wadden sea islands coastal areas. Report Wadden Sea 9, 1983, 10–11.

Ehlers, J., Sedimentbewegungen und Küstenveränderungen im Wattenmeer der Nordsee. Geographische Rundschau 42, 12, Braunschweig 1990, 640–646.

Eisma, D., Natural forces. In: W. J. Wolff (Hrsg.), Ecology of the Wadden Sea. Vol. 1, Rep. 1, 1983.

Fisher, J. J. & E. J. Simpson, Washover and tidal sedimentation rates as environmental factors in development of a transgressive barrier shoreline. In: S. P. Leatherman (Hrsg.), Barrier islands. New York, San Francisco, London 1979.

Flemming, B. W. & A. Bartolomä, Die Gezeiten. Ursache und Erscheinungsformen. In: M. Türkay (Hrsg.), Wattenmeer. Kleine Senckenberg-Reihe 29, Frankfurt a. M. 1998, 3–9.

Führbotter, A., Changes of the tidal water levels at the German North Sea Coast. Helgoländische Meeresuntersuchungen 43, Helgoland 1989, 325–332.

Godfrey, P. J. et al., A geobotanical approach to classification of barrier beach systems. In: S. P. Leatherman (Hrsg.), Barrier islands from the Gulf of St. Lawrence to the Gulf of Mexico. New York, San Francisco, London 1979.

Gornitz, V. & S. Lebedeff, Global Sea-Level-Changes during the Past century. In: D. Nummendal et al. (Hrsg.), Sea Level Fluctuation and Coastal Evolution, Tulsa 1987, 3–16.

Hayes, M. O., Barrier Island Morphology as a Function of Tidal and Wave Regime. In: S. P. Leatherman (Hrsg.), Barrier Islands from the Gulf of St. Lawrence to the Gulf of Mexico. New York, San Francisco, London 1979.

Kelletat, D., Meeresspiegelanstieg und Küstengefährdung. Geographische Rundschau 42, 12, Braunschweig 1990, 648–652.

Müller, M. J., Sturmfluten und Küstenschutz. In: Institut für Länderkunde, Leipzig (Hrsg.): Nationalatlas Bundesrepublik Deutschland, 120–121, Heidelberg-Berlin, 2003.

Nationalparkverwaltung Niedersächsisches Wattenmeer & Umweltbundesamt (Hrsg.): Umweltatlas Wattenmeer. Band 1: Nordfriesisches und Dithmarscher Wattenmeer; Band 2: Wattenmeer zwischen Elb- und Emsmündung. Stuttgart 1999.

Newig, J., Die Sturmflut – Schauspiel und Naturereignis. In: J. Newig & H. Theede (Hrsg.), Sturmflut. Gefährdetes Land an der Nordsee. 1. Auflage, Hamburg 2000, 8–17.

Pott, R., Farbatlas Nordseeküste und Nordseeinseln. 1. Auflage, Stuttgart 1995.

Roude, J. G. de & W. P. M. de Ruitjer, Die Auswirkungen eines verstärkten Meeresspiegel-Anstiegs auf die Niederlande. Die Küste 45, 1987, 123–163.

Schellnhuber, H.-J. & H. Sterr, Klimaänderung und Küste. Einblick ins Treibhaus. Heidelberg 1993.

Streif, H., Das ostfriesische Küstengebiet. Nordsee, Watten und Marschen. Sammlg. Geol. Führer 57, 2. Auflage, Berlin, Stuttgart 1990.

Töppe, A., Beschleunigter Meeresspiegelanstieg. Hansa-Schiffahrt-Schiffbauhafen 131, 7, Hamburg 1994, 78–82.

Wiermann, R., Moorkundliche und vegetationsgeschichtliche Betrachtungen zum Außendeichsmoor bei Sehestedt (Jadebusen). Berichte der Deutschen Botanischen Gesellschaft 78, 7, Göttingen 1965, 269–278.

4. Siedlungs- und Deichbaugeschichte

Bantelmann, A., Forschungsergebnisse der Marschenarchäologie zur Frage der Niveauveränderungen an der schleswig-holsteinischen Westküste. Die Küste, Archiv für Forschung und Technik an der Nord- und Ostsee, Jahrgang 8, 1960, 45–65.

Behre, K.-E., Die Geschichte des Jadebusens und der Jade. In: H.-E. Reineck (Hrsg.), Das Watt, Frankfurt a. M. 1978, 39–49.

Behre, K.-E., Die Entwicklung der Nordseeküstenlandschaft aus geobotanischer Sicht. Ber. d. Reinh.-Tüxen-Ges. 3, Hannover 1991, 45–58.

Behre, K.-E., Kleine historische Landeskunde des Elbe-Weser-Raumes. Landschaftsverband der ehemaligen Herzogtümer Bremen und Verden, Stade 1994.

Behre, K.-E., Veränderungen der niedersächsischen Küstenlinien in den letzten 3000 Jahren und ihre Ursachen. Probleme der Küstenforschung im südlichen Nordseegebiet 26, Oldenburg 1999, 9–33.

Behre, K.-E., Wie der Mensch die Küste eroberte. In: J. Newig & H. Theede (Hrsg.), Sturmflut. Gefährdetes Land an der Nordsee. 1. Auflage, Hamburg 2000, 75–97.

Behre, K.-E. & P. Schmid, Das Niedersächsische Institut für historische Küstenforschung. 60 Jahre Forschungstätigkeit im Küstengebiet. Wilhelmshaven 1998.

Ellenberg, H., Bauernhaus und Landschaft in ökologischer und historischer Sicht. Stuttgart 1990.

Falk, G. C. & D. Lehmann (Hrsg.), Nordsee-Küste – Exkursionen zwischen Sylt und Elbmündung. 1. Auflage, Gotha 2002.

Freund, H. & H. Streif, Salzwiesen, Brunnen und andere Funde am Juister Strand. Archäologie in Niedersachsen 4, Göttingen 2001, 45–48.

Haarnagel, W., Das nordwesteuropäische dreischiffige Hallenhaus und seine Entwicklung im Küstengebiet der Nordsee. Neues Archiv Niedersachsen, Hannover 1950, 79–91.

Haarnagel, W., Die Marschen- und die Wurtensiedlungen im Elbe-Weser-Winkel. Führer zu vorgeschichtlichen Denkmälern 30, Mainz 1976, 1–22.

Haarnagel, W., Die Grabung Feddersen Wierde. – Methode, Hausbau-, Siedlungs- und Wirtschaftsformen sowie Sozialstruktur. Feddersen Wierde. Die Ergebnisse der Ausgrabung 2, Wiesbaden 1979.

Körber-Grohne, U., Geobotanische Untersuchungen auf der Feddersen Wierde. Ergebnisse der Ausgrabungen der vorgeschichtlichen Wurt Feddersen Wierde bei Bremerhaven in den Jahren 1955–1963, Wiesbaden 1967.

Kossack, G., K.-E. Behre & P. Schmid, Archäologische und naturwissenschaftliche Untersuchungen an ländlichen und frühstädtischen Siedlungen im deutschen Küstengebiet vom 5. Jahrhundert v. Chr. bis zum 11. Jahrhundert n. Chr., Bd. 1: Ländliche Siedlungen; Bd. 2: Handelsplätze des frühen und hohen Mittelalters. Acta Humaniora, Weinheim 1984.

Kutschert, R., Der rote Haubarg: Baudenkmal und Museum in Witzwort in der Landschaft Eiderstedt. Stiftung Nordfriesland, 4. Auflage, Husum 1996.

Overbeck, F., Botanisch-geologische Moorkunde – unter besonderer Berücksichtigung der Moore Nordwestdeutschlands als Quellen zur Vegetations-, Klima- und Siedlungsgeschichte. Neumünster 1975.

Petersen, J., Die Dünentalvegetation der Wattenmeerinseln in der südlichen Nordsee. Husum 2000.

Pott, R., Nordwestdeutsches Tiefland zwischen Ems und Weser. Exkursionsführer Kulturlandschaften, Stuttgart 1999.

Scharnweber, W., Dithmarschen – Reisebilder. 1. Auflage, Bremen 2000.

Schmid, P., Siedlungsstrukturen. In: G. Kossack, K.-E. Behre & P. Schmid (Hrsg.), Archäologische und naturwissenschaftliche Untersuchungen an ländlichen und frühstädtischen Siedlungen im deutschen Küstengebiet vom 5. Jahrhundert v. Chr. bis zum 11. Jahrhundert n. Chr., Bd. 1: Ländliche Siedlungen. Deutsche Forschungsgemeinschaft, Acta Humaniora Verlag, Weinheim 1984, 193–212.

Seedorf, H.-H., Topographischer Atlas Niedersachsen und Bremen – Eine Landeskunde. Neumünster 1977.

Steensen, Th., Deiche schützen die nordfriesische Festlandsküste. In: J. Newig & H. Theede (Hrsg.), Sturmflut. Gefährdetes Land an der Nordsee. 1. Auflage, Hamburg 2000.

Strahl, E., Die älteste Siedlung an der deutschen Nordseeküste. Die spätbronzezeitliche Siedlung von Rodenkirchen – Hahnenkrooper Mühle. Archäologie in Niedersachsen 1, 1998.

Tiemann, I., Niederlande – Landschaften, Tier- und Pflanzenwelt. Hannover 1992.

Westhoff, V., Neuentwicklung und Vegetationstypen (Assoziationen in statu nascendi) an naturnahen neuen Standorten, erläutert am Beispiel der Westfriesischen Inseln. Ber. d. Reinh.-Tüxen-Ges. 2, Hannover 1990, 11–23.

Zimmermann, W. H., Ackerbau in ur- und frühgeschichtlicher Zeit auf der Geest und in der Marsch. In: H.-E. Dannenberg & H.-J. Schulze (Hrsg.), Geschichte des Landes zwischen Elbe und Weser 1, Stade 1995, 289–315.

Zonneveld, I. S., De Biesbosch, een halve eeuv gevolgd – van hennip tot netelbos en verder. Uitgeverij Uniepers. Staatsbosbeheer, Abcoude 2000.

5. Friesen, Chauken, Sachsen und Wikinger

Ahrens, C., Sachsen und Angelsachsen – Ausstellung des Helms-Museums, Hamburgisches Museum für Vor- und Frühgeschichte vom 18.02.-28.02.1978. Veröffentlichungen des Helms-Museums 32, Hamburg 1978, 1–720.

Banck, C., Ostfriesische Inseln und Nordseeküste. DuMont Reise-Taschenbücher 2139, München 1997.

Behre, K.-E., Ernährung und Umwelt der wikingerzeitlichen Siedlung Haithabu. Neumünster 1983.

Behre, K.-E., Frühe Ackersysteme, Düngemethoden und die Entstehung der Nordwestdeutschen Heiden. Archäologisches Korrespondenzblatt 30, Mainz 2000, 135–151.

Behre, K. E. & D. Kučan, Die Geschichte der Kulturlandschaft und des Ackerbaus in der Siedlungskammer Flögeln, Niedersachsen, seit der Jungsteinzeit. Probleme der Küstenforschung im südlichen Nordseegebiet 21, Oldenburg 1994.

Both, F., Die Chauken auf der nordwestdeutschen Geest. In: M. Fansa (Hrsg.), Vom Eise befreit. Geestreiche Geschichte auf kargem Land. Schriftenreihe des Landesmuseums für Natur und Mensch 25, Oldenburg 2002, 122–140.

Brockhaus-Enzyklopädie. 24. Band Wek-Zz und vierter Nachtrag, 19., völlig neu bearbeitete Auflage, Mannheim 1994.

Dieckmann, U. & R. Pott, Archäologische Untersuchungen in der Kalkrieser Niewedder Senke. In: W. Schlüter (Hrsg.), Kalkriese – Römer im Osnabrücker Land. Archäologische Forschungen zur Varusschlacht, Bramsche 1993, 81–105.

Dieckmann, U., M. Speier & R. Pott, Die Kulturpflanzenfunde aus dem Fundgut der archäologischen Ausgrabungen zur «Varusschlacht» bei Kalkriese (Kr. Osnabrück). Natur- und Heimat 57, Münster 1997, 73–94.

Fort, M. C., Saterfriesisches Wörterbuch. Hamburg 1980.

Gerdes, G., W. E. Krumbein & H. E. Reineck (Hrsg.), Mellum – Portrait einer Insel. Senckenberg-Buch 63, Frankfurt a. M. 1987.

Harthausen, H., Die Normanneneinfälle im Elb- und Wesermündungsgebiet, Hildesheim 1966.

Homann, H., Die Deutsche Bucht. Inseln, Meer und Küstenland. 1. Auflage, Münster 1955.

Jelden, H., Heil, freier Friese. – Wie ein Küstenvolk zwei Länder verbindet. Der Rotarier 10, 2000, 28–35.

Klamm, M., Aufbau und Entstehung eisenzeitlicher Ackerfluren («Celtic Fields»), I. Stand der Forschung. Göttinger Bodenkundliche Berichte 102, Göttingen 1993, 210–284.

Koch, J. H., Schleswig-Holstein. Zwischen Nord- und Ostsee. 7. Auflage, Köln 1981.

Krawitz, R., Ostfriesland mit Jever und Wangerland. 5. Auflage, Köln 1987.

Kroll, H., Vor- und frühgeschichtlicher Ackerbau in Archsum auf Sylt. Eine botanische Großrestanalyse. Römisch-Germanische Forschungen 44, Mainz 1987, 51–158.

Lengen, H. van, Bauernfreiheit und Häuptlingsfreiheit im Mittelalter. In: K.-E. Behre & H. van Lengen (Hrsg.), Ostfriesland. Geschichte und Gestalt einer Kulturlandschaft. 3. Auflage, Aurich 1998, 113–134.

Müller-Wille, M., Eisenzeitliche Fluren in den festländischen Nordseegebieten. Siedlung und Landschaft in Westfalen 5, Münster 1965.

Pöppelmann, H., Ländliches Leben in unruhigen Zeiten. In: M. Fansa (Hrsg.), Vom Eise befreit. Geestreiche Geschichte auf kargem Land. Schriftenreihe des Landesmuseums für Natur und Mensch 25, Oldenburg 2002.

Pott, R., Nordwestdeutsches Tiefland zwischen Ems und Weser. Kulturlandschaften-Exkursionsführer, Stuttgart 1999.

Sawyer, P. H., Kings and Vikings: Scandinavia and Europe A. D. 700–1100, New York 1982.

Scheuermann, U., «Sprache» in Ostfriesland. In: K.-E. Behre & H. van Lengen (Hrsg.), Ostfriesland. Geschichte und Gestalt einer Kulturlandschaft. 3. Auflage, Aurich 1998, 341–352.

Schlüter, W., Das Osnabrücker Land während der jüngeren römischen Kaiserzeit und der Völkerwanderungszeit. Osnabrücker Mitteilungen 88, Osnabrück 1982, 13–129.

Strybny, J., Fachwortschatz Küste. 1. Auflage, Hannover 1999.

Zimmermann, W. H., Die eisenzeitlichen Ackerfluren – Typ «Celtic Fields» – Von Flögeln-Haselhörn, Kreis Wesermünde. Probleme der Küstenforschung im südlichen Nordseegebiet, Oldenburg 1976, 79–90.

6. Einzigartig auf der Welt

Augst, H. J. & H. Wesemüller, Niedersächsisches Wattenmeer. Grundlagen für ein Schutz-Programm. Bd. 1–3, Hannover 1979.

Bakker, J. P., Use and management of salt marshes on sanddune islands. In: K. S. Dijkema & W. J. Wolff (Hrsg.), Flora and vegetation of the Wadden Sea islands and coast areas. Rep. 9, Leiden 1983, 209–302.

Behre, K.-E., Die Entwicklungsgeschichte der natürlichen Vegetation im Gebiet der unteren Ems und ihre Abhängigkeit von den Bewegungen des Meeresspiegels. Probleme der Küstenforschung im südl. Nordseegebiet 9, Hildesheim 1970, 13 ff.

Behre, K.-E., Die ursprüngliche Vegetation in den deutschen Marschgebieten und deren Veränderung durch prähistorische Besiedlung und Meeresspiegelbewegungen. Verhandl. d. Ges. f. Ökologie 13, Göttingen 1985, 85–96.

Behre, K.-E., Die Entwicklung der Nordseeküstenlandschaft aus geobotanischer Sicht. Ber. d. Reinh.-Tüxen-Ges. 3, Hannover 1991, 45–58.

Dijkema, K. S., Development and classification of main saltmarsh biotopes in Europe. In: K. S. Dijkema (Hrsg.), Saltmarshes in Europe. Europ. Committee for the Conservation of nature and natural Resources, Strasbourg 1984.

Ehlers, J., Sedimentsbewegungen und Küstenveränderungen im Wattenmeer der Nordsee. Geographische Rundschau 42, 12, Braunschweig 1990, 640–646.

Fischer, H., Aufbau, Standortverhältnisse und Pflanzenverbreitung der Ostfriesischen Inseln. Naturwiss. Rundschau 28, Stuttgart 1975, 109–115.

Flemming, B. & S. Mai, Entwicklung der Ostfriesischen Küste. In: M. Türkay (Hrsg.), Wattenmeer. Kleine Senckenberg-Reihe 29, Frankfurt a. M. 1998, 15–20.

Gaye, E. & E. Walther, Die Wanderung der Sandriffe vor den Ostfriesischen Inseln. Die Bautechnik 41, Berlin 1935, 1–13.

Hanisch, F., Neue Meeresspiegeldaten aus dem Raum Wangerooge. Eiszeitalter und Gegenwart 30, Hannover 1980, 221–228.

Hanisch, F., Sand transport in the tidal inlet between Wangerooge and Spiekeroog (W.-Germany). Spec. Publ. Int. Ass. Sediment 5, Oxford 1981, 175–185.

Hecker, K. & F., Naturwanderführer Nordsee. München 1999.

Heydemann, B., Ökologie und Schutz des Wattenmeeres. Schriftenreihe des Bundesministers für Ernährung, Landwirtschaft und Forsten 255. Münster-Hiltrup 1981.

Heydemann, B., U. Irmler & E. Lipkow, Küstendünen an der Nordsee. Faunistisch-ökologische Mitteilungen, Supplement 26, Kiel 1999.

Hobohm, C. & R. Pott, Das *Suaedetum prostatae*, eine bislang übersehene Salzwiesen-Assoziation im Wattenmeerbereich und Vorschläge zur Gliederung der Klasse *Thero-Salicornietea*. Ber. d. Reinh.-Tüxen-Ges. 4, Hannover 1992.

Janke, K. & B. P. Kremer, Düne, Strand und Wattenmeer. Kosmos-Naturführer, 3. Auflage, Stuttgart 1999.

Kempf, N., J. Lump & P. Prokosch, Salzwiesen: Geformt vom Küstenschutz, Landwirtschaft oder Natur? Tagungsbericht 1 der Umweltstiftung WWF Deutschland. Husum 1987.

König, D., Beiträge zur Kenntnis der deutschen Salicornien. Mitt. Soz. Arbeitsgem., N. F. 8, Stolzenau 1960, 5–58.

Kötter, F., Die Pflanzengesellschaften im Teilgebiet der Unterelbe. Arch. Hydrobiologie Suppl. 26, 1, Stuttgart 1961, 106–184.

Kratochwil, A. & A. Schwabe, Trockenstandorte und ihre Lebensgemeinschaften in Mitteleuropa: Ausgewählte Beispiele. In: Ökosystem III, Fernlehrgang Ökologie und ihre biologischen Grundlagen H. 6, Tübingen 1984, 1–84.

Krawitz, R., Ostfriesland mit Jever und Wangerland. DuMont Landschaftsführer, 5. Auflage, Köln 1982.

Luck, G., Von der Natur und den Menschen geformt – wie Küste und Inseln wurden und was sie sind. Naturmagazin «Draußen» 25, Hamburg 1985, 7–17.

Luck, G. & H. H. Witte, Erfassung morphologischer Vorgänge der ostfriesischen Riffbögen in Luftbildern. Forschungsstelle für Insel- und Küstenschutz. Jahresber. 1973, 25, Norderney 1974, 33–54.

Michaelis, H., Strukturveränderungen der Wattenfauna am Beispiel des Jadebusens. In: Niedersächs. Umweltministerium (Hrsg.), Umweltvorsorge Nordsee, Belastungen, Güte-Situation, Maßnahmen, Hannover 1987.

Ovenden, D. & J. Barrett, Natur an Strand und Küste. Stuttgart 1986.

Panten, A., Die schwersten Sturmfluten an der deutschen Nordseeküste. In: J. Newig & H. Theede (Hrsg.), Sturmflut. Hamburg 2000, 55–75.

Peters, M. & R. Pott, Natur und Tourismus auf Norderney. Abhandl. Westf. Mus. f. Naturkunde 61, Beiheft, Münster 1999, 1–174.

Petersen, J., Die Dünentalvegetation der Wattenmeer-Inseln in der südlichen Nordsee. Husum 2000.

Pott, R., Die Pflanzengesellschaften Deutschlands. 2. Auflage, Stuttgart 1995.

Pott, R., Farbatlas Nordseeküste und Nordseeinseln. 1. Auflage, Stuttgart 1995.

Pott, R., Biotoptypen. Schützenswerte Lebensräume Deutschlands und angrenzender Regionen. 1. Auflage, Stuttgart 1996.

Pott, R. & M. Peters, Dünendurchbrüche und ihre Bedeutung für die Vegetations- und Landschaftsdynamik. Naturschutz und Landschaftsplanung 29, 3, 1997, 69–74.

Pott, R., A. Fromke, M. Peters, J. Petersen & K. Rieck, Aktuelle geobotanische Forschung auf den Nordseeinseln. Ber. d. Reinh.-Tüxen-Ges. 11, Hannover 1999, 39–108.

Reise, K., Historische Veränderungen in der Ökologie des Wattenmeeres. Vorträge Rhein.-Westf. Akademie d. Wissensch. 382, Opladen 1990, 35–55.

Streif, H., Das ostfriesische Küstengebiet. Nordsee, Watten und Marschen. Sammlg. Geol. Führer 57, 2. Auflage, Berlin, Stuttgart 1990.

Tiemann, I., Niederlande – Landschaften, Tier- und Pflanzenwelt. Hannover 1992.

Tüxen, R., Die Pflanzengesellschaften Nordwestdeutschlands. 2. Auflage, Lehre 1974.

Westhoff, V. & M. F. van Oosten, De Planteengroei van de Waddeneilanden. Stichting, Uitgeverij Koninklijke Nederlandse Natuurhistorische Vereniging, Den Haag 1991.

Wilmanns, O., Ökologische Pflanzensoziologie, 5. Auflage, Heidelberg 1993.

7. Wandern im amphibischen Meer

Alfred-Wegener-Institut, Das AWI in den Jahren 2000 und 2001. Jahresbericht, Bremerhaven 2002.

Armonies, W., On the spatial scale needed for benthos community monitoring in the coastal North Sea. Journal of Sea Research 43, 2000.

Armonies, W., E. Herre & M. Sturm, Effects of the severe winter 1995/96 on the benthic macrofauna of the Wadden Sea and the coastal North Sea near the island of Sylt. Helgoland Marine Research 55, 2001, 170–175.

Asmus, H. & R. Asmus, Material exchange and food web of seagrassbeds in the Sylt-Rømø Bight: how significant are community changes at the ecosystem level? Helgoland Marine Research 54, 2000, 137–150.

Beusekom, J. E. E. van, H. Fock, F. de Jong, S. Diehl-Christiansen & B. Christiansen, Wadden Sea Specific Eutrophication Criteria. Wadden Sea Ecosystem 14, 2001, 1–115.

Buchwald, K., Nordsee – ein Lebensraum ohne Zukunft? 1. Auflage, Göttingen 1990.

Buschbaum, C., Direct and indirect effects of *Littorina littorea* (L.) on barnacles growing on mussel beds in the Wadden Sea. Hydrobiologia 440, 2000, 119–128.

Dieckmann, R., Geomorphologie, Stabilitäts- und Langzeitverhalten von Wattenmeereinzugsgebieten der Deutschen Bucht. Mitt. d. Franzius-Institutes für Massivbau und Küsten-Ingenieurwesen d. Univ. Hannover 60, Hannover 1985.

Flemming, B., A. Bartholomä & S. Mai, Sedimentzonierung im Ostfriesischen Wattenmeer. In: U. Türkay (Hrsg.), Wattenmeer. Kleine Senckenberg-Reihe 29, Frankfurt a. M. 1998.

Helbing, C. D., Zwischen Land und See. Zeitschrift Nationalpark 2, Wilhelmshaven 1991.

Heydemann, B., Ökologie und Schutz des Wattenmeeres. Schriftenreihe des Bundesministers für Ernährung, Landwirtschaft und Forsten 255, Münster-Hiltrup 1981.

Janke, K. & B. Kremer, Das Watt. Kosmos Naturführer, Stuttgart 1990.

Kröncke, J., Lebensgemeinschaften im Wattboden. In: U. Türkay (Hrsg.), Wattenmeer. Kleine Senckenberg-Reihe 29, Frankfurt a. M. 1998, 73–76.

Künnemann, T.-D. & G. Gad, Überleben zwischen Land und Meer. Salzwiesen. Oldenburg 1997.

Maywald, A., Wattenmeer im Wechsel der Gezeiten. Steinfurt 1999.

Nationalparkverwaltung Niedersächsisches Wattenmeer & Umweltbundesamt (Hrsg.), Umweltatlas Wattenmeer. Band 1: Nordfriesisches und Dithmarscher Wattenmeer; Band 2: Wattenmeer zwischen Elb- und Emsmündung, Stuttgart 1999.

Remane, A., Die Besiedlung des Sandbodens im Meere und ihre Bedeutung der Lebensformtypen für die Ökologie. Verhandl. der Deutschen Zoologischen Gesellschaft, Wilhelmshaven 1951, 237–359.

Strasser, M., A. Hertlein & K. Reise, Differential recruitment of bivalve species in the northern Wadden Sea after the severe winter 1995/96 and the subsequence of milder winters. Helgoland Marine Research 55, 2001, 182–189.

Strasser, M., T. Reinwald & K. Reise, Differential effects of the severe winter 1995/96 on the intertidal bivalves *Mytilus edulis*, *Cerastoderma edule* and *Mya arenaria* in the northern Wadden Sea. Helgoland Marine Research 55, 2001, 190–197.

Streble, H., Was finde ich am Strande? Kosmos Naturführer, 5. Auflage, Stuttgart 1990.

Streif, H., Das ostfriesische Küstengebiet. Nordsee, Inseln, Watten und Marschen. Sammlg. Geol. Führer 57, 2. Auflage, Berlin, Stuttgart 1990.

Thiedig, F., Wie das Watt entstand. Naturmagazin «Draußen» Wattenmeer 44, Hamburg 1990, 27–31.

Wehrmann, A. & G. Hertweck, Lebensspuren. In: U. Türkay (Hrsg.), Wattenmeer. Kleine Senckenberg-Reihe 29, Frankfurt a. M. 1998, 53–58.

8. Seevögel, Meerestiere und Salzpflanzen

Abrahamse, J. (Hrsg.), Wattenmeer – ein Naturraum der Niederlande, Deutschlands und Dänemarks. 1. Auflage, Neumünster 1977.

Asmus, H., A. Schanz, P. Polte, K. Kosche, R. Asmus, N. Volkenborn & K. Reise, Seegraswiesen: Biodiversität und Ökosystemfunktion. In: Das AWI in den Jahren 2000 bis 2001, Bremerhaven 2002, 53–56.

Behre, K.-E., Die Entwicklungsgeschichte der natürlichen Vegetation im Gebiet der unteren Ems und ihre Abhängigkeit von den Bewegungen des Meeresspiegels. Probleme der Küstenforschung im südlichen Nordseegebiet 9, Hildesheim 1970, 13 ff.

Behre, K.-E., Die ursprüngliche Vegetation in den deutschen Marschgebieten und deren

Veränderung durch prähistorische Besiedlung und Meeresspiegelbewegungen. Verhandl. d. Ges. f. Ökologie 13, Göttingen 1985, 85–96.

Behre, K.-E., Die Entwicklung der Nordseeküstenlandschaft aus geobotanischer Sicht. Ber. d. Reinh.-Tüxen-Ges. 3, Hannover 1991, 45–58.

Dieckmann, R., Bedeutung und Wirkung des Deichvorlandes für den Küstenschutz. In: N. Kempf et al., Salzwiesen: Geformt von Küstenschutz, Landwirtschaft oder Natur? Tagungsbericht 1 der Umweltstiftung WWF, Husum 1987, 163–187.

Dijkema, K. S. & W. J. Wolff, Flora and vegetation of the wadden sea islands and coastal areas. Report 9 of the Wadden Sea Working group, Den Haag 1983.

Helbing, C. D. & K. Wonneberger, Nationalpark Niedersächsisches Wattenmeer. Nationalparkverwaltung, 1. Auflage, Neumünster 1988.

Heydemann, B., Wattenmeer. Bedeutung – Gefährdung – Schutz. Deutscher Naturschutzring, Bonn 1981.

Janiesch, P., Oberirdische Biomasseproduktion und Mineralstoffhaushalt von Salzwiesen der niedersächsischen Küste. Drosera 91,1/2, Oldenburg 1991, 127–138.

Janke, K. & B. Kremer, Das Watt. Kosmos Naturführer, Stuttgart 1990.

Kempf, N., J. Lump & P. Prokosch, Salzwiesen: Geformt vom Küstenschutz, Landwirtschaft oder Natur? Tagungsbericht 1 der Umweltstiftung WWF Deutschland. Husum 1987.

Nationalparkverwaltung Niedersächsisches Wattenmeer & Umweltbundesamt (Hrsg.), Umweltatlas Wattenmeer. Band 1: Nordfriesisches und Dithmarscher Wattenmeer; Band 2: Wattenmeer zwischen Elb- und Emsmündung, Stuttgart 1999.

Pollex, W., An der Meeresküste – Ein Wegweiser zu Naturerlebnissen. 1. Auflage, Husum 1991.

Pott, E. & W. Küpker, Der Große BLV Naturführer Nordsee und Ostsee. München 1999.

Pott, R., Farbatlas Nordseeküste und Nordseeinseln. 1. Auflage, Stuttgart 1995.

Pott, R., Biotoptypen. Schützenswerte Lebensräume Deutschlands und angrenzender Regionen. 1. Auflage, Stuttgart 1996.

Türkay, M., Die Salzwiese als Lebensraum. In: U. Türkay (Hrsg.): Wattenmeer. Kleine Senckenberg-Reihe 29, Frankfurt a. M. 1998, 67–72.

Wilmanns, O., Ökologische Pflanzensoziologie. 5. Auflage, Heidelberg 1993.

9. Wo die See das Land umschlingt

Backhaus, H., Die Ostfriesischen Inseln und ihre Entwicklung. Schriftenr. Wirtschaftswiss. Ges. zum Studium Niedersachsens 12, Oldenburg 1943, 1–143.

Barckhausen, J., Entstehung und Entwicklung der Insel Langeoog – Beispiele zur Quartärgeologie und Paläogeographie eines ostfriesischen Küstenabschnitts. Oldenb. Jahrb. 68, Oldenburg 1969, 239 281.

Canzler, G., Baltrum: die Geschichte der Nordseeinsel. Aurich 1986.

Gadow, S., Die ostfriesische Küste und ihre Inseln: Modellfall für die Sandküste. Natur und Museum 101, 10, Frankfurt a. M. 1971, 413–423.

Hasbargen, L., Die Ostfriesischen Inseln. Ein Beitrag zur Wirtschaftsgeographie eines Fremdenverkehrsgebietes. Forsch. Dt. Landesk. 141, Bad Godesberg 1963, 1–201.

Herquet, K., Die Insel Borkum in kulturgeschichtlicher Sicht. Unveränderter Nachdruck 1991, Leer 1886.

Heydemann, B. & J. Müller-Karch, Biologischer Atlas Schleswig-Holstein. Lebensgemeinschaften des Landes. 1. Auflage, Neumünster 1980.

Homeier, H., Morphologische Entwicklung der Insel Baltrum und Veränderungen im Bereich der Wichter, Jb. Forschungsstelle f. Insel- und Küstenschutz 31, Norderney 1980, 11–36.

Niemeyer, G., Ostfriesische Inseln. Sammlung Geographischer Führer 8, Borkum 1972.

Peters, M., Vergleichende Vegetationskartierung der Insel Borkum und beispielhafte Erfassung der Veränderung von Landschaft und Vegetation einer Nordseeinsel. Diss. Bot. 257, Stuttgart 1996.

Peters, M. & R. Pott, Natur und Tourismus auf Norderney. Abhandl. Westf. Mus. f. Naturkunde 61, Beiheft, Münster 1999, 1–174.

Petersen, J., Die Dünentalvegetation der Wattenmeer-Inseln in der südlichen Nordsee. Eine pflanzensoziologische und ökologische Vergleichsuntersuchung unter Berücksichtigung von Nutzung und Naturschutz. Husum 2000.

Pott, R., Farbatlas Nordseeküste und Nordseeinseln. 1. Auflage, Stuttgart 1995.

Pott, R., Die Pflanzengesellschaften Deutschlands. 2. Auflage, Stuttgart 1995.

Pott, R., Biotoptypen. Schützenswerte Lebensräume Deutschlands und angrenzender Regionen. 1. Auflage, Stuttgart 1996.

Priesmeier, K., Geomorphologische Beschreibung. In: W. Hofmann & H. Louis (Hrsg.), Landformen im Kartenbild 1:25.000. Insel Borkum. Braunschweig 1975.

Priesmeier, K., Form und Genese der Dünen des Listlandes auf Sylt. Schriftenr. des Naturwiss. Vereins Schleswig-Holstein 40, Kiel 1975, 11–51.

Reinke, F., Die Ostfriesischen Inseln. Studie über Küstenbildung und Küstenzerstörung. Wiss. Meeresuntersuchungen N. E. 10, Ergänzungsheft, Kiel 1990.

Schröter, J., Borkum: ein illustriertes Reisehandbuch. Bremen 1995.

Wegemann, H. P., Borkum, Geschichte der Insel, Schiffahrt und See, Tiere und Pflanzen. 1. Auflage, Leer 1991.

10. Die Kunst, mit der See zu leben

Behre, K.-E., Meeresspiegelbewegungen und Siedlungsgeschichte in den Nordseemarschen. Vorträge der Oldenburgischen Landschaft 17, Oldenburg 1987.

Behre, K.-E., Kleine historische Landeskunde des Elbe-Weser-Raumes. Stade 1994.

Ey, J., Der frühe Deich- und Sielbau. Oldenburger Forschungen, N. F. 13, 2000, 171–181.

Führböter, A. & H. Dette, Sandvorspülungen vor der Westküste von Sylt. In: Die Küste 53, Heide 1992.

Hoffmann, D., Landschafts- und Siedlungsgeschichte im südlichen nordfriesischen Marschengebiet und Wattenmeer. In: M. Müller-Wille & D. Hoffmann (Hrsg.), Der Vergangenheit auf der Spur, Neumünster 1992.

Ibelings, H. (Hrsg.), «Die gebaute Landschaft». Zeitgenössische Architektur, Landschaftsarchitektur und Städtebau in den Niederlanden. München 2000.

Kossack, G., K. E. Behre & P. Schmid (Hrsg.), Archäologische und naturwissenschaftliche Untersuchungen an ländlichen und frühstädtischen Siedlungen im deutschen Küstengebiet vom 5. Jahrhundert v. Chr. bis zum 11. Jahrhundert n. Chr., Band 1: Ländliche Siedlungen, Weinheim 1984.

Kramer, J., Kein Deich, kein Land, kein Leben. Geschichte des Küstenschutzes an der Nordsee. Leer 1989.

Kühn, H. J. & A. Panten, Der frühe Deichbau in Ostfriesland. Archäologisch-historische Untersuchungen, Bredstedt 1989.

Küster, H., Geschichte der Landschaft in Mitteleuropa. 3. Auflage, München 1999.

Küster, H., Stadt, Land, Fluss. In: W. Kenntemich (Hrsg.): Die Jahrhundertflut. Das offizielle ARD-Buch zur Flutkatastrophe, München 2002, 286–313.

Kunz, H. & A. Panten, Die Köge Nordfrieslands. Bredstedt 1997.

Meier, D. (1995): Die Neubesiedlung der Dithmarscher Seemarsch und der Wandel der Kulturlandschaft. – Kölner Geographische Arbeiten 66, 1995, 97–108.

Müller-Wille, M., B. Higelke, D. Hoffman, B. Menke, A. Brande, K. Bokelmann. H. E. Saggau & H. J. Kühn, Landschaftsentwicklung und Siedlungsgeschichte im Einzugsgebiet der Norderhever (Nordfriesland). Offa-Buch 66, 1988.

Nationalparkverwaltung Niedersächsisches Wattenmeer & Umweltbundesamt (Hrsg.), Umweltatlas Wattenmeer. Band 1: Nordfriesisches und Dithmarscher Wattenmeer; Band 2: Wattenmeer zwischen Elb- und Emsmündung, Stuttgart 1999.

Schmid, P., Die mittelalterliche Neubesiedlung der niedersächsischen Marsch. Archeologie en landschap, Festschrift H. T. Waterbolk, Groningen 1988, 133–164.

Schmid, P., Mittelalterliche Besiedlung, Deich- und Landesausbau im niedersächsischen Marschgebiet. In: H. W. Böhme (Hrsg.), Siedlungen und Landesausbau zur Salierzeit 1, Sigmaringen 1991, 9–36.

Stadelmann, R., Meer – Deiche – Land. Küstenschutz und Landgewinnung an der deutschen Nordseeküste. Neumünster 1981.

Strahl, E., Erste Bauern in der Marsch. Neue Ausgrabungsergebnisse aus Rodenkirchen. Hahnenknooper Mühle. Archäologie in Niedersachsen 2, Hannover 1999, 28–30.

11. Im Land von Klaus Störtebeker

Banck, C., Ostfriesische Inseln und Nordseeküste. Köln 1997.

Behre, K.-E. & H. van Lengen, Ostfriesland. Geschichte und Gestalt einer Kulturlandschaft. 3. Auflage, Aurich 1998.

Homann, H., Die deutsche Bucht. Inseln, Meer und Küstenland. 1. Auflage, Münster 1975.

Krawitz, R., Ostfriesland mit Jever und Wangerland. 5. Auflage, Köln 1997.

Krömer, E., H. Schmidt & H. van Lengen, Ostfriesland. Schriftenreihe der Niedersächsischen Landeszentrale für politische Bildung 5, Hannover 1987, 1–98.

Rack, E., Richtig wandern. Ostfriesland. 1. Auflage, Köln 1992.

Ricke, J. & D. Sajak, Niedersachsen – Entdeckungen zwischen Natur und Kultur. Band 1: Der Norden. Hannover 1994.

12. Beginn des Tourismus

Becker, C., H. Job & A. Witzel, Tourismus und nachhaltige Entwicklung. Darmstadt 1996.

Buchwald, K., Naturschutz und Tourismus im Nationalpark *Niedersächsisches Wattenmeer*. Problematik, Konfliktlösungen, Zukunftsgefährdungen. In: U. Ammer et al., Freizeit, Tourismus und Umwelt. Bad Godesberg 1998.

Buchwald, K., G. Rincke & K. U. Rudolph, Gutachterliche Stellungnahme zu den Umweltproblemen der Ostfriesischen Inseln. Hannover 1985.

Buchwald, K. & W. Engelhardt (Hrsg.), Freizeit, Tourismus und Umwelt. Umweltschutz – Grundlagen und Praxis. Band 11, Bonn 1998.

Bundesministerium für Umwelt, Naturschutz und Reaktorsicherheit, Konzeption der Bundesregierung für den Bereich «Umweltschutz und Tourismus». Berlin 2002. (online im Internet: http: www.bmu.de/download/dateien/tourismusbereich.pdf – 30.04.2002)

Bunje, J., Nationalpark «Niedersächsisches Wattenmeer» zwischen Fremdenverkehr und Naturschutz. In: Umweltbundesamt (Hrsg.), Nationalparkverwaltung Niedersächsisches Wattenmeer. Band 2, Stuttgart 1999, 144–145.

Feige, M. & T. Hansen, Wie wichtig sind Nationalparke für den Tourismus? In: Umweltstiftung WWF Deutschland (Hrsg.), Die Bedeutung von Nationalparken für den Tourismus. Frankfurt a. M. 1999.

Hasbargen, L., Die Ostfriesischen Inseln. Ein Beispiel zur Wirtschaftsgeographie eines Fremdenverkehrsgebietes. Veröffentlichungen zur Deutschen Landeskunde Band 141, Bad Godesberg 1963.

Heil, D., Fremdenverkehrsentwicklung auf der Ostfriesischen Halbinsel. Oldenburg 1990.

Helbing, C.-G., Naturschutz als touristischer Wirtschaftsfaktor – am Beispiel des Nationalparks «Niedersächsisches Wattenmeer». Seevögel 4, Jordsand 1995, 97–99.

Opaschowski, H., Deutschland 2010. Hamburg 2001.

Pott, R., Farbatlas Nordseeküste und Nordseeinseln. 1. Auflage, Stuttgart 1995.

Peters, M. & R. Pott, Natur und Tourismus auf Norderney. Abhandl. Westf. Mus. f. Naturkunde 61, Beiheft, Münster 1999, 1–174.

Schlick, W., Orkney & Shetland. DuMont Reisetaschenbücher, Köln 2000.

13. Umwelt als knappes Gut

Alfred-Wegener-Institut, Das AWI in den Jahren 2000 und 2001. Jahresbericht, Bremerhaven 2002.

Brockhaus-Enzyklopädie, Moe-Nor, Neunzehnte, völlig neu bearbeitete Auflage, 15. Band, Mannheim 1994.

Buchwald, K., Nordsee – ein Lebensraum ohne Zukunft? 1. Auflage, Göttingen 1990.

Buchwald, K., Nordsee und Wattenmeer – Naturpotential, Belastungen, Schutz. In: K. Buchwald & W. Engelhardt (Hrsg.), Schutz der Meere. Nordsee. Umweltschutz – Grundlagen und Praxis. Band 6/I, Bonn 1996, 18–129.

Doing, H., Landschapsoecologie van de Nederlandse Kust. Leiden 1988.

Gerlach, S. A., Flusseinträge und Konzentrationen von Phosphor und Stickstoff und das Phytoplankton der Deutschen Bucht. Vorträge Rhein.-Westf. Akademie d. Wissensch. 382, Opladen 1990, 7–33.

Göbel, P., Das Naturerbe der Menschheit. Landschaften und Naturschätze unter dem Schutz der UNESCO. München 1997.

Güntheroth, H., Die Nordsee – Portrait eines bedrohten Meeres. 4. Auflage, Hamburg 1988.

Helbing, C. D. & K. Wonneberger, Nationalpark Niedersächsisches Wattenmeer. Nationalparkverwaltung, 1. Auflage, Neumünster 1988.

Jedicke, L. & E. Jedicke, Das Watt neu entdecken 1. Auflage, Hannover 1991.

Kröncke, I., Die Lebensgemeinschaften im Wattenboden. Wattenmeer. Kleine Senckenberg-Reihe 29, Frankfurt a. M. 1998, 73–80.

Kröncke, I., Extremereignisse im Wattenmeer. Eiswinter und schwarze Flächen. Wattenmeer. Kleine Senckenberg-Reihe 29, Frankfurt a. M. 1998, 81–84.

Lozán, J. L., E. Rachor, K. Reise, H. v. Westernhagen & W. Lenz (Hrsg.), Warnsignale aus dem Wattenmeer. 1. Auflage, Berlin 1994.

MacGarvin, M., Das Greenpeace-Buch der Nordsee. 1. Auflage, Stuttgart 1991.

Nationalparkverwaltung Niedersächsisches Wattenmeer & Umweltbundesamt (Hrsg.), Umweltatlas Wattenmeer. Band 1: Nordfriesisches und Dithmarscher Wattenmeer; Band 2: Wattenmeer zwischen Elb- und Emsmündung, Stuttgart 1999.

Pott, R., Farbatlas Nordseeküste und Nordseeinseln. 1. Auflage, Stuttgart 1995.

Rachor, E., Alarmierende Veränderungen in der Nordsee. In: G. Lange (Hrsg.), Eiskalte Entdeckungen, Forschungsreisen zwischen Nord- und Südpol. Bielefeld 2001, 226–231.

Reineking, B., Seal Distemper Epidemic amongst seals in 2002. Wadden Sea Newsletter 2, Wilhelmshaven 2002, 3–8.

Reise, K., Historische Veränderungen in der Ökologie des Wattenmeeres. Vorträge Rhein.-Westf. Akademie d. Wissensch. 382, Opladen 1990, 35–55.

Vauk, G., Zum Ablauf des Seevogelsterbens als Folge «schleichender Ölpest» auf Helgoland im Frühjahr 1979. Die Vogelwarte 30, Helgoland 1980.

Vauk, G., Ölpestbericht Helgoland 1980, 1981, 1982. Seevögel Bd. 2, 4, Helgoland 1983.

14. Das Wattenmeer-Insel-Ökosystem

Armbrüster, N. & P. Janiesch, Wasser- und Nährstoffhaushalt grundwasserabhängiger Pflanzengesellschaften auf den Ostfriesischen Inseln. Zentralblatt Geologie und Paläontologie Teil 1, Heft 1/2, Stuttgart 2001, 111–124.

Bakker, J. M. W. & P. J. Stuyfszand, Nature conservation and extraction of drinking water in coastal dunes: the Meijendel area. In: C. C. Voss & P. Opdam (Hrsg.), Landscape ecology of stressed environment, London 1993, 244 bis 262.

Bear, J., Sea water intrusion in coastal aquifers. Concept, methods and practice, Dordrecht 1999.

Behnen, T., Der Meeresspiegelanstieg und die möglichen Folgen für Deutschland. Eine Abschätzung der sozioökonomischen Vulnerabilität. In: H. Sterr & C. Prem (Hrsg.), Beiträge zur aktuellen Küstenforschung: Aspekte – Methoden – Perspektiven. Jahrestagung des

Arbeitskreises Geographie der Meere und Küsten. Oldenburg. Vechtaer Studien zur Angewandten Geographie 18, Vechta 1996, 33–41.

Booig, N., R. C. Ris & L. H. Holthuijsen, A Third-generation Wave Model for Coastal Regions. 1, Model Description and Validation – Journal Geographical Research, Vol. 104, No. 24, 1999.

Buchwald, K., W. Engelhardt & U. Schlüter, Schutz der Meere. Nordsee. Umwelt-Schutz-Grundlagen und Praxis 6, 1, Bonn 1996.

Europäische Kommission, Eine europäische Strategie für das integrierte Küstenzonenmanagement. KOM, Luxemburg 2000.

Fashold, A., Rhythmus des Grundwassers auf den Ostfriesischen Inseln. Gas- und Wasserfachmann 101, 2, Bremen 1960, 26–33.

Gall, U. & J. Bunje, Grundwassergewinnung aus den Süßwasserlinsen der Ostfriesischen Inseln. Umweltatlas Wattenmeer Band 2, Stuttgart 1998, 134–135.

Gerlach, A., E. A. Albers & W. Broedlin, Development of the nitrogen cycle in the soils of a coastal dune succession. Acta Botanica Neerlandica 43, 2, 1994, 189–203.

Grootjans, A. P., W. H. O. Ernst & P. J. Stuyfzand, European dune slacks: strong interactions of biology, pedogenesis and hydrology. Tree 13, 3, 1998, 96–100.

Krawitz, R., Ostfriesland mit Jever und Wangerland. DuMont Landschaftsführer, 5. Auflage, Köln 1982.

Leege, O., Endozoische Samen-Verbreitung von Pflanzen mit fleischigen Früchten durch Vögel auf den Nordseeinseln. Abh. Nat. Ver. Bremen 15, 1/2, Bremen 1937, 262–284.

Leist, H.-J., Wasser sparen? Warum die Qualität des Trinkwassers wichtiger ist als seine Menge. Unimagazin Hannover, H. 12467, Ausgabe 314, Hannover 2002.

Lieberman, N. von, Küstenvorländer und Leitbild. Zeitschrift für Kulturtechnik und Landentwicklung 41, 5, Hannover 2000, 225–230.

Luck, G., Der Einfluß der Schutzwerke der Ostfriesischen Inseln auf die morphologischen Vorgänge im Bereich der Seegatten und ihrer Eintragsgebiete. Mitt. d. Leichtwasser-Institutes für Wasserbau der TU 47, Braunschweig 1975.

Magoulas, G., H.-J. Leist & U. Grote, Ökologisch orientierter Grundwasser- und Trinkwasserschutz. München 1996.

Meijering, M. P. D., Der Strandweizen (*Agropyron junceum*) in seinem außergewöhnlichen Lebensraum. Natur und Museum 94, Frankfurt a. M. 1964, 319–324.

Müller, A., H. Müller & D. de Vries, Eine schonende Bewirtschaftung der Süßwasserlinsen auf den Ostfriesischen Inseln am Beispiel der Insel Norderney. Zentralblatt Geologie und Paläontologie Teil 1, Heft 1/2, Stuttgart 2001, 108–111.

Nationalparkverwaltung Niedersächsisches Wattenmeer & Umweltbundesamt (Hrsg.), Umweltatlas Wattenmeer. Band 1: Nordfriesisches und Dithmarscher Wattenmeer; Band 2: Wattenmeer zwischen Elb- und Emsmündung. Stuttgart 1999.

Petersen, J., R. Pott & O. Richter, Dünentäler – ein gefährdeter Lebensraum im Interessenkonflikt zwischen Naturschutz und Grundwasserbewirtschaftung. Zentralblatt Geologie und Paläontologie Teil 1, Heft 1/2, Stuttgart 2001, 1–18.

Pott, R., Biotoptypen. Schützenswerte Lebensräume Deutschlands und angrenzender Regionen. 1. Auflage, Stuttgart 1996.

Pott, R. (Hrsg.), Umweltverträgliche Grundwasserbewirtschaftung in hydrogeologisch und ökologisch sensiblen Bereichen der Nordseeküste. Abschlussbericht eines Projektes gefördert von der Volkswagenstiftung (Hannover), dem Oldenburgisch-Ostfriesischen Wasserverband (Stade) und den Wirtschaftsbetrieben, der Stadt und der Kurverwaltung Norderney. Als Manuskript gedruckt, Hannover 2002.

Pott, R. & D. Remy, Gewässer des Binnenlandes. Ökosysteme Mitteleuropas aus geobotanischer Sicht. Stuttgart 2000.

Pott, R., B. Hagemann & M. Herrmann, Wie verändern sich Gewässer? Wechselwirkungen von Grund- und Oberflächenwasser und ihre Folgen für Stillwasserökosysteme. Unimagazin Hannover, H. 12467, Ausgabe 314, Hannover 2002, 54–60.

Streif, H., Das Ostfriesische Küstengebiet. Inseln, Watten und Marschen. Sammlung Geologischer Führer 57, Berlin, Stuttgart 1990.

Wilson, J. G., The Biology of Estuarine Management. London, Sydney, New York 1988.

15. Norderney

Busching, H., Norderney. Heilbad im Meer. Bremen 1981.

Busching, H., Norderney und das Meer. Norden 1996.

Carlson, L. H. & P. J. Godfrey, Human impact management in a coastal recreation and natural areal. Biol. Cons. 49, 1989, 141–156.

Hartlap, D., H. Kolde & M. Stromann, Die Ostfriesischen Inseln. Norden 1988.

Hobohm, C., Die Pflanzengesellschaften von Norderney. Niedersächsisches Landesamt für Ökologie, Arbeiten aus der Forschungsstelle Küste 12, Hannover 1993.

Job, H., Tourismus versus Naturschutz: «Sanfte» Besucherlenkung in Naherholungsgebieten. Naturschutz und Landschaftsplanung, 1991, 28–34.

Müller, A., H. Müller & D. de Vries, Eine schonende Bewirtschaftung der Süßwasserlinsen auf den Ostfriesischen Inseln am Beispiel der Insel Norderney. Zentralblatt Geologie und Paläontologie Teil 1, Heft 1/2, Stuttgart 2001, 108–111.

Peters, M. & R. Pott, Natur und Tourismus auf Norderney. Abhandl. Westf. Mus. f. Naturkunde 61, Beiheft, Münster 1999, 1–174.

Pott, R. & M. Peters, Dünendurchbrüche und ihre Bedeutung für die Vegetations- und Landschaftsdynamik. Naturschutz und Landschaftsplanung 29, 3, 1997, 69–74.

Remmers, G., Norderney – Chronik einer Insel. Niedersächsisches Staatsbad Norderney 1997.

Romeiss-Stracke, F., Herausforderungen an den Tourismus auf dem Weg zu einem modernen Wirtschafts- und Lebensbereich im Spannungsfeld zwischen Ökonomie und Ökologie. In: Industrie- und Handelskammer Lüneburg-Wolfsburg (Hrsg.), Tourismus und Umwelt, Dokumentation zum Fremdenverkehrstag Niedersachsen, 27./28.04.1993 in Cuxhaven, 1993, 22–38.

Scherfose, V., Vegetationsentwicklung im NSG Südstrandpolder auf Norderney. Drosera 91, 1/2, Oldenburg 1991, 111–126.

16. Schleswig-Holstein und Dänemark

Bantelmann, A., Die Landschaftsentwicklung an der schleswig-holsteinischen Westküste, dargestellt am Beispiel Nordfriesland. Die Küste 14, 2, Heide 1966.

Bantelmann, A., R. Kuschert, A. Panten & T. Steensen, Geschichte Nordfrieslands. 2. Auflage, Heide 1996.

Brandt, K., Archäologische Untersuchungen in hochmittelalterlichen Seehandelsorten an der Nordseeküste zwischen Ems- und Wesermündung. Lübecker Schriften zur Archäologie und Kulturgeschichte 7, Bonn 1983, 111–117.

Brenken, A. & H. Teufel, Emil Nolde und seine Landschaft, Hamburg 2002.

Busch, A., 50 Jahre Rungholtforschung. Die Heimat 78, 6, 1971, 153 ff.

Claussen, N. & G. Pump, Friedrichstadt. Ein Gang durch die Stadt und ihre Geschichte in Text und Bild. 2. Auflage, Heide 1993.

Degn, C., Schleswig-Holstein, eine Landesgeschichte. Historischer Atlas, Neumünster 1995.

Degn, C. & U. Muuss, Topographischer Atlas Schleswig-Holstein und Hamburg. 4. Auflage, Neumünster 1979.

Dittrich, K. & M. Pasdzior, Eiderstedt, Friedrichstadt und Husum. Hamburg 1998.

Ellenberg, H., Bauernhaus und Landschaft in ökologischer und historischer Sicht. Stuttgart 1990.

Fuhrmann, K. & C. I. Johannsen, Die Christian-Albrechts-Köge und der Carolinenhof. Be-

richte Schleswig-Holsteinisches Freilichtmuseum 23, 3–13, Kiel 1986.
Haas, H., Deutsche Nordseeküste. Friesische Inseln und Helgoland. Land und Leute. Monographien zur Erdkunde 8, Bielefeld, Leipzig 1990.
Hansen, R., Beiträge zur Geschichte und Geographie Nordfrieslands im Mittelalter. Zeitschrift der Gesellschaft für Schleswig-Holsteinische und Lauenburgische Geschichte 24, 1892, 1–92.
Henningsen, H.-H., Rungholt. Der Weg in die Katastrophe. Aufstieg, Blütezeit und Untergang eines bedeutenden mittelalterlichen Ortes in Nordfriesland. Band 1: Die Entstehungsgeschichte Rungholts, seine Ortslage, heutige Kulturspuren im Wattenmeer und die Geschichte. Band 2: Das Leben der Bewohner und ihre Einrichtungen. 2. Auflage, Husum 2002.
Hinrichs, B., A. Panten & G. Riecken, Flutkatastrophe 1634. Natur, Geschichte, Dichtung, 2. Auflage, Neumünster 1991.
Hvass, S., Vikingebyggelsen I Vorbasse. Mark og Montre 13, Kopenhagen 1977, 18ff.
Jespersen, M. & E. Rasmussen, Jordsand – ein Bericht über die Vernichtung einer Hallig im dänischen Wattenmeer. Seevögel, Zeitschrift Verein Jordsand 10, Kiel 1989, 17–25.
Kossack, G., K.-E. Behre & P. Schmid, Archäologische und naturwissenschaftliche Untersuchungen im deutschen Küstengebiet. Teil I, München 1984.
Küster, H., Geschichte der Landschaft in Mitteleuropa. Von der Eiszeit bis zur Gegenwart. München 1999.
Leier, A. & H. Teufel, Schleswig-Holstein. Das Land und das Meer. 1. Auflage, Hamburg 2000.
Lengsfeld, K., Gab es das sagenhafte Rungholt wirklich? In: J. Newig & H. Theede (Hrsg.), Sturmflut. Hamburg 2000, 97–107.
Müller-Wille, M., Zehn Karten zur Besiedlung der Nordseemarschen. Offa 38, Neumünster 1982, 193–210.
Petersen, M., Die Halligen. Neumünster 1977.
Quedens, G., Amrum. 19. Auflage, Breklum 1998.
Quedens, G., Föhr. 15. Auflage, Breklum 2000.
Raabe, W., Nordfriesland. Köge – Watten – Inseln. Heide 1994.
Reitmann, C. J., Die Hamburger Hallig. 2. Auflage, Breklum 1994.
Riecken, G., Die Halligen im Wandel. Institut für regionale Forschung und Information im deutschen Grenzverein e. V., Husum 1982.
Riecken, G., Zerbrechliche Kleinode im Wattenmeer: die Halligen. In: J. Newig & H. Theede (Hrsg.), Sturmflut. Hamburg 2000, 108–125.
Schattke, W., Das Reetdach. Schleswig 1981.
Wohlenberg, E., Die Halligen Nordfrieslands. 2. Auflage, Heide 1978.
Zippelius, A., Vormittelalterliche Zimmerungstechnik in Mitteleuropa. Rheinische Jahrbücher für Volkskunde 5, Bonn 1954, 7–52.

17. **Rote Insel im Meer**

Bachmann, G. H. & S. Grosse, Struktur und Entstehung des Norddeutschen Beckens – geologische und geophysikalische Interpretation einer verbesserten Bouguer-Schwoerekarte. Niedersächsische Akademie der Geowissenschaften 2, Hannover 1989, 23–47.
Bartsch, J. & R. Kuhlenkamp, The marine macroalgae of Helgoland (North Sea): an annotated list of records between 1845 and 1999. Helgoland Marine Research 54, 2000, 160–189.
Binot, F., Strukturenentwicklung des Salzkissens Helgoland. Zeitschr. Deutsch. Geol. Ges. 139, Hannover 1988, 51–62.
Bockwoldt, E. & O. Goemann, Helgoland. Eine Arbeitshilfe zum Kennenlernen eines einzigartigen Naturraumes. Seevögel Band 9, Sonderheft, Otterndorf, Niederelbe 1988.
Dierschke, H. & B. Walbrun, Die Vegetation der Felssteilküste von Helgoland. Schriften des Naturwissenschaftlichen Vereins Schleswig-Holstein 56, Kiel 1986, 35–46.
Fiedler, W., Helgoland. Fels im Meer. Breklum 1966.
Fiedler, W., Helgoland. 7. Auflage, Breklum 1994.
Franke, H. D., Der Helgoländer Felssockel – Ar-

tenvielfalt und ihre Veränderungen in einer maritimen Oase. In: G. Lange (Hrsg.), Eiskalte Entdeckungen, Forschungsreisen zwischen Nord- und Südpol. Bielefeld 2001, 214–220.

Friedrichs, K., Umkämpftes Helgoland – Der Leidensweg eines Inselvolkes. 2. Auflage, Helgoland 1991.

Graner, F., Das Felswatt Helgoland. Seevögel, Zeitschrift Verein Jordsand 18, Ahrensburg 1997, 34–36.

Haas, H., Nordseeküste, Friesische Inseln und Helgoland. Monographie zur Erdkunde 8, Bielefeld, Leipzig 1900.

Hillmer, G., C. Spieth & W. Weitschat, Helgoland – Portrait einer Felseninsel, 1979.

Jedicke, L. & E. Jedicke, Farbatlas Landschaften und Biotope Deutschlands. 1. Auflage, Stuttgart 1992.

Pott, R., Farbatlas Nordseeküste und Nordseeinseln. 1. Auflage, Stuttgart 1995.

Pott, R., Biotoptypen. Schützenswerte Lebensräume Deutschlands und angrenzender Regionen. 1. Auflage, Stuttgart 1996.

Rickmers, H. P. (Hrsg.), Helgoland – Naturdenkmal der Nordsee, Deutsche Schicksalsinsel. 2. Auflage, Helgoland 1987.

Riecken, G., Helgoland – geheimnisvolles Restland. In: J. Newig & H. Theede (Hrsg.), Sturmflut. Hamburg 2000, 126–135.

Streif, H., Das ostfriesische Küstengebiet. Nordsee, Watten und Marschen. Sammlg. Geol. Führer 57, 2. Auflage, Berlin, Stuttgart 1990.

Vauk, G., Geschichte der Vogelwarte Helgoland. Otterndorf 1977.

Vauk, G., Naturdenkmal Lummenfels Helgoland. Jordsand-Buch 5, Otterndorf 1985.

Verein Jordsand, Vogelforschung und Naturschutzarbeit auf Helgoland. Seevögel, Zeitschrift Verein Jordsand 9, Otterndorf, Niederelbe 1988.

18. Leuchttürme, Windparks, Seezeichen

Blanck, C., Ostfriesische Inseln und Nordseeküste. Köln 1997.

Fenzl, M., Friesland: Routen und Reviere zwischen Ems und Ijsselmeer. 2. Auflage, Hamburg 2002.

Lang, A. W., Geschichte des Seezeichenwesens an der deutschen Nordseeküste. Bonn 1965.

Quedens, G., Inseln und Meer. Eine Bilderreise. Hamburg 2001.

Scheiblich, R. & H. H. Staack, Leuchttürme. Lexikon. 1. Auflage, Hamburg 2001.

Williams, P., Leuchtfeuer über der Brandung. Die dramatische Geschichte der Leuchttürme von der Antike bis heute. Herford 2001.

Zemke, F.-K., Deutsche Leuchttürme – einst und jetzt. 3. Auflage, Hamburg 2000.

19. Die Nordseeschifffahrt

Baedecker-Allianz-Reiseführer, Norwegen. 5. Auflage, Ostfildern 2000.

Benja, G., 150 Jahre Bremer Seebädertörns 1837–1987. Bremen 2002.

Dircksen, R., Am Meer und hinter dem Deich. Das Land Wursten. Hamburg 1981.

Fenzl, M., Friesland: Routen und Reviere zwischen Ems und Ijsselmeer. 2. Auflage, Hamburg 2002.

Focke, H., Bremens letzte Liner. Die großen Passagierschiffe des Norddeutschen Lloyd nach 1945. Bremen 2003.

Franke, W., J. Grave, H. Schüpp & G. Steinwascher, Der Landkreis Emsland. Geographie, Geschichte, Gegenwart, eine Kreisbeschreibung. Meppen 2002.

Rießbeck, G., Einundvierzig Tage in der Grönlandsee. Bremen 2003.

Epilog

Beusekom, J. E. E. van, Eutrophication of the Wadden Sea. Wadden Sea Newsletter 1, Wilhelmshaven 2000, 6–8.

Enemark, J., The 9th Wadden Sea Conference in Esbjerg in October 2001 – Esbjerg revisited. Wadden Sea Newsletter 2, Wilhelmshaven 2001.

Interreg North Sea Region, Community Initiative Programme – Community Initiative concerning trans-European co-operation intended to encourage harmonious and balanced sustainable development of the European territory. Viborg 2001. Homepage: www.InterregNorthSea.org.

Interreg III B North Sea Programme, Programme Complement draft. Viborg 2002. Homepage: www.InterregNorthSea.org.

Jong, F. de, Trilateral Wadden Sea Forum Well hunderway. Wadden Sea Newsletter 1, Wilhelmshaven 2002, 8.

Norvision, A Spatial Perspective for the North Sea Region. Essen 2000.

Schulz, C., M. Overmann & M. Munkholm, Interreg II C. North Sea Region. The Projects. Interreg North Sea Region, Viborg 2001.

VERZEICHNIS DER PFLANZEN- UND TIERNAMEN

Pflanzen

Mikroorganismen

Tiere

VERZEICHNIS DER PERSONEN UND INSTITUTIONEN

SACHREGISTER

ORTSREGISTER

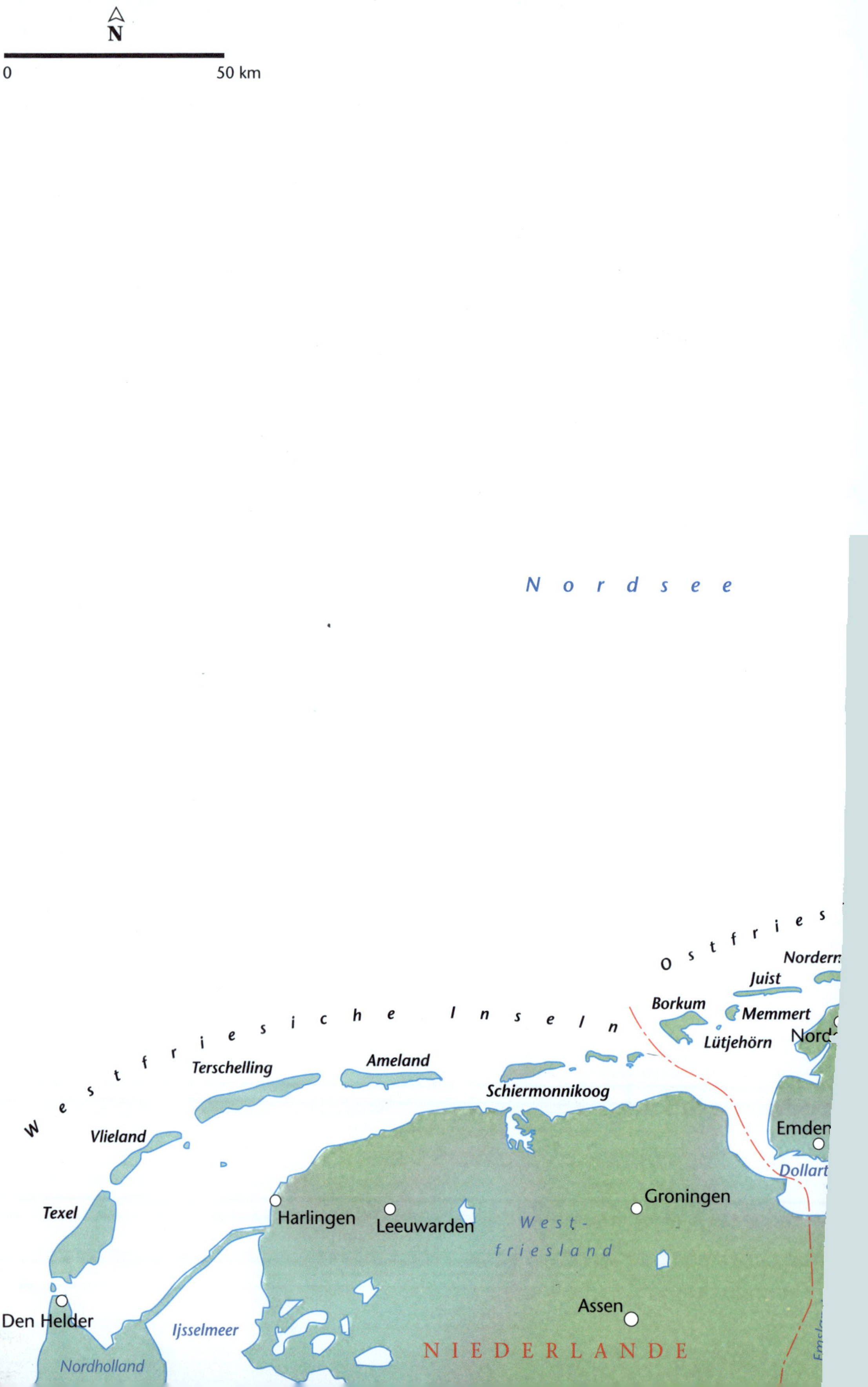
N
0
50 km
Nordsee
Westfriesiche Inseln
Ostfries
Texel
Vlieland
Terschelling
Ameland
Schiermonnikoog
Borkum
Lütjehörn
Memmert
Juist
Norderr
Nord
Emden
Dollart
Den Helder
Nordholland
Ijsselmeer
Harlingen
Leeuwarden
West-friesland
Groningen
Assen
NIEDERLANDE